Die Johanniter und Malteser

HOSPITALIS : IHERVSALEM

Yehuda Karmon

Die Johanniter und Malteser

Ritter und Samariter
Die Wandlungen des Ordens vom Heiligen Johannes

Bechtermünz

Zu Seite 2:
Das älteste Siegel des Ordens. Es wurde benutzt vom Meister des Spitals in Jerusalem. Im oberen Teil befindet sich das Bild einer Kirche oder vielleicht des Hospitals und über ihm das Ordenskreuz. Im unteren Teil liegt ein Kranker auf einem Bett, während zwei Hände eine Weihrauchurne schwenken. In der Mitte eine Lampe, die das »Ewige Licht« symbolisiert. Inschrift: »IHERVSALEM HOSPITALIS«.

Genehmigte Lizenzausgabe für Weltbild Verlag GmbH, Augsburg

Umschlaggestaltung: Külen und Grosche DTP, Augsburg
Umschlagmotive: AKG, Berlin
Gesamtherstellung: Offizin Andersen Nexö, Leipzig

Printed in Germany

ISBN 3-8289-4878-2

2004 2003 2002 2001
Die letzte Jahreszahl gibt die aktuelle Lizenzausgabe an.

Inhalt

Vorwort

Der »Ritterorden des Hospitals vom Heiligen Johannes in Jerusalem« ist eine der merkwürdigsten Erscheinungen in der Kulturgeschichte der Menschheit: Eine Organisation, die auf Freiwilligkeit aufgebaut ist, aber von ihren Mitgliedern unbedingten Gehorsam verlangt; ein Ritterorden, der die bestgeschulten Kämpfer der Kreuzzüge hervorbrachte, die jedoch bei Kampfesruhe die Mönchskutte überzogen und sich der Krankenpflege widmeten; Söhne des Adels, die das Gelübde der Armut auf sich nahmen und sich als »Diener der Kranken und Armen« betrachteten. Diese Widersprüche lassen sich nur aus der Geisteshaltung des Mittelalters und vor allem aus dem religiösen Eifer der Kreuzzüge erklären.

Aber die Tätigkeit des Ordens blieb nicht auf die Zeit der Kreuzzüge beschränkt, er bestand bis zum Ende des 18. Jahrhunderts weiter in seiner ursprünglichen Form, ohne die Grundlage seiner Prinzipien zu ändern, und nach einer Zeit des Niedergangs in den napoleonischen Kriegen setzte er, jetzt nach Konfessionen getrennt, seine alten Aufgaben fort. 900 Jahre dauernde Existenz einer Ordensidee und ihrer Tradition ist ein Phänomen, das wohl einzigartig dasteht.

Es gibt aber zusätzlich noch weitere Gesichtspunkte in der Tätigkeit des Ordens, die geeignet sind, über den Kreis von Historikern oder dem Orden nahestehende Personen hinaus das Interesse breiterer Leserschichten zu wecken.

Trotz der bewußt kleingehaltenen Anzahl von Mitgliedern wurde der Orden in bestimmten Situationen zu Taten berufen, die weltweit Bedeutung erlangten: Er stand für Jahrhunderte an der vordersten Front des Konfliktes zwischen Christentum und Islam und bildete – gemeinsam mit dem Templerorden und für kurze Zeit mit dem »Deutschen Orden« – die einzige berufsmäßige Kampftruppe, die man als »stehendes Heer des Papstes« bezeichnen könnte.

Nach den Kreuzzügen (und dem Untergang der beiden anderen Ritterorden) wurde der Johanniterorden zum souveränen Herrscher der Insel Rhodos, die im 14. und 15. Jahrhundert den weitest vorgeschobenen Posten des Christentums gegenüber der Türkei bildete, die sich zum mächtigsten Staate Europas emporgeschwungen hatte.

Im 16. Jahrhundert war der Orden gezwungen, von Rhodos auf die noch kleinere Insel Malta umzusiedeln und hielt dort dem Ansturm der gewaltigsten Flotte, die die Türkei zusammengestellt hatte, erfolgreich stand. Die »Große Belagerung« wurde legendär in der gesamten katholischen Welt, die den Orden als »Schild der Christenheit« bezeichnete.

Aber neben diesen militärischen Taten vernachlässigte der Johanniterorden nicht seine Aufgabe als »Hospitaler«. Er hielt die Krankenpflege in seinen Krankenhäusern auf höchstem Niveau und tat vieles, um die Entwicklung der westlichen Medizin zu fördern.

Die geistlichen und menschlichen Ideale des Ordens wirkten vor allem auf adelige Kreise auch nach den schweren Rückschlägen der napoleonischen Zeit so anziehend, daß es ein halbes Jahrhundert später gelang, den Orden – nunmehr in mehreren konfessionell und national getrennten Zweigen – neu zu beleben, die zwar seine militärische Tradition nicht fortsetzten, aber sich um so mehr den medizinischen Aufgaben widmeten. Nach dem Zweiten Weltkrieg wurde auch das Adelsprinzip teilweise aufgegeben, und die (jetzt rein karitativen) heutigen Orden breiteten sich über die ganze nichtkommunistische Welt aus und umfassen heute etwa 20000 Mitglieder, die wiederum einen Kreis von freiwilligen Sanitätshelfern um sich geschaffen haben, der fast 250000 Menschen umfaßt. Das traditionelle achtspitzige »Johanniterkreuz«, auch »Malteserkreuz«, das allen heutigen Orden als gemeinsames Symbol gilt, ist fast überall als Zeichen der »Ersten Hilfe« oder an Krankenhäusern zu sehen.

Der entscheidende Faktor in der Geisteshaltung des Johanniterordens war – neben der Religion – ein extremer Konservatismus, der wichtige Änderungen in den Statuten – der »Regel« – nur nach langem Zögern zuließ. Andererseits konnte der Orden sich nicht den großen Veränderungen der Weltgeschichte entziehen, und diese wurden ihm durch grausame Kriege »klargemacht«; manche davon endeten mit der Dezimierung der Ordensritter und ihrer Vertreibung.

Andere umwälzende Ereignisse in der Welt, oft weit entfernt vom Sitz des Ordens, z.B. in China oder Amerika, wirkten sich indirekt, durch ihren Einfluß auf Freunde oder Feinde, auf das Schicksal des Ordens aus. Diese Zusammenhänge wurden vielleicht nicht von zeitgenössischen Chronisten erkannt, sondern werden nur aus der Sicht unserer Zeit erhellt.

Diese Erkenntnis bewegte den Verfasser, in den Wanderungen und Wandlungen des Johanniterordens nach großlinigen Entwicklungen zu suchen, die als Rückgrat einer über 900 Jahre langen Geschichte betrachtet werden können. Diese Zeit läßt sich in vier Perioden einteilen, von denen jede länger dauerte als die vorhergehende, und jede mit einer fast völligen Vernichtung und erzwungenem Ortswechsel endete.

Die erste (über hundert Jahre von den Anfängen bis 1187) war die Periode der Gründung des Ordens und des Suchens nach einem Weg, wobei der Orden in starkem Maße von anderen Kräften im Kreuzfahrerstaat Jerusalem abhängig war. Sie endete mit der verhängnisvollen Schlacht von Hattin, in der fast das gesamte Heer der Kreuzritter aufgerieben wurde.

Die zweite (fast hundert Jahre von 1193 bis 1291) war die Zeit der Konsolidierung des Ordens in Akko, in der er eine so entscheidende Rolle spielte, daß die Stadt auf französisch »St. Jean d'Acre« genannt wurde. Die Periode endete mit der Eroberung und Zerstörung Akkos durch die Mamelucken.

In der dritten Periode (213 Jahre von 1309 bis 1522) hatte der Orden den Status der Souveränität auf der Insel Rhodos erreicht und gleichzeitig den Übergang von einer Landtruppe zu einer Seemacht vollzogen. Er erlangte die diplomatische und verwaltungsmäßige Erfahrung, die mit der Regierung eines unabhängigen Staates verbunden ist. Diese Periode endete mit der Belagerung durch den türkischen Sultan Süleiman den Prächtigen und dem ehrenvollen Abzug des Ordens.

Die vierte Periode (268 Jahre von 1530 bis 1798) war die Glanzzeit des Ordens als souveräner Herr von Malta, aber ebenso die Periode des Niedergangs. Auch sie endete mit Vertreibung – durch Napoleon – und einem Niedergang bis fast zur endgültigen Auflösung des Ordens.

Die letzte Periode (seit Mitte 19. Jahrhundert) ist die heutige Form von fünf bestehenden Ordensgemeinschaften.

Der Verfasser hat es sich zur Aufgabe gemacht, jede dieser Perioden nicht nur aus der Ordenssicht her darzustellen, sondern in gleichem Maße das internationale Kräftespiel während der Dauer einer Periode, und insbesondere die Ereignisse, die zu dem Ende jeder Periode geführt haben, zu analysieren.

Dabei ist die Kenntnis der Wirtschaft und Technologie einer bestimmten Epoche genauso wichtig wie die der politischen und militärischen Entwicklungen. Zum Verständnis der Aktivitäten des Johanniterordens müssen aber auch die geographischen Gegebenheiten des Ordensgebietes berücksichtigt werden, vor allem weil der Orden sein Tätigkeitsfeld in jeder Periode um Hunderte oder sogar Tausende von Kilometern verlegen mußte.

Da der Johanniterorden bis zu Beginn des 19. Jahrhunderts ein kämpfender Ritterorden war, haben die meisten Chronisten und Historiker, die sich mit dem Orden befaßten, die militärischen Leistungen des Ordens in den Vordergrund gestellt und besonderen Wert auf eine sehr ins einzelne gehende Schlachtenschilderung gelegt. Der Verfasser ist dieser Linie nicht gefolgt, sondern hat sich damit begnügt, die geographischen Eigenschaften des Terrains sowie die strategische Konzeption der streitenden Kräfte darzustellen. Er hofft dabei, durch straffere Zusammenfassung die Wichtigkeit einer Schlacht und vor allem deren Folgen dem Leser klarer zu machen.

Aus der in obigen Absätzen formulierten Konzeption ist dieses Buch nicht als Geschichtsbuch im üblichen Sinn des Wortes zu betrachten, sondern als Darstellung des Johanniterordens im Rahmen von Raum und Zeit einer jeden seiner Entwicklungsphasen.

Diesem Zweck dienen auch die Illustrationen des Buches. Die Karten haben nicht nur die Aufgabe, die Lage verschiedener Orte anzuzeigen, sondern fungieren zum Teil als Ersatz für eingehende Schlachtenschilderungen, indem sie die Topographie eines Schlachtfeldes oder die Befestigungsanlagen einer Stadt genau angeben.

Entsprechend der Absicht, die geopolitische Situation einer Epoche zum Teil aus heutiger Sicht zu beurteilen, sollen die Illustrationen Landschaften oder Gebäude so darstellen, wie sie sich heute dem Auge des Beschauers darbieten, und nicht mit den voreingenommenen Augen eines zeitgenössischen oder späteren Künstlers.

Die Aufnahmen, die fast alle speziell für dieses Buch gemacht wurden, sind dazu bestimmt, dem Leser ein optisches Bild zur Erklärung des Textes zu vermitteln. Der Verfasser ist dabei von der in den meisten historischen Büchern üblichen Gewohnheit abgewichen, ausschließlich alte Bilder oder Stiche als Illustration der dargestellten Epoche zu benutzen.

Die Aufteilung des Buches folgt den geographischen Veränderungen der Ordenstätigkeit und enthält fünf Teile mit einem Prolog (s. S. 12ff.) und einem Schlußwort (s. S. 194ff.).

Die Hauptteile des Buches sind:
Teil I: Das »Königreich Jerusalem« (1099–1187)
Teil II: Der Reststaat von Akko (1193–1292)
Teil III: Rhodos (1308–1522)
Teil IV: Malta – Die Glanzzeit des Ordens
Teil V: Die Wiederbelebung der Ordensidee

Jeder »Teil« endet mit einem »Nachspiel«, das das Schicksal des Schauplatzes der Ordenstätigkeit nach

dem Abzug des Ordens kurz schildert, gefolgt von einem »Intermezzo«, das den Übergang zur nächsten Periode bildet und das Weltgeschehen (soweit es den Orden betrifft) in Kürze behandelt.
Das Material für das Buch wurde im wesentlichen in verschiedenen Bibliotheken eingesehen, vor allem auf Malta: Dort besteht eine große Sammlung von Literatur, die den Orden betrifft, in der Bibliothek der Universität von Malta, und älteres Material in der Nationalbibliothek von Malta, wo sich auch das einzigartige Archiv des Johanniterordens mit Daten von seiner Gründung bis zur Auflösung befindet.
Darüber hinaus sammelte der Verfasser persönliche Eindrücke bei Besuchen in allen Orten, in denen der Orden – außerhalb seiner Kommenden (Ordenshäuser) in Europa – gewirkt hat. Diese Orte sind die Festungsruinen in Israel, sowie die Städte Jerusalem und Akko. In der letzteren konnten die bei den neuesten Ausgrabungen freigelegten Gebäude des Ordens eingehend unter Leitung von Personen, die die Ausgrabungen leiteten, studiert werden. Weitere Reisen führten den Verfasser mehrmals nach Rhodos, Kos und Halikarnassos (Bodrum) und vor allem nach Malta. Auf dieser Insel hatte der Verfasser Gelegenheit, die Befestigungen und Bauten des Ordens mit Hilfe alteingesessener Malteser zu studieren, und Gespräche mit maltesischen Historikern zu führen, deren Ansichten und Forschungsobjekte oft weit von denen der bekannten Ordenshistoriker abweichen.
Für Informationen über die Nachfolgeorden nahm der Verfasser Kontakt mit den obersten Ordensleitungen auf und besuchte die Hauptquartiere der Orden: Rom und Köln für den Malteserorden, London für den »Order of St. John«, und Bonn für den Johanniterorden.
Bei diesen Besuchen hatte der Verfasser auch Gelegenheit, sich mit den offiziellen Ordenshistorikern und Bibliothekaren über die Wertung verschiedener Ereignisse in der Geschichte der Orden zu unterhalten.
Allen diesen Persönlichkeiten sei hier der Dank für ihre Hilfsbereitschaft und ihr Interesse an der Ausarbeitung des Buches ausgesprochen. Besonderer Dank gebührt Herrn Dr. Malte von Bargen, Leiter der Subkommende Düsseldorf des Johanniterordens, der den Verfasser zum Schreiben dieses Buches angeregt hat und auch die notwendigen Beziehungen zu den Ordensleitungen und Gesprächspartnern herstellte. Mit der Hilfe Dr. M. v. Bargens konnte der Verfasser eine große Anzahl von Ordensrittern kennenlernen, und mit ihnen grundlegende Ansichten über das heutige Wesen und Denken des Ordens, die aber auch manchmal Kritik äußerten, austauschen. Hier sei auch des verstorbenen Ordensdekans von Mutius gedacht, mit dem der Verfasser einige Gespräche über die religiöse Haltung des Ordens und seine Beziehungen zu den übrigen Orden hatte, sowie der Dank des Autors an Herrn Rudolf Goosmann ausgesprochen, den Archivar des Johanniterordens, mit dem der Autor zahlreiche Unterhaltungen führte, in denen er verschiedene Probleme der Darstellung der Geschichte und Organisation des Ordens klärte. Ohne die Hilfe aller dieser Persönlichkeiten wäre es nicht möglich gewesen, das Buch zu schreiben.
Einen Dank ganz anderer Art schuldet der Verfasser seiner Frau, Marianne Karmon. Nicht nur, daß sie die ganze Vorbereitungsarbeit für das Buch mit Interesse verfolgte und ermunterte: sie konzipierte auch – als professionelle Kartographin – alle Kartenskizzen für dieses Buch und lieferte viele Fotos für die Illustrationen.
Mit diesen Dankesworten übergibt der Verfasser das Buch seinen Lesern in der Hoffnung, dazu beigetragen zu haben, die Wanderungen und Wandlungen des Johanniterordens in neuem Licht zu sehen und zu verstehen.

Der Johanniterorden im Heiligen Land

Prolog: »Jerusalem, du hochgebaute Stadt«

Die strategische Lage □ Die Strahlen der untergehenden Sonne lassen die Mauern und Steine Jerusalems in einem goldenen Licht aufglühen, das fast unirdisch wirkt. Die Luft ist so hell und klar, daß man noch auf große Entfernung hin jede Einzelheit der Landschaft erkennen kann. Vom Süden her gesehen, steigt der Berg, auf dem sich die Altstadt erhebt, steil aus den engen und tiefen Tälern, die ihn von drei Seiten umgeben, empor, und die von Zinnen und Türmen gekrönte Mauer – aus Quadern von demselben Kalkstein wie dem des Berges – wirkt wie aus dem Berge herausgewachsen und verleiht der Stadt den Eindruck einer uneinnehmbaren Festung.

Über Jahrtausende war Jerusalem eine der stärksten Festungen im Nahen Osten, an die sich Heere mittlerer und kleiner Größe gar nicht heranwagten. Nur die Riesenheere großer Imperien konnten es wagen, die Stadt anzugreifen – nicht immer mit Erfolg –, und waren oft gezwungen, sie monatelang zu belagern.

Im Verlauf von dreitausend Jahren ergossen sich etwa fünfzigmal feindliche Heere über das Land oder die Stadt, und fast alle großen Eroberer der Weltgeschichte erschienen auch vor den Mauern Jerusalems: Ägyptens Pharaonen, Hethitische Kampfwagen, die »Hirtenstämme« der Hyksos, die Großkönige von Assyrien und Babylonien; das Großreich Persien herrschte über Jerusalem zweihundert Jahre, um von der griechischen Welt (Alexander der Große, die Diadochen) abgelöst zu werden.

Alle römischen Träger großer Namen waren in der einen oder anderen Form in Kämpfe um Jerusalem verwickelt: Pompeius, Cäsar, Antonius, Octavian – bis die Cäsaren Vespasian und Titus die Stadt völlig zerstörten.

Im Mittelalter treten die asiatischen Völker auf die Bühne: Araber, Seldschuken, Mongolen und andere. Das zweihundert Jahre dauernde Zwischenspiel der Kreuzzüge mit seinen andauernden Kämpfen, das den Kern dieses Buches bildet, brachte einen arabischen Führer hervor, der als der größte Herrscher der arabischen Welt angesehen wird: Saladin (Salah-ed-Din; 1138 – 1192). Das Ende der Kreuzzüge bedeutete die Herrschaft der ägyptischen Mameluk-ken und schließlich des Türkischen Reiches (1517 – 1917).

Aber auch in der Neuzeit erlebten Palästina und Jerusalem eine Anzahl von Eroberungen mit damit verbundenem Herrscherwechsel, wie den kurzen Feldzug Napoleons (1799), den des ägyptischen Thronfolgers Ibrahim Pascha (1832 – 1840); im 20. Jahrhundert das Protektorat Englands (1917 – 1948), die Teilung zwischen Israel und Jordanien (1948) und die Vereinigung in der Folge des Sechs-Tage-Krieges (1967).

Worin liegt die Besonderheit von Jerusalem, die fast alle Mächtigen der Erde veranlaßte, die Herrschaft über die Stadt zu erstreben? Sollte man den Grund in der geographischen Lage suchen, die ihr eine einzigartige geostrategische Bedeutung verlieh, vergleichbar zum Beispiel der Lage von Konstantinopel oder des Suezkanals? Dies könnte wohl für das ganze Land zutreffen, aber nicht für die Stadt Jerusalem. Das Land Palästina* war die Landbrücke zwischen Afrika und Asien, und in seinem Norden lagen die wichtigsten Häfen für die Verkehrsverbindungen mit West- und Zentralasien. Für die meisten Eroberer Palästinas war das Land nicht Endziel, sondern Durchgangsgebiet nach Ägypten oder Syrien, wobei die wichtigste Heeresstraße an der Küste entlang lief. Die entscheidenden Kämpfe um den Besitz Palästinas wurden daher nicht in Jerusalem ausgefochten, sondern im wichtigsten Quertal im Norden des Landes, dem Tal von Jesre'el (Esdrealon), und die wichtigsten Kampforte lagen am Südrand des Tales bei Megiddo oder am Fuße des Berges Gilboa*.

Jerusalem liegt abseits dieser Handels- und Heeresroute, und eine Eroberung der Stadt würde nur den strategischen Sinn haben, keine feindliche Festung in der Flanke oder im Rücken des vorrückenden Heeres zu lassen, und es ist fraglich, ob ein solches nebensächliches Ziel die Anstrengungen und Kosten einer längeren Belagerung der stark befestigten Stadt rechtfertigen würde.

Und tatsächlich fanden die schwersten Kämpfe um Jerusalem nur in denjenigen Feldzügen statt, in denen das Hauptziel die Beherrschung ganz Palästinas war, und nicht nur der Durchzug eines großen Heeres, wie z.B. der Durchmarsch Alexanders des Großen auf dem Weg zur Eroberung Ägyptens, oder Napoleons, der die Südflanke der Türkei bedrohen wollte. Beide – und andere – ließen Jerusalem abseits liegen, um nicht von ihrem Hauptziel abgelenkt zu werden.

Man sollte also die geopolitische Bedeutung Jerusalems auf einer anderen Ebene suchen, auf einem Gebiet, das imstande war, Tausende und Millionen von Menschen zu höchster Opferbereitschaft, physisch wie finanziell, anzuspornen; das auch für die Herrscher ein Ziel darstellte, welches ihnen nicht nur Macht und Prestige versprach, sondern gleichzeitig höchste geistige Werte darstellte. Diese Emotionen konnten nur durch eines, durch Religion, freigesetzt werden; und der Name »Jerusalem« war und ist geeignet, tiefste religiöse Empfindungen in mehr als der Hälfte der Menschheit auszulösen.

In der christlichen Welt des Mittelalters galt Jerusalem als der geographische Mittelpunkt der Welt (welcher durch ein Gefäß in der Grabeskirche gekennzeichnet wurde), und alle Weltkarten waren so orien-

* Wir werden diesen Namen das ganze Buch hindurch benutzen, obwohl er dem Land erst nach der Zerstörung Jerusalems durch die Römer (im Jahre 70) gegeben wurde und seine Grenzen nicht festgelegt sind. Er war der übliche Name für eine geographische Einheit während der ganzen Periode, die in diesem Buch behandelt wird.

* Der Berg von Megiddo (Har Megiddo) ist das Armageddon der Apokalypse, wo nach Off. d. Johannes (16,16) der letzte Entscheidungskampf zwischen den Kräften von Gut und Böse stattfinden soll.

tiert, daß Jerusalem als Mittelpunkt der Welt, die als runde Scheibe dargestellt wurde, erschien.

Die Häuser der Stadt wurden von frühester Vergangenheit bis auf den heutigen Tag aus dem Gestein des Grundfelsens gebaut, so daß ihre Mauern und Türme wie aus dem Felsen herausgewachsen wirken. All diese Erscheinungen sind dazu angetan, im Menschen ein Gefühl der Besonderheit und Erhebung zu erwecken, das ihn für religiöses Empfinden oder sogar Ekstase empfänglich macht.

Die Tradition Jerusalems als eines Ortes besonderer Art ist Jahrtausende alt. Schon Abraham (im 18. vorchr. Jh.) traf in Jerusalem auf einen kanaanitischen König namens Malchizedek, der »ein Priester des Obersten Gottes« war, was darauf hindeutet, daß in oder bei Jerusalem ein Ort lag, der als heilig angesehen wurde.

»Heilige Stätten« □ Die bis heute geltende religiöse Bedeutung Jerusalems geht auf König David zurück, der Jerusalem zur Hauptstadt des vereinigten Königreiches Judäa machte und auf dem Berg Moriah ein Zelt für die »Bundeslade« errichtete, in der die Steintafeln Moses' mit der Inschrift der Zehn Gebote aufgehoben waren. Sein Sohn, König Salomon, erbaute dann (gegen Mitte des 10. vorchr. Jh.) einen Tempel, der – im Gegensatz zu anderen Religionen – als der einzige Tempel des einzigen Gottes angesehen wurde, und damit ein klarer Ausdruck des monotheistischen Charakters der jüdischen Religion war. Dieser Tempel wurde im 6. vorchristlichen Jahrhundert von Babylonien zerstört und 70 Jahre später unter persischer Herrschaft wieder aufgebaut. Im 1. vorchristlichen Jahrhundert wurde er durch den Tempel des Herodes ersetzt, der zu den größten und schönsten Gebäuden des Römischen Reiches der damaligen Zeit gehörte. Der Tempelvorplatz – ein Rechteck, dessen Ausmaße 475 x 275 m betrugen – war wahrscheinlich der größte ebene Platz im Römischen Reich. Er erstand durch Begradigung einer Bergkuppe, und die so entstandende Plattform wurde im Westen von einer Stützmauer von fast 50 m Höhe gehalten. Diese Mauer ist der einzige Teil des Tempelgeländes, der nach der Zerstörung des Tempels durch die Römer im Jahre 70 n.Chr. intakt geblieben ist, und sie wurde später den Juden als der einzige Teil des gesamten Geländes zugewiesen, an dem sie sich zum Zweck des Gebetes versammeln durften. Der Zugang zur Tempelplattform selbst wurde ihnen von allen späteren Herrschern Jerusalems – ob Römer, Byzantiner, Kreuzfahrer, Moslem oder Engländer – untersagt.

Die Westmauer, von den Christen meist »Klagemauer« genannt, wurde durch alle Generationen hindurch von den Juden als Symbol des Tempels betrachtet und ist die einzige »Heilige Stätte« des Judentums.

Die Erhebung Jerusalems zu einer »Heiligen Stätte« des Christentums oder des Islam beruht auf der Verehrung, die die Stadt beziehungsweise der Tempel bei den Juden genoß. Jesus kam nach Jerusalem am jüdischem Feiertag, dem Passah-Fest, um mit seinen Jüngern nach jüdischem Brauch das Passah-Mahl einzunehmen. Die Passion Jesu spielte sich in und um Jerusalem ab. Doch hatte der Tempel dabei eine unwichtige Rolle, da nach den Berichten der Evangelisten Jesus das Verhalten der Priester und der Institutionen auf dem Tempel scharf rügte und damit dessen Bedeutung herabsetzte.

Daher spielte der Tempelplatz unter den Stätten, die mit dem Wirken Jesu verbunden waren, eine sekundäre Rolle. Der heiligste Platz für Christen – soweit sie nicht überhaupt den Begriff der »Heiligen Stätten« ablehnen – ist die Grabeskirche, in der orthodoxen Tradition »Auferstehungskirche« genannt. Daneben gibt es eine große Anzahl von Heiligen Stätten, deren wichtigste entlang der »Via Dolorosa« oder auf dem Abhang des Ölbergs gelegen sind, die mit gewissen Erscheinungen und Taten im Leben Jesu und seiner Familie verbunden sind.

Jeder dieser Orte wurde bereits zu Beginn der byzantinischen Epoche (im 4. Jh.), als das Christentum Staatsreligion wurde, mit einer Kirche gekennzeichnet. Die genaue Ortslage wurde durch die religiös-historische Expedition der Kaiserin Helena, der Mutter Kaiser Konstantins, auf Grund von Gebäuderesten oder zeitgenössischen Traditionen festgelegt. Diese Kirchen wurden im Verlauf der Geschichte mehrere Male zerstört, aber wieder am selben Ort aufgebaut, wenn politische Bedingungen es gestatteten, so z.B. zur Kreuzfahrerzeit (als übrigens erst die 14 Stationen des Leidenswegs festgelegt wurden) oder seit dem 19. Jahrhundert. Die Grabeskirche wurde mehrere Male zerstört, nicht nur durch Menschenhand, sondern auch durch Feuer oder Erdbeben.

Für die Mohammedaner hatte Jerusalem eine andere Bedeutung, weil der Tempelberg mit Mohammed in Verbindung gebracht wurde.

Mohammed berichtet im Koran, daß er in einer Nacht von Mekka nach Jerusalem geritten und von den Ruinen, die den Platz des jüdischen Tempels bezeichneten, zum Himmel aufgestiegen sei, um den Koran zu empfangen (anscheinend, um sich durch diesen Bericht Moses gleichzustellen und die Unterstützung durch die Juden zu empfangen, die er in der ersten Periode seiner Tätigkeit suchte).

So ist für die Mohammedaner in Jerusalem nur der Tempelberg eine Heilige Stätte, und auf ihm errichtete am Ende des 7. Jahrhunderts der Kalif Abd-al-Malik ein Gebäude, das zu den schönsten und harmonischsten der islamischen Architektur gehört: den Felsendom (fälschlich Omar-Moschee genannt) und daneben die El-Aqsa Moschee. Die geographische Trennung der Heiligen Stätten führte dazu, daß die Grabeskirche immer in christlichen Händen bleiben durfte, während die Nähe von Klagemauer und Tempelplatz bei den Moslems Verdacht erregte, daß die Juden Anspruch auf den Platz erheben könnten. Dies führte dazu, daß auch die Mohammedaner den Juden den Zugang zum Tempelberg verwehrten.

Aber zwischen Christen und Mohammedanern herrschte keine geographische Parallelität zwischen ihren heiligen Plätzen, und solange dieser status quo aufrechterhalten blieb, herrschte Frieden. Erst die Entweihung der Grabeskirche durch die Seldschuken war der entscheidende Anlaß für den christlichen Aufruf zum Kreuzzug.

Wallfahrten □ Der Charakter einer heiligen Stätte wirkt sich darin aus, daß sie zum Ziel für Wallfahrten wird, entweder das ganze Jahr hindurch oder zu bestimmten Daten oder Jahreszeiten. So war im Staate Judäa der Tempel in Jerusalem das Ziel von drei Wallfahrtsfesten: Passah zur Frühlingszeit, das im Christentum zum Osterfest wurde; das Wochenfest (Pfingsten) 50 Tage später, und das Laubhüttenfest als Erntedankfest. Zu jedem Fest pflegten Zehntausende von Pilgern nach Jerusalem zu wallfahren, um dort im Tempel ein Opfer darzubringen. Diese Massenversammlung veranlaßte wahrscheinlich Jesus dazu, seinen Einzug in Jerusalem am Passah-Fest zu halten.

Die christliche Wallfahrt nach Jerusalem trug im Mittelalter besonderen Charakter. Jerusalem war der am weitesten entfernte Wallfahrtsort, und eine Pilgerfahrt konnte Monate oder sogar ein Jahr dauern, wobei der Weg – zu Land wie zur See – mühevoll und gefährlich war. Die üblichen Beweggründe für eine Wallfahrt trafen für Jerusalem nicht zu, dafür gab es andere Beweggründe: der Wunsch, »in den Spuren Jesu zu wandeln«, die Orte und Gegenstände zu berühren, die vielleicht von Jesus berührt wurden, oder bei der Rückkehr von Freunden und Bekannten als »Jerusalemfahrer« geachtet zu werden. Andere Motivationen waren Gelübde, die ein Mensch in Zeiten der Not abgelegt hatte oder Abbüßung einer begangenen Tat oder Unterlassung, z.T. auf Befehl einer geistlichen Autorität (bei hochgestellten Persönlichkeiten der Papst selbst). Für manche war auch reine Abenteuerlust der Grund für eine Pilgerfahrt. So kam es, daß unmittelbar nach der Legalisierung des Christentums durch Ostrom (im 4. Jh.) das Wallfahren nach Jerusalem einsetzte, zuerst von einigen wenigen, aber im Laufe der Jahrhunderte betrug die Zahl der Pilger einige Tausend im Jahr.

Dies hörte auch mit der Eroberung Palästinas durch die Araber nicht auf. Die Araber waren an Handelsbeziehungen mit Byzanz und auch mit Westeuropa interessiert und taten nichts, was den Handel stören konnte. Sie erlaubten daher die christliche Pilgerfahrt, und zu Beginn des 9. Jahrhunderts schloß sogar der Kalif Harun al-Raschid einen Vertrag mit Karl dem Großen ab, in dem dieser als Schutzherr der Grabeskirche anerkannt wurde, und als Symbol dafür den Schlüssel der Kirche erhielt.

Die Strapazen einer so langen Reise nach Palästina führten dazu, daß viele Pilger auf der Reise erkrankten oder starben, und um diese Unbilden zu mildern, beauftragte im 10. Jahrhundert der Papst die Mönche von Cluny mit der Organisierung von Raststätten entlang der Landroute nach Konstantinopel, von wo der Kaiser von Byzanz für die Sicherheit der Pilger bis zur Grenze mit den moslemischen Staaten verantwortlich war. Gleichzeitig übernahmen die Kluniazenser die Sorge für den Zugang und die Kirche im spanischen Santiago di Compostella.

Für die Mohammedaner war Jerusalem nicht das Ziel von Pilgerfahrten. Das Gebot des Koran forderte nur die Pilgerfahrt nach Mekka und Medina, und für die meisten moslemischen Staaten – vor allem für Ägypten und Mesopotamien – führte die Route nach Mekka weitab von Jerusalem. Nur für Pilgerkarawanen, die von Damaskus aus Mekka erreichen wollten, gab es eine Möglichkeit, Jerusalem auf dem Weg zu besuchen. Aber diese Möglichkeit war ein ziemlich großer Umweg, da die kürzeste Route über das Bergland von Moab und Edom, d. h. über Transjordanien, führte. Erst seit der Türkenherrschaft (16. Jh.) wurde die Route von Syrien über Jerusalem vorgezogen, weil der Sultan durch den Bau von großen Zisternen die Wasserversorgung für die Karawanen sicherstellte.

Für die Juden war die Wallfahrt nach Jerusalem, um an der Klagemauer zu beten, ein Traum, den nur einige wenige sich erfüllen konnten. Aber Jerusalem wurde in den täglichen Gebeten der Juden auf der ganzen Welt erwähnt, und in jeder Wohnung hing auf der nach Osten gerichteten Wand ein Wandbild, das Jerusalem darstellte. Nur zu Zeiten, in denen es in Palästina eine Regierung gab, die zumindest nicht judenfeindlich war (und das waren meistens moslemische Herrscher und sehr selten ein christlicher), wurden Juden in größerer Anzahl zugelassen, und in solchen Fällen verwandelte sich die Pilgerfahrt meist in eine Einwanderung. Daher konnte man immer eine jüdische Bevölkerung in Jerusalem vorfinden, auch wenn sie in manchen Geschichtsepochen nur wenige Hunderte zählte.

Das anerkannte Recht auf Wallfahrt war für die christliche Welt einer der Grundsteine ihrer Beziehungen zu den Moslems, und die Beschränkungen, die zur Zeit der Seldschukenherrschaft über Palästina (1071 – 1098) den Wallfahrern auferlegt wurden, waren einer der Hauptanlässe für den Aufruf des Papstes zum Kreuzzug.

I
Das »Königreich Jerusalem« (1099 – 1187)

Halbmond und Kreuz

Die Welt des Islam □ Im 7. Jahrhundert erlebte die antike Welt eine geopolitische Revolution, die in ihrer Ausbreitung und Geschwindigkeit alle Veränderungen übertraf, die vor ihr die Welt bewegt hatten: die militärische Ausbreitung des Islam. Im Verlauf von 20 Jahren eroberten islamische Kräfte ganz Vorderasien (mit Ausnahme Anatoliens) bis an den Indus und die Südspitze Arabiens, Nordafrika bis nach Tripolis, und schufen ein Reich, das an Fläche das Alexanders des Großen weit übertraf und der des Römischen Reichs zur Zeit seiner größten Ausdehnung beinahe gleich war.

Dieses Reich wurde von einer kleinen Herrscherschicht zusammengehalten, erreichte aber in kürzester Zeit eine kulturelle Einheit fast seiner gesamten Bevölkerung durch Verbreitung der arabischen Sprache und vor allem der moslemischen Religion. Die Einrichtung des Kalifats symbolisierte die Einheit von politischer und religiöser Führung, und die Verbreitung der Religion diente als hauptsächliche Motivation für die Kämpfer der zahlreichen Kriege, die mit der Schaffung des Reiches verbunden waren. Im 8. Jahrhundert brachte die Eroberung Spaniens und der südlichen Inseln des Mittelmeers die Araber in direkte Berührung mit den Ländern des westlichen Christentums, während vorher ihr hauptsächlicher Gegner das Oströmische (Byzantinische) Reich gewesen war.

Die arabischen Herrscher besaßen die seltene Gabe der Toleranz gegenüber den nichtreligiösen Aspekten der Kulturen, die sie in den eroberten Gebieten vorfanden, vor allem im Bereich der Naturwissenschaften. Durch Übersetzung der meisten griechischen wissenschaftlichen Werke ins Arabische erreichten sie viel zur Bewahrung dieser literarischen und wissenschaftlichen Schöpfungen für die Nachwelt. Durch Fortsetzung der Forschung – ohne Behinderung durch religiöse Dogmatik – wurden die Araber schnell führend auf den Gebieten der Literatur, Philologie, Physik und Chemie, und vor allem in der Medizin, in der sie sowohl praktisch wie auch theoretisch in der ganzen Welt den ersten Rang einnahmen.

Landwirtschaft □ Auch in der Landwirtschaft erwiesen sie sich – obwohl ursprünglich Nomaden – als gelehrige Schüler der Zivilisationen, die sie vorfanden. Ihr Augenmerk war vor allem auf die Bewässerungswirtschaft gerichtet, die sie schon von den Oasen ihres Ursprungslandes – der arabischen Wüste – kannten und zu neuer Blüte in Bewässerungsgebieten brachten, wie Damaskus, Mesopotamien, Ägypten, Nordafrika, oder auch in den »huertas« Spaniens, und in den zentralasiatischen Flußgebieten des Indus, Oxus und Jaxartes (heute Amu Darja und Syr Darja genannt). Durch die gewaltige Ausdehnung des Reiches konnten sie zahlreiche Kulturpflanzen in neue Gegenden bringen, die wichtigsten davon waren Orangen, Zuckerrohr und Baumwolle. Eine der wichtigsten agrotechnischen Neuerungen war die Herstellung von Papier aus Flachs und anderen Faserpflanzen, eine Technik, die die Araber durch die Berührung mit den Chinesen lernten und schon um das Jahr 800 nach Ägypten, und etwa hundert Jahre später nach Spanien brachten.

Die soziale Organisation der Landwirtschaft war regional unterschiedlich. In gebirgigen Gegenden oder Bewässerungsgebieten, wo Baumpflanzungen einen gewissen Grad von agrotechnischem Wissen oder Tradition verlangten, wurde der Anbau, vor allem von Baumpflanzungen durch freie Bauern, die ihr eigenes Land bearbeiteten, betrieben. In weiten Ebenen, die dem Getreidebau dienten, wurde das Land ursprünglich an die Offiziere der erobernden Armeen verteilt, die es durch landlose Pächter bearbeiten ließen, wobei der Grad der wirtschaftlichen Ausnutzung der Pächter – oder manchmal auch von Sklaven – von Land zu Land verschieden war. Aber bereits im 10. Jahrhundert geriet der größte Teil des Grundbesitzes in die Hände von Stadtbewohnern, die Land nur als eine wirtschaftliche Investition betrachteten. Eine Bindung der Pächter an das Land, oder die Funktion des Grundbesitzers als regionaler Verwalter und Richter, die die europäischen Landbesitzverhältnisse charakterisierten, war in der moslemischen Welt völlig unbekannt, und damit auch das religiös-mystische Verhältnis von Vasallen zu ihren Landesherren, das die Grundlage des Feudalsystems bildete.

Der Vorteil der Landwirtschaft in den Ländern des Mittelmeers und des Nahen Ostens gegenüber Westeuropa liegt in dem milden Winter, der es ermöglicht, das ganze Jahr hindurch das Land zu bearbeiten oder zu ernten, und auf einer kleineren Fläche soviel zu produzieren, um die Bedürfnisse einer Familie zu befriedigen. Ein weiterer Vorteil liegt in der Möglichkeit, Produkte zu erzeugen, die haltbar sind und sich daher für Vermarktung und Ausfuhr eignen. Dieses sind vor allem Baumprodukte (Datteln, Feigen, Rosinen, Aprikosen), die getrocknet oder zu Öl verarbeitet werden können (Oliven). Schon ein kleiner Garten dieser Bäume liefert mehr, als eine Familie verbrauchen kann, und schafft Überschüsse für den Markt*.

Daher war die Landwirtschaft des Orients immer marktorientiert, und eine Subsistenzwirtschaft war nur in vereinzelten Gegenden zu finden. Die Kommerzialisierung der Landwirtschaft förderte die Agrarform der Latifundie, die von den Römern übernommen worden war.

Die industrielle Erzeugung war weiterhin in Handwerksbetrieben konzentriert, in denen zahlreiche Sklaven beschäftigt waren. Manche ihrer Produkte genossen im Mittelalter Weltruf, z.B. Textilwaren: Baumwollwaren aus Mossul (Musselin), Linnen aus Damaskus (Damast), Glas aus den alten Phönizierstädten Tyrus und Sidon oder aus Bagdad, Parfüme und Teppiche aus Persien, Edelstahl aus Damaskus.

* Bereits die Bibel (Deut. 8.8) verzeichnet unter den »Sieben Arten«, mit denen das gelobte Land gesegnet sei, fünf Baumfrüchte (Olive, Rebe, Granatapfel, Feige und Dattel = Honig) und nur zwei Feldfrüchte: Weizen und Gerste.

In künstlerischer Gestaltung und Feinheit seiner Produkte übertraf der Osten bei weitem die westliche Welt, und seine Produkte waren noch im 16. Jahrhundert im Westen sehr gesucht und erzielten hohe Preise.

Handel und Städte □ Die Hauptquelle des Reichtums der moslemischen Welt war der Handel: Karawanen, aus Hunderten von Kamelen oder Maultieren bestehend, durchzogen ganz Asien bis nach Indien und China sowie Nordafrika bis nach Spanien. Moslemische Schiffe kontrollierten den gesamten Handel im Indischen Ozean und konkurrierten im Mittelmeer mit der christlichen Schiffahrt.

Eine Besonderheit der islamischen Welt war die soziale Stellung des Kaufmanns. Während der Beruf des Kaufmanns von den adligen Kreisen der westlichen Welt standesmäßig getrennt war (und erst seit dem 13. Jh. vom städtischen Bürgertum anerkannt wurde), gehörte der Kaufmann in der östlichen Welt zu den Spitzen der Gesellschaft und galt als dem militärischen Adel ebenbürtig (auch in dem Recht des Landerwerbs, s. S. 21).

Dies führte dazu, daß sich in der Welt des Islams große Handelsstädte an den Kreuzungen von weltwichtigen Verkehrsrouten oder in großen Häfen entwickelten, und im 11. Jahrhundert der Osten in der Größe seiner Städte den Westen weit übertraf.

Um das Jahr 1050 war die bei weitem größte Stadt der islamischen Welt Bagdad, der Sitz der abbassidischen Kalifen, mit etwa 800000 Einwohnern, gefolgt von Kairo (300000) und Damaskus (über 200000). In Nordafrika waren die größten Städte Kairuan, Fez, und im mohammedanischen Teil von Spanien, Cordova (die Hauptstadt), Sevilla und Toledo; jede dieser Städte zählte über 100000 Einwohner.

Das Besondere an den islamischen Städten war, daß in ihnen eine außerordentlich gemischte Bevölkerung lebte – Araber, Syrer, Armenier, Juden, Griechen –, wobei jede Bevölkerungsgruppe ihr eigenes Wohnviertel besaß, das von einer eigenen Mauer umgeben war. Nur die Basare, in denen alle Güter der Welt neben den örtlichen Produkten zum Verkauf standen, dienten als Treffpunkt der gesamten Bevölkerung und der zahlreichen fremden Besucher und Händler.

Die mohammedanischen Herrscher behandelten die religiösen und ethnischen Minderheiten mit Toleranz und gewährten ihnen weitgehende Autonomie innerhalb ihrer eigenen Viertel, die z. B. vom Heeresdienst ausgeschlossen waren und verschiedene Steuern und andere Abgaben zu entrichten hatten. Sie waren aber zu Zeiten einer schwachen Regierung oder Unruhen das erste Opfer der plündernden Massen.

Die religiöse Toleranz erstreckte sich aber nicht auf Mohammedaner abweichender Meinung, die mit Feuer und Schwert verfolgt wurden (wenn sie sich nicht bekehren ließen). Unter den verschiedenen Lehren des Islam sind zwei der bedeutenden hier zu nennen. Die Sunniten (»Traditionalisten«), heute die überwiegende Mehrheit im Islam (92 %), erkennen neben dem Koran die Tausende von mündlichen Traditionen (Hadith) sowie die Legitimität aller bisherigen Kalifen an, während die Schiiten (= Parteigänger Alis) nur die leiblichen Nachkommen Mohammeds als legitime Nachfolger des Propheten anerkennen. Aber Ali, der vierte Kalif und Schwiegersohn Mohammeds, wurde 661 ermordet, und sein Sohn, Hussein, erlitt dasselbe Schicksal im Jahre 680. Ihre Anhänger glaubten an deren Reinkarnation als »Imam« (= Inkarnation des gesamten Islam). Aber der 12. Imam verschwand im Jahre 873, und seitdem erwarten die Schiiten sein Wiedererscheinen. So wurde die Schia zu einer mystischen Religion, mit symbolischen Elementen der Kasteiung und stark emotionell motiviert, während die Sunna pragmatisch und legalistisch ist.

Bis zum 11. Jahrhundert erfuhr die Schia starke Verbreitung in Nordafrika, Ägypten, Irak, Persien und Jemen, wurde aber später in den meisten Ländern unterdrückt.

Die christliche Welt □ Die Periode der arabischen Eroberungen und Blüte der islamischen Zivilisation war für die westliche Welt eine Zeit des Niederganges – in der englischen Geschichte »dark age« genannt. Die Zerstörung des Weströmischen Reiches infolge der Völkerwanderung und die Gründung schwacher, schlecht organisierter Nachfolgestaaten führten zu einem allgemeinen Niedergang des Handels und damit der städtischen Zivilisation. Die Grundherren, aber auch die Klöster zogen die ländliche Umgebung vor, wo sie sich hinter Erdwällen oder Holzmauern verteidigen konnten. Seit dem 8. Jahrhundert verschlimmerte sich die Situation infolge der ständigen Raubzüge der Normannen, die mit ihren Schiffen die Flußmündungen hinauffuhren und alles Wertvolle raubten oder verwüsteten.

Die Bauern waren gezwungen, in den Burgen der Grundbesitzer Schutz und Anleihen für den Wiederaufbau ihrer Dörfer zu suchen und gerieten so allmählich in totale Abhängigkeit von den Landherren, so daß es für den Grundbesitzer wirtschaftlich günstiger wurde, sie als abhängige Pächter zu beschäftigen als – wie früher – Latifundien durch Sklaven zu bewirtschaften.

Mit der Begründung des Reiches Karls des Großen und seiner Nachfolgestaaten begann eine parallele Bewegung von oben nach unten, indem der Kaiser (oder König) Ländereien an seine Heerführer und Getreuen als »Lehen« vergab, und diese wieder ihren Landbesitz unterteilten und an ihre Getreuen weiter vergaben. So wurde Landbesitz und die damit verbundene Arbeit der Bauernpächter zur Grundlage des Wirtschaftslebens, vor allem, da der Handel infolge der Vernachlässigung des römischen Straßen- und Brückensystems stark zurückging.

Ein erneuter Aufschwung begann erst gegen Ende des 10. Jahrhunderts, und dafür gab es eine Anzahl von Gründen. Einer der wichtigsten war das Nachlassen der Normannenüberfälle. Die Normannen hatten eingesehen, daß es vorteilhafter für sie wäre, anstatt die Bauernbevölkerung auszurauben, sie als Pächter auszubeuten. In der ersten Hälfte des 10. Jahrhunderts drangen sie in denjenigen Teil Nordfrankreichs ein, der noch heute ihren Namen trägt, und erhielten bald die Anerkennung der französischen Könige als rechtmäßige Herrscher – mit dem Titel Herzöge – der Normandie. Sie nahmen das Christentum an und wurden – wie alle Neubekehrten – eifrige Verfechter der Religion. Dank ihrer anerzogenen Disziplin und Organisationskraft waren sie es, die das Verwaltungsprinzip des Feudalismus zur Vollendung und auch den Bau von Burgen auf einen hohen Standard brachten.

Mit dem Aufhören der Raubüberfälle konnten die europäischen Bauern mehr Land urbar machen, mehr produzieren und sich stärker vermehren. Sie genossen dabei die Hilfe der katholischen Kirche, die sich straffer organisiert hatte und Mönchsorden ins Leben rief, wie die Benediktiner und Kluniazenser, die auf straffen Gehorsam aufgebaut waren und es sich zur Aufgabe gemacht hatten, die Ansiedlung von Bauern durch Anleitung in der Trockenlegung von Sümpfen oder durch Waldrodung zu fördern, und eine Wiederbelebung des Handels durch Brükkenbau und Verbesserung von Straßen zu erreichen. Allerdings konnten die Bauern diese Kolonisationsarbeiten nicht aus eigenen Kräften durchführen und waren – sogar in stärkerem Maße – von der finanziellen Hilfe der Grundbesitzer abhängig. Dies führte im Laufe der Zeit zu einem fast völligen Verlust der persönlichen Freiheit und zur Einführung des Systems der Leibeigenschaft.

Die Landherren entwickelten sich zu einer sozialen Schicht, die in ihrer Weltauffassung und Lebensweise von denen der Bauern grundsätzlich verschieden war. Sie lebten in der Welt der feudalen Ordnung, die sich im Laufe der Jahrhunderte herausentwickelt und vor allem einen Ehrenkodex geschaffen hatte, der für den Adel bis in das 20. Jahrhundert verbindlich blieb, und ohne den die heutige Welt das Verhalten der Ritterorden nicht verstehen könnte. Wir müssen daher zum Verständnis des Aufbaus und der

Anforderungen des Johanniterordens die Gesetze der Feudalordnung etwas genauer in Augenschein nehmen.

Feudalordnung □ Der Feudalismus war auf dem Prinzip aufgebaut, daß die Beziehungen der Mitglieder des Adels zueinander auf Grundbesitz basiert sein müßten, der in der unsicheren Zeit des Mittelalters die einzig feste Grundlage für Vermögensbildung darstellte. Dabei mußte die Verteilung des Grundbesitzes einer strengen Hierarchie unterliegen, wobei alles Land innerhalb eines politischen Territoriums dem souveränen Landesherrn gehörte, der seinerseits Teile des Territoriums als Lehen an untergeordnete Adlige – Vasall genannt – verlieh, und der Vasall von seinem Landbesitz einen Teil als Lehen an andere Adlige weitergeben konnte, bis zur untersten Stufe: Der adlige Gutsbesitzer, der sein Land als Domäne mit Hilfe von Bauern unter eigener Regie bebauen konnte, oder an Bauern gegen Geld- oder Naturalabgaben sowie Arbeitsleistungen verpachtete.

Die Belehnung mit Land erfolgte also von oben nach unten, wobei das Besitzrecht auf das Land nur in den Händen des souveränen Herrschers lag, während alle anderen Stufen der Hierarchie nur das Benutzungsrecht (das die Weiterbelehnung einschloß) beinhalteten.

Gegenüber dem von oben nach unten laufenden Prinzip der Landverteilung stand das von unten nach oben laufende Prinzip der Leistungen. Die Quelle aller Wertsteigerung war die Arbeit der Bauern, sowohl in der Bestellung des gepachteten Grundstücks, wie in der Arbeitsleistung auf denjenigen Domänen, die der Grundherr beschloß auf eigene Regie zu verwalten.

Bis dahin gleicht das Prinzip der Landvergebung an den Bauern jedem anderen Prinzip der Verpachtung. Das Besondere an der Feudalordnung lag darin, daß der Grundherr nicht nur der Verpächter war, sondern auch der einzige Besitzer jeder zivilen Autorität. In seinen Händen lag die Ortsverwaltung für jedes Dorf, die Finanzverwaltung, die Sorge für die Sicherheit sowie – als wichtigstes – die Justizverwaltung, wobei der Grundbesitzer Zivil- und Strafrichter war, er selbst natürlich vor Gericht Immunität besaß. (Nur in manchen Ländern, wie in England oder Deutschland, erkämpften sich die Bauern das Recht, vor einem Schöffengericht abgeurteilt zu werden). Die wichtigste Pflicht, die dem Grundherren auferlegt war, war die Verteidigung »seiner« Bauern. Zu diesem Zweck, aber auch zu seiner eigenen Verteidigung gegen eventuelle Bauernunruhen, wohnte der Grundherr in seiner Burg, die seinen Haushalt, Söldner und Handwerker, aber auch Waffenmagazine beherbergte. In Gefahrenzeiten konnten sich die Bauern in die Burg retten.

Die stärkste Macht im 11. Jahrhundert war die katholische Kirche, und an ihrer Spitze der jeweilige Papst. Ihre Stärke lag nicht in der Größe des Territoriums oder der bewaffneten Kräfte, sondern in ihrem geistigen Einfluß auf Regierende wie auf das Volk, und in ihrer Finanzkraft.

Die Kirche besaß die bestgeführte Organisation in Europa. Das Wort des Papstes gelangte über alle Stufen der Hierachie zu allen Teilen der Bevölkerung, wobei die örtliche Geistlichkeit die führende Rolle spielte, sowohl durch persönlichen Kontakt mit den Mitgliedern der Gemeinde wie durch die Möglichkeit der Bestrafung – sei es durch Auferlegung von Buße unter dem Geheimnis der Beichte, sei es die öffentliche Anprangerung oder gar der Kirchenbann.

Noch stärkeren Einfluß hatte die Kirche infolge ihrer finanziellen Stärke.

Die Grundlage der Kirchenfinanzen war der »Zehnte«, eine Art Grundbesitzsteuer. Dazu kamen eine Großzahl von Privilegien und Einnahmen, die der Kirche übergeben wurden, wie z.B. Marktrechte, Brückenzoll und andere Gebühren. Das Einkommen der Kirche stieg im Laufe der Jahrhunderte stark durch Landesspenden und andere Donationen.

Die Kirche wurde damit faktisch zum größten Grundherrn Europas. Ihr Besitz an Grund und Boden wurde auf ein Viertel bis ein Drittel allen nutzbaren Bodens geschätzt. Von all diesen Böden erhielt sie das Einkommen eines Feudalherren, entweder direkt oder durch Vergebung als Lehen. Als Grundherr besaß die Kirche auch die Gerichtsbarkeit in all ihren Besitztümern, zusätzlich zur religiösen Gerichtsbarkeit über die gesamte Christenheit.

Die Ansammlung von Vermögen machte die Kirche bald zum größten Finanzier der westlichen Welt, der durch die Möglichkeit, Anleihen zu genehmigen oder abzulehnen, Gewalt über die meisten Herrscher bekam. Praktisch war der Vatikan eine Weltbank, obwohl die Institution des Bankwesens im Europa des 11. Jahrhunderts noch unentwickelt war. Ein wichtiger Grund für den steigenden Reichtum der Kirche war, daß sowohl die Veräußerung von Kirchengut – und vor allem von Landbesitz – so gut wie verboten war, als auch das Gebot des Zölibats, das verhinderte, daß Eigentum der Kirche durch Erbschaft in Privathände übergehen konnte.

Nach der Zerstörung des Weströmischen Reiches hielt Ostrom noch 1000 Jahre die römische Tradition aufrecht, vor allem im Rechtswesen (Justinians Codex), kleidete sie allerdings in ein griechisches Gewand, sowohl in der Sprache wie in Kunst und Kultur, und vor allem in der Religion. Nach zahlreichen Diskussionen und Konzilien setzte sich die orthodoxe Version des Christentums als allein gültig durch, und der Patriarch von Konstantinopel betrachtete sich selbst als das Oberhaupt der Christenheit und bezeichnete den Papst und die katholische Kirche als Häretiker. Allerdings stand diese Kirche – in Gegensatz zur römischen – unter der Kontrolle des Kaisers, der sich die Ernennung der obersten Würdenträger der Kirche vorbehielt.

Das Byzantinische Reich – auch das »Griechische Reich« genannt – war zeitweilig der mächtigste und reichste Staat Europas, und Konstantinopel bis zum 13. Jahrhundert die größte und reichste Stadt, nicht nur Europas, sondern der ganzen westlichen Welt. Die Stadt war ein Zentrum des Welthandels und der Künste, eine Hüterin des Erbes des klassischen Altertums, dessen Bücher immer wieder kopiert wurden und so für die Nachwelt erhalten blieben. Die byzantinische Architektur war beispielgebend und beeinflußte besonders die islamische Bauweise.

Seine Position verdankte Konstantinopel seiner geographischen Lage, an der Nahtstelle zwischen Europa und Asien und an den Meerengen, die das Schwarze Meer mit dem Mittelmehr verbinden. Die Stadt besaß im »Goldenen Horn«, einem versunkenen Seitental des Bosporus, den größten natürlichen Hafen des Mittelmeeres.

Byzanz verlor den größten Teil seiner asiatischen Besitzungen an die Araber, konnte aber im 10. Jahrhundert seine Grenzen stabilisieren und sogar einige an die Araber verlorene Besitzungen oder Inseln im Mittelmeer zurückgewinnen, so daß seine Grenzen im 11. Jahrhundert ihre größte Ausdehnung erhielten und vom Süd-Osten Anatoliens bis an die Donau reichten und zeitweilig Serbien und Bulgarien umfaßten. Ferner hielt das Reich seine Besitzungen an der Südspitze Italiens (Kalabrien und Apulien).

Byzanz besaß eine disziplinierte und gut geschulte Armee, die bereits im »griechischen Feuer« eine Art Feuerwaffe besaß und sich im Bau von Befestigungen aus Stein auszeichnete. So bildete der Staat den natürlichen Schutzwall Europas gegen das Vordringen asiatischer Kräfte.

Wirtschaftlich glich Byzanz mehr der islamischen Welt als Westeuropa, was vor allem auf die Ähnlichkeit im Klima zurückzuführen ist. Im sozialen Aufbau der Landwirtschaft blieb das Land der römischen Tradition treu: Latifundien, die von Sklaven bearbeitet wurden. Die Zahl der Sklaven, die neben der Landwirtschaft auch im Bergbau, in Industrie und im Privathaushalt beschäftigt wurden, war außerordentlich groß, und darin bestand ein wesentlicher Unterschied zwischen der griechischen und lateinischen christlichen Welt.

Das Reich wurde von einer gut organisierten Bürokratie verwaltet, die aber im Laufe der Jahrhunderte erstarrte und von Korruption durchsetzt war. Zeremoniell und heuchlerische Unterwürfigkeit waren entscheidende äußere Formen, die im Begriff »Byzantinismus« zusammengefaßt sind.

Die Kreuzzüge und ihre Ursachen ☐ In der zweiten Hälfte des 11. Jahrhunderts trat eine Anzahl militärischer Entwicklungen ein, die das politische Weltbild stark veränderten. Als eine der wichtigsten Ursachen dieser Veränderungen ist die Schaffung der normannischen Staaten anzusehen, deren erste Auswirkungen auf die europäische Wirtschaft bereits im vorigen Kapitel geschildert wurde (s. S. 20). Mit der Konsolidierung dieses Staatenwesens trat auf der Bühne der europäischen Politik eine neue Macht auf, die das Weltgeschehen in den nächsten Jahrhunderten auf das stärkste beeinflußte.

Zunächst begannen die Normannen, die sich bekanntlich besonders auf See auszeichneten, sich eine Basis im Mittelmeer zu schaffen. Sie wählten dafür byzantinische Besitzungen in Süditalien, vor allem in Apulien, wo sie sich bereits um das Jahr 1040 in einigen Küstenstädten festsetzten. Sie lösten damit eine Kette von Entwicklungen aus, die sie nicht voraussehen konnten: Papst Leo IX., der sich ursprünglich den Normannen widersetzt hatte, aber von ihnen geschlagen worden war, anerkannte im Jahre 1054 das Recht der Normannen auf die von Byzanz eroberten Territorien. Byzanz sah darin den Bruch eines bestehenden Abkommens zwischen den zwei christlichen Kirchen, in dem sich beide Seiten verpflichtet hatten, keinen Übertritt von Mitgliedern der einen Kirche zu der anderen anzuerkennen, und nach Abbruch von Verhandlungen verhängte der griechische Patriarch den Kirchenbann über den Papst, worauf der Papst mit der Bannung des Patriarchen antwortete. Natürlich war die gegenseitige Bannung nur das letzte Glied einer jahrhundertealten Kette von Konflikten, aber das nun beginnende »Große Schisma« sollte die Beziehungen zwischen den beiden Kirchen endgültig abbrechen.

Die Normannen wandten sich nun gegen arabische Territorien; sie eroberten im Jahre 1061 Messina auf Sizilien und vollendeten die Eroberung der Insel innerhalb von 20 Jahren. Die Insel bildete den Grundstock für das normannische »Königreich von Sizilien«, das in den Kreuzzügen eine entscheidende Rolle spielen sollte.

Ein anderer Zweig der Normannen unter Wilhelm (»der Eroberer«) eroberte im Jahre 1066 England und wandelte diese vorher von internen Streitigkeiten zerrisssene Insel in einen zentralistischen Feudalstaat, dessen führende Rolle in der späteren Welt hier nur erwähnt werden soll.

Unter dem Schutze der Präsenz einer normannischen Flotte im Tyrrhenischen Meer konnten es nun Hafenstädte an der italienischen Küste dieses Meeres wagen, moslemische Piraten von ihren Küsten fernzuhalten, gegen Mitte des 11. Jahrhunderts die Moslems von den Inseln Korsika und Sardinien zu vertreiben, und dadurch das gesamte Meer in ein Binnenmeer christlicher Seefahrt umzuwandeln. Als Folge davon entwickelten sich vor allem die Hafenstädte Genua und Pisa zu Seemächten, ohne deren Beteiligung man sich das Gelingen der Kreuzzüge einfach nicht vorstellen kann.

Unabhängig davon begann in Spanien die »Reconquista« (Wiedereroberung) mit der Eroberung Toledos durch Kastilien (1085), das dadurch zur führenden Landschaft Spaniens wurde und eine große Rolle in den Kreuzzügen und vor allem im Johanniterorden spielen sollte.

Diese territorialen Veränderungen an der Nordwestküste des Mittelmeers, und der Bau großer Handelsflotten durch die Anrainer des Tyrrhenischen Meeres führten zu einer außerordentlichen Verstärkung des Welthandels, der seinerseits die Gründung neuer Städte und die Entwicklung von Handel und Gewerbe im kontinentalen Europa förderte. Das

Wachstum der christlichen Hafenstädte und Flotten führte zu einer außerordentlichen Vergrößerung der Zahl der Pilger, die Wallfahrten ins Heilige Land unternahmen.

Durch die Wiederbelebung des Welthandels wurde Alexandrien zum wichtigsten Umschlagplatz zwischen den europäischen und asiatischen Handelszentren. Ägypten, das seit der Mitte des 10. Jahrhunderts von einer neuen Dynastie – den Fatimiden, einer schiitischen Gruppe aus Nordafrika – regiert wurde, erlebte dadurch eine Blütezeit, die es zur führenden politischen und kulturellen Macht des Islam machte.

Diese Macht wurde aber bedroht durch den Einfall der Seldschuken, ursprünglich eine unbändige Reiterhorde türkischen Ursprungs aus Innerasien, die um 1040 in Buchara mit dem Islam in Berührung kam und bald extreme fanatische Verfechter ihrer neuen Religion (in der Version der Sunniten) wurde.

In Buchara organisierten sich die Seldschuken als politische und militärische Macht und schwärmten von da über Persien und Mesopotamien aus. In den besetzten Ländern setzten sie Herrscher ein, die den von ihnen geschaffenen Titel »Sultan« annahmen. Weiter westlich eroberten sie Armenien und den östlichen Teil von Anatolien. Hier versuchte der Kaiser von Byzantion ihnen Halt zu gebieten, wurde aber im Jahre 1071 von dem Anführer der Seldschuken – Alp Arslan – bei Manzikert, am oberen Euphrat, vernichtend geschlagen.

Diese Schlacht gilt als einer der Wendepunkte in der Geschichte des Nahen Ostens, und Byzantion konnte sich von ihren Folgen nicht mehr erholen. Sie verschaffte den Seldschuken Flankendeckung, die es ihnen nun ermöglichte, nach Süden umzuschwenken. Noch im selben Jahre eroberten sie Jerusalem ohne Kampf, und im Jahre 1075 Damaskus. Damit hatten sie ein Reich geschaffen, das größer war als das der Fatimiden in Ägypten. Es reichte im Westen vom südlichen Palästina bis zum Pontusgebirge, das an das Schwarze Meer grenzt. Der anatolische Teil dieses Reiches bildete das Sultanat Rum mit der Hauptstadt in Ikonion (Konya).

Das plötzliche Aufkommen des gewaltigen Reiches der seldschukischen Türken gab den Anlaß für die Idee des Kreuzzuges. Als neubekehrte Mohammedaner zeigten sie sich intoleranter gegen die Christen und ihre heiligen Orte als ihre Vorgänger in der Herrschaft über Palästina, die Fatimiden. Sie belästigten Pilger in einer Weise, die die Wallfahrt nach Jerusalem zu einem beschwerlichen und fast lebensgefährlichen Abenteuer machte, und schändeten die Grabeskirche. Die Nachrichten von dieser Schändung des größten Heiligtums der Christenheit begannen langsam eine Kampfstimmung unter geistigen Führern in Europa zu erwecken, bis sie einen wortgewandten und fanatischen Vertreter in Peter von Amiens (»der Einsiedler«) fanden.

Aber noch fehlte eine politische Entscheidung, die nur vom Papst ausgehen konnte. Es mag kein Zufall sein, daß Peter seine Predigten zur Rettung des Heiligen Grabes im Jahre 1088 begann, in dem ein neuer Papst gewählt wurde, Urban II., der anscheinend diesem kriegerischen Gedanken ein williges Ohr schenkte. Aber die hauptsächliche Motivation fand der Papst, als der griechische Kaiser Alexios I. – trotz des bestehenden Schismas – im Jahre 1094 die westliche Welt um militärische Hilfe bat, da er allein nicht mehr imstande sei, die Bürde der Verteidigung der Christen gegen die Türken auf sich zu nehmen. Urban sah in dieser Bitte eine Gelegenheit, die Einheit des Christentums wiederherzustellen und berief im Jahre 1095 das »Konzil von Clermont«, das zu einem »Kreuzzug gegen die Ungläubigen« aufrief; das Echo auf diesen Aufruf und die darauffolgende Werbeaktion für Spenden und Freiwillige war weitaus größer als erwartet, und bereits im Jahre 1096 machten sich unorganisierte Massen in fünf Gruppen unter der Führung fanatischer Mönche auf den Weg ins Unbekannte. Ohne Proviant und Ortskenntnis verwandelten sie sich bald in plündernde Horden, die ihre »Ungläubigen« in Juden oder Bal-

kanvölkern fanden und sich praktisch auflösten. Nur zwei Gruppen fanden ihren Weg bis Konstantinopel, von wo sie den Marsch gegen die Türken begannen und dabei völlig aufgerieben wurden.
Organisierte Heere setzten sich erst später in Bewegung. Dabei wäre zu bemerken, daß keiner der Könige Europas, die alle Streitigkeiten mit dem Papst hatten, sich dem Feldzug anschloß, und die Leitung des Feldzuges in den Händen von Grafen und Herzögen lag. Im Jahre 1097 kamen die Kreuzfahrer in Konstantinopel an und konnten kurz darauf – in Gemeinschaft mit dem byzantinischen Heer – Nikaea, den vorgeschobensten Posten der Türken, 200 km südöstlich von Konstantinopel, erobern. Damit begann die eigentliche, asiatische Phase der Kreuzzüge.

Das »Königreich Jerusalem«

Die politische Neueinteilung □ Jerusalem fiel am 15. Juli 1099. Das Kreuzfahrerheer hatte also von dem Zusammenstoß mit den Türken bei Nikaea bis zur Einnahme von Jerusalem zwei Jahre gebraucht, von denen die längste Zeit durch die Belagerung von Festungen in Syrien beansprucht wurde. Die Belagerung Jerusalems dauerte hingegen nur 39 Tage.
Es war die Ironie der Geschichte, daß der Kampf um Jerusalem hätte vermieden werden können. Im Jahre 1098, als das Kreuzfahrerheer mit Kämpfen in Syrien beschäftigt war, hatte sich das fatimidische Ägypten erhoben und die Seldschuken wieder aus Palästina, und damit auch aus Jerusalem, vertrieben. Der ägyptische Herrscher – Al Mustali – sandte darauf Botschafter in das Heerlager der Kreuzfahrer und bot den Frieden unter Wiederherstellung aller Rechte der Christen in Jerusalem an. Die Kreuzfahrer lehnten das Angebot ab. Es war ihnen klar, daß die Christenheit nicht noch einmal imstande sein würde, derartige Opferbereitschaft und religiöse Begeisterung zu wecken wie zu Beginn des Kreuzzuges, und nach einem strapaziösen Marsch, der bereits in zwei Jahren 3000 Kilometer überbrückt und sie bis fast an die Grenzen Palästinas gebracht hatte, das hochgesteckte Ziel der Eroberung des Heiligen Landes aufgeben mußten.
Die Ägypter waren daraufhin gezwungen, die Befestigungen Palästinas, die in den Kämpfen mit den Seldschuken stark beschädigt worden waren, wiederherzustellen, was ihnen aber wegen der Kürze der Zeit nicht gelang. Nur Jerusalem konnte wieder stark befestigt werden, so daß die Kreuzfahrer das übrige Palästina (mit Ausnahme der Küstenstädte, die von der ägyptischen Flotte versorgt und verteidigt wurden) verhältnismäßig leicht erobern konnten.
Der Kampf um Jerusalem war schwer und wurde von beiden Seiten mit äußerster Hingabe und Heldenmut geführt. Als es schließlich den Kreuzfahrern gelang, die Mauern zu durchbrechen, ließen sie ihre angestaute Wut über die jahrelangen Strapazen und Opfer an allem aus, was ihnen in den Weg kam, ob ägyptische Soldaten oder Zivilisten – Männer wie Frauen und Kinder, Mohammedaner wie Juden und vielleicht auch Christen östlicher Kirchen, deren Kleidung der der Mohammedaner ähnlich war. Das Blutbad war so schrecklich, daß selbst christliche Chronisten nur mit Schaudern davon berichten. Moslemische zeitgenössische (und auch moderne westliche Historiker) schreiben die späteren Grausamkeiten der moslemischen Heere dem Rachewunsch für das Gemetzel bei der Eroberung Jerusalems zu.
Mit dieser Eroberung war die Karte der Levanteküste völlig verändert. Sowie das Heer Anatolien (das teilweise dem byzantinischen Kaiser zurückgegeben wurde) verlassen hatte und in Syrien (das schon im 7. Jahrhundert von den Mohammedanern erobert worden war) einmarschierte, forderten die Kreuzfahrer volle Souveränität über die eroberten Ländereien, und die stärksten Feudalherren errichteten selbständige Staaten, die sie für sich selbst beanspruchten. So entstand die Grafschaft von Edessa (s. Karte 1, S. 26) schon im Jahre 1098; kurz darauf im selben Jahre das

Fürstentum Antiochia, und im Jahre 1109 die Grafschaft Tripolis. Südlich davon begann das »Heilige Land«, das zum »Königreich Jerusalem« erklärt wurde. Das ganze Gebiet der Kreuzfahrerherrschaft wurde als »Outremer« (Übersee) bezeichnet.

Aber kaum war die militärische Besetzung der eroberten Gebiete gesichert, erhob sich die Frage nach der politischen Organisation der Kreuzfahrerherrschaft. Es war klar, daß im Heiligen Land das Feudalsystem (das einzige, das den neuen Herrschern des Landes bekannt war) eingeführt werden müßte, aber die Frage war, worauf sich dieses System gründen sollte. In den Ländern Europas war durch eine jahrhundertealte Tradition (die oft zu Erbfolgestreitigkeiten führte) eine Anzahl von Souveränen bestimmt worden, von denen alle übrigen Feudalherren ihre Ländereien als Lehen erhielten; aber Palästina hatte fast 500 Jahre unter moslemischer Herrschaft gestanden und besaß keinen legitimen Souverän – wenn man nicht den Kaiser von Byzanz als einen solchen ansehen wollte, und dazu war natürlich kein Katholik bereit. Nach langen Diskussionen wurde beschlossen, daß die Quelle jeder Legitimität die Heiligkeit des Landes sei, und die Autorität des Obersten Lehnsherren auf dieser beruhe. Aber dieser Kompromiß erregte sofort neue Streitigkeiten. Der lateinische Klerus (der mit dem Heer in Jerusalem eingezogen war) verlangte, daß man daraufhin den Papst (vertreten durch den Patriarchen) als die oberste Autorität anerkennen müßte. Diese Forderung erregte den Zorn der Ritter in höchstem Maße und bewegte sie dazu, sich trotz ihrer inneren Zwistigkeiten auf einen König zu einigen: der einzige Kandidat dafür war Gottfried von Bouillon, der schon vorher als Führer des Kreuzzuges galt. (Seitdem war das Verhältnis zwischen König und Patriarch immer gespannt.) Gottfried nahm die Stellung an, lehnte aber den Königstitel ab, »um nicht in der Stadt, in der Jesus eine Dornenkrone trug, König zu sein«. Erst nach Gottfrieds Tod im Jahre 1100, als sein Bruder Balduin, der Herzog von Edessa, zum

Karte 1: Neuaufteilung der Levante durch die Kreuzfahrer

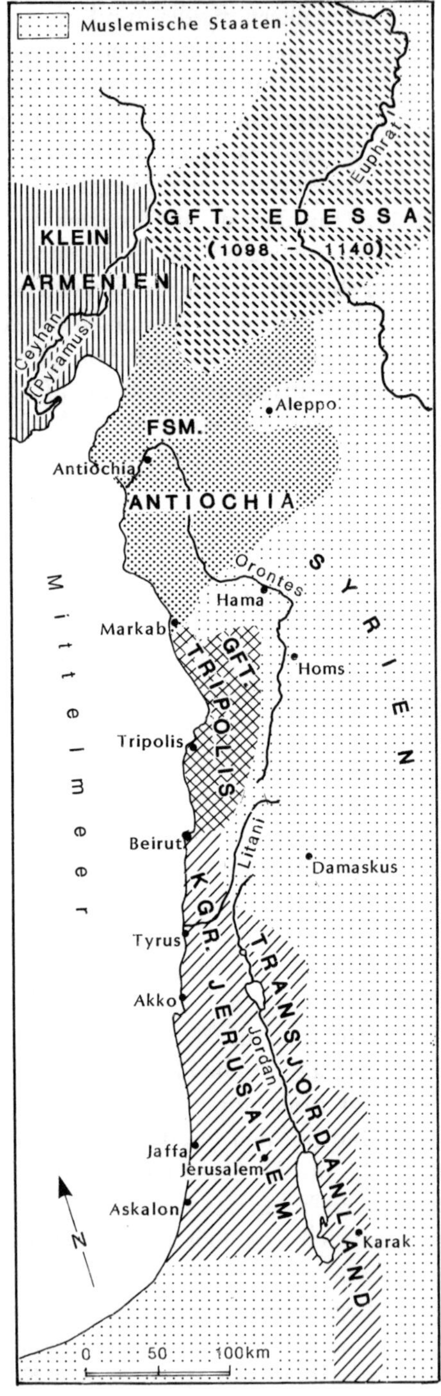

Herrscher gewählt wurde, wurde der Titel »König von Jerusalem« geschaffen. Die Monarchie wurde für erblich erklärt, aber eine Versammlung der adligen Führer erhielt das Recht, unter den Erbberechtigten einen Nachfolger zu wählen.

Die Autorität des Königs erstreckte sich nur über Palästina, in den übrigen Staaten von Outremer war praktisch jeder Herrscher souverän.

Das Leben im Königreich Jerusalem □ Das Geschehen während der Kreuzzüge ist durch eine große Zahl von Chronisten festgehalten, die zum Teil voneinander abschrieben, oder der eine suchte den anderen in der Schilderung der Größe der feindlichen Heere oder der Tapferkeit einzelner Kämpfer zu übertreffen. Im wesentlichen wurde über Ereignisse am Hof des Königs, militärische Zusammenstöße oder über entscheidende Versammlungen der Adligen berichtet, und erst moderne Historiker haben aufgrund von Handelsdokumenten oder Verträgen oder auch archäologischer Funde das wirtschaftliche und soziale Leben der Bevölkerung rekonstruiert.

Es ist klar, daß die Zeit der Kreuzzüge nicht eine Periode ununterbrochener Kämpfe war. Nach dem Abflauen eines jeden Kreuzzuges, der neue Heere von Europa nach der Levante brachte, gab es längere Perioden des Waffenstillstandes zwischen Mohammedanern und Christen, in denen reger Handel und Austausch von Ideen stattfand, nur ab und zu von örtlichen Kämpfen von kurzer Dauer unterbrochen.

Das Königreich von Jerusalem gab sich einen eigenen Kodex von Gesetzen (die »Assisen von Jerusalem«), die das Feudalsystem in reinster Form zur Anwendung brachten und den landansässigen Anhängern östlicher Kirchen oder den wenigen Mohammedanern eine Stellung zuwiesen, die der der leibeigenen Bauern in Europa ähnlich war. Allerdings war die Landwirtschaft an sich ertragreicher (s. S. 18), und so blieb den Bauern Palästinas ein größeres Einkommen als jenen in Europa.

Es gab natürlich unter den Kreuzfahrern auch Nichtadlige; diese stellten sogar die Mehrheit der Kreuzfahrer. Allmählich bürgerte sich für alle (Nichtadlige wie Adlige) der Name »Franken« ein, da die Mehrzahl aus französischen Gebieten kam. Die Nichtadligen genossen alle Vorrechte der Katholiken, nur ihre soziale Stellung galt als geringer. Sie formten den Bürgerstand und bildeten den Großteil der Stadtbevölkerung. Andere Nichtadlige waren die persönlichen Bedienten des Adels sowie die Hilfstruppen, die als Fußtruppen mit den Rittern in den Kampf zogen.

Eine besondere Rolle spielten die Hafenstädte, vor allem die Stadtrepubliken Genua, Pisa und Venedig. Diese konnten natürlich nicht in Erscheinung treten, solange die Häfen der Levante sich noch in ägyptischen Händen befanden; sie nutzten aber die Zeit, um große Flotten zu bauen, und zeitgleich mit der Eroberung von Jaffa erschien bereits am 15. Juli 1099 eine große genuesische Flotte im Hafen, die nicht nur Proviant für das Heer brachte, sondern vor allem Hölzer und anderes Material für den Bau von Belagerungsmaschinen, welche es dem Kreuzfahrerheer ermöglichten, die Mauern Jerusalems vier Wochen später zu erstürmen.

Seitdem spielten die italienischen Hafenstädte eine immer stärkere Rolle in Outremer. Ihre Schiffe brachten nicht nur kleine Verstärkungen für die Kreuzfahrer, sondern eine ständig wachsende Zahl von Pilgern, für die die Überfahrt nach dem Heiligen Land zur See wesentlich verkürzt und erleichtert wurde.

Aber das hauptsächliche Ziel der Hafenstädte war, sich in den Orienthandel einzuschalten, und das war natürlich nur in Zusammenarbeit mit den Mohammedanern möglich. Daher waren die Hafenstädte stets an einer Politik der Waffenstillstände interessiert.

So gewannen die Hafenstädte eine immer steigende Bedeutung im politischen und Wirtschaftsleben des Königreichs Jerusalem. Es gelang ihnen, eine fast totale Autonomie in den Hafenstädten Outremers

Karte 2: Karte von Jerusalem, unbekannter Herkunft (anscheinend 1180). Osten ist oben; die Inschriften sind nach Quadranten geordnet, in Uhrzeigerrichtung.

	Lateinischer Text	*Deutsche Übersetzung*

A. Innerhalb der Stadtmauer

NO-Quadrant

	Hic flagellatus est Jhesus	*Hier wurde Jesus ausgepeitscht*
	Piscina vel Porticus	*Zisterne oder Torbogen*
2	*Ad portam vallis Iosaphat*	*Zum Tore des Josaphat Tales*
	Porticibus (wahrsch. Porticus)	*Torbogen*
5	*Templum Domini*	*Der Tempel des Herrn*
	Porta Speciosa (zwei Mal)	*Das prachtvolle Tor*

SO-Quadrant

	Vicus	*Straße*
13	*Templum*	*der Tempel*
	Claustrum Salomonis	*der Palast Salomons*
	Taberna (zwei Mal)	*Gasthaus*
11	*Vicus porte montis Syon*	*Weg zum Tor des Zionsberges*

SW-Quadrant

12	*Hospitale*	*Hospital*
19, 16	*(ohne Bezeichnung)*	*Königspalast und Davidstor*

NW-Quadrant

	Vicus ad Templum Dom. nostri Jhesu Christi	*Straße zum Tempel unseres Herrn Jesus Christus*
	(Hic) inventa est (…) Dom.	*Hier wurde das (Kreuz) des Herrn gefunden*
4	*Sep. Dom.*	*Das Grab des Herren*
	Lapis Scissus	*Der gespaltene Fels*
	Hic Sancta Anna	*Hier… die Heilige Anna…*
	Aula Regis	*Der Königssaal*
1	*Vicus porte Sancti Stephani*	*Weg zum Tore des Heiligen Stephan*

B. Außerhalb der Stadtmauer

Obere Hälfte

	Hic fuit sepulta	*Hier fand die Grablegung statt*
	Ecclesia Dei genetricis Marie	*Kirche der Gottesmutter Maria*
	Hay	*Ha-Ai*
	Gessemani. Hic Jhesus a Judaeis tentus est	*Gethsemane. Hier wurde Jesus von den Juden gefangen genommen*
	Iordanis fluvius	*Der Jordan Fluß*
	Mons Oliveti. Hic a terra ad coelos ascendit	*Der Ölberg. Hier stieg er von der Erde gen Himmel*
	Bethphage	*Beth Phage*
	Hic jejunavit et temptatus est a diabolo	*Hier fastete er und wurde vom Teufel versucht*
	Mons excelsus	*Ein aufragender Berg (Karantel)*
	Iericho civitas	*Die Stadt Jericho*
	Bethania	*Bethanien*
	Torrens Cedron	*Der Kidron Bach*
	Hic Lazarum resuscitavit dominus	*Hier rief der Herr den Lazarus ins Leben zurück*
	Natatorium Siloe Fons	*Badeplatz der Quelle Shiloach*
	Acheldemach, ager sanguinis	*Hakeldama, der Blutacker*

Untere Hälfte

	Vicus ad civitatem Bethleem	*Straße zur Stadt Bethlehem*
	Hic pedes discipulorum lavit	*Hier wusch er die Füße der Schüler*
	Cenaculum	*Das Coenaculum (der Platz des Abendmahls)*
	Trivium Sancte Marie	*Der Platz der Heiligen Maria*
18	*Mons Syon*	*Der Berg Zion*
	Sepulcrum Rachel uxoris Jacob	*Grab der Rachel, Jacobs Frau*
	Processio sancti spiritus	*Prozession des Heiligen Geistes (sollte heißen: d. Heil. Grabes)*
	Hic passio innocentium (V)el Eufrata	*Hier war das Leiden der Unschuldigen oder Efrata*
	Vicus ad civitatem Masphat	*Straße nach der Stadt Masphat (Mizpeh)*
	Mons gaudii, peregrini gaudentis	*Berg der Freude (Montjoie) (Nebisamwil), jubelnde Pilger*
	Hic beatus Stephanus a Judeis lapidatus est	*Hier wurde der Heilige Stephan von den Juden gesteinigt*

Die den Ortserklärungen vorangestellten Ziffern beziehen sich auf die geographisch exakt angegebenen Standorte der Bauwerke der Karte 3 (s. S. 30) und lassen sich auf die historische Karte übertragen.

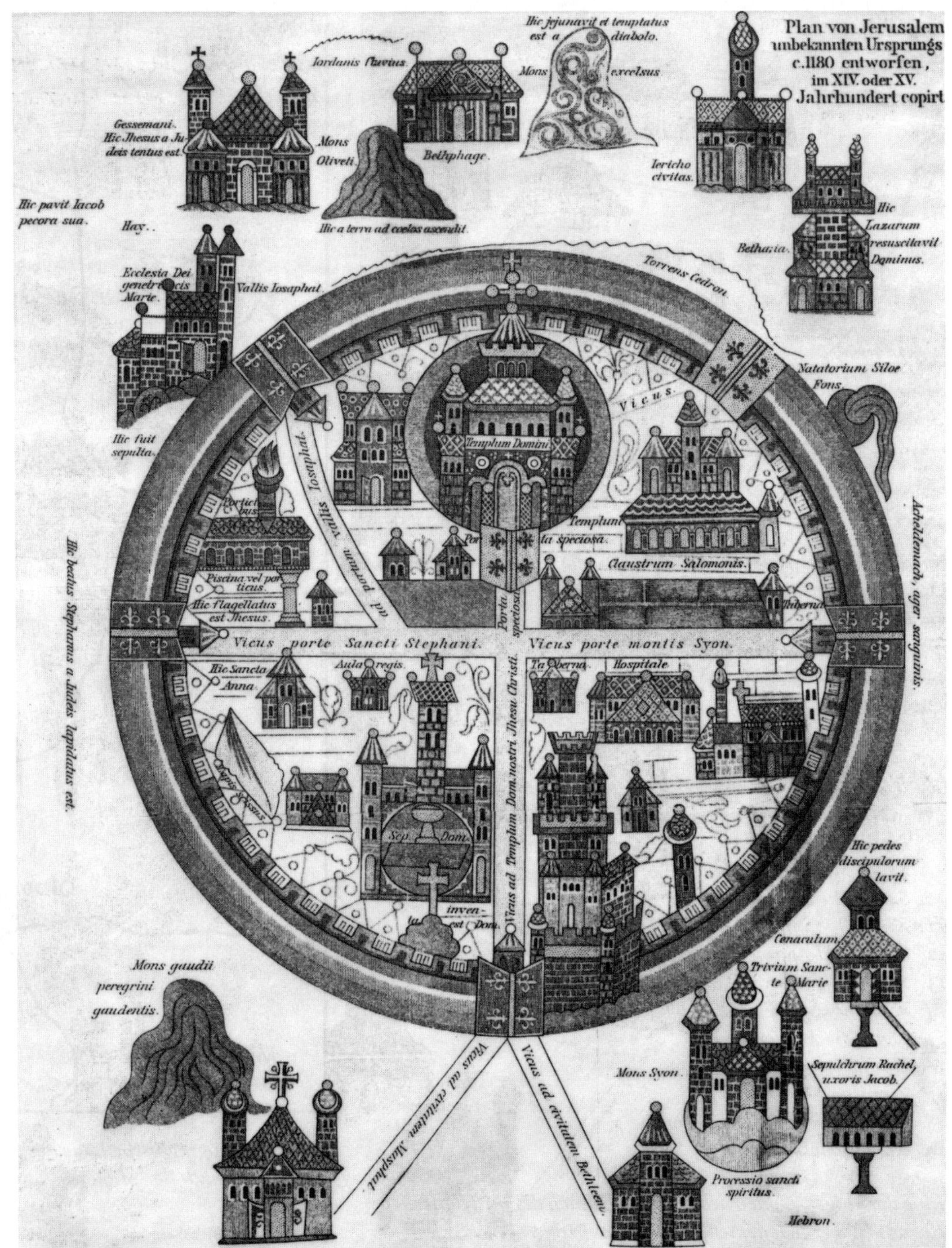

Plan von Jerusalem
unbekannten Ursprungs
c.1180 entworfen,
im XIV. oder XV.
Jahrhundert copirt
Hic jejunavit et temptatus est a diabolo.
Mons excelsus
Iordanis fluvius.
Gessemani. Hic Jhesus a Judeis tentus est.
Mons Oliveti.
Bethphage.
Iericho civitas.
Hic pavit Iacob pecora sua.
Hic a terra ad coelos ascendit.
Hic Lazarum resuscitavit Dominus.
Bethania.
Ecclesia Dei genetricis Marie.
Vallis Iosaphat.
Torrens Cedron.
Natatorium Siloe Fons.
Vicus.
Templum Domini
Templum
Claustrum Salomonis.
Hic fuit sepulta.
Vicus porte Sancti Stephani.
Vicus porte montis Syon.
Porta speciosa
Hic Flagellatus est Jhesus.
Piscina vel porticus.
Hic Sancta Anna.
Aula regis.
Taberna.
Hospitale.
Sep. Dom.
Vicus ad Templum Dom. nostri Jhesu Christi.
Acheldemach, ager sanguinis.
Hic beatus Stephanus a Judeis lapidatus est.
Hic pedes discipulorum lavit.
Cenaculum.
Trivium Sancte Marie
Mons gaudii peregrini gaudentis.
Mons Syon.
Sepulchrum Rachel, uxoris Jacob.
Vicus ad civitatem Bethleem.
Processio sancti spiritus.
Hebron.

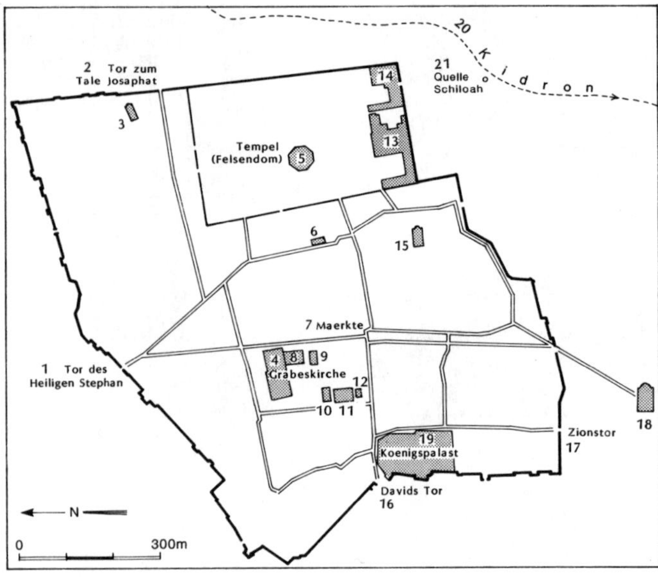

Karte 3: Die Jerusalemer Altstadt, in geographischer Projektion. Die Lage von Bauwerken aus der Kreuzfahrerzeit ist durch dunkle Markierung oder Zahlen angegeben.

1. *Stephanstor*
2. *Tor zum Tale Josaphat*
3. *Santa Anna Kirche*
4. *Grabeskirche*
5. *Felsendom (Tempel)*
6. *Bäder*
7. *Märkte*
8. *Haus des Patriarchen*
9. *Santa Maria Latina*
10. *Santa Maria (die Große)*
11. *Kirche Johannis des Täufers*
12. *Sitz der Hospitaler*
13. *Sitz der Templer*
14. *»Salomos Ställe«*
15. *Deutsche Marienkirche*
16. *Davidstor*
17. *Zionstor*
18. *Marienkirche auf dem Zionsberg*
19. *Königspalast*

Eine der obigen Zahlen neben einem Namen der mittelalterlichen Karte 2 (s. S. 29) bedeutet Identität des Ortes.

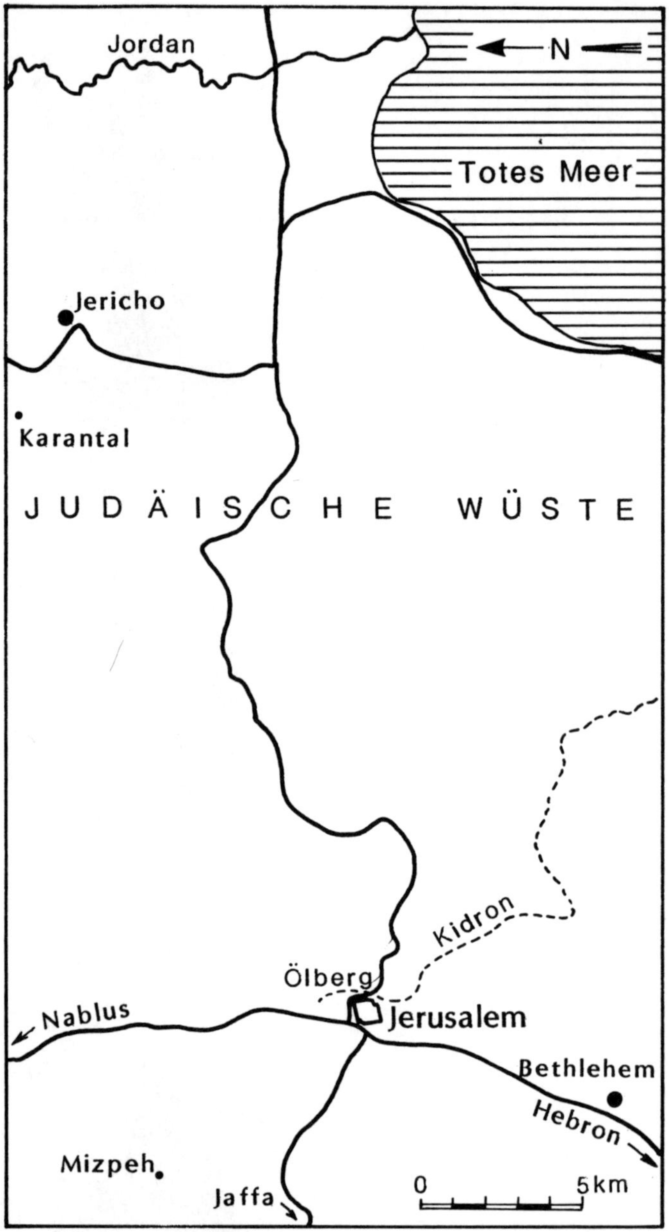

Karte 4: Geographische Lage der in Karte 2 (s. S. 29) angegebenen Orte außerhalb der Mauern.

zu gewinnen, die auch dadurch notwendig war, daß sie nicht in den Rahmen der Feudalordnung eingefügt werden konnten.
Die italienischen Hafenstädte erhielten in den Häfen Outremers nun autonome Viertel, sowie Steuer- und Zollermäßigungen oder totale Freiheit, und auch ständig steigende Macht in den politischen Gremien. Allerdings waren die Vertreter der italienischen Städte, sowie deren Kaufleute in Parteien gespalten, und ihre Streitigkeiten führten oft zu kriegerischen Auseinandersetzungen, vor allem in Zeiten, wenn die Mutterhäfen in militärischem Konflikt standen.
Die Berichterstattung der Chronisten beschäftigte sich – wie erwähnt – hauptsächlich mit der Führungsschicht. Hierbei zeigte sich, daß genau wie in Europa die einzelnen Ritter, bis in den höchsten Adel, in ständigem Zwist miteinander lagen oder Parteien bildeten, die im allgemeinen das politische Leben Europas widerspiegelten, vor allem den Streit zwischen Kaiser und Papst, später auch zwischen Hohenstaufen und Welfen oder Franzosen und Engländern. Dazu kam, daß nicht alle Ritter im Heiligen Lande blieben: das Kreuzfahrergelübde galt nur für drei Jahre, und zahlreiche Ritter oder Bürger kehrten nach einiger Zeit nach Europa zurück.
Weiter bestand ständige Rivalität zwischen dem Klerus, der nur dem Papst verantwortlich war und kein Lehensverhältnis zum König oder anderen Adligen hatte, und den Rittern.
Bei all dieser Uneinigkeit ist zu berücksichtigen, daß es im mohammedanischen Lager nicht viel besser aussah. Im Gegenteil – im mohammedanischen Gebiet bestanden verschiedene Staaten, die sich gegenseitig mit Waffengewalt bekämpften, und die Eroberung von Jerusalem war wahrscheinlich nur möglich gewesen, weil die Fatimiden die Seldschuken vorher aus Palästina vertrieben hatten.
Es würde im Rahmen dieses Buches zu weit führen, die inneren und äußeren Streitanlässe und Kämpfe im einzelnen zu behandeln. Aber das Bestehen dieser Zwiste ist immer als Hintergrund allen politischen Geschehens zu betrachten. So scheiterte z.B. der Zweite Kreuzzug (1146 – 1148), an dem sich zum ersten Mal Könige (von Frankreich und von Deutschland) beteiligten, hauptsächlich an dem gegenseitigen Mißtrauen der Heere, die getrennt marschierten, aber auch getrennt nach Europa zurückkehrten, ohne das geringste erreicht zu haben.

Der Orden vom Heiligen Johannes

Die Vorläufer und Anfänge des Ordens □ Über die Vor- und Frühgeschichte des Johanniterordens gibt es zahlreiche Berichte, meist etwa 50 Jahre nach der Gründung geschrieben und viel Legendäres enthaltend. Moderne Historiker sind einstimmig der Ansicht, daß die glaubwürdigste Version die des Erzbischofs von Tyros, Wilhelm, ist, der als der beste zeitgenössische Historiker der Kreuzzüge gilt. Nach seiner – durch Archäologen ergänzten – Version bestand schon zur Zeit der byzantinischen Herrschaft über Palästina, etwa um 610, ein Hospiz für Pilger südlich der Grabeskirche, das auch unter arabischer Herrschaft weiter wirken durfte. Im 9. Jahrhundert wurde nahebei eine katholische Kirche, Santa Maria Latina, anscheinend von Karl dem Großen gestiftet, erwähnt, die zusammen mit dem Hospiz zur Zeit der Christenverfolgung unter dem fatimidischen Kalifen Al-Hakim zerstört wurde.
Eine besondere Rolle bei der Entwicklung des Platzes südlich der Grabeskirche spielte Amalfi, eine der ersten Stadtrepubliken Italiens, gegründet bereits im 9. Jahrhundert. Amalfi besaß keinen natürlichen Hafen, und der einzige naturgegebene Vorteil der Stadt war ihre Lage am Fuße des Steilabfalles der Halbinsel von Sorrento, der einen Angriff auf die Stadt praktisch unmöglich machte. So gelang es Amalfi im 8. Jahrhundert, sowohl vom Langobardenreich wie vom Kirchenstaat unabhängig zu bleiben und nur eine politische Beziehung zu Neapel aufrechtzuhalten.

Eine schwache politische Abhängigkeit zu Konstantinopel öffnete dem Seehandel Amalfis nicht nur das Oströmische Reich, sondern auch den Markt der arabischen Staaten im östlichen Mittelmeerbecken. Es konnte verschiedene Handelsniederlassungen im Orient gründen, darunter auch eine in Jerusalem. Im 11. Jahrhundert schuf Amalfi einen Kodex für das Seerecht, der mehrere Jahrhunderte hindurch für die Seefahrt im Mittelmeer maßgebend war.

Infolge dieser Machtposition konnte Amalfi im Jahre 1048 von den ägyptischen Herrschern des Landes die Genehmigung erreichen, in Jerusalem ein Hospital und Hospiz für Pilger zu errichten. Beide wurden von Benediktinermönchen verwaltet. In der Zeit vor dem Ersten Kreuzzug war der Verwalter ein Mönch namens Gerhard, dessen genauer Name und Herkunft ungewiß sind. Auch der Ursprung des Namens des heiligen Johannes, der dem Hospiz gegeben wurde, ist umstritten. Da Gerhard sein Hospital den Mitgliedern aller Religionen offen hielt, wurde es während der Besetzung Jerusalems durch die Seldschuken nicht zerstört und hatte auch während des Angriffs der Kreuzfahrer auf Jerusalem Bestand.

Gerhard blieb an der Spitze des Hospitals auch nach der Eroberung Jerusalems und erhielt von Gottfried von Bouillon Ländereien zugewiesen, deren Ertrag zur Deckung der Kosten beitragen sollte. König Balduin I. übertrug dem Hospital Anteile an der Siegesbeute und weitere Ländereien. Damit war ein Präzedens geschaffen, das durch die ganze Geschichte des Johanniterordens wirksam war, und bald folgten den Landspenden im Königreich Jerusalem auch solche in allen katholischen Ländern Europas. Der Gedanke einer zentralen Organisation, die für die Gesundheit und Unterkunft der Pilger sorgte, die sofort nach der Eroberung Palästinas durch die Kreuzfahrer zu Tausenden ins Heilige Land kamen, wurde in Europa mit großem Verständnis aufgenommen. Zahlreiche Pilger bekundeten nach ihrer Rückkehr nach Europa ihre Dankbarkeit durch eine Geld- oder Landspende, und dies verpflichtete natürlich die verantwortlichen Mönche, eine Basisorganisation in Europa aufzubauen.

Gleichzeitig errichtete das Hospital Zweighäuser entlang der Pilgerwege, vor allem in den Einschiffungshäfen der Pilger: Marseille, Pisa, Bari, Otranto, Taranto, Messina. Diese Sichtbarmachung der Tätigkeit des Hospitals in Europa zeigte den Spendern auch, daß ihre Spende wirklich zu dem religiösen Zweck benutzt wurde, für den sie gemeint war.

Alle diese Tätigkeiten erfolgten ohne eine festgelegte Autorisierung, nur durch den guten Willen von Grundbesitzern oder Herrschern. Doch die Anerkennung durch den Papst (Paschalis II.) erfolgte bereits im Jahre 1113. Das Hospital wurde als internationaler Orden mit dem Sitz in Jerusalem und Besitzungen über ganz Europa und in Outremer anerkannt. Als seine Aufgabe wurde die Unterhaltung von Hospizen und Krankenhäusern festgelegt, militärische Aufgaben wurden noch nicht erwähnt. Das wichtigste an der päpstlichen Bulle war die Anerkennung der Autonomie des Ordens: er durfte seinen Großmeister selbst – ohne jede äußere Einflußnahme – wählen, und alle seine Güter in Europa unterstanden dem Großmeister in Jerusalem und waren frei von jeder feudalen Bindung. So wurde der Orden vom Heiligen Johannes der erste unabhängige, religiöse Ritterorden, dem bald der Templerorden, und später der Deutsche Ritterorden folgte.

Der Orden der Tempelritter erhielt im Jahre 1118 von König Balduin I. die Genehmigung, sich in einem Flügel des Königspalastes, der umgebauten Aqsa-Moschee, niederzulassen. Er war der erste Orden, bei dessen Verpflichtungen die Verteidigung der Pilger erwähnt wurde, und somit der erste kämpfende Ritterorden.

Meister Gerhard starb ungefähr um das Jahr 1118, und sein Nachfolger Raimund von Le Puy, der sein Amt bis zu seinem Tode 1160 bekleidete, war der erste, der zu seinem Amt vom Konvent des Ordens erwählt wurde. In seiner langen Amtstätigkeit war er derjenige, der die Fundamente zur späteren Entwicklung des Ordens legte: vor allem die Betonung der Adligkeit der Ordensritter; die Verpflichtung, den »Herren Kranken« (um diese Zeit wird dieser Ausdruck zum ersten Mal benutzt) zu dienen; auch wird bereits die Pflicht der Verteidigung der Pilger und Pilgerwege erwähnt. Im Gegensatz zu den Tempelrittern, die ihre strenge Regel von St. Bernhard erhielten, verfaßte Raimund selbst eine Regel für den Orden (1153), die alle Pflichten der Ordensritter auf das genaueste festlegte; vor allem die Einzelheiten des Dienstes an den Kranken; sie war aber in ihren asketischen Anforderungen an den einzelnen gemäßigter als die der Templer, was wohl als Folge der humanitären Aufgaben, die als Hauptpflicht des Ordens betont wurden, zu betrachten ist.

Die Hinzufügung der militärischen Verpflichtungen zu denen der Krankenpflege, erfolgte erst langsam und zögernd, vor allem ihre Anerkennung durch die Päpste, die anscheinend glaubten, daß *ein* kämpfender Ritterorden – die Templer – diesem Zweck genüge und daß der Orden vom Heiligen Johannes sich nur der Krankenpflege widmen sollte. Aber die Wirklichkeit im Königreich Jerusalem und die herrschende Unsicherheit der Wege schienen einen Schutz der Hospize und der Verbindungen zwischen ihnen notwendig zu machen. So findet sich die Verpflichtung der Ordensritter zum Kampf gegen die Ungläubigen bereits in der Regel, die Raimund von Le Puy für den Orden aufgestellt hatte, und auch in einer Bulle des Papstes Innozenz II. vom Jahre 1130.

Die erste praktische Handlung als militärischer Orden erfolgte in Form der Übergabe der Festung von Bet-Guvrin – etwa 35 km östlich von Askalon, das bis zum Jahre 1153 in mohammedanischen Händen geblieben war –, zusammen mit dem landwirtschaftlichen Umland, an den Orden.

Der endgültige Wendepunkt in der Haltung des Johanniterordens und auch der Päpste zur Frage des militärischen Einsatzes kam mit dem Scheitern des unglückseligen Zweiten Kreuzzuges, der klar werden ließ, daß das Königreich Jerusalem und Outremer nicht durch Heere verteidigt werden konnte, die ihre Ritter und Soldaten nur auf kurze Zeit mobilisieren konnten; ein stehendes Heer von Truppen, die auf die Dauer im Heiligen Land bleiben sollten, war notwendig geworden. Ein solches Heer konnte aber nur von den Ritterorden mit ihrer strengen Disziplin aufgestellt und unterhalten werden. Dabei betonte der Papst, daß die Kämpfe nur der Verteidigung dienen sollten und daß Waffen auf keinen Fall gegen christliche Truppen erhoben werden dürften. Dieses Verbot sollte eine Einmischung der Orden als bewaffnete Macht in die innere Politik der christlichen Staaten verhindern. Es ist klar, daß auch ohne militärische Einmischung der diplomatische Einfluß der Ritterorden auf das Geschehen im Heiligen Land sehr gestärkt wurde.

Andererseits verlangte selbst eine Verteidigungsstrategie große Mittel, vor allem den Besitz von stark befestigten Burgen, die der Orden entweder selbst bauen mußte oder die von den ursprünglichen Besitzern dem Orden überlassen wurden. Bis zum Schicksalsjahr 1187 gelang es dem Johanniterorden, 15 Burgen und das Anrecht auf fünf weitere zu erwerben oder solche zu bauen.

Die ersten größeren Militäraktionen, an denen sich der Orden beteiligte, endeten jedoch mit Katastrophen, nicht so sehr wegen des Versagens des Ordens, sondern infolge von Fehlplanungen von seiten des Königs. So führte der Feldzug König Amalrichs I. (1168) nach Ägypten zu einer schweren Niederlage. Amalrich hatte dem Ordensmeister des Johanniterordens, Gilbert von Assailly (1163 – 1170), für den Fall der geglückten Eroberung Kairos die Herrschaft über die Provinz Bilbais als dauerndes Eigentum versprochen. Als Gegenleistung verpflichtete sich der Orden, 500 Ritter (mit ihrem Gefolge) sowie 500 Turkopolen zur Verfügung zu stellen. Nach anfänglichen Erfolgen und der Eroberung der Stadt Bilbais unter schweren Opfern mußte der Kampf aufgegeben werden, da ein moslemisches Entsatzheer sich von Syrien aus in Bewegung gesetzt hatte, eine Möglichkeit, die König Amalrich nicht in Betracht gezogen hatte. Der Abbruch des Kampfes und der Rückzug waren mit großen Verlusten verbunden – die größten Verluste erlitt der Johanniterorden. Der Ordensmeister wurde dafür im Konvent zum Rücktritt und Verlassen des Landes gezwungen.

Auch in sonstigen Kämpfen war der Johanniterorden nicht besonders erfolgreich, vor allem in jenen gegen Saladin, den neuen Herrscher Ägyptens und Syriens: Im Mai 1187, d.h. kurze Zeit vor der Schlacht von Hattin, fiel der Ordensmeister Roger von Les Moulins in einem zufälligen Scharmützel mit Saladins Truppen, das von dem Großmeister des Templerordens, Gerhard von Ridfort, provoziert worden war (s. S. 48).

»Ein Baum und seine Wurzeln« – Der Dualismus in der Organisation des Ordens □ Nach der Konstituierung des Ordens vom Heiligen Johannes im Jahre 1113 dauerte es noch einige Jahrzehnte, bis der Orden seine endgültige Organisationsform fand, da die meisten Regeln und Änderungen in Form von päpstlichen Bullen erst veröffentlicht werden mußten. Die Festlegung von Satzungen war kompliziert, da es für die Aktionen des Ordens kaum Präzedenzien gab. Der internationale Charakter, der den Orden seit seiner Gründung auszeichnete, verlangte die Anpassung an Gesetze und Gepflogenheiten verschiedener Kulturkreise. Auch die Tätigkeit im Heiligen Land erstreckte sich auf so verschiedene Felder wie Kriegführung, Burgenbau, Lebensform unter klösterlichen Bedingungen und Unterhaltung großer Krankenhäuser. Dazu kommt, daß im Laufe der Zeit Statuten geändert oder für manche Begriffe neue Namen benutzt wurden. Aus diesen Gründen sollen hier die Organisationsformen geschildert werden, wie sie um 1180 bestanden.

Die Gesamtorganisation des Ordens läßt sich am besten mit einem Baum vergleichen. Die Wurzeln, die dem Baum die Nährstoffe zuführen, gleichen der weitverzweigten Organisation in Europa, die der Zentralleitung des Ordens Menschen, Geld und Materialien zur Verfügung stellen mußte. Der Stamm war das Mittelmeer, an dessen Küsten alles zusammenkam, um auf Schiffen nach Outremer befördert zu werden. Die Baumkrone war die »Verästelung« von Gütern und Menschen in bezug auf die verschiedenen Burgen, Krankenhäuser und Konvente des Ordens, sowie auf die zentrale Leitung des Ordens.

Der Orden in Europa □ Die Basis der Ordenstätigkeit in Europa war in verschiedenen Untereinheiten aufgeteilt, die allerdings nicht mit der politischen Aufteilung Europas parallel verliefen. Daher rührt eine gewisse Verwirrung der Bezirksnamen: Priorate, Kommenden, Großkommenden, Balleien und andere. (Dieselbe Verwirrung herrschte bei den Titeln der Personen, die an der Spitze einer geographischen Einheit standen.) Die Größe dieser Einheit hatte wenig Beziehung zu ihrer Benennung; sie konnte ein einzelnes Dorf sein, aber auch ein Waldgebiet oder eine größere Gruppierung von Ländereien. Trotz der Verschiedenheit der Benennungen hatten alle Einheiten dieselben Aufgaben, nur mit gewissen Gradunterschieden.

Die wichtigste Aufgabe der Organisation in Europa war die Finanzierung der Aktivitäten des Ordens.

Die Grundlage dafür waren die zahlreichen Schenkungen, die der Orden erhielt, in Geld, Natural-Einnahmen, Sachleistungen und hauptsächlich in Ländereien, die für immer Eigentum des Ordens blieben – es sei denn, daß der Ordensmeister selbst beschließen sollte, sie zu verkaufen. Die Gründe für solche Donationen waren verschiedener Art und hingen nicht unwesentlich von der Überzeugungskunst der Ordensmitglieder ab. Die Schenkungen waren besonders groß, wenn der Orden sich irgendwie ausgezeichnet hatte, oder – umgekehrt – in große Not geraten war. Sie konnten erbeten werden, wenn der Orden ein größeres Bauprojekt durchführen oder ein neues Krankenhaus errichten wollte.

Eine andere Art Schenkungen hatten testamentarischen Charakter, z.B. von Pilgern, die im Heiligen Land starben und vor ihrem Tod für ihr Seelenheil eine Schenkung an den Orden gaben. Größere Feudalherren übereigneten dem Orden Rechte und Ländereien bei verschiedenen Gelegenheiten.

Im Laufe der Jahrzehnte erwarb der Orden ein großes Vermögen in allen Teilen Europas, dessen Verwaltung den verschiedenen geographischen Einheiten auferlegt wurde, die dann einen gewissen Anteil am Einkommen der nächsthöheren Einheit des Ordens abliefern mußten. Die Zentralverwaltung des Ordens in Outremer verlangte für sich selbst etwa ein Drittel aller Ordenseinnahmen in Europa; die Überweisung erfolgte in Form von Gold und Münzen, aber der Orden begann bereits, Überweisungsdokumente zu benutzen, die eine erste Form von internationalen Schecks darstellten. Manche Ordenseinheiten schickten ihren Beitrag in Naturalien oder in industriellen Erzeugnissen – vor allem Leinen, Decken oder Metallgeschirr für die Krankenhäuser.

Eine Aufgabe völlig anderer Art erfüllten die geographischen Einheiten hinsichtlich ihrer Ordensmitglieder. Es kann gesagt werden, daß der Ordensritter – soweit er nicht im Kampf fiel – seine Karriere auf einer »Kommende« begann und beendete. Ein junger Anwärter auf Mitgliedschaft wandte sich zunächst an die seinem Geburtsort nächstgelegene Kommende, um dort als Kandidat aufgenommen zu werden. Als erstes wurde dort der Grad seiner Nobilität geprüft – diese Prüfung wurde im Laufe der Jahrzehnte immer strenger –, dann begann seine Ausbildung in allen Bereichen der Ordenstätigkeit. Dabei war er verpflichtet, Pferde und Rüstungen aus eigenen Mitteln zu erwerben. Nach einer bestimmten Ausbildungszeit wurde er zur endgültigen Bewährung nach Jerusalem geschickt, wo er eine weitere Ausbildungs- und Prüfungszeit durchlaufen mußte, bis er den ersehnten und hochgeehrten Ritterschlag erhalten konnte.

Nach vollendeter Dienstzeit in Outremer, deren Dauer nicht festgelegt war, die sich aber über mehrere Jahrzehnte erstrecken konnte, wurde der Ritter mit dem Titel eines »Kommendators« nach Europa zurückgesandt, wo er eine Domäne oder Kommende zur Verfügung gestellt bekam, die seine Altersversorgung darstellte.

Verwaltung in Jerusalem □ Die Prinzipien der Verwaltung in Outremer waren völlig anderer Art, denn hier hatte der Orden praktische Aufgaben zu erfüllen, vor allem – im Laufe der Zeit – immer mehr kriegerische Aktionen zu unternehmen, bei denen ein geringer Fehler schicksalhaft sein konnte.

Die erste Frage war die Bestimmung der obersten Spitze des Ordens: Eine Erbfolge, die in den meisten europäischen Ländern als die angemessenste Form der Nachfolge akzeptiert worden war, war bei dem Zölibatsgelübde der Ordensritter nicht denkbar, und eine Wahl auf demokratischer Grundlage hätte vollständig dem Zeitgeist widersprochen.

Das beste Beispiel für die Bestimmung der Nachfolge gab die katholische Kirche selbst, in der das Oberhaupt von einem Kardinalskollegium gewählt wird, das aber seinerseits aus Kirchenfürsten besteht, die zur Kardinalswürde vom Papst ernannt worden sind. Nach der Wahl erhielt der Papst absolute Bestimmungsgewalt bis zu seinem Lebensende.

Der Johanniterorden wählte seine Ordensmeister in ähnlicher Prozedur. Allerdings umfaßte das Wahlgremium größere Kreise des Ordens; sie mußten aus dem Nahen Osten wie aus Europa zusammengerufen werden, um das Generalkapitel zu bilden. Da dies längere Zeit in Anspruch nahm, wurde ein Ritter mit der provisorischen Verwaltung der Ordensgeschäfte beauftragt, manchmal auf Vorschlag des sterbenden Ordensmeisters. Wenn dann das Generalkapitel zusammentrat, konnte es die Auswahl des neuen Meisters einer Kommission von 13 Rittern anvertrauen. Die endgültige Wahl blieb jedoch dem Plenum des Generalkapitels überlassen.

Der einmal gewählte Ordensmeister genoß beinahe absolute Machtbefugnisse auf Lebenszeit, die noch über die des Papstes hinausgingen, denn er war gleichzeitig der oberste Befehlshaber des Ordens.

Dem Ordensmeister zur Seite stand eine Art Kabinett, Konvent* genannt, das ursprünglich aus vier bis fünf Rittern bestand und sich im 13. Jahrhundert auf acht Mitglieder vergrößerte, hauptsächlich unter Betonung der militärischen Aufgaben. Jedes Mitglied des Kabinetts verwaltete ein Ressort:

1. Der Generalsekretär und Stellvertreter des Ordensmeisters (Grand-Commander).
2. Der Leiter der Krankenhäuser und Sozialarbeit (Hospitalier).
3. Der Kämmerer (Finanzverwaltung).
4. Der Konventsprior (der oberste Geistliche des Ordens). Er wurde vom Papst auf Empfehlung des Ordens ernannt.

Der Ordensmeister war der Vorsitzende des Konvents, oberster Richter und oberster Feldherr. Ihm unterstand das gesamte Personal in Outremer sowie die Priors in Europa.

Die Mitglieder des Konvents hatten natürlich einen großen Mitarbeiterstab zur Seite, von denen in der geschichtlichen Literatur nur die obersten Abteilungsleiter erwähnt werden, nicht aber die Zahl der Schreiber, Rechnungsführer, Archivare und Handlanger, die den niederen Beamtenstand eines jedes Bureaus bilden.

Die Mitgliedschaft des Ordens in Outremer teilte sich im Laufe der Zeit in vier Gruppen auf, wahrscheinlich unter dem Einfluß des Templerordens, der eine ähnliche Klassenteilung aufwies:

1. Die dominierende Stellung war den Rittern vorbehalten, die alle hohen Verwaltungsposten bekleideten und natürlich den Kern der Kampftruppe bildeten.
2. Die Sergeanten waren auch von Adel, aber gehörten weniger geehrten Familien an und hatten eine niedrigere Stellung als die Ritter.
3. Die dem Orden angeschlossenen Kleriker, die nicht kämpften, aber dafür alle religiösen Funktionen (Messen, Sakramente, Beichte usw.) ausüben durften.
4. Die dienenden Brüder, die nicht von Adel waren und im Krieg als Fußsoldaten dienten. Ihre Hauptbeschäftigung war die Krankenpflege im Spital. Der größte Teil der Ordensmitglieder kam aus den französischsprechenden Gebieten, vor allem aus Südfrankreich, und Französisch war immer die gebräuchliche Umgangssprache.

Das Alltagsleben der Ordensbrüder verlief nach der strengen, in jedem Kloster üblichen Tageseinteilung, mit festgelegten Gebetsstunden, manchmal bei Nacht oder früh am Morgen; gemeinsame Mahlzeiten, deren Frugalität mit wachsendem Reichtum des Ordens abnahm; und während des Rests des Tages zugewiesene Arbeiten im Krankenhaus, Wartung der Pferde, Instandhaltung der Rüstung, militärische Übungen und ähnliches. Die Freizeit war gering. Natürlich wurde diese Tagesordnung während eines Feldzugs durch die militärischen Bedürfnisse ersetzt.

Die Kleidung war einheitlich: ein roter (im Gottesdienst schwarzer) Mantel oder Umhang, der auch über der Rüstung getragen wurde und auf ihm – an der linken Seite – ein weißes Kreuz, das allmählich die noch heute gebrauchte Form des achtspitzigen, gleichschenkligen »Malteserkreuzes« annahm.

Von anderen Mönchsorden unterschied sich der Johanniterorden dadurch, daß in seiner Tagesordnung die Stunden der Meditation wegfielen.

* Der *Konvent* war die Ordensregierung, bestehend aus dem Großmeister und sechs bis acht Amtsträgern, das *Generalkapitel* die Versammlung sämtlicher Ritter, sowohl derer, die im Heiligen Land dienten, als auch derjenigen, die in Europa lebten. Da die Berufung eines Generalkapitels wegen großer Entfernungen und schwieriger Reiseverhältnisse oft monatelang dauerte, wurde eine solche Versammlung oft in Zeitdifferenzen von mehreren Jahren einberufen. Seine wichtigsten Aufgaben waren die Wahl eines neuen Großmeisters und Statutenänderungen.

»Den Herren Kranken dienen« – Der Orden als »Hospitaler«

Der Stand der Medizin □ Der Hauptzweck für die Gründung des Johanniterordens war die Sorge für arme Pilger und Kranke, und das Hospital spielte immer eine Hauptrolle im Leben des Ordens; in der ersten Zeit lebten die Ordensbrüder direkt im Krankenhaus, später bekamen sie eigene Quartiere, aber immer in der Nähe des Hospitals. Der Orden wurde zu einer Zeit gegründet, in der die Kunst der Medizin bei den Arabern viel höher entwickelt war als in Europa, und es ist als eine der wichtigsten Einsichten der Ordensleitung zu werten, daß sie deren Erkenntnisse zu ihrem Vorteil übernahm und nutzte. Die in Europa praktizierte Medizin war von der allgemeinen antiwissenschaftlichen Stimmung der Zeit geprägt, und in der Heilung spielte Symbolik, Glaube und Aberglaube die größte Rolle. Bei chronischen Leiden und Invalidität oder Unfruchtbarkeit von Frauen galt als das wirksamste Heilmittel die Wallfahrt zu einem der zahlreichen Pilgerorte, in denen die Erinnerung an eine wundersame Heilung wachgehalten wurde. In akuten Krankheitsfällen konnten nur reiche Patienten sich die Hilfe eines Arztes leisten, während die große Mehrzahl der Bevölkerung sich mit örtlichen Heilpflanzen und dem Rat von erfahrenen Männern und Frauen begnügen mußte.

In den Klöstern entwickelte sich allmählich eine geordnete Krankenpflege, die von Stiftungen von Landesherren gestützt wurde. Im 13. Jahrhundert begann auch der Klerus als solcher, und besonders die Bischöfe, Spitäler zu errichten, in denen die Krankenpflege von Laienpersonal durchgeführt wurde.

Die arabische Medizin war auf Fortsetzung medizinischer Erfahrungen der hellenistischen Zeit, die bereits eine hohe Erkenntnisstufe erreicht hatte, aufgebaut, wobei jüdische Ärzte, die unter arabischer Herrschaft Gleichberechtigung besaßen, zu hohem Ansehen gelangten. In Mesopotamien bestanden zur Zeit der Abassiden dreißig Krankenhäuser. Das Fach Medizin wurde an Hochschulen gelehrt, und berühmte Ärzte schrieben vielbändige enzyklopädische Werke über Medizin. Der bekannteste arabische Mediziner der Kreuzfahrerzeit war Abu Merwan Ibn Zuhr (1091 – 1162) von Sevilla, in europäischen Sprachen als Avenzohar bekannt. Er widmete sich in seinen Büchern vor allem der klinischen Darstellung zahlreicher Krankheiten und deren Behandlung z.B. durch Diät; seine Bücher wurden ins Hebräische und Lateinische übersetzt und wirkten auf die europäische Medizin noch nach Jahrhunderten. Sein großer Vorgänger war Ibn Sina (Avicenna), ein Philosoph und Polyhistor (980 – 1037) aus Buchara. Dieser zeichnete sich durch wissenschaftliche Enzyklopädien aus, die 20 Bände und mehr umfaßten, im ganzen an die 90 Veröffentlichungen. In dem Band »Pharmakopoeia«, der der Herstellung von Heilmitteln gewidmet war, untersuchte er nicht weniger als 700 Pflanzen auf ihren Heilwert. In einem anderen Band erforschte er die Verbreitung von Krankheiten durch Wasser und Böden.

Die arabische Medizin zeichnete sich auch durch die Organisation von Krankenhäusern für die Massen aus, in denen jeder Besucher umsonst Heilung suchen konnte. Im 12. und 13. Jahrhundert erstanden in jeder Hauptstadt große Krankenhäuser. In Damaskus wurde ein solches Krankenhaus im Jahre 1160 von Nur-ed-Din gegründet, in Bagdad entstand um dieselbe Zeit das große Krankenhaus Bimaristan Astadi an den Ufern des Tigris, das wie ein großer Königspalast wirkte. Das größte Krankenhaus im Mittelalter, das Maristan-al-Mansur, wurde in Kairo im Jahre 1285 von dem Mamelucken-Sultan Qalawun begonnen.

Es ist dem Johanniterorden hoch anzurechnen, daß er in der Krankenpflege dem arabischen Beispiel gefolgt ist, obwohl es ihm ein leichtes gewesen wäre, als religiöser Orden sich auf Wunderheilungen durch religiöse Symbolik zu verlassen. Natürlich spielte die

Religion im Krankenhaus eine große Rolle: die Patienten wurden zu täglichen Messen gerufen, und Sterbende erhielten die letzte Salbung. Aber dies geschah durch die Geistlichen, die der Kirche unterstanden und dem Orden beigefügt waren. Die Therapie, die von den Ordensbrüdern angewandt wurde, stützte sich in erster Linie auf Hygiene, gute Pflege, Anwendung von Medizinen, und – in extremen Fällen – Chirurgie.

Die Betreuung der Kranken in den Hospitälern des Ordens war statutarisch genau festgelegt und vom Papst bestätigt. Ihr Grundgedanke war eine völlige Neuerung im Verhalten gegenüber den Kranken und blieb durch die ganze Zeit, in der der Orden existierte, bestehen. Die Kranken wurden nicht als Almosenempfänger betrachtet, sondern als »Kinder Christi«, und der Johanniter-Ritter diente Christus durch den Dienst am Kranken. Er mußte daher den Kranken mit den Worten ansprechen: »Mein Herr Kranker« oder »Armer«, und sich selbst als dessen Diener bezeichnen. Auch der Ordensmeister – zumindest in der Zeit des Königreiches Jerusalem – mußte diese Anrede gebrauchen.

Der Muristan □ Für das Hospital in Jerusalem – später als Muristan bekannt (s. Karte 5, S. 39) – existiert nur eine einzige ausführliche, historische Quelle. Dies ist der begeisterte Bericht eines Pilgers, Johannes von Würzburg, etwa in den siebziger Jahren des 12. Jahrhunderts geschrieben. Dieser Bericht dient, gemeinsam mit den Statuten für die Krankenpflege, allen Historikern als Grundlage für ihre Schilderung des Lebens im Hospital, wobei unklar bleibt, ob die Statuten nur ein erstrebenswertes Ideal darstellten und inwieweit der Bericht eines einzelnen Pilgers glaubwürdig ist. Aber aus Mangel an anderen Quellen bleibt nur diese eine, aus der hier nur kurz das Wesentliche angeführt sei:

Die Kranken lagen in einer Reihe von Krankensälen, jeder in seinem eigenen Bett – nur im äußersten Notfall teilten zwei Kranke ein Bett – auf Schafsfellen und erhielten eine warme Decke. Anscheinend wurden sie von Pflegern gewaschen. Sie hatten das Recht, die Mahlzeiten noch vor den Ordensbrüdern zu erhalten und zwar auf silbernem Geschirr. Dreimal in der Woche gab es Fleisch, Schaf oder Hammel, und für die Schwachen Huhn. Für die Bettlägrigen wurden bestimmte Gebete in den Krankensälen gesprochen.

Die Aufnahmekapazität des Jerusalemer Hospitals betrug bis zu 2000 Kranken. Nach der Schlacht bei Tel-Gezer (Montgisard) im Jahre 1177 konnte es mit einem Mal 750 Verwundete aufnehmen. Andererseits war die Sterberate hoch, und jeden Tag wurden etwa 50 Leichen zum Begräbnisplatz des Ordens gebracht.

Leider enthalten die schriftlichen Quellen über das Hospital keinerlei Berichte über solch »triviale« Dinge wie die Aufbewahrung von Lebensmitteln für etwa 5 000 – 8 000 Mahlzeiten pro Tag (zusätzlich zu den Insassen des Krankenhauses wurden noch etwa 2000 Arme außerhalb des Krankenhauses mit Lebensmitteln versorgt), insbesondere die Kühlhaltung von Fleisch und anderen verderblichen Lebensmitteln, die Küchen für die Vorbereitung der Mahlzeiten, Geschirrspülen und andere Dienste, die ein Großkrankenhaus braucht. Das größte Problem war zweifellos die Wasserversorgung, die noch behandelt werden wird.

Die Statuten, die für das Hospital in Jerusalem festgelegt wurden, galten auch für die anderen Krankenhäuser des Ordens in Outremer oder in Europa. Der Standort für den Bau des Hospitals war durch die bestehenden Gebäude der Amalfitaner und die Lage der verschiedenen Kirchen vorbestimmt. Das Gelände liegt unmittelbar südlich der Grabeskirche und war im Altertum eine natürliche Landsenke, verlaufend von NW nach SO mit einer sanften Neigung nach SO, etwa 250 m lang und 100 m breit. Die westliche Hälfte der Senke wurde bereits im Altertum durch einen Wall von der östlichen Hälfte getrennt und in eine große Zisterne für das Auffangen von Regenwasser verwandelt. Die östliche Hälfte wurde

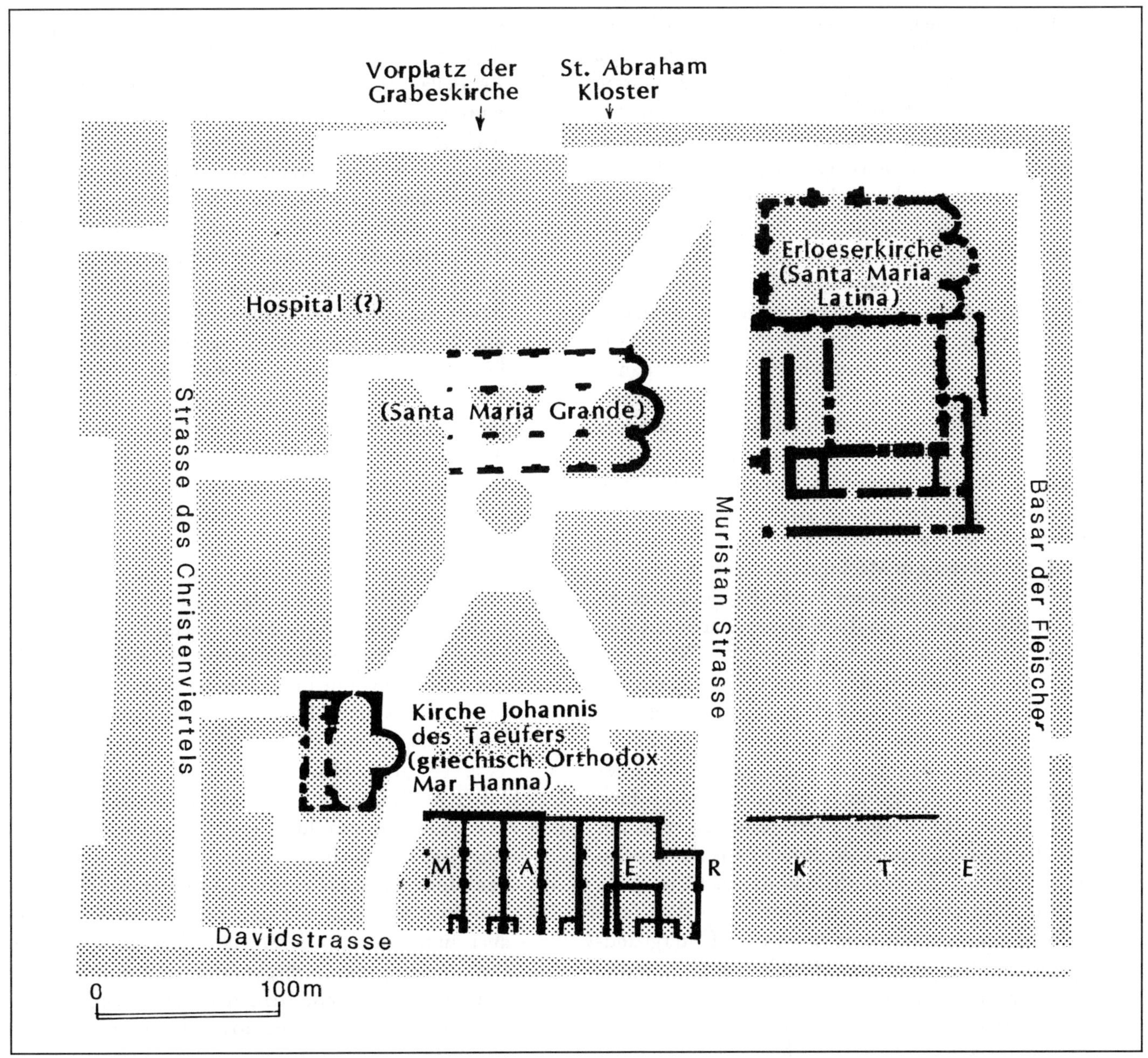

Karte 5: Die unterirdischen Ruinen der Gebäude auf dem »Muristan«. Rekonstruktion aufgrund der Ausgrabungen von C. Schick Ende des 19. Jahrhunderts.

dadurch zu einem fast ebenen und quadratischen, wenig bebauten Platz, der im Norden vom Hügel der Grabeskirche und im Süden von einer sanften Bodenschwelle begrenzt wird, auf der die römische Stadtmauer verlief. Auf diesem Platz, dessen Ausmaße 150 x 130 m betrugen, baute der Orden das »Hospital« als ein kompaktes Gebäude, allerdings mit zahlreichen Flügeln und Unterteilungen, das vom Wohnsitz des Ordensmeisters und des Konvents zu den Wohnstätten der Ordensbrüder und den vielen Abteilungen des eigentlichen Krankenhauses alle Bereiche umfaßte. Es ist nicht klar, ob die drei Kirchen – die byzantinische Kirche Mar Channa (Johannes der Täufer) im SW, die Kirche Santa Maria Latina Major im Zentrum und die Kirche Santa Maria Latina im NO – isoliert standen oder in den Gesamtkomplex eingebaut waren. Wegen der Neigung des Geländes und um Zisternen zu schaffen, wurde das ganze Gebäude auf 124 quadratischen Säulen von etwa 2 m Mächtigkeit errichtet.

Die zahlreichen, mehrere Meter hohen Zisternen zur Aufbewahrung von Regenwasser waren seit ältesten Zeiten die einzige Möglichkeit der Wasserversorgung in Jerusalem, da die Stadt nur eine einzige Quelle besitzt, die im Kidrontal entspringt und ungefähr 150 m unter dem Niveau der Grabeskirche (760 m) liegt. Wegen dieses Höhenunterschiedes konnte auch die Umgebung der Grabeskirche keinen Nutzen aus den vielen Wasserreservoiren rund um den Tempelberg ziehen, auch nicht aus der großen Wasserleitung, die von »Salomons Teichen«, etwa 15 km südlich von Jerusalem, Wasser nach dem Tempelberg brachte, um dort die vielen Untergrund-Zisternen, die bereits von Herodes gebaut worden waren, zu speisen.

Die Grabeskirche teilt das Problem der topographischen Höhe mit der weiter südlich gelegenen Zitadelle, die auch auf 760 m über dem Meeresspiegel liegt. Für sie wurde bereits zur Zeit Herodes' eine Lösung gefunden, indem ein großes Reservoir im oberen Abschnitt des Hinom-Tals auf einer Höhe von 790 m ausgegraben wurde, und von dort das Wasser durch eine steinerne Röhrenleitung in die Zitadelle gebracht wurde. Im frühen Mittelalter wurde von dieser Röhrenleitung eine Abzweigung nach Osten gebaut, und das Wasser in einem vergrößerten Reservoir gestaut, wofür der oben erwähnte Damm gebaut worden war. Das Reservoir, welches von den Arabern Birket Hamam el Batrak (Reservoir des Patriarchenbades) genannt wurde und von Bibelforschern mit der Zisterne des Königs Hiskia identifiziert ist, wurde zum Hauptversorger des Hospitals mit Wasser, das von den Reservoiren in die vielen Untergrund-Zisternen geleitet wurde.

Im Hospital konnten allein 400 Ritter wohnen. Es besteht keine Nachricht darüber, ob die Pferde auch dort untergebracht wurden. Es ist anzunehmen, daß das Hospital zu seiner Zeit das größte Gebäude in Jerusalem war. Die Grabeskirche, die von den Kreuzfahrern auf alten Fundamenten neu errichtet wurde, und mit nur geringen Änderungen bis heute erhalten blieb, bedeckte dabei nur eine Fläche von 70 x 25 m. Die el-Aqsa-Moschee, die zur Kreuzfahrerzeit als Palast des Königs und Hauptquartier des Templerordens mit ihren Pferdeställen gedient hatte, bedeckte (nach Bauerweiterung durch die Mohammedaner) eine Fläche von 80 x 55 m gegenüber 150 x 130 m des Hospitalkomplexes.

Der Orden als Kampftruppe – Das stehende Heer des Papstes ☐ Die Umwandlung des Hospitalerordens von einer Brudergemeinschaft mit dem Zweck der Kranken- und Sozialhilfe zu einem kämpfenden Ritterorden erfolgte allmählich und zuerst zaghaft, wurde aber unter dem Ordensmeister Raimund von Le Puys bewußt angestrebt, wahrscheinlich unter dem Einfluß der Tatsache, daß der Templerorden, der etwa gleichzeitig mit dem Hospitalerorden, aber von vornherein als kämpfender Orden gegründet worden war, großen Erfolg und Anerkennung fand. Das große Werk Le Puys' war nicht nur, den ursprünglichen Widerstand des Papstes zu überwinden, sondern für den Orden eine Regel zu verfassen, die den

Widerspruch zwischen der Aufgabe zu töten und sich dafür vorzubereiten einerseits, und der Pflicht der Barmherzigkeit und Selbsterniedrigung den Kranken und Armen gegenüber andererseits, zu lösen versuchte.
Allerdings war nicht zu vermeiden, daß dabei die militärische Tätigkeit immer mehr in den Vordergrund trat.
Von allen kämpfenden Orden, die es nicht nur im Nahen Osten, sondern auch in Spanien (und später im Baltikum) gab, überlebte nur der Hospitalerorden das Mittelalter und konnte sogar in der Neuzeit mit alten und neuen Aufgaben wiederbelebt werden. Der Grund dafür war wahrscheinlich gerade diese als widersinnig erscheinende Kombination von Kämpfen und Heilen in einem.
Bei der Entwicklung zum kämpfenden Orden gibt es zahlreiche Parallelen zwischen dem Hospitaler- und dem Templerorden, so daß in zahlreichen Fällen eine klare Unterscheidung zwischen den beiden Orden nicht gemacht werden kann.
Die kämpfenden Ritterorden besaßen gewisse Eigenschaften, die sich im Heiligen Land bald als unentbehrlich erwiesen. Jeder Kreuzzug war auf der Begeisterung der Massen aufgebaut; er hatte zwar militärische Eroberungs- oder Befreiungsziele, aber nicht das Ziel einer Massenansiedlung oder Verwaltung von eroberten Ländern. Daher wurde ein Kreuzfahrer nur auf drei Jahre Dienst im Heiligen Land eidlich verpflichtet, und nur ein Teil (vor allem des Adels), der mit großen Gütern in Outremer belehnt wurde, verblieb im Land.
Dies schuf von vornherein eine Situation, in der es den Kreuzfahrern an Menschen für die Ansiedlung und noch mehr an militärischen Reserven fehlte. Es wäre unmöglich gewesen, bei jedem größeren moslemischen Angriff schnell Reserven in Europa zu mobilisieren. Dazu waren besondere Voraussetzungen notwendig, die erneute Begeisterung wecken konnten, und auch dann dauerte es mehrere Monate, bis ein Heer, das zudem nicht an das Klima und die Verhältnisse im Nahen Osten gewöhnt war, nach dem Heiligen Land entsandt werden konnte.
Die Ritterorden mit ihrer straffen Disziplin und dem Willen, im Heiligen Land zu verbleiben, waren die einzige Organisation, die einem stehenden Heer glich, das mit relativer Geschwindigkeit im Nahen Osten eingesetzt werden konnte und welches andauernd, nicht nur während eines Kreuzzuges, Verstärkung aus Europa anfordern konnte. Historiker schätzen, daß von etwa 1 000 Rittern, die ständig im Lande waren, die Hälfte Mitglieder beider Orden waren (wobei natürlich ein Ritter der Mittelpunkt einer Truppe von etwa zehn Kämpfern war).
Zwischen den beiden Ritterorden bestand starke Konkurrenz um Macht und Ländereien, die auf einer Reihe von Gründen beruhte, die nicht alle klar sind. Zweifellos war ein Hauptgrund das natürliche Streben einer geschlossenen Gruppe, eine Konkurrenzgruppe in vielen Punkten auszustechen. Zwistigkeiten bestanden sowohl in der Außenpolitik, in der die Templer meist eine aggressivere Haltung zeigten, wie in der Innenpolitik des Königreiches, wobei die Johanniter vorzugsweise die Partei der Barone ergriffen. Auch die Herkunft mag eine Rolle gespielt haben. Die Templer rekrutierten sich fast ausschließlich aus Rittern aus Frankreich, während die Hospitaler auch Angehörige anderer Staaten und sogar eine Gruppe von deutschen Rittern – aus der sich später der Deutsche Orden entwickelte – aufnahmen. Auch die europäische Politik mag ihre Rolle gespielt haben: Jedenfalls unterstützten die Templer meist die französischen Könige, während die Johanniter dem Deutschen Kaiser zuneigten. Damit mag zusammenhängen, daß die Johanniter die erste Burg, die ihnen zur Verfügung gestellt wurde und die den historischen Namen »Bet-Guvrin« führte, im Lautanklang »Bet-Gibelin« nannten (der französische Name für »Waibling«, der Kampfruf der Staufenpartei, während der Templerorden zu den Welfen hielt).
Über die militärische Organisation des Johanniter-

ordens im Königreich Jerusalem ist wenig bekannt; sie nahm straffe militärische Form erst in Akko an. Der Titel »Marschall« als Oberbefehlshaber der Armee wurde zum ersten Mal im Jahre 1160 erwähnt. Auch taucht der Name »Castellan« für den Kommandeur einer Festung erst um 1170 auf. Es ist möglich, daß untergeordnete Offiziere für die Wartung der Pferde, für Belagerungsmaschinen, für die Hilfstruppen (Turkopolen) und für das Fußvolk verantwortlich waren, aber ein klares Bild für das 12. Jahrhundert zeichnet sich noch nicht ab.

Im Verlauf der militärischen Aktionen und vor allem nach dem erfolglosen Zweiten Kreuzzug setzte sich unter dem Ritterorden die Überzeugung durch, daß ihre Strategie sich auf feste Stützpunkte konzentrieren müsse. Es begann ein Streben nach Bau oder Erwerb von Festungen.

Die Erscheinung der einzelstehenden Festung, möglichst auf einem steilen, isolierten Hügel erbaut, war vor den Kreuzfahrern im Nahen Osten fast unbekannt. Infolge der traditionellen Stärke des Städtewesens wurden die Städte auch als die Hauptfestungen des Landes betrachtet. Jede Stadt war von kräftigen, hohen Steinmauern umgeben, und besaß eine Zitadelle, die an einem von der Natur besonders begünstigten Ort (meistens an einem die Stadt umgehenden Trockenfluß) errichtet wurde und als Sitz des Stadtkommandanten diente. Dieser war von der Regierung eingesetzt, und zu seiner Verfügung stand eine Heerestruppe, welche von der ethnisch und religiös mannigfachen und oft feindlichen Stadtbevölkerung mit Argwohn betrachtet wurde. Die Zitadelle war nicht nur gegen den Angriff äußerer Feinde gewappnet, sondern auch gegen eine örtliche Erhebung oder gewaltsame Streitigkeiten unter den verschiedenen Bevölkerungsteilen.

Die isolierte Burg gehörte zur Welt des westlichen Feudalismus und wurde faktisch erst von den Kreuzfahrern in den Orient eingeführt. Da die topographischen Bedingungen für eine solche Festung verschieden von denen einer antiken Stadt sind, haben Archäologen selten unter den Ruinen einer Kreuzfahrerfestung Spuren einer älteren Siedlung gefunden.

In Outremer waren außerhalb der Städte etwa 60 isolierte Burgen zu finden, aber es ist schwer festzustellen, wieviele von ihnen gleichzeitig bewohnt waren, da manche Burgen nach 1170 gegründet wurden und nur etwa zehn Jahre ihrem Zweck dienten. Andere Burgen wurden erst im 13. Jahrhundert errichtet, vor allem im Norden Palästinas. Bei der Eroberung Palästinas durch Saladin fielen sämtliche Burgen, mit Ausnahme von zweien, in die Hände der Mohammedaner, und es steht nicht fest, wieviele von ihnen nach dem Dritten Kreuzzug in dem von den Kreuzfahrern wiedereroberten Gelände wiederhergestellt, oder wieviele erst im 13. Jahrhundert gebaut wurden.

Die meisten Burgen, ursprünglich von einzelnen Rittern nach europäischem Vorbild gebaut, kamen später in die Hände der Ritterorden, die als einzige eine ausreichende Besetzung und Stärke der Befestigungen garantieren und finanzieren konnten. Der Johanniterorden hielt zu der einen oder anderen Zeit insgesamt 25 Festungen außerhalb der Städte, davon 15 in Syrien und nur 10 im Königreich Jerusalem. Die bekanntesten dieser Festungen im Königreich waren Bet-Gibelin, Emmaus, Le Feve (Afula), Belvoir und der Berg Tabor. Die größten Festungen des Ordens befanden sich in Syrien, darunter Crak des Chevaliers und – die größte von allen – Margat.

Im allgemeinen versuchte der Hospitalerorden rund um seine Festungen landwirtschaftliche Anbaugebiete zu erwerben, um die Versorgung der Festung sicherzustellen und zusätzliche Gelder für den Orden zu bekommen. Es wurde auch bei der ersten Festung des Ordens – Bet-Gibelin – der Versuch unternommen, auf einem breiteren Landstrich eine großangelegte Kolonisation von Franken in die Wege zu leiten, über deren Gelingen wenig bekannt ist. Jedenfalls wurde nicht versucht, ein solches Werk anderswo zu wiederholen.

Tragisches Ende: Die Schlacht von Hattin (4. Juli 1187)

Politische und dynastische Zersplitterung unter den Kreuzfahrern □ Im ersten Teil dieses Buches wurde das Zeitalter des Ersten und Zweiten Kreuzzuges nur in großen Zügen dargestellt, um ein allgemeines Bild der Epoche zu vermitteln, und vor allem derjenigen Faktoren, die einen bleibenden Einfluß auf die spätere Entwicklung ausübten.

Das nun folgende Kapitel, welches das letzte Jahrzehnt des Königtums Jerusalem behandelt, geht weitaus stärker auf Einzelheiten ein. Die darin geschilderten Zustände treffen nicht nur auf das letzte Jahrzehnt zu, sondern sind charakteristisch für die ganze Epoche und sollen erklären, wieso es zu der Katastrophe von Hattin kam.

Der Johanniterorden ist bei diesen detaillierten Schilderungen nur sehr knapp behandelt. Der Grund dafür ist, daß sich der Orden im 12. Jahrhundert noch in seiner formativen Phase befand und in der Politik des Königreiches noch keine entscheidende Rolle spielte. Vor allem in militärischen Fragen konnte er nicht selbständig handeln, sondern war zum Gehorsam gegenüber dem König als oberstem Befehlshaber verpflichtet. Er konnte seinen Einfluß nur in den Beratungen ausüben, die einer militärischen Aktion vorausgingen, ohne daß der König verpflichtet war, den Rat des Ordensmeisters zu befolgen.

Die politische Situation □ Die letzten zehn Jahre der Kreuzfahrerherrschaft waren eine Zeit, in der die Christen unter Zersplitterung und persönlichen Feindschaften der Führungspersönlichkeiten litten, während die moslemische Welt sich in einem Prozeß der Einigung unter Saladin befand. Unter den christlichen Feudalherren war es zu einer Spaltung gekommen, die sich auf einem Generationenkonflikt aufbaute. Gegen Ende des 12. Jahrhunderts befand sich Palästina bereits drei Generationen lang unter christlicher Herrschaft, und die langjährige Berührung mit der örtlichen Bevölkerung und der überlegenen moslemischen Zivilisation hatte unter der zweiten und dritten Generation andere Lebensgewohnheiten gefördert. Sie hatten viel von der Umgebung angenommen und eine pragmatischere Einstellung zu politischen und sozialen Problemen entwickelt als die noch von europäischem Denken beeinflußten Ritter späterer Kreuzzüge.

Im Laufe der Jahrzehnte hatten es einige alteingesessene Familien verstanden, große Ländereien zu erwerben, zum Teil als Lehen vom König, zum Teil durch Kauf von anderen Adligen, die nicht imstande waren, die mit dem Grundbesitz verbundenen militärischen Pflichten – vor allem den Bau und Unterhalt einer Burg – zu erfüllen oder in ihre Heimat zurückkehren wollten. Der sicherste Weg zum Landerwerb war die Heiratspolitik. Die Kriege und das extreme Klima, dem vor allem die Männer durch die Feldzüge ausgesetzt waren, führten dazu, daß zahlreiche Frauen früh verwitweten, aber den Familienbesitz erbten und dadurch für ledige oder verwitwete Adlige höchst anziehend wurden (besonders, wenn sie auch persönlichen Charme hatten). Manche Frauen heirateten bis zu vier Mal, wodurch die Genealogie der Familien, die nun fast alle miteinander verschwägert waren, höchst kompliziert wurde, und Erbschaftsfragen oft in jahrelangen Prozessen entschieden wurden. Die einflußreichste Familie bildeten die Ibelins, deren Domäne sich von der Küstenebene über den Süden Palästinas bis zum Toten Meer erstreckte. Im Norden war der einflußreichste Herr Raimund von Tripolis, der später durch Heirat sein Gebiet um Galiläa – mit der Hauptstadt Tiberias – erweiterte. In Transjordanien setzte sich Rainald von Châtillon fest, von dem weiter unten die Rede sein wird. Diese und viele andere »Seigneurs« bildeten eine Partei der Barone, die großen politischen Einfluß gewann.

Abseits dieser Partei standen der Klerus und die Ritterorden. Einer der Hauptgründe für deren Haltung war das Zölibat, das die Verschwägerung mit den großen Familien verhinderte und nicht den Drang aufkommen ließ, ein großes Familienerbe aufzubauen, denn auch Brüder oder deren Söhne konnten nicht erben, da alle Güter dem Orden oder der Kirche gehörten.

Aus diesen Gründen verhielten sich die Orden und der Klerus bei inneren Zwistigkeiten zwischen den Baronen und dem König meist neutral und versuchten die Übernahme einer Vermittlerrolle. Manchmal wirkten auch persönliche Feindschaften, wie die zwischen dem Großmeister des Tempelordens, Gerhard von Ridfort, und dem Grafen Raimund von Tripolis, mit (s. S. 48). Andererseits gab es politische Unterschiede zwischen den Baronen und den Orden, die darin bestanden, daß die meisten Barone an Frieden und Handel mit den Arabern interessiert waren, während die Orden, vor allem die Templer, eine kriegerische Haltung bewiesen, um ihre Existenz und die Gelder, die ihnen zugewiesen wurden, zu rechtfertigen. Die Johanniter, die sich auf ihre Arbeit als »Hospitaler« berufen konnten, befanden sich hier in einer günstigeren Situation und zogen eine Vermittlerrolle vor.

Auf der Gegenseite des politischen Bildes stand der König und sein Hof. Die Genealogie des Königshauses, das im Land das größte Prestige genoß, ist noch viel verworrener als die der Barone, denn die Könige waren interessiert, sich mit europäischen Königshäusern zu verbinden, und zu diesem Zweck erzwangen sie manchmal die Scheidung eines Mitglieds der weitverzweigten Königsfamilie und machten vor allem die Heirat der weiblichen Mitglieder zu einem politischen Geschäft. Andererseits versuchte das Königshaus, die Partei der Barone dadurch zu schwächen, daß es eine Verschwägerung mit der einen oder anderen großen Familie suchte.

Diese »Politik« zwangsläufiger Familienkonflikte kam vor allem im letzten Jahrzehnt des Königreiches Jerusalem zum Ausdruck, weshalb diese Zeit etwas ausführlicher behandelt werden soll. Dieses Jahrzehnt war durch die Schwäche des Königtums gekennzeichnet (s. S. 88). Balduin IV. kam im Jahre 1174 als Dreizehnjähriger auf den Thron. Zu seinem Vormund wurde Raimund von Tripolis ernannt, der durch seine Heirat mit Eschevia von Bures, der Fürstin von Galiläa, Mitglied des Königshauses geworden war, und gleichzeitig als Führer der Partei der Barone eine Versöhnung zwischen Königshaus und Adel versprechen konnte. Aber Balduin IV. erkrankte an Lepra und siechte langsam dahin. Diese Situation der Schwäche nutzten die großen Adelshäuser, um ihren Territorien faktisch den Charakter von souveränen Staaten zu geben.

Die Folge war, daß die Königspartei, die meist aus kürzlich eingewanderten Adligen bestand, Raimund nach drei Jahren seines Amtes enthob; kurz darauf wurde Balduin IV. für volljährig erklärt, geriet aber unter den starken Einfluß seiner Mutter Agnes, die er an den Hof zurückberufen hatte. Nach ihrem Willen wurde seine Schwester Sibylle, ein Jahr älter als er, mit einem jungen Adligen, der von Agnes ins Land gerufen worden war – Guido von Lusignan – verheiratet (1180). Agnes spielte auch ihren Einfluß bei der Ernennung eines neuen Patriarchen von Jerusalem aus und erreichte die Wahl des Erzbischofs Heraklios von Caesarea zum Patriarchen, was den Unwillen vieler Barone erregte.

Die Krankheit des Königs und die Aussicht seines nahen Todes brachte bald die Frage der Thronfolge zur Debatte, auf die inzwischen Guido von Lusignan als Schwager des Königs Anspruch erhoben hatte. Von den Baronen stand nur Rainald von Châtillon auf seiten des Anwärters sowie der Klerus unter dem neuen Patriarchen.

Der König reagierte mit einem politischen Manöver, indem er noch zu Lebzeiten den fünfjährigen Sohn seiner Schwester Sibylle aus erster Ehe zum Thronfolger ernannte und mit Hilfe des Klerus in der Grabeskirche krönen ließ. Dies veranlaßte Guido, gegen die Krönung auch im Namen der Mutter des Kindes aufzutreten, was der König als Rebellion ansah. Guido zog sich auf seine Festung Askalon zurück, und der König ernannte Raimund von Tripolis zum eventuellen Regenten für das Kind. Er selbst starb kurz darauf, 1185. Der Knabe bestieg den Thron als Balduin V. Raimund übernahm die Regentschaft, deren größter Erfolg der Abschluß eines Waffenstillstandes mit Saladin für vier Jahre war. Dieser Waffenstillstand gewährte beiden Heeren eine Ruhepause und belebte Wirtschaft und Handel im Königreich Jerusalem.

Das Kind – der König – starb im Jahre 1186, und sein Tod brachte die gesamte politische Situation in erneute Verwirrung. Er führte zu einer Palastrevolution, an der sich alle Gegner Raimunds beteiligten. Die Leiche wurde von einem Freund Guidos von Lusignan nach Jerusalem gebracht, wo Guidos Bruder, der der Befehlshaber (Connétable) der Armee war, und der Patriarch Heraklios auf ihn warteten. Sibylle, die Mutter des Kindes und Frau Guidos, wurde zur Königin ausgerufen, und zu ihrer Unterstützung eilte Rainald von Châtillon mit seinen Truppen von Kerak nach Jerusalem, eine Wegstrecke für Reiter von zwei bis drei Tagen. Der Großmeister des Templerordens, Gerhard von Ridfort, unterstützte Sibylle aus alter Feindschaft zu Raimund, aber der Großmeister des Johanniterordens schloß sich der Revolte nicht an.

Nach wenigen Tagen fand die Krönung des neuen Königs durch den Patriarchen statt, der aber nur Sibylle krönte und es ihr überließ, die Krone ihrem Gatten Guido aufs Haupt zu setzen. Raimund von Tripolis hatte inzwischen seine Anhänger der Baronspartei nach Nablus zusammengerufen, um einen Gegenkandidaten aufzustellen, aber die Ritter waren sich uneins angesichts der vollendeten Tatsache, daß die Krönung Guidos in der Grabeskirche stattgefunden und damit die höchste Sanktion des Klerus erhalten hatte, und die Ritterversammlung löste sich erfolglos auf. So begann für die Kreuzfahrer das Schicksalsjahr 1187 unter dem Vorzeichen von Uneinigkeit und gegenseitigem Haß. Zum Glück der Ritter hielt sich Saladin an den 1185 geschlossenen Waffenstillstand, bis ihm ein Anlaß, ihn zu brechen, durch Rainald von Châtillon geboten wurde.

Im Gegensatz zum Königreich Jerusalem stand die moslemische Welt im Zeichen der Einigung und des Aufstiegs unter Saladin, der in der arabischen Welt als größter Held der Geschichte verehrt und auch von den Christen als bestes Beispiel mittelalterlicher Ritterlichkeit angesehen wird. Aber – was weniger bekannt ist – sein dauerhaftes Werk war wahrscheinlich die Rückführung Ägyptens vom schiitischen Islam zur sunnitischen Religionsform, was in unserer Zeit des stürmischen Aufstiegs des Schiitentums wohl am besten verstanden werden kann.

SALADIN, DIE GRÖSSTE HISTORISCHE FIGUR DES ISLAM □ Saladin (arabischer Name Salah-ed-Din, Yussuf ibn Ayyub), der Gründer der Dynastie der Ayyubiten, die in Ägypten von 1169 bis 1259 regierte, wurde im Jahre 1137 in Takrit, im nördlichen Mesopotamien, als Sohn einer angesehenen kurdischen Familie geboren und wuchs in Damaskus auf, wo er hauptsächlich islamische Studien betrieb. Er blieb sein Leben lang ein devoter Moslem, der religiöse Institutionen in allen Teilen seines Reiches förderte und zahlreiche Moscheen oder Religionsschulen erbauen ließ.

Aber seine Herkunft verlangte, daß er die militärische Karriere einschlug, und mit ihrer Hilfe gelangte er zu hohen Regierungsposten. Im Jahre 1169 wurde er Oberkommandierender der syrischen Truppen und gleichzeitig Wesir von Ägypten mit dem Titel »malik« (König). Im Jahre 1171 ernannte er sich selbst zum Alleinherrscher Ägyptens und schaffte die fatimidische Dynastie und mit ihr das schiitische Kalifat in Ägypten ab. Im Jahre 1174 nützte er den Tod des Emirs von Syrien, um mit Hilfe eines kleinen Heeres sich selbst auch zum Herrscher Syriens zu machen und so Syrien mit Ägypten zu vereinen. Von diesem Zeitpunkt an war es sein Bestreben, alle moslemischen Länder des Nahen Ostens unter seiner Herrschaft zu vereinigen, und bis zum Jahre 1190 gelang es ihm, zusätzlich zu Syrien und Ägypten, das nördliche Mesopotamien, den Jemen und schließlich Palästina unter seine Herrschaft zu bringen und somit die bisher weiteste, arabische Domäne zu schaffen. Er begründete seine Herrschaft mehr auf Diplomatie als auf militärischer Macht und wurde von seinen Untertanen sehr verehrt. Er war einer der wenigen arabischen Herrscher, dessen Leben nicht durch Mord, sondern durch Krankheit im Jahre 1193 endete.

Im Laufe seiner Herrschaft führte Saladin unzählige Feldzüge gegen seine arabischen Nachbarstaaten, sowie vor allem gegen das Kreuzfahrerkönigtum von Jerusalem. In den letzten zehn Jahren des Bestehens des Königtums fanden fast jedes Jahr zwei bis drei Schlachten zwischen den Heeren Saladins und den verschiedenen Kreuzfahrerfürsten statt, deren Ausgang wechselte. Man kann keineswegs sagen, daß Saladin aus allen Schlachten als Sieger hervorging, und arabische Historiker beurteilen ihn nicht als einen großen Kriegsherren, sondern als geschickten Diplomaten und Organisator. Vor allem scheiterten seine Belagerungen von Kreuzfahrerfestungen, die meist mit dem Abzug der arabischen Heere endeten. Am meisten machte Saladin die Festung Kerak in Transjordanien zu schaffen, die von Rainald von Châtillon gehalten wurde, und die er mehrere Male vergeblich bestürmte.

Müde von den vielen Kämpfen, die im Grunde nichts an der Lage in Palästina änderten (im Gegensatz zu seinen Errungenschaften in der moslemischen Domäne) gab Saladin im Jahre 1185 seine Einwilligung zu einem vierjährigen Waffenstillstand, der in den ersten zwei Jahren auch von beiden Seiten eingehalten wurde.

Rainald von Châtillon, eine dunkle Figur des Kreuzfahrerdramas ☐ Jedes historische Drama hat seine düstere Figur, die Unheil verbreitet. Eine solche Figur war Rainald von Châtillon, der es immer wieder verstand, die Araber zu provozieren und schließlich den unmittelbaren Anlaß für die Schlacht von Hattin gab. Er war in Frankreich als jüngster Sohn eines kleinen Landherren geboren und sah in seiner Heimat keine Zukunft für sich. Er kann überhaupt ein Beispiel geben für den Typus des Raubritters, der diese Eigenschaft auch im Heiligen Land nicht ablegte, wo er sich und sein Schwert dem Meistbietenden verkaufte und sich durch Heirat Fürstentümer erwarb.

Er kam mit dem Zweiten Kreuzzug im Jahre 1147 ins Heilige Land und sah seine Chance in Gestalt des nordsyrischen Fürstentums Antiochia, das von Konstanze, der Witwe des Fürsten, regiert wurde. Rainald trat zunächst in ihre Dienste; im Jahre 1153 heiratete er sie und wurde selbst zum Prinzen ernannt. Als Feudalherr verkaufte er seine Dienste dem byzantinischen Kaiser gegen den armenischen Staat Kilikien, und später den Armeniern gegen das byzantinische Zypern. Er wurde durch seine Grausamkeit, vor allem bei der Erpressung von Geldern, und sein grobes Benehmen berüchtigt.

Im Jahre 1160 wurde er auf einem seiner Raubzüge gegen arabische Bauern von Nur-ed-Din, dem Emir von Aleppo, gefangengenommen und blieb 16 Jahre in Gefangenschaft. Keine der führenden Persönlichkeiten unter den christlichen Feudalherren machte Anstalten, ihn durch Lösegeld freizukaufen – ein deutliches Zeichen seiner Unbeliebtheit. Es bestehen kaum Informationen über die Zeit, die seine besten Mannesjahre ausmachte, aber man kann sich leicht vorstellen, daß Rainald während dieser Zeit einen brennenden Haß gegen die Moslems entwickelte, einen Haß, der in seinen späteren Aktionen klar zum Ausdruck kam. Im Jahre 1175 wurde er endlich freigelassen.

Rainald kehrte nach Jerusalem zurück, und im Jahre 1177 heiratete er – seine erste Frau war bereits gestorben – Stephanie von Milly, die zweimal verwitwete Herrin von Transjordanien (»Outre Jourdain«) mit Sitz in Kerak. (Sie verdächtigte übrigens Raimund von Tripolis des Mordes an ihrem zweiten Gatten, und nahm Rainald derart gegen Raimund ein, daß er immer auf der Seite der Gegenpartei Raimunds stand.) In Kerak fand Rainald eine fast uneinnehmbare Festung auf einem Sporn, der von zwei steilen und tiefen Tälern umgeben ist. Er erkannte bald die strategische Bedeutung dieser Festung, die auf dem Weg der Pilgerzüge von Damaskus nach Medina und Mekka lag und auch die einzige Landverbindung von Ägypten nach Syrien beherrschte, da der Kreuzfahrerstaat einen kriegerischen Durchmarsch durch Palästina nicht ermöglichte, und nur der Weg durch die Negev-Wüste über das Südende des Toten Meeres möglich war.

Rainald von Châtillon war wohl der einzige der christlichen Feudalherren, der eine klare strategische Konzeption entwickelte, die darauf aufgebaut war, nicht nur die Verbindung zwischen beiden Teilen des Reiches Saladins zu stören, sondern auch die Pilgerfahrt nach den heiligen Stätten des Islam in Arabien, die eine wichtige Einnahmequelle für die Araber darstellte, zu unterbinden. Gleichzeitig rechtfertigte er damit seine politischen und strategischen Raubzüge gegen moslemische Karawanen, die zu seiner eigenen wichtigsten Einnahmequelle wurden.

Der wichtigste Schritt in dieser Richtung war der Versuch, die Seeverbindung zwischen Ägypten und Arabien zu unterbrechen. Zu diesem Zweck faßte er den kühnen Plan, eine Rote-Meer-Flotte zu schaffen, ein Plan, dessen Durchführung größtes technisches und organisatorisches Talent verlangte. Die Wälder des Hochlandes von Moab konnten kein Bauholz liefern, und nur in den tief eingeschnittenen Tälern der östlichen Zuflüsse des Toten Meeres fand sich eine subtropische Bewaldung, in der man auch Holz zum Schiffbau finden konnte. Fünf Schiffe wurden am Ostufer des Toten Meeres gebaut, dann wieder auseinandergenommen und in Teilen auf Kamelrücken nach dem Golf von Akaba (Aila = Elat) über eine Entfernung von mehr als 200 km Wüste transportiert. Solch ein Unterfangen war bis dahin nur einmal in der Geschichte unternommen worden und zwar im 10. vorchristlichen Jahrhundert, als König Salomon von Judäa mit Hilfe der Phönizier seine Expedition nach Ophir unternahm.

Dem Transport der Schiffe ging die Eroberung von Aila voraus. Es war im Jahre 1170 von den Ägyptern besetzt und befestigt worden, wobei die Hauptfestung, deren Ruinen noch heute sichtbar sind, auf einer kleinen Insel (Djesiret Phar'un, von den Franken Île de Graye genannt) errichtet wurde. Die Schiffe wurden in Aila zusammengesetzt, und zwei von ihnen zurückgelassen, um die Insel zu blockieren und vor allem ihre Versorgung mit Trinkwasser vom Festland her zu unterbinden. Die übrigen Schiffe begannen einen Raubzug gegen Orte auf beiden Ufern des Roten Meeres. Dies war wahrscheinlich die erste Piratenaktion der Kreuzfahrer, die in späteren Jahrhunderten die Haupttätigkeit des Johanniterordens (neben der Unterhaltung der Krankenhäuser) darstellte. Der See-Feldzug endete mit einer Katastrophe für Rainald, als die Ägypter seine Schiffe und Truppen an der arabischen Küste, nicht weit von Medina, überraschten und vernichteten. Nur Rainald und wenige seiner Leute konnten sich mit Hilfe von Beduinen nach Kerak durchschlagen.

Saladin sah in Rainald seinen schlimmsten Feind, denn dieser hatte sofort nach seiner Übersiedlung nach Kerak mit Überfällen auf Handelskarawanen begonnen. Zweimal (in den Jahren 1183 und 1184) hatte Saladin versucht, Kerak einzunehmen, mußte aber beide Male die Belagerung aufgeben. Nach dem Abschluß des Waffenstillstandes (1185) konnten die Karawanen ungestört an Kerak vorbeiziehen. Im Jahre 1186, als eine besonders große und reiche Karawane, die im Vertrauen auf den Waffenstillstand nur geringe militärische Begleitung hatte, in die Nähe von Kerak kam, überfiel Rainald sie und nahm alle Teilnehmer gefangen sowie ihre Waren als Beute. Zunächst reagierte Saladin auf diplomatischem Wege und verlangte von Rainald Entschädigung und Herausgabe der Gefangenen. Als Rainald sich weigerte, wandte sich Saladin an Guido von Lusignan, der gerade zum König gekrönt worden war, mit der Forderung um Intervention, aber auch Guido konnte bei Rainald nichts ausrichten; letzterer erklärte dem König, daß er in Transjordanien souverän wäre, und der König ihm nichts zu sagen hätte.

Diese doppelte Weigerung, verbunden mit der Beleidigung des Islam, war für Saladin der Anlaß, den Waffenstillstand aufzukündigen. Aber diesmal begnügte sich Saladin nicht mit Plänen, Kerak anzugreifen, sondern beschloß, der christlichen Herrschaft in Palästina überhaupt ein Ende zu machen und zu diesem Zweck die ganze Militärmacht seines Doppelreiches einzusetzen.

Die Schlacht von Cresson □ Wie durcheinander die Situation im Königreich Jerusalem war, wird durch die Schlacht an den Quellen von Cresson ausgewiesen. Den Anlaß bot Gerhard von Ridfort, der auf einer Friedensmission zu Raimund von Tripolis war. Gerhard war ursprünglich ein Freund Raimunds gewesen und trat im Jahre 1176 in dessen Dienste, gegen das Versprechen, daß Raimund ihm die erste passende Erbin, die zur Witwe würde, als Gattin zuspräche. Als Raimund dieses Versprechen nicht einhielt, verließ ihn Gerhard im Zorn und schloß sich dem Templerorden an, wo er 1185 zum Großmeister gewählt wurde. Er verzieh Raimund seinen Wortbruch nie und förderte deswegen im Jahre 1186 die Krönung Sibylles und Guidos (gemeinsam mit Rainald von Châtillon). Raimund, der bis dahin Regent im Namen des Knaben Balduin V. gewesen war, verweigerte den Treueid und zog sich auf sein Fürstentum Tripolis-Galiläa zurück, wo er einen Sonder-Waffenstillstand mit Saladin schloß. Als im Jahre 1187 Saladin zum entscheidenden Feldzug rüstete, überredete Gerhard König Guido, der stark unter seinem Einfluß stand, mit Raimund Frieden zu schließen; und er stand an der Spitze einer Gesandtschaft an Raimund, der auch der Großmeister des Hospitalerordens, Roger von Les Moulins, angehörte.

Als die Gesandtschaft schon unterwegs war, bat Saladin Raimund, aufgrund des Waffenstillstands einem moslemischen Heerestrupp freien, friedlichen Durchzug durch Galiläa für 24 Stunden zu gewähren; Raimund stimmte dem zu und informierte alle Ritter der Gegend von dieser Tatsache. Aber da er nichts von der Gesandtschaft an ihn wußte, und diese nicht informiert war, stieß sie zufällig (am 1. Mai 1187) auf die moslemische Truppe in der Nähe von Nazareth, und Gerhard gab, gegen den Rat der übrigen Mitglieder der Gesandtschaft, den Befehl, anzugreifen. Da die Mohammedaner in gewaltiger Überzahl waren, endete dieser Angriff mit einer völligen Niederlage; fast sämtliche Ordensritter, etwa 90, wurden getötet, darunter der Großmeister des Hospitalerordens. Nur Gerhard konnte sich verwundet mit zwei anderen Rittern retten. Natürlich sah Saladin in diesem Angriff einen Wortbruch Raimunds.

Vorbereitungen zur Entscheidung □ Dieser Kampf war der endgültige Anlaß zu der entscheidenden Schlacht, für die nun beide Seiten sich vorbereiteten. Saladin rief das größte Heer zusammen, das er je kommandiert hatte – sein Ruf ging von Kurdistan bis nach Ägypten. Über die Größe seiner Truppenmacht gehen die Ansichten von Chronisten und Historikern weit auseinander. Die Zahl der Berittenen wird allgemein mit 12000 angenommen, aber über die Größe des Fußvolks und der Hilfstruppen gibt es Zahlen von 12000 bis 30000. Diese gewaltige Armee versammelte sich am 25. Juni 1187 auf dem vulkanischen Hochland des Hauran, einer Landschaft im südlichen Syrien.

Auch die Kreuzfahrer versammelten in der Nähe von Akko das größte Heer, das sie zusammenrufen konnten. Die gemeinsame Gefahr durch die Moslems ließ für den Moment alle persönlichen Streitigkeiten vergessen, und selbst Raimund von Tripolis traf sich mit Rainald von Châtillon und Gerhard von Ridfort. König Guido von Lusignan beschloß, alles auf eine Karte zu setzen und beorderte alle Ritter, einschließlich sämtlicher Ordensritter, sich zur Fahne zu stellen. Die Orden verließen ihre Burgen und ließen in jeder nur einige wenige Verteidiger zurück. Als besonderes Zeichen der Ernsthaftigkeit der Lage berief der König den Patriarchen von Jerusalem mit dem »Wahren Kreuz« nach Akko, um es in der Schlacht als Ansporn der Ritter zu benutzen, ihr Letztes für den Sieg hinzugeben.

Das Heer, das sich in Akko versammelte, bestand aus etwa 1 200 Rittern, der gleichen Anzahl von berittenen Hilfstruppen und etwa 10 000 Mann Fußvolk. Saladin setzte am 1. Juli über den Jordan und griff am nächsten Tag Tiberias an, das von Raimunds Frau Eschevia verteidigt wurde. Die Stadt wurde nach kurzem Angriff erobert, und Eschevia zog sich mit dem Rest ihrer Leute auf die Zitadelle zurück. Damit hatte der große Kampf um den Besitz des Landes begonnen. Das Kreuzfahrerheer verließ Akko und sammelte sich bei der Burg von Sephoria (Zippori), in deren Nähe zahlreiche Quellen entspringen und die sich etwa auf halbem Weg zwischen Akko und Tiberias befindet. Hier rief der König seine Heerführer zusammen, um mit ihnen über die Strategie des Kampfes zu beraten.

Die Schilderung dieser Versammlung, die am Abend des 2. Juli stattfand, ist bei den zeitgenössischen Chronisten in verschiedenen Versionen überliefert, die anscheinend auf eine Quelle zurückgehen und an Dramatik der sich überstürzenden Ereignisse einem Shakespeare nicht nachstehen. Die Reden, die hier gehalten wurden, spiegeln die Konflikte zwischen den Parteien und persönlichen Antagonismen genau wider.

Raimund von Tripolis erhielt – als Herr von Tiberias – als erster das Wort, obwohl er noch wenige Wochen vorher als Rebell gegen den neuen König gegolten hat. Er schlug eine defensive Taktik vor und wies darauf hin, daß es Saladin unmöglich sein würde, sein Riesenheer, das sich aus verschiedensten Völkern zusammensetzte, zu einer längeren Belagerung zusammenzuhalten, und vor allem, daß er nicht Zehntausende mit Nahrung versorgen könnte. In Sephoria mit seinen reichen Quellen oder im schwerbefestigten Akko könnte dagegen das christliche Heer aushalten, bis Verstärkungen aus Antiochia eintreffen würden.

Die Führer der Gegenpartei, die Hitzköpfe Gerhard von Ridfort und Rainald von Châtillon, bezichtigten Raimund der Feigheit und des Verrats. In diesem Moment trafen Boten von Tiberias ein, die den Fall der Stadt meldeten, was die Waage zur Seite der Offensiv-Partei senkte. Hier ergriff Raimund wieder das Wort und betonte, daß er als Gatte der belagerten Eschevia wohl der erste sein müsse, der einen Feldzug zu ihrer Befreiung vorschlüge; aber sein Abraten von einer solchen Aktion müßte allen beweisen, daß er das Interesse des Königreiches seinem eigenen voranstelle. Er brachte ein weiteres Argument: Die Jahreszeit war die heißeste des Jahres, und gerade diese Tage wiesen Höchsttemperaturen auf. Der nächste Brunnen war nur bei Hattin, etwa 20 km von Sephoria entfernt, zu finden. Raimund warnte vor den Folgen des Wassermangels und der großen Hitze, vor allem für die schwergepanzerten Ritter und deren Pferde. Diese Argumente, und vor allem seine Uneigennützigkeit, überzeugten, und der Rat löste sich um Mitternacht auf mit dem Beschluß, in Sephoria zu bleiben.

Aber damit ist die dramatische Schilderung des Chronisten noch nicht beendet. Kurz nach Abschluß der Beratung begab sich Großmeister Gerhard (und nach manchen Quellen auch Rainald von Châtillon) heimlich in das Zelt des Königs. Er wies auf die Gegnerschaft Raimunds dem König gegenüber hin, auf dessen Weigerung, den Treueid zu leisten, auf Raimunds Sondervertrag mit Saladin und auf die Schande, die der König auf sein Haupt laden würde, wenn er nicht versuchte, Tiberias zu befreien. Der König ließ sich von diesen Reden überzeugen und gab, ohne den Rat noch einmal einzuberufen, den Befehl zum sofortigen Abmarsch in Richtung Tiberias.

Die Schlacht und ihre Folgen □ Bei Tagesanbruch setzte sich das Heer in Bewegung, und alles verlief so, wie es Raimund befürchtet hatte. Hitze und

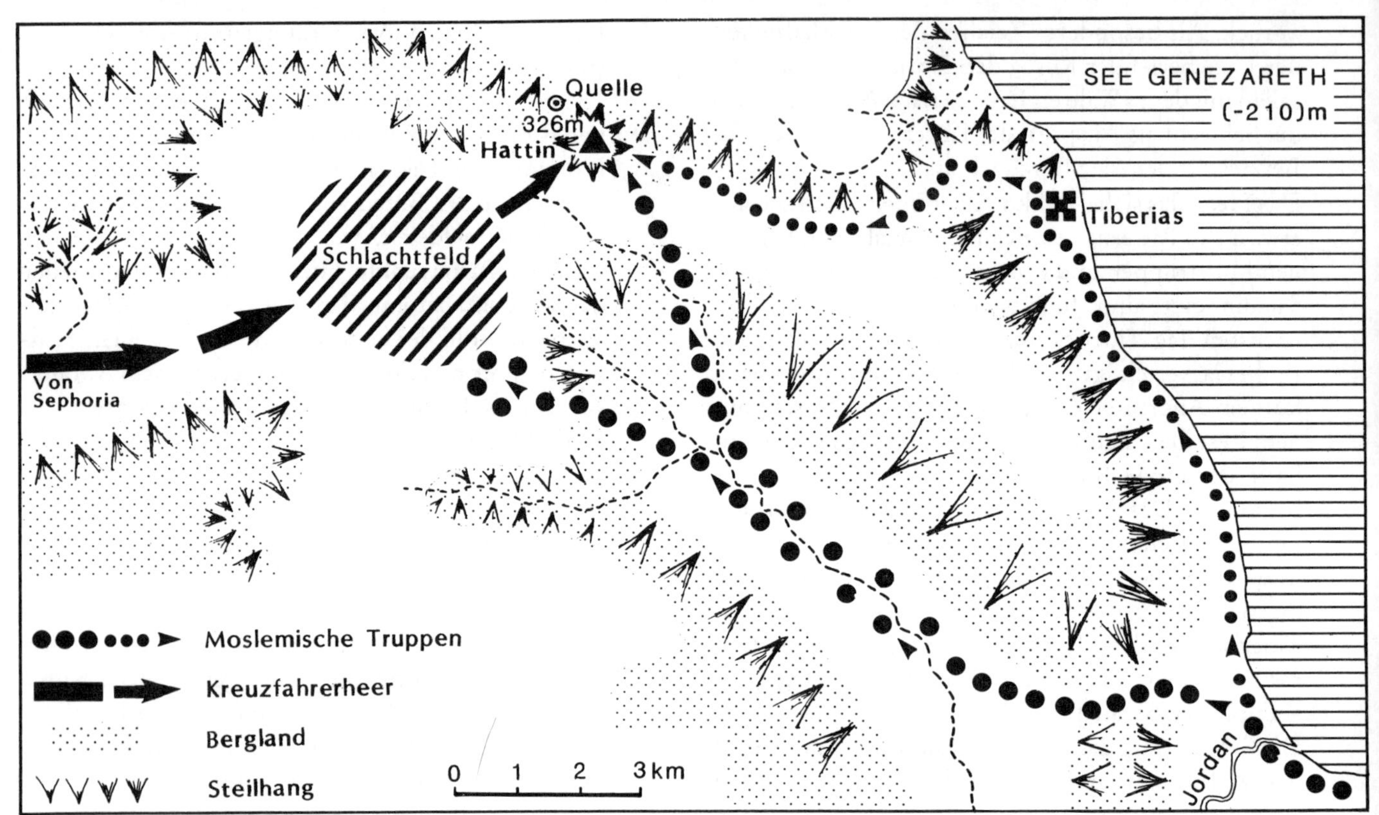

Karte 6: Die Landschaft zwischen Sephoria und Tiberias (die Schlacht bei Hattin)

Durst schwächten das christliche Heer schon nach wenigen Kilometern, und nach kurzer Zeit kam es auch zu Flankenangriffen von berittenen arabischen Pfeilschützen, die die Reihen verwirrten. Das Heer erreichte mit Mühe den Vulkankegel von Hattin (Karne Hittin), fand aber den erhofften Brunnen leer. Trotzdem mußte es dort übernachten. Am nächsten Morgen war das christliche Heer fast kampfunfähig, als der Angriff der Haupttruppen Saladins begann, die sich und ihre Pferde gut mit Wasser versorgt hatten. Das christliche Heer löste sich faktisch auf, viele Soldaten ergaben sich mit der Bitte um einen Trunk.

Der einzige Gegenangriff wurde von Raimund geleitet, der eine eiserne Phalanx gepanzerter Reiter im Galopp auf die Mohammedaner halten ließ – eine Taktik, der im allgemeinen keine feindliche Truppe standhalten konnte. Aber der arabische Befehlshaber ließ seine Truppen seitwärts ausweichen (für eine gleichzeitige Flankenumgehung aber waren die ungepanzerten, schnellen Turkopolen des Gegners schon zu schwach). Der Angriff verlief ins Leere, und bei der Rückkehr wurden viele Ritter und Pferde von hinten und den Seiten angegriffen und getötet. Eine kleine Anzahl, mit Raimund an der Spitze, brach durch die Reihen der Mohammedaner und entfernte sich vom Schlachtfeld; sie erreichten schließlich Tripolis.

Inzwischen hatte fast jeder organisierte Widerstand aufgehört. Nur eine Elitetruppe, die sich um den König geschart hatte, kämpfte weiter und zog sich – unter zeitweiligen Ausfällen – auf die flache Spitze des Vulkankegels zurück, wo der König sein rotes Zelt errichten ließ und daneben das »Wahre Kreuz« aufstellte. Schließlich eroberten die Mohammedaner auch diesen Platz, wo sie den König und seine Begleiter in totaler Erschöpfung auf dem Boden liegend vorfanden. Saladin befahl, die Gefangenen zu schonen und ließ die oberste Heeresleitung der Christen in sein Zelt bringen. Dort ließ er dem König Wasser reichen (als Zeichen der Begnadigung), aber dem verhaßten Rainald von Châtillon schlug er persönlich den Kopf ab, als Vergeltung für dessen Angriffe auf moslemische Karawanen und den Bruch des Waffenstillstandes.

Alle Gefangenen – Ritter wie Fußvolk und Hilfstruppen – wurden nach Damaskus gebracht, um dort als Sklaven verkauft zu werden.

Die Ritter der beiden kämpfenden Orden hingegen überließ Saladin seinen Kommandeuren, die die wenigen Überlebenden grausam hinrichteten. Von den etwa 15000 Kämpfern des christlichen Heeres waren allein 1000 am Leben geblieben, und das »Wahre Kreuz« wurde nach Damaskus gebracht. (Sein weiteres Schicksal blieb ungewiß, aber heute gibt es zahlreiche Kirchen und Klöster, die unter ihren Reliquien Splitter vom »Wahren Kreuz« aufbewahren.)

Der Ausgang der Schlacht von Hattin bedeutete nicht nur die totale Vernichtung des christlichen Heeres und vor allem der Ritterorden, sondern das Ende des Königtums Jerusalem. König Guido mußte teuer für sein Va-banque-Spiel bezahlen: Um ein möglichst großes Heer den Mohammedanern gegenüberstellen zu können, hatte er das ganze Land von Verteidigern entblößt, und nun war es für Saladin ein Leichtes, die letzten Zentren des Widerstandes eines nach dem anderen zu erobern.

In Tiberias ergab sich nun die Festung, und Eschevia erhielt Genehmigung, sich ihrem Gatten in Tripolis anzuschließen. Die meisten Städte und Festungen ergaben sich, und ihre Bewohner durften dafür ihr Leben und ihre Freiheit behalten. Wenn Widerstand geleistet wurde, der im allgemeinen in wenigen Tagen gebrochen war, wurden die Bewohner auf Sklavenmärkte geschickt. Das Angebot an Sklaven wurde so groß, daß ihr Preis gewaltig fiel und es dadurch möglich wurde, viele durch Lösegeld freizukaufen. Der Großmeister des Tempelordens, Gerhard von Ridfort, erkaufte seine Freiheit dadurch, daß er die Verteidiger von Askalon zur Übergabe bewegte.

Nur manche der Festungen leisteten größeren Widerstand und hielten Belagerungen, die in manchen Fällen über ein Jahr dauerten, stand. Dazu gehörten Kerak, die Templerfestung in Safed und die Johanniterburg in Belvoir.

Raimund von Tripolis war kurz nach der Schlacht von Hattin gestorben; König Guido wurde erst nach halbjähriger Haft entlassen, und seine Frau Sibylle erhielt Genehmigung, sich mit ihm zu vereinen. Während des Dritten Kreuzzuges versuchte Guido verzweifelt, wieder als König anerkannt zu werden, aber er hatte jede Anhängerschaft in Palästina verloren. Zuletzt überließ ihm Richard Löwenherz im Jahre 1192 die Herrschaft über Zypern gegen einen hohen Kaufpreis.

Das Endziel des Krieges war natürlich Jerusalem, für dessen Eroberung Saladin seinen Feldzug als Hadsch (Pilgerfahrt) erklärt hatte. Die Bevölkerung der Stadt war durch Flüchtlingszustrom auf beinahe 100000 angewachsen – gegenüber etwa 30000 in Friedenszeiten. Aber es waren wenig Kämpfer in der Stadt geblieben, vor allem keine Ritter. Eine schnell zusammengestellte Miliz konnte mit Mühe dem ersten Ansturm der Mohammedaner standhalten, und nach acht Tagen begannen Verhandlungen über eine Unterwerfung der Stadt. Saladin genehmigte freien Abzug der Teile der Bevölkerung, die eine gewisse Summe Lösegeldes aufbringen konnten, aber schließlich gewährte er fast der ganzen fränkischen Bevölkerung freien Abzug, weil sie ihm bei dem niedrigen Preis für Sklaven nur zur Last gefallen wären. Nur die Anhänger der östlichen Kirchen – Orthodoxe, Jakobiter, Nestorianer – durften als freie Bürger in der Stadt bleiben. (Dieselbe Unterscheidung machten im 16. Jahrhundert die Türken bei der Eroberung von Rhodos und Zypern.)

Am 2.10.1187 zog Saladin als Sieger in Jerusalem ein, und es begann der Auszug der katholischen Bevölkerung, der etwa 40 Tage dauerte. Saladin traf sofort Maßnahmen, um den christlichen Charakter der Stadt zu verwischen. Alle Kreuze und andere christlichen Embleme wurden zerstört, die Kirchen außer der Grabeskirche zu Moscheen und Religionsschulen umgewandelt.

So endete die erste Phase der Kreuzzug-Epoche. Nach dem anfänglichen Erfolg der Errichtung des Königreiches Jerusalem und der verschiedenen Fürstentümer in Syrien kam eine Zeit der andauernden Kriege zwischen Christen und Mohammedanern, mit wechselnden Erfolgen, bis zum Schluß die Mohammedaner den Sieg davontrugen.

Die Gründe für das Nachlassen der Kraft der Kreuzfahrer: der andauernde Zwist zwischen Adelsfamilien und Parteien, die Unfähigkeit, zu der örtlichen Bevölkerung ein gutes Verhältnis zu entwickeln, die Übertragung des europäischen Feudalismus nach dem Nahen Osten, der Kampf zwischen Adel und Kirche, sind alle in diesem Kapitel dargestellt worden.

Jerusalem war unter der Herrschaft der Kreuzfahrer, die 88 Jahre gedauert hatte, zu einer europäisch-christlichen Stadt geworden, mit Prunkbauten im romanisch-gotischen Stil, aber all das wurde in wenigen Wochen der wiederhergestellten arabischen Herrschaft vollständig ausgelöscht. Die Stadt sollte damit ihren östlich-mohammedanischen Charakter (mit kurzer Unterbrechung 1229 – 1245) bis zur Mitte des 19. Jahrhunderts behalten.

Aus der Sicht unserer Zeit gesehen, bedeutete die Schlacht von Hattin und der darauffolgende Verlust von Jerusalem zwar eine schwere militärische Niederlage, aber keine totale Katastrophe für die politische und wirtschaftliche Existenz des christlichen Europa. Im Gegenteil – das 12. Jahrhundert bedeutete für Europa den Beginn des Aufstiegs, der bis zur Weltherrschaft Europas im 18. und 19. Jahrhundert führte. Dieser Aufstieg kündigte sich an durch eine Wiederbelebung der städtischen Siedlungsform, von der nach der Zerstörung Westroms nur wenig Reste übriggeblieben waren. Die Zahl der Städte im christlichen Europa konnte sich im 12. Jahrhundert mehr als verdoppeln und im 13. Jahrhundert sogar verfünf-

fachen. Sie wird bei Beginn des 14. Jahrhunderts auf etwa 3 000 geschätzt.
Es wäre kein Fehler, den Beginn der Verstädterung mit der Zeit der Kreuzzüge gleichzusetzen. Schon die Organisation der Kreuzzüge verlangte eine ungeheure Steigerung der Produktion auf allen Gebieten. Zehntausende von Kämpfern mußten mit Waffen und Rüstungen versorgt werden, und das bedeutete natürlich auch eine starke Vergrößerung des Bergbaus und der Schmieden; für die Ritter mußten Tausende von Pferden zur Verfügung gestellt und ausgebildet werden; für den Seetransport mußten Hafenanlagen verbessert und Hunderte von Schiffen gebaut werden – mit allem Zubehör.
Nach der Festsetzung in den Häfen von Outremer begann ein intensiver Handel mit allen Gütern des Orients, die zum Teil mit Gütern, die in Europa hergestellt waren, bezahlt wurden, und damit wurde nicht nur der Handel, sondern auch die Güterproduktion gewaltig vergrößert. Beide Wirtschaftszweige verlangten ein Wachstum der städtischen Bevölkerung und der Städte, wie überhaupt Gründung und Wachstum von Städten das beste Zeichen für wirtschaftlichen und kulturellen Aufstieg sind.
Die Berührung der Franken mit der arabischen Kultur und Technologie während der verschiedenen Waffenstillstände ermöglichte es, zahlreiche Neuerungen aus dem Orient nach Europa zu bringen, sowohl auf dem Gebiete der Landwirtschaft wie der handwerklichen Produktion und Architektur. Im Bereich der Landwirtschaft wären hier zu erwähnen: neue Rebsorten, die den Weinbau sowohl im nördlichen Frankreich wie an Rhein und Mosel sehr verbesserten, Reis in Spanien und Norditalien und verschiedene Gemüsesorten.
Auf dem Gebiet der Technologie wären besonders zu erwähnen die Veredelungen von Stahl und die Glasbläserei. Glasbläser aus Nordpalästina und dem Libanon brachten ihr Handwerk nach Europa, wo vor allem Venedig zum Zentrum der Glasbläserkunst aufstieg.
So hatte die christliche Welt mit der Schlacht von Hattin zwar eine nicht nur taktische Niederlage erlitten, sondern ihren territorialen Halt im größten Teil von Palästina verloren, aber im eigenen Lande durch Stärkung des Selbstbewußtseins und der Organisationskraft die Grundlage zu einem rapiden sozialen und wirtschaftlichen Aufstieg geschaffen.

Nachspiel: Das Schicksal des Hospitals

Was geschah aber mit dem Hospital, dem größten Gebäude in Jerusalem, nach der Eroberung der Stadt durch Saladin? Da die Stadt nicht im Kampf erobert wurde, sondern sich ergab, blieben ursprünglich die meisten Gebäude unbeschädigt, und das Hospital diente weiter als Krankenhaus. Im Palast des Großmeisters nahm Saladin seinen Wohnsitz für die kurze Zeit, die er in Jerusalem verbrachte. Dann wurde an dem Ort eine Moschee gebaut, die »Omarmoschee«. Da sie direkt gegenüber dem Eingang zur Grabeskirche erbaut wurde, konnte sie gut als Kontrollstätte für die Tätigkeit der Christen benutzt werden. Die Mamelucken erbauten das Minarett, das sich heute über der Moschee erhebt, zu Beginn des 15. Jahrhunderts.
Das Gebäude des Hospitals diente weiter seinem doppelten Zweck als Hospiz und Krankenhaus, hatte aber nach der Eroberung durch Saladin den Umfang seiner Tätigkeit einschränken müssen, da die Zahl der Pilger bedeutend zurückgegangen und die militärische Funktion natürlich aufgegeben war.
Im Jahre 1229, als Kaiser Friedrich II. nach dem Friedensvertrag mit dem ägyptischen König nach Jerusalem kam, um sich dort zum König von Jerusalem krönen zu lassen (s. S. 63), nahm er seinen Wohnsitz im Hospital. Im Jahre 1244 wurde das Land von den choresmischen Türken, einer Reiterhorde, die als Vorläufer der Mongolen angesehen werden kann, überrannt, und Jerusalem erobert.
Die Choresmier steckten die Grabeskirche in Brand, das Hospital wurde geplündert und teilweise zer-

stört. In späteren Jahrhunderten wurden die Mauern und Wände des Hospitals langsam niedergerissen und seine Steine als Baumaterial in der ganzen Stadt benutzt.

Der große Platz südlich der Grabeskirche wurde langsam ein Müllablade- und Schuttplatz, behielt aber noch immer seinen Namen in persischer Fassung: Muristan.

Die Wiederbelebung des Platzes begann mit dem Besuch des preußischen Kronprinzen (und späteren deutschen Kaisers) Friedrich III., der im Jahre 1869 anläßlich der Eröffnung des Suezkanals in den Nahen Osten gekommen war und von Ägypten aus Palästina besuchte. Er erhielt vom türkischen Sultan die Genehmigung, eine Kirche auf dem Trümmergelände zu errichten. Als Platz für die Kirche wurde die Ruine der Konventskirche des Hospitalerordens – Santa Maria Latina Minori – gewählt, wobei bei der Wahl sicher auch die enge Verbindung des Hohenzollernhauses mit dem neugegründeten (preußischen) Johanniterorden eine Rolle spielte. Der Bau der Kirche, die »Erlöserkirche« genannt wurde, und der eine Schule und ein Hospiz angeschlossen wurden, wurde nach dem Plan der mittelalterlichen Kirche vorgenommen und umschloß auch einige Überreste, vor allem in ihrer Krypta. Der Bau war im Jahre 1898 vollendet, und ihre Einweihung gab den Anlaß zu dem prunkvollen Besuch des Deutschen Kaisers Wilhelm II. (dem Sohn Friedrichs) in Jerusalem (s. S. 196).

Der Rest des Hospitalgeländes gehörte der griechisch-orthodoxen Kirche, die auf ihm einen (damals modernen) Basar errichtete, der in seiner Gradlinigkeit stark vom allgemeinen Charakter der Jerusalemer Altstadt abweicht. Einige gewaltige quadratische Säulen und Spitzbögen sind noch in dem geschlossenen Gemüsemarkt des David-Basars zu sehen. Auf dem Gelände der Erlöserkirche befindet sich ein Denkmal für den britischen »Order of St. John«, das einzige, das den Namen des Hospitalerordens in Erinnerung bringt.

Intermezzo: Der Dritte Kreuzzug (1189–1192)

Der Fall des Königreichs Jerusalem, und vor allem die Eroberung Jerusalems durch Saladin, trafen die ganze katholische Welt wie ein Blitzschlag und erregten sofort den dringenden Wunsch nach einem erneuten Kreuzzug zur Befreiung des Heiligen Landes, bei dem die gesamte christliche Welt zur Teilnahme aufgefordert wurde. Aber gleichzeitig zeigten sich die geopolitischen und politischen Schwierigkeiten, die bisher jedesmal einen Kreuzzug verhindert oder verzögert hatten. Am 2.10.1187 war Jerusalem gefallen, aber es sollte drei Jahre dauern, bis die ersten großen Kreuzfahrerheere an der Küste des Heiligen Landes landeten. Zunächst war es notwendig geworden, politische Streitigkeiten innerhalb Europas beizulegen oder zumindest Waffenstillstände zu vereinbaren, da jeder Herrscher, der sich dem Kreuzzug anschloß, befürchtete, daß seine Abwesenheit durch innere oder äußere Feinde ausgenutzt werden könnte, um sein Land oder die Herrschaft darüber zu erobern. Dann mußten Flotten zusammengestellt werden, was den Bau von zahlreichen Schiffen nötig machte. Schließlich mußte die große Entfernung zu Schiff oder über Land überwunden werden, was, wenn der Feldzug zu spät im Jahr unternommen wurde, ein Überwintern unterwegs mit all den damit verbundenen Schwierigkeiten nötig machte.

Dazu kam ein schneller Personenwechsel während der Zeit der Vorbereitungen. Papst Gregor VIII., der gerade sein Amt antrat, als die Nachricht von der schweren Niederlage Rom erreichte, starb nach nur zweimonatigem Pontifikat; sein Nachfolger, Clemens III., amtierte zwar während der ganzen Zeit des Kreuzzuges (1187 – 1191), war aber nicht mehr am Leben, als es galt, die Zustände im Heiligen Land neu zu ordnen. Der deutsche Kaiser, Friedrich I. Barbarossa, zweifellos die stärkste Figur im Kreuzzug, starb im Juni 1190 durch Ertrinken. Der englische König, Heinrich II., der erste König der Dynastie der Plantagenets, starb im Jahre 1189 und wurde von seinem Sohn Richard I. Löwenherz, der der Held des Kreuzzugs werden sollte, abgelöst.

In Outremer waren nach dem Fall Jerusalems nur noch drei Städte in den Händen der Kreuzfahrer geblieben: Antiochia im Norden, das, getrennt vom Rest des Landes, faktisch ein selbständiger Staat geworden war, Tripolis und Tyros. Aber selbst dort konnten die führenden Persönlichkeiten sich nicht auf eine einheitliche Politik einigen, so daß alles auf den angekündigten Kreuzzug wartete, um die Frage der Nachfolge und der Neuordnung zu regeln – doch die Ankunft des Kreuzfahrerheers ließ noch lange auf sich warten. Die Barone, die sich in die beiden befestigten Hafenstädte hatten retten können, versuchten alles, um sich gegenseitig die Schuld an der Katastrophe in die Schuhe zu schieben; nur in einem Punkt stimmten sie überein: König Guido von Lusignan habe seinen Anspruch auf die Krone verloren, und der Nachfolger könnte erst gewählt werden, nachdem das Kreuzfahrerheer eintreffen würde.

Inzwischen war in Tyros eine starke Persönlichkeit aufgetreten: Konrad von Montferrat, wie die meisten hohen Adligen entfernt mit dem Königshaus verschwägert, war erst im Jahre 1187 nach Outremer gekommen, so daß er nicht der Mitschuld an der Niederlage bezichtigt werden konnte. Er sorgte sofort für die Befestigung von Tyros und wurde bald allgemein als der Herr dieser Stadt anerkannt.

Guido hatte sich sofort nach seiner Freilassung aus moslemischer Gefangenschaft nach Tripolis begeben, wohin sich seine Frau Sibylle schon früher zurückgezogen hatte, und ließ sich dort als erstes von seinem Eid, den er Saladin geschworen hatte, nämlich nie wieder die Waffen gegen Mohammedaner zu erheben, freisprechen. In Tripolis sammelte Guido die ihm treu gebliebenen Truppen und erschien darauf vor den Toren Tyros; sein Verlangen nach Einlaß wurde von Konrad abgelehnt. Daraufhin reagierte Guido mit einer Verzweiflungstat: Ende August 1188 begann er einen Sturm auf Akko, das inzwischen von Saladin wieder befestigt worden war.

Dieser Ansturm, der mißglückte, war Auftakt zu einer Belagerung, die bis zum April 1191, also 20 Monate dauern sollte, obwohl Guido schon im September 1189 eine Flotte von 52 Schiffen von Pisa als Unterstützung erhielt. Dies war nur die Vorhut zahlreicher Kreuzritter aus Skandinavien, England und Sizilien, die auf vielen Schiffen ihre Länder verlassen hatten, ohne auf den Beginn des großen Kreuzzuges zu warten. Sie gaben ihre Unterstützung sowohl Guido wie Konrad, und ihre Beteiligung am Kampf wandelte die Belagerung von Akko in eine Art Stellungskrieg, bei dem beide Seiten große Verluste erlitten. Es ist kein Zweifel, daß ohne ihre frühe Ankunft das Abenteuer von Akko einen für die Kreuzfahrer üblen Ausgang genommen hätte. Der Streit zwischen Konrad und Guido erfuhr eine neue Verschärfung, als im Jahre 1190 Sibylle und ihre zwei kleinen Töchter an einer Seuche, die im Heereslager infolge Hungers und Mangel an Hygiene ausgebrochen war, starben. Da Guidos Anspruch auf die Krone auf seiner Ehe mit Sibylle beruhte, und diese keinen männlichen Erben hervorbrachte, war die innenpolitische Situation aufs äußerste angespannt, und Guido suchte diesem Zustand durch gute Kontakte zu Richard Löwenherz entgegenzutreten. Inzwischen versuchten die Barone in Tyros, die Krone für Konrad von Montferrat zu sichern. Dafür gab es nur einen Weg: Konrad mußte die neue Thronerbin, Sibylles Schwester Isabella, heiraten, die aber mit Humfried von Torron verheiratet war. Da wegen dessen vermuteter Homosexualität oder aus einem anderen Grund keine Kinder von dieser Ehe zu erwarten waren, arrangierten die Barone – unter Ausnutzung von Zwistigkeiten verschiedener Erzbischöfe – die Auflösung dieser Ehe und drängten Isabella, Konrad zu heiraten. Es zeigte sich auch hier wieder, daß die Frauen in der Königsfamilie nur Schachfiguren in der Politik Outremers waren. Die Ehe wurde im November 1190 geschlossen, und im nächsten Jahr gebar Isabella Konrad eine Tochter, Maria.

Inzwischen hatten die europäischen Mächte unter dem Druck des Papstes Clemens III. ihre inneren und äußeren Schwierigkeiten geordnet: Die jungen Könige Richard I. von England und Philipp II. August von Frankreich beschlossen, gemeinsam den Kreuzzug zu unternehmen und während seiner Dauer alle kriegerischen Tätigkeiten der zwei Länder einzustellen; Richard I. übergab die Herrschaft seinem Bruder John bis zu seiner Rückkehr, und der deutsche Kaiser Friedrich I. erreichte, daß sein größter Gegner, Heinrich von Sachsen (der Löwe), im Exil blieb, was dem Kaiser erlaubte, in den Feldzug zu ziehen.

Friedrich I. Barbarossa drängte am meisten auf den Beginn des Kreuzzuges. Er hatte als junger Mann am Zweiten Kreuzzug teilgenommen und wollte vielleicht die Schmach dieses mißglückten Unterfangens auslöschen. Er nahm das Kreuz bereits im März 1188, und trotzdem dauerte es ein Jahr, bis das Heer sich in Bewegung setzen konnte. Es bestand aus 3 000 Rittern mit ihrem Troß, also vielleicht 30 000 Mann, denen sich später noch 1 000 Ritter anschließen sollten. Friedrich wählte den Landweg (vielleicht weil er keine eigene Flotte besaß) und erlitt dasselbe Schicksal wie die vorherigen Kreuzfahrer. Sowie er byzantinischen Boden betrat, begannen die Schwierigkeiten mit Sabotage, absichtlichen Verzögerungen, Überfällen und durch Wegelosigkeit. Er verlor so viel Zeit, daß er gezwungen war, in Adrianopel zu überwintern. Erst im März 1190 konnte er den Marsch durch Anatolien beginnen, wo er nach einigen Gefechten mit türkischen Herrschern endlich im Mai 1190 das armenische Kilikien erreichte, aber hier ereilte ihn ein Unfall: am 11.6.1190 ertrank er im Fluß Saleph.

Der Tod des Kaisers hatte die Auflösung des deutschen Kreuzzuges zur Folge. Viele deutsche Fürsten beschlossen, sofort mit ihren Truppen zurückzukehren, andere setzten mit verminderter Stärke ihren Feldzug fort, erlitten aber schwere Verluste, und nur ein kleiner Bruchteil des riesigen Heeres erreichte Antiochia.

Der deutsche Kreuzzug kann als ein völliger Fehlschlag nach dem Tode des Kaisers bezeichnet werden. Damit war auch jeder deutsche Einfluß auf die Neugestaltung des Heiligen Landes weggefallen, und diese blieb in Händen des französischen und englischen Königs, faktisch nur des letzteren.

Der englische Kreuzzug begann mit großer Verzögerung. Heinrich II. war wegen seines Krieges mit Frankreich der Idee eines Kreuzzuges abgeneigt, und der eigentliche Fürsprecher, dem es auch gelang, die Massen dafür zu gewinnen, war der Erzbischof von Canterbury, Balduin. Erst als König Heinrich starb (unmittelbar nachdem er gezwungen war, einen unrühmlichen Frieden mit Frankreich zu schließen), gewann der Erzbischof die Oberhand, und die erhitzte Atmosphäre, die er schuf, entlud sich, wie bei den vorigen Kreuzzügen, zunächst in Judenverfolgungen. Richard I., der gerade den Thron bestiegen hatte, hatte größte Schwierigkeiten, die Lage wieder zu beruhigen. Er äußerte sofort seine Absicht, den Kreuzzug zu verwirklichen, aber nur mit Beteiligung von Frankreich. Nach langen Verhandlungen wurde im Juli 1190 ein gemeinsamer Kreuzzug verkündet. Als Treffpunkt wurde Vézelay in Burgund festgesetzt, derselbe Ort, von dem im Jahre 1146 der Aufruf zum Zweiten Kreuzzug ausgegangen war.

Die letzte Phase des Weges nach Outremer sollte per Schiff von Sizilien aus beginnen, aber die beiden getrennt marschierenden Heere gelangten so spät nach Messina, daß sie dort überwintern mußten. Der Aufenthalt in Sizilien war von vielen Querelen mit dem König von Sizilien begleitet, aber schließlich segelten die Flotten im April 1191 ab. Die französische Flotte gelangte Ende des Monats ohne Zwischenfall nach Tyros und wurde mit Freuden empfangen, vor allem von Konrad, der von Philipp II. August unterstützt worden war. Besonders willkommen waren die Belagerungsmaschinen, die man mitgebracht hatte; aber der Ansturm auf Akko wurde bis zur Ankunft Richards und seiner Flotte verschoben.

Richards Flotte war inzwischen östlich von Rhodos in einen schweren Sturm geraten, der die Schiffe zerstreute. Zwei Schiffe zerschellten an der Südküste Zyperns, und ein Schiff, auf dem sich Richards Schwester Johanna und seine Braut Berengaria von Navarra befanden, konnte sich mit Mühe in den Hafen von Limassol retten. Dort wurden sie von dem Herrscher Zyperns auf das schwerste beleidigt, sogar die Versorgung des Schiffes mit Trinkwasser wurde verweigert. Dieser Herrscher war seit fünf Jahren Isaak II. Komnenos, der sich selbst zum Kaiser von Byzantion ernannt hatte. Er hoffte, durch Festhalten der schiffbrüchigen Besatzung der gekenterten Schiffe und ihrer Ladung eine große Geldsumme erpressen zu können. Ein solches Verhalten war damals gang und gäbe und endete meistens mit der Zahlung eines hohen Lösegelds.

Der Vorfall wäre als ein kleiner Zwischenfall in die Geschichte der Kreuzzüge eingegangen. Aber die Reaktion Richards war anderer Art und schuf eine geopolitische Situation, die für Jahrhunderte Einfluß auf die Geschichte des Nahen Ostens haben sollte.

Richard begann sofort Truppen zu landen, und nach vier Wochen, in denen es einige Kämpfe um die starken Burgen Zyperns gab, war die Insel in ihrer Gänze in Händen Richards, der sich selbst zum Herrn der Insel machte. Es ist fraglich, ob diese Handlungsweise völkerrechtlich vertretbar war, denn Zypern gehörte offiziell zum Byzantinischen Reich. Aber Richard konnte plädieren, daß er die Insel nicht von Byzantion erobert hätte, sondern aus den Händen eines Usurpators. Außerdem war das Verhältnis zwischen Byzantion und den Franken bereits so zerrüttet, daß 15 Jahre später Konstantinopel im »Vierten Kreuzzug« von den Franken erobert wurde.

Mit der Eroberung Zyperns waren eine fruchtbare, große Insel und alle Schätze, die Isaak aufgehäuft hatte, in Richards Hände geraten, was eine außerordentliche Stärkung seiner Position bedeutete. Er feierte am 12.5.1191 seine Hochzeit in der katholischen Kirche von Limassol, und kurz darauf empfing er eine große Gesellschaft, die auf Schiffen von Akko gekommen war, und in der alle Gegner Konrads von Montferrat vertreten waren, an ihrer Spitze Guido von Lusignan. Es gelang dieser Gesandtschaft, Richard zu überreden, sich auf die Seite Guidos zu stellen, und so waren die Heere Englands und Frankreichs in der Frage der Thronfolge Outremers schon gespalten, noch bevor Richard seinen Fuß an Land gesetzt hatte. Der Zwiespalt zeigte sich sofort, als seine Schiffe nicht die Erlaubnis erhielten, vor Tyros vor Anker zu gehen, sondern nach Akko weitersegeln mußten, wo seine 25 Galeeren am 8.6.1191 ankamen. Die Ankunft dieser Verstärkung gab den Belagerern die Kraft, Akko am 11.7. zur Übergabe zu zwingen. Die moslemische Besatzung erhielt freien Abzug, und kurz darauf marschierten die christlichen Heere nach Akko ein. Sofort entstanden Streitigkeiten über die Stationierung der christlichen Truppen, vor allem der Ritter, und dabei kam es zu einem Zwischenfall, bei dem Richard den Herzog Leopold VI. von Österreich schwer beleidigte. Für diese Beleidigung sollte Richard ein Jahr später teuer bezahlen.

Sofort nach der Eroberung von Akko und einem (nicht durchgeführten) Kompromiß über die Teilung der Herrschaft zwischen Guido und Konrad erklärte der französische König, für ihn wäre das Ziel des Kreuzzuges erreicht, und überließ dessen Fortsetzung Richard, allerdings unter Zurücklassung eines Teils des französischen Heers. Er verließ Outremer am 3.8.1191.

Richard war nun Alleinkommandierender des Frankenheers, und vor ihm lag die schwere Aufgabe der Rückgewinnung des Heiligen Landes. Es folgte ein einjähriger blutiger Krieg, in dem der Erfolg zwischen Richard und Saladin schwankte. Anfänglich gelang es Richard, weit nach Süden vorzudringen, wobei er Caesarea, Jaffa und Askalon nach schweren Belagerungen eroberte, um dann einen Teil des Landes bei blutigen Gegenangriffen Saladins wieder zu verlieren.

Aber das Hauptziel, Jerusalem, konnte Richard nicht erreichen; nur einmal kam ein Vortrupp seines Heeres bis in Sicht der heiligen Stadt, mußte sich aber zurückziehen. Im August 1192 waren beide Heere so kriegsmüde, daß sie zu einem Kompromiß bereit waren. Am 2.9.1192 wurde ein Friedensvertrag auf fünf Jahre geschlossen. Den Franken blieb ein Küstenstreifen von etwa 15 km Breite von Tyros bis südlich von Jaffa. Nur in Galiläa erweiterte sich das fränkische Land auch um einen Teil des Berglandes. Für christliche Pilger wurde der freie und unbehinderte Zugang zu den heiligen Stätten in Jerusalem garantiert. – Von den Zielen des Kreuzzuges, der der größte aller Kreuzzüge werden sollte, und an dem alle Führer der christlichen Mächte teilnahmen, wurde keines erreicht. Aber immerhin hatten die Franken wieder eine territoriale Präsenz errungen und dem Christentum eine stärkere Position in Jerusalem garantiert.

Als Richard auf der Höhe seiner Macht in Palästina stand, das heißt nach der Eroberung von Askalon, beschloß er, die Frage der Nachfolge im Königreich Jerusalem endgültig zu lösen. Zu diesem Zweck berief er im April 1192 einen Rat sämtlicher Ritter und Barone Palästinas ein, um nun zwischen Guido von Lusignan und Konrad von Montferrat zu entscheiden. Er selbst unterstütze noch immer die Kandidatur Guidos, aber der Rat beschloß einmütig, Konrad zum König zu proklamieren. Um dem dauernden Zwist in Palästina ein Ende zu machen, beschloß Richard, der Krönung Konrads zum König von Jerusalem zuzustimmen. Er schickte sofort eine Gesandtschaft unter Führung seines Neffen Heinrich von Champagne nach Tyros, um Konrad von der Wahl zu unterrichten. Die Gesandtschaft wurde in Tyros mit allgemeiner Freude empfangen, und es wurde festgelegt, die Krönung in kürzester Zeit in Akko stattfinden zu lassen.

Aber Richard mußte erleben, daß seine kühnen Pläne durch unvorhergesehene Ereignisse zunichte gemacht werden konnten. Wenige Tage vor der angesetzten Krönung wurde Konrad nachts auf der Straße von zwei Männern durch Dolchstiche ermordet. Einer der Mörder gestand, von dem »Alten vom Berge«, dem Haupt der Assassinen-Mörder*, geschickt worden zu sein. (Kurz vorher hatte Konrad ein Schiff, das für den Assassinenführer bestimmt war und große Schätze führte, gekapert und geplündert.)

Die Bevölkerung von Tyros war entsetzt, und die Barone beschlossen schnell zu handeln, um zu verhindern, daß jetzt doch Guido zum König gekrönt werde. Ihre »Waffe« war die junge Witwe Isabella, die sie schon einmal gegen ihren Willen zur Scheidung und zu neuer Heirat gezwungen hatten. Sie verkörperte noch immer die Legitimität der Herrschaft über das Königreich. Um zu verhindern, daß Richard seine Meinung wieder zu Gunsten Guidos ändern könnte, sahen sie die beste Lösung in einer Heirat Isabellas mit Heinrich von Champagne, dem Neffen Richards.

Obwohl Isabella schwanger war, wurde die Hochzeit für eine Woche nach dem Tode ihres Gatten angesetzt. Heinrich hatte in der Frage der Erbfolge bereits zugestimmt, das, falls das zu erwartende Kind Konrads männlich sein sollte, die Erbschaft auf das Kind übergehen sollte. So erhielt das Königreich Jerusalem wieder einen allgemein anerkannten und (auf Umwegen) legitimen König, jedoch nicht Jerusalem.

* Eine von den ismaelitischen Schiiten abgesplitterte Geheimsekte, die sich als Mörder verdingten und durch den Genuß von Haschisch in Rausch versetzten, der sie zu jeder Bluttat befähigte (vgl. auch franz. assassin = Mörder). Ihr Haupt saß in der Festung Alamut, Kurdistan, und wurde »der Alte vom Berge« genannt.

Richard fand auch eine Entschädigung für Guido, den er im Stich gelassen hatte. Guido wurde zum König von Zypern ernannt, ebenfalls über Umwege: Richard, dessen Geld inzwischen ausgegangen war, verkaufte die Insel an den Templerorden, der bereits eine Anzahlung auf die hohe Kaufsumme geleistet hatte, aber bereit war – aus eigenen Geldschwierigkeiten –, auf die Insel gegen Rückgabe der Anzahlung zu verzichten. Guido zahlte diese Summe und wurde so zum Herrn von Zypern.
Nach Erledigung all seiner Angelegenheiten verließ Richard Akko am 9. 10. 1192, da er Nachricht hatte, daß inzwischen in England alles drunter und drüber gegangen war. Aber kaum hatte er Fuß auf europäischen Boden gesetzt, geriet er in die Räder des europäischen Mächtespiels. Durch Schiffbruch am Nordende des Adriatischen Meeres war Richard gezwungen, österreichisches Gebiet zu durchqueren, wo Herzog Leopold VI. regierte, der die Beleidigung in Akko (s. S. 57) nicht vergessen hatte. Richard versuchte in der Verkleidung als Tempelritter unbeachtet Bayern zu erreichen, wo sein Freund Heinrich der Löwe herrschte. Aber ein Richard Löwenherz konnte nicht unentdeckt bleiben, und Leopold ließ ihn verhaften mit der Beschuldigung, am Tod Konrads von Montferrat schuld zu sein. Leopold übergab Richard dem deutschen Kaiser Heinrich VI., der, ein Todfeind Heinrichs des Löwen, ihn über ein Jahr in Haft hielt und dann gegen ein außerordentlich hohes Lösegeld endlich freigab.
Inzwischen war wieder Krieg zwischen Frankreich und England ausgebrochen, und Richard war gezwungen, sofort nach Wiederaufnahme der Herrschaft über England, den größten Teil der nächsten Jahre auf dem Schlachtfeld in Frankreich zu verbringen, wo ihn am 6. 4. 1199 ein Pfeil tötete.
Richard Löwenherz war eine umstrittene Persönlichkeit: einerseits machtsüchtig und dabei keine Grenzen kennend, sei es im Krieg gegen seinen eigenen Vater, sei es bei der Ermordung der moslemischen Gefangenen in Akko trotz des bei der Übergabe der Stadt gegebenen Versprechens, ihr Leben zu schonen; andererseits konnte er sehr liebenswürdig und großzügig bis zum äußersten sein. Als König von England versagte er politisch auf der ganzen Linie und verbrachte von seiner zehnjährigen Herrscherzeit nur etwa ein halbes Jahr in England. Aber die Nachwelt kennt ihn als den idealen Kreuzritter, gutaussehend, ein rücksichtsloser und kühner Soldat, ein von seinen Männern verehrter Führer und ausgezeichneter Stratege, der die schwersten Schlachten durch persönlichen Mut und Einsatz rettete.
Dieses historische Bild, das den Grund für viele Legenden bot, versuchte vielleicht, einen christlichen Ritter der moslemischen Idealfigur der Ritterlichkeit, Saladin, entgegenzustellen. Beide Gestalten verschwanden innerhalb eines halben Jahres von der Bildfläche; Richard, als er Akko im Oktober 1192 verließ, und Saladin, der sich nach dem Abschluß des Dritten Kreuzzugs nach Damaskus zurückzog und dort am 3. März 1193 starb.

II
Der Reststaat von Akko (1193 – 1292)

Neue Kreuzzüge

Das zweite »Königreich Jerusalem« – abwesende Herrscher □ Der Dritte Kreuzzug hatte das Königreich Jerusalem wiederhergestellt, aber es war sowohl in seiner Größe wie im Charakter völlig von dem ersten unterschieden. Der wichtigste Unterschied lag darin, daß Jerusalem in mohammedanischen Händen geblieben war, wenn auch christliche Pilger unter Duldung ihre heiligen Stätten besuchen durften. An Fläche umfaßte das zweite Königreich nur eines geringen Teil des ersten: Einen Streifen von etwa 15 km Breite von Jaffa nördlich bis Tyros. Im Wesen unterschied es sich von seinem Vorgänger hauptsächlich dadurch, daß es mehr eine Koalition von fast selbständigen Hafenstädten war als ein geeintes Königreich. Dieser Mangel an Einheitlichkeit wurde noch verstärkt, als seit dem Jahre 1225 die Könige nicht mehr im Lande ansäßig waren, sondern ihre Hauptverpflichtung anderswo sahen, entweder als Könige von Zypern oder als deutsche Kaiser.

In den etwa dreißig Jahren bis 1225 herrschte jeder König nur kurze Zeit: Heinrich von Champagne (1192-1197); Amalrich von Lusignan (1197-1204); Isabella (mehrere Monate); deren Tochter, Maria von Montferrat (13 Jahre alt, 1205-1210); deren Gatte Johann von Brienne (1210-1212, dann als Regent für seine neugeborene Tochter, Jolanthe, bis 1225); Kaiser Friedrich II., König von Sizilien, durch Heirat mit Jolanthe (1225). Von diesem Jahr an lebten die »Könige von Jerusalem« nicht mehr im Land selbst. Die Erbfolge lief fast in jedem Fall über eine Frau, und der jeweilige König erhielt die Regierung nur so lange wie seine Frau lebte oder als Vormund für ein unmündiges Kind. In jedem Fall mußte die Ernennung zum Regenten von dem »Hochgericht« der Ritter bestätigt werden, und die Wahl eines Gatten für die Königin erfolgte vor demselben Gremium, manchmal sogar gegen den Willen der Trägerin der Erbfolge.

So wurde die Macht der Könige bereits zu Beginn des 13. Jahrhunderts immer mehr geschwächt, und die wirkliche Macht ging in die Hände anderer Personengruppen über; zu erwähnen sind zunächst die Barone, deren Besitztümer sich immer mehr in wenigen Händen konzentrierten. Ihre Macht wurde bald übertroffen von der der Ritterorden, deren militärischer und wirtschaftlicher Einfluß sich auch bald politisch ausdrückte: Im Beraterstab eines jeden Königs befanden sich Vertreter der Orden, die allerdings meist in verschiedene Richtungen drängten. Zu diesen Kräften, die als einheimisch betrachtet werden können, gesellten sich die Kaufleute und Vertreter der italienischen Städte, in deren Hände sich die Finanzkraft des Landes konzentrierte. Wie schon früher erwähnt, besaßen die Stadtrepubliken Venedig, Genua und Pisa und auch Marseille autonome Viertel – oft von einer eigenen Mauer umgeben – in den Häfen Outremers, wo sie nicht nur ihre eigene Politik, sondern auch die Streitigkeiten ihrer Heimatstädte fortsetzten. So kam es oft zu bewaffneten Auseinandersetzungen zwischen den autonomen Truppen der italienischen Städte, die häufig weitere Kreise, z. B. die Ritterorden, in ihren Konflikt hineinzogen.

Eine weitere »Front«, die sich zwar nicht militärisch äußerte, aber starken politischen und finanziellen Einfluß besaß, bildete der Klerus, der sich nicht nur in die Angelegenheiten des Staates einmischte, sondern auch die europäische Politik des Papstes zu vertreten hatte.

Es war das Glück dieser in sich zersplitterten Machtgruppen, daß der moslemische Gegner nicht weniger uneins war und daß nach dem Tode Saladins Streit unter den Erben ausbrach, der bald zu einer erneuten Trennung von Ägypten und Syrien führte. Dies ging manchmal so weit, daß der eine oder andere der Erben Saladins sich mit außenstehenden Kräften gegen seine Verwandten aus dem Hause der Ayyubiten verbündete. Dies taten vor allem die Sultane Ägyptens, die sogar bereit waren, sich mit den Kreuzfahrern oder Türken gegen andere Erben Saladins zu verbünden (s. S. 64).

Diese Aufsplitterung der moslemischen Kräfte bot den Anlaß, daß die westliche Welt immer wieder versuchte, Kreuzzüge zu unternehmen. Während es im 12. Jahrhundert nach dem Ersten Kreuzzug, der zu Beginn des Jahrhunderts stattfand, nur noch zwei andere gab, die mit einer Zeitspanne von je etwa 50 Jahren organisiert wurden, kam es in der ersten Hälfte des 13. Jahrhunderts zu vier größeren und einer Anzahl kleinerer Kreuzzüge. Allerdings hatten diese einen eigenen Charakter: Sie richteten sich mehr gegen die Nachbarn des Heiligen Landes, vor allem Ägypten, als gegen die Mohammedaner im Heiligen Land selbst.

Der merkwürdigste dieser Kreuzzüge war der sogenannte Vierte Kreuzzug (1204), bei dessen Beginn es den Venezianern gelang, die bereits versammelten Flotten und Truppen dazu zu bewegen, nach Konstantinopel umzuschwenken und durch dessen Eroberung das Byzantinische Reich zu vernichten. Die in Konstantinopel geplünderten Schätze und Reliquien schmücken noch heute zahlreiche Kirchen in Europa, vor allem Venedig selbst. Allerdings sollte sich später die Latinisierung Byzantions schwer rächen, denn mit der Zerstörung der militärischen Macht des Griechischen Reiches verminderte sich dessen Kraft, dem Ansturm der Reiterhorden Zentralasiens Einhalt zu gebieten. Schon zwanzig Jahre nach dem Vierten Kreuzzug begann der Vormarsch der Mongolen nach dem Westen, und dreißig Jahre später wurde fast der gesamte Nahe Osten von Mongolenstämmen überrannt (s. dazu S. 76ff.).

Während des Fünften Kreuzzuges (1217–1221), der von Papst Innozenz III. angeregt worden war (den er aber nicht mehr erlebte, da er 1216 starb), gelang es den Kreuzfahrern, mit Hilfe der Ritter des Königreiches Jerusalem Damiette, die Stadt an der östlichen Nilmündung zu erobern, und unter diesem Druck den Sultan al-Kamil, der gleichzeitig von seinen Widersachern in Damaskus bedrängt war, zu Verhandlungen zu bringen. Al-Kamil versprach für die Räumung Damiettes und deren Umgebung die Wiederherstellung Palästinas als christlichen Staat (mit einigen Ausnahmen in Transjordanien). König Johann von Brienne (der Regent) und die Barone neigten dazu, den Vorschlag anzunehmen, aber die Maximalisten (die europäischen Kreuzfahrer, die Ritterorden und die italienischen Kommunen) stellten auf das Drängen des päpstlichen Legaten hin noch größere Forderungen. Inzwischen hatte sich al-Kamil mit seinen Widersachern / Verwandten aus Damaskus geeinigt, und angesichts der Drohung einer syrischen Einmischung sahen sich die Kreuzfahrer gezwungen, von Damiette abzuziehen; sie erlitten dabei schwere Verluste. Somit war eine Chance, noch dazu mit einem Friedensangebot auf dreißig Jahre verbunden, durch die übertriebenen Forderungen von Hitzköpfen auf die Dauer verpaßt worden.

Kaiser Friedrich II. – eine umstrittene Persönlichkeit □ Der nächste Kreuzzug nach Akko brachte eine der glanzvollsten und meistumstrittenen Persönlichkeiten Europas auf den Plan, den jungen Kaiser Friedrich II. von Hohenstaufen. Er war der Sohn Kaiser Heinrichs VI. und der Enkel von Kaiser Friedrich I. Barbarossa, von dem er das rote Haar geerbt hatte. Seine Mutter war Konstanze, die Tochter des Königs von Sizilien, Roger II. Friedrich wurde im Dezember 1194 geboren und bereits mit vier Jahren König von Sizilien, da sein Vater ein Jahr vorher gestorben war. Ein Jahr später starb auch seine Mutter, und er wurde unter das Patronat von Papst Innozenz III. gestellt. In seiner Jugend kam er viel mit Kindern des Volkes zusammen, was ihm ein Verständnis für die Gedankenwelt der niederen Schichten gab. Gleichzeitig lernte er sechs Sprachen, darunter Arabisch. Er lernte auch die Grundideen des Islam und des Judentums kennen und entwikkelte Toleranz gegenüber jeder Form von Religion.

Mit 14 Jahren wurde er für großjährig erklärt, und ein Jahr später heiratete er Konstanze von Aragon. Mit 20 Jahren (1215) wurde er feierlich in Aachen zum deutschen Kaiser gekrönt. Dafür mußte er dem Papst verschiedene Konzessionen und Versprechungen machen, darunter die, so bald wie möglich einen Kreuzzug zu unternehmen. Er wählte als seine Residenz Palermo, die er zu einer der schönsten Städte des Mittelmeeres machte – vor allen ausgezeichnet durch eine interessante Stilmischung von normannischen, maurischen und byzantinischen Elementen.

Er lud an seinen Hof Wissenschaftler und Philosophen aus der ganzen Welt und machte Sizilien zu einem Treffpunkt des Christentums, Judentums und Islam. Die Idee eines Kreuzzuges war seinem ganzen Denken fern, und er suchte sein Versprechen dem Papst gegenüber so lange wie möglich hinauszuschieben. Im Jahre 1222 starb seine Frau Konstanze, und im Jahre 1225 heiratete er – unter Vermittlung des Papstes – die junge Jolanthe, Tochter von Königin Maria von Montferrat, welche Erbin des Königreiches Jerusalem war, und von König Johann von Brienne. Auf diese Weise wurde er auch König von Jerusalem.

Im Jahre 1227 erhob sich wieder ein Streit zwischen dem ägyptischen Sultan al-Kamil und dem Sultan von Damaskus, und Papst Gregor IX., der gerade den Thron bestiegen hatte und sich als hartnäckiger Eiferer erwies, bestand nun mit allem Nachdruck darauf, daß diese Gelegenheit für einen neuen Kreuzzug genutzt werden müßte. Daraufhin begann Friedrich mit ernsthaften Vorbereitungen für einen Kreuzzug und versammelte ein Heer von mehreren Tausenden in Brindisi. Aber im Heer brach eine Malaria-Epidemie aus, an der auch Friedrich erkrankte, und somit gezwungen war, seine Abfahrt wieder zu verschieben.

Als er dies dem Papst mitteilte, glaubte ihm dieser nicht und sah in der Verschiebung nur eine Finte. Um im Kampf zwischen Papsttum und Kaisertum die Oberhand zu behalten, erklärte er Friedrich in Bann und befreite all seine Untertanen von dem Treueid, den sie ihm geschworen hatten. Damit war die Frage des Kreuzzuges zu einem Teil des dauernden Konfliktes zwischen Kaiser und Papst geworden, und aus diesem Grund konnte Friedrich auf keinen Fall nachgeben. So befahl er seine Truppen nach Palästina, und er selbst ließ sich vorübergehend in Zypern nieder, um von dort seine Position gegenüber Outremer zu klären. Seine Lage hatte sich insofern geändert, als seine Frau Jolanthe die Geburt ihres ersten Kindes, Konrad, nicht überlebte, und somit Friedrich die rechtliche Grundlage für sein Königtum von Jerusalem verlor und höchstens eine Regentschaft für seinen neugeborenen Sohn – den konstitutionellen Erben – beanspruchen konnte, wofür er die Zustimmung der Barone benötigte.

Inzwischen begann er, Verhandlungen mit dem Sultan von Ägypten, al-Kamil, einzuleiten, die eine friedvolle Übergabe Palästinas an die Christen – entsprechend dem Angebot, das al-Kamil den Führern des Fünften Kreuzzuges im Jahre 1222 gemacht hatte – erreichen sollte. Diese Verhandlungen dauerten über ein Jahr und führten schließlich zum größten diplomatischen Erfolg Friedrichs: ein Friedensvertrag auf zehn Jahre, der die Rückgabe eines großen Teils Palästinas an die Christen einschloß. Der Vertrag wurde am 18.2.1229 vom König und dem Sultan unterzeichnet. Auf seiten Friedrichs waren als Zeugen zugegen: der Hochmeister des Deutschen Ritterodens, der inzwischen zur stärksten Stütze des Königs geworden war (s. weiter unten) und zwei englische Bischöfe.

Der Vertrag sah die Übergabe des westlichen Teiles Galiläas, einschließlich Nazareth, vor, sowie einen Korridor von Jaffa nach Jerusalem und Bethlehem. Jerusalem sollte zum größten Teil den Christen übergeben werden, und nur der Tempelberg mit den beiden Moscheen sollte islamisch bleiben. Einen Monat später zog Friedrich feierlich in Jerusalem ein.

Aber der Einfluß Papst Gregors war stärker, als Friedrich erwartet hatte. Der Papst weitete den Bann gegen den Kaiser aus und setzte Jerusalem unter Interdikt. So wurde Friedrich in Jerusalem zwar von den Moslems mit allen Ehren empfangen, aber von den Christen gemieden: Die Anhänger der östlichen Kirchen fürchteten eine Wiederherstellung der katholischen Suprematie mehr als die bestehende islamische Herrschaft, und die lateinische Kirche fürchtete den Bann des Papstes. So war nur ein einziger Geistlicher zugegen, als Friedrich die Grabeskirche in feierlichem Zug betrat. Nur der Deutsche Ritterorden war vertreten, und nach einer Lobrede des deutschen Großmeisters setzte sich Friedrich selbst die Krone als König von Jerusalem aufs Haupt.

Friedrichs Bestreben war es, ein Zusammenleben zwischen Christen und Mohammedanern zu fördern und Beziehungen zwischen Christen und Moslems zu schaffen; er stieß aber von beiden Seiten auf Ablehnung. Die Ablehnung durch die Christen erscheint dem heutigen Historiker besonders unverständlich. Vierzig Jahre nach dem Verlust Jerusalems war es Friedrich gelungen, ohne Schwertstreich die Rückgabe des Teils der Stadt zu erreichen, in dem sich die christlichen heiligen Stätten befinden, ein Ziel, für das in dieser Zwischenzeit Tausende und Abertausende Christen in den Kreuzzügen gefallen waren. Die größten Gegner von Friedrichs Ideen waren die Tempelritter, die auf einer Rückeroberung ganz Palästinas, und vor allem des Tempelbezirks, wo ihr Hauptquartier gewesen war, beharrten. Die Johanniter waren eher geneigt, den neuen Zustand zu akzeptieren, wollten aber nicht gegen den Papst und den Templerorden auftreten. Auch die Genuesen und Venezianer waren unzufrieden, weil Friedrich bei der Verteilung von Rechten Pisa ihnen vorgezogen hatte.

Da inzwischen aus Italien Nachrichten eingetroffen waren, daß sein Schwiegervater Johann von Brienne an der Spitze eines päpstlichen Heeres in Friedrichs Ländereien in Süditalien eingefallen war, beschloß Friedrich, unverzüglich nach Italien zurückzureisen. Er begab sich sofort von Jerusalem nach Akko, ernannte dort seine Stellvertreter und bestieg ein Schiff nach Zypern, nicht ohne auf dem Weg durch Akko von der Bevölkerung beschimpft worden zu sein. Sein weiteres Handeln bis zu seinem Tod im Jahre 1250 war ausgefüllt mit Kämpfen gegen den Papst und gehört zur europäischen Geschichte.

Sultan al-Kamil hielt seinen Vertrag mit Friedrich ein, und Jerusalem genoß zehn Jahre der Ruhe; allerdings konnte das Vorhaben Friedrichs, den christlichen Teil der Stadt mit einer eigenen Mauer zu umgeben, infolge des Papstbannes nicht durchgeführt werden. Papst Gregor IX. wartete nur auf den Ablauf des Vertrages im Jahre 1239, um einen neuen Kreuzzug zu planen. Ein Heer von 1000 Rittern, meist Franzosen, traf im September 1239 in Akko ein. Sie gewannen eine große Zahl von Rittern für ihr Projekt, erlitten aber bei einem Angriff, den sie gegen Ägypten bei Askalon einleiteten, eine Niederlage und wurden mit schweren Verlusten zurückgeschlagen.

Kurze Zeit später brachen wieder Zwistigkeiten zwischen Ägypten und Syrien aus, und die Templer glaubten, jetzt die Gelegenheit für einen diplomatischen Schachzug zu haben. Sie schlossen ein Bündnis mit Syrien, für das sie als Vorauszahlung die Festung von Safed erhielten. Diese Stärkung der Templer erregte die Johanniter dermaßen, daß sie ihrerseits ein Bündnis mit dem ägyptischen Sultan schlossen und auch einen Vorschuß in Gestalt der Freilassung von wichtigen Gefangenen erhielten. Die Feindschaft zwischen Templern und Hospitalern verursachte beinahe einen Krieg zwischen den beiden Orden.

Im Jahre 1244 war Syrien zu einem Angriff auf Ägypten bereit, und den Syrern schlossen sich die Templer und viele Barone an. Der ägyptische Sultan fand dagegen einen neuen Bundesgenossen in den Reiterhorden der choresmischen Türken, die bis an die Grenzen Syriens vorgedrungen waren. Die Choresmier stürmten – unter Umgehung von Damaskus – durch Syrien hindurch und erreichten nach wenigen Tagen Jerusalem. Sie eroberten die Stadt, deren Mauern noch nicht vollendet waren, und gewährten der fränkischen Bevölkerung freien Abzug nach Jaffa; sie duldeten aber, daß die Karawane von 6000 Flüchtlingen unterwegs von Räuberbanden überfallen und viele Christen ermordet wurden. Auch die Stadt selbst wurde von den Choresmiern geplündert und viele Kirchen und Häuser in Brand gesteckt. So endete der Traum Friedrichs von einem friedlichen Zusammenleben von Christen und Mohammedanern im Heiligen Land, und es dauerte fast 700 Jahre, bis wieder eine christliche Macht – Großbritannien – die Herrschaft über Palästina erhielt. Sofort nach der Eroberung Jerusalems rückten die Choresmier zur Küste vor, wo inzwischen die Kreuzfahrer südlich von Gaza das ägyptische Heer angegriffen hatten. So kamen die Kreuzfahrer zwischen zwei Heere und wurden völlig aufgerieben. Die Zahl der Toten wurde auf 5000 geschätzt, unter ihnen der Großmeister des Templerordens und sein Marschall, sowie der Erzbischof von Tyros. Der Großmeister des Johanniterordens und andere führende Ritter wurden gefangengenommen.

Ägypten war nun wieder die führende Macht im Nahen Osten, besetzte große Teile im Norden Palästinas, die der Templerorden von den Syrern erhalten hatte, und zerstörte die neuen Festungen.

Aber die Idee der Kreuzzüge hielt noch immer Europa in ihrem Bann und verfestigte sich weiter, so daß gewisse Spannungen zwischen den europäischen Herrschern, vor allem dem Papst und den Bewohnern von Outremer, enstanden; die letzteren, mit Ausnahme der Ritterorden, strebten nach einem modus vivendi mit der islamischen Welt. Auch Venedig, das seit der Eroberung Konstantinopels gute Handelsbeziehungen mit Asien – sowohl über Konstantinopel wie über Alexandrien – geschaffen hatte, stand neuen Kreuzzügen skeptisch gegenüber. Das übrige Europa suchte neue Bundesgenossen gegen die Mohammedaner und war dabei nicht wählerisch: Der Papst erstrebte Kontakte mit den Mongolen (s. weiter unten), und Ludwig IX. schuf zu den Assassinen Beziehungen (s. S. 76), die allerdings nicht lange anhielten.

1 Die Front der Grabeskirche in Jerusalem. Der Turm und Eingang stammen aus der Zeit der Kreuzritter.

2 Der Felsendom in Jerusalem. Er steht vermutlich auf dem Platz des Salomonischen Tempels und ist eines der schönsten und eindrucksvollsten Bauwerke des frühen Islam. Der Bau wurde im Jahre 692 n. Chr. errichtet.

3 Der »Tempelplatz« in Jerusalem, ein durch König Salomon und später durch Herodes künstlich begradigter Berg, auf dem der jüdische Tempel stand, und wo sich jetzt die beiden moslemischen Heiligtümer des Felsendomes und der El-Aqsa Moschee befinden.

4 Die »Klagemauer«, der »heilige Platz« der Juden. Sie ist der einzig stehengebliebene Teil des antiken Tempelbezirkes und wurde von Herodes gegen Ende des 1. vorchristlichen Jahrhunderts als Stützmauer für den begradigten Tempelplatz gebaut. Ihre Länge beträgt etwa 300 Meter und ihre Höhe mehr als 30 Meter, wovon die untere Hälfte durch Schutt verdeckt ist. Das Bild zeigt einen jüdischen Gottesdienst an der Mauer.

5 Die Kirche Santa Anna, der einzige Bau der Kreuzfahrer in Jerusalem, der unversehrt geblieben ist. Im Vordergrund Ausgrabungen antiker Zisternen.

6 Die Front der Jerusalemer Aqsa-Moschee, die im Mittelalter abwechselnd die Funktion einer Kirche und einer Moschee innehatte und nach Abzug der Kreuzritter endgültig zur Moschee wurde, aber in ihrem Baubestand noch Reste des Kreuzfahrerbaus zeigt.

7 Die Johanniterfestung »Belvoire«, die um die Mitte des 12. Jahrhunderts erbaut wurde, um das Jordantal, das hier die Bildmitte einnimmt, zu überwachen. Die Ruinen der Festung wurden teilweise restauriert.

8 Luftbild von Akko. Die moderne Mole, die ins Meer hinausragt, ist auf Fundamenten der Kreuzfahrerzeit gebaut. Die Mauer im Vordergrund ruht gleichfalls auf Resten der Kreuzfahrermauer.

Gegenüberliegende Seite:
9 Akko. Befestigungsmauer und Wallgraben aus dem 18. Jahrhundert, auf Fundamenten der Johanniterfestung erbaut.

10 Die Seemauer von Akko, erbaut im 18. Jahrhundert auf Fundamenten der Kreuzfahrerfestung.

9 △ 10 ▽

12 Die Befestigungen der Seemauer von Famagusta (Zypern) aus der Kreuzfahrerzeit.

◁ 11 Das wieder ausgegrabene »Refektorium« der Johanniterburg in Akko; vermutlich der Konventssaal.

13 Kirche in Famagusta (Zypern), von den Kreuzfahrern im gotischen Stil erbaut; 1570 von den Türken in eine Moschee umgewandelt, wie das Minarett auf dem Turm zeigt.

14 Rhodos. Einfahrt in den »Mandraki-Hafen«, der zur Zeit der Johanniter als Galeerenhafen diente und heute als Yachthafen benutzt wird.

15 Zeitgenössische Darstellung der Krönung Papst Martins V. in Konstanz (1417), bei der der Großmeister des Johanniterordens, Fra Philipp von Naillac (Großmeister von 1396–1421) mitwirkte.

▷

16 *Der Innenhof des Hospitals in Rhodos.*

17 Krankenhaus des Johanniterordens in Rhodos, erbaut im 15. Jahrhundert. Die Straßenfront des Krankenhauses.

18 Der Großmeisterpalast von Rhodos. Dieser Palast wurde von den Türken und durch Erdbeben zerstört und von Mussolini – mit nur geringer Anlehnung an den ursprünglichen Palast – wieder aufgebaut.

◁ 19 Die »Straße der Ritter« in Rhodos, entlang der die Herbergen der einzelnen »Zungen« lagen.

20 *Blick auf die Johanniterfestung Lindos auf Rhodos.*

21 Ruinen der Festung Montfort (Starkenberg) in den Bergen von Galiläa, nahe bei Akko, die dem Deutschen Ritterorden als Hauptquartier in Palästina zur Zeit der Kreuzfahrerherrschaft in Akko diente.

Die Kreuzzugsidee fand ihren letzten Vertreter in Ludwig IX., König von Frankreich (1297 heiliggesprochen). Er entsprach dem Idealbild eines Kreuzfahrers, beseelt von persönlichem Mut und religiöser Begeisterung, ein ausgezeichneter Administrator und Truppenführer, aber vielleicht kein hervorragender Stratege. Er beschloß im Jahre 1246, kurz nach dem Fall Jerusalems in die Hände der Choresmier, einen neuen Kreuzzug zu leiten und bereitete diesen sowohl politisch wie militärisch sorgfältig vor. Er begann mit der Konstruktion eines neuen Hafens für die Einschiffung des großen Heeres, das er zu schaffen gedachte: Aigues Mortes im Rhônedelta. Er ließ eine große Anzahl Schiffe bauen und mobilisierte ein Heer von etwa 25 000 Mann, darunter 2 500 Ritter und 5 000 Bogenschützen. Dazu sollten in Outremer die Truppen der Barone und der Ritterorden stoßen.

Im Jahre 1248 segelte das Heer nach Limassol auf Zypern, wo Ludwig die Proviantbeschaffung für ein so zahlreiches Heer veranlaßte sowie 120 große Expeditionsschiffe bauen ließ. Erst im Mai 1249 war alles für die Invasion Ägyptens bereit. In der Zwischenzeit versuchten verschiedene Kreise, vor allem Venedig, Ludwig zu einem Kompromiß mit Ägypten zu bewegen, aber dieser weigerte sich hartnäckig, mit einem Mohammedaner auch nur zu verhandeln.

So begann der Feldzug, und obwohl die Schiffe durch einen Sturm zerstreut wurden, gelang es Ludwig, Damiette verhältnismäßig leicht zu erobern. Doch fürchtete er das Eintreten der Nilflut im Juli (die im Fünften Kreuzzug soviel Schaden angerichtet hatte) und verschob den Beginn des Kampfes auf Oktober, nach dem Absinken der Flut. Den ganzen Winter hindurch gab es schwere Kämpfe, denn Ludwig hatte nicht mit den anderen Schwierigkeiten Ägyptens gerechnet, den geographischen in Form einer Unzahl von Kanälen, die das Nildelta durchziehen, und noch weniger mit den endemischen Krankheiten Ägyptens: Bilharziose, Dysenterie und Malaria. Im April 1250 war sein Heer so geschwächt, daß es sich ergab; der König und alle Heeresführer wurden gefangengenommen, aber nach einem Monat gegen ein enormes Lösegeld freigelassen. Ludwig blieb noch vier Jahre in Akko, faktisch als König von Jerusalem, da Kaiser Friedrich II. im Jahre 1250 gestorben war und dessen Sohn Konrad IV. anderweitig zu sehr beschäftigt war, um sich um die Regierungsgeschäfte in Akko zu kümmern. (Konrad starb im Jahre 1254, sein zweijähriger Sohn Konradin wurde nominell Kaiser von Deutschland und König von Jerusalem.)

Ludwig IX. richtete in Akko sein Hauptaugenmerk auf die Stärkung der Verteidigungskraft Outremers und ließ alle Festungen befestigen oder neu bauen. Seine Abreise von Akko im Jahre 1254 führte auch sofort zu einem erneuten Ausbruch von Feindseligkeiten zwischen den italienischen Kommunen unter Einmischung der Barone und Ritterorden. Infolge dieser Kämpfe wurden die Genuesen im Jahre 1259 aus Akko vertrieben.

Der Johanniterorden in Akko

Akko, eine europäische Stadt im Orient □ Trotz der zahlreichen Kreuzzüge in der ersten Hälfte des 13. Jahrhunderts blieb die Stadt von Kämpfen fast unberührt. Die neue Strategie der europäischen Mächte, eine Entscheidung über das Schicksal des Landes und vor allem Jerusalems in Ägypten zu suchen, führte dazu, daß die schwersten Kämpfe entweder im Süden Palästinas oder in Ägypten selbst ausgefochten wurden; nur im Norden Palästinas wurden Festungen in den Kämpfen mit Syrien zerstört. Aber dies kann natürlich nicht darüber hinwegtäuschen, daß die schweren Verluste an Menschen und die Probleme der Finanzierung das ganze Land betrafen. Akko, das für hundert Jahre die Hauptstadt des Landes war, blieb von alledem im wesentlichen verschont und litt mehr durch Zwistigkeiten zwischen Teilen seiner Bevölkerung als durch Zerstörung von außen.

Um die Entwicklung Akkos während dieses Jahr-

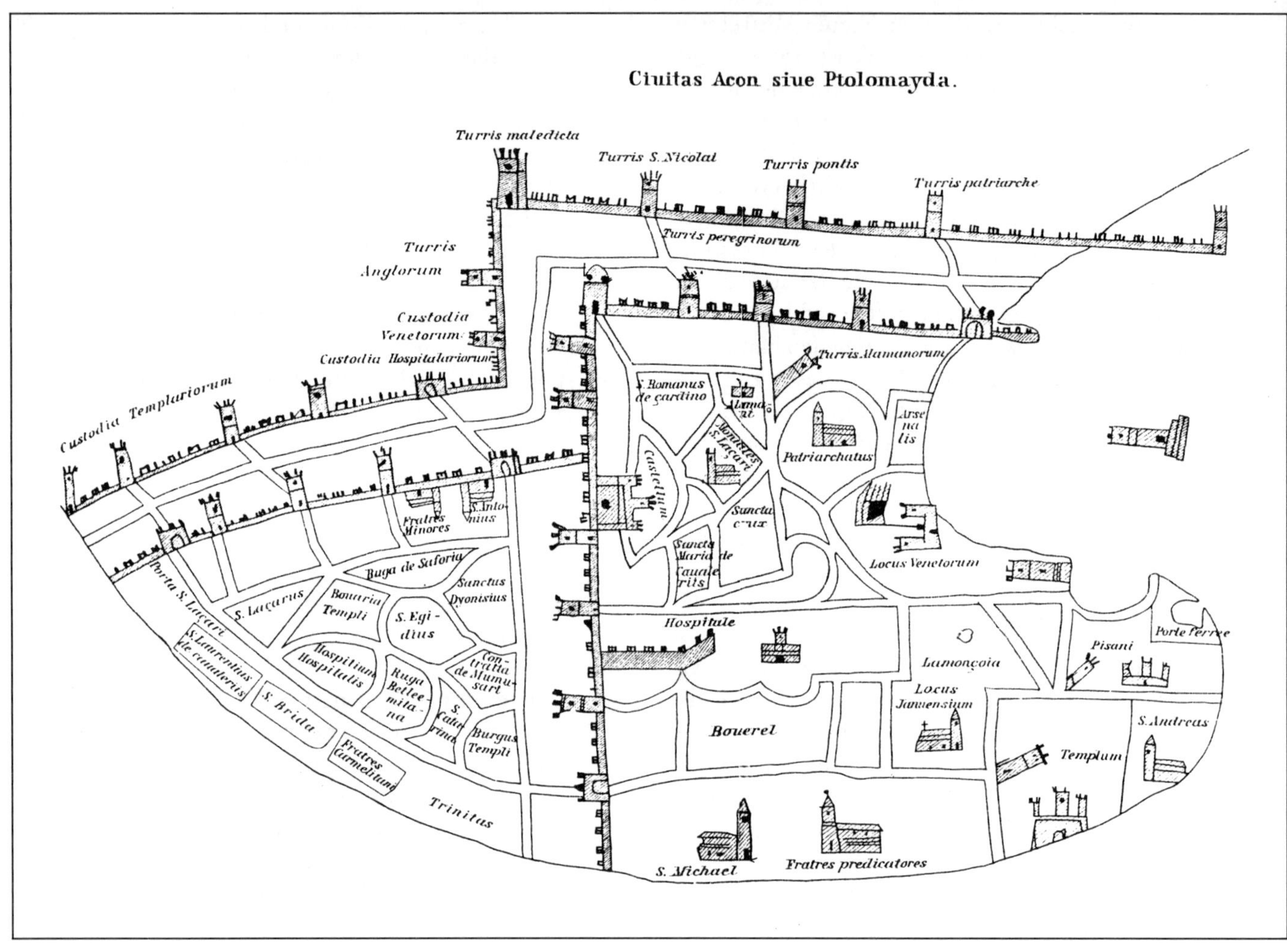

Karte 7: Mittelalterliche Karte von Akko (nach Marino Sanuto).
Diese Karte diente als Grundlage für alle späteren Karten der Stadt. Sie wurde zu Beginn des 14. Jahrhunderts, 30 Jahre nach der Zerstörung Akkos (1291), aufgrund von Aufzeichnungen und Erinnerungen erstellt. Die hier vorliegende Kopie wurde erst etwa 400 Jahre später angefertigt, wobei die ursprünglichen gotischen Buchstaben durch lateinische ersetzt wurden.

Lateinischer Text	*Übersetzung der Beschriftung*
1. Äußere Mauer (von rechts nach links)	
Turris patriarche	*Turm des Patriarchen*
Turris pontis	*Brückenturm*
Turris peregrinorum	*Pilgerturm*
Turris S. Nicolai	*St. Nikolaus-Turm*
Turris maledicta	*Der verfluchte Turm*
Turris Anglorum	*Turm der Engländer*
Custodia Venetorum	*Abschnitt der Venezianer*
Custodia Hospitalariorum	*Abschnitt der Hospitaler (Johanniter)*
Custodia Templariorum	*Abschnitt der Templer*
2. Vorort Mont-Musart (von außen nach innen)	
Trinitas	*Dreifaltigkeit*
Fratres Carmelitani	*Karmelitermönche*
S. Brida	*St. Brida*
S. Laurentius de caualeriis	*St. Lorenz von den Rittern*

▷

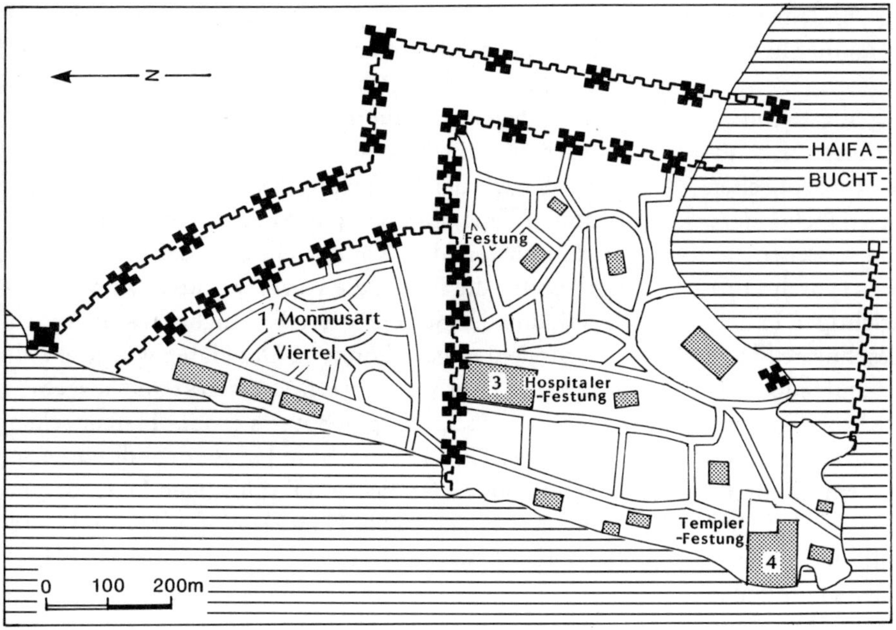

Karte 8: Akko, wie Karte 7, in geographischer Projektion

Porta S. Lazari	*St. Lazarus-Tor*
Burgus Templi	*Quartier der Templer*
S. Caterina	*St. Catherina*
Ruga Betleemitana	*Bethlehemgasse*
hospitium Hospitalis	*Krankenhaus der Hospitaler*
S. Lazarus	*St. Lazarus*
Contratta de Mumusart	*Gemeinzone von Mont-Musart*
S. Egidius	*St. Ägidius*
Bouaria Templi	*Ställe der Templer*
Sanctus Dyonisius	*St. Dionysius*
Ruga de Saforia	*Saforia-Gasse*
S. Antonius	*St. Antonius*
Fratres Minores	*Minoriten-Brüder (Franziskaner)*

3. Die Altstadt (oberhalb der Hauptachse)

Sancta Maria de Caualeriis Sancta crux	*St. Maria von den Rittern vom Heiligen Kreuz*
Locus Venetorum	*Venezianisches Viertel*
Castellum	*Burg*
Moniales S. Lazari	*Nonnen des Heiligen Lazarus*
Patriarchatus	*Patriarchat*
Arsenalis	*Arsenal (Werft?)*
S. Romanus de Cardino	*St. Romanus von Cardino*
Alamani	*Der Deutsche Orden*
Turris Alamanorum	*Der Turm der Deutschen*
(ohne Bezeichnung)	*Insel (der Fliegenturm)*

(unterhalb der Hauptachse)

S. Michael	*St. Michael*
Fratres Predicatores	*Predigermönche (Dominikaner)*
Templum	*Der Tempel (Sitz des Templerordens)*
S. Andreas	*St. Andreas*
Hospitale	*Hospital (Johanniterorden)*
Bouerel	*Ställe*
Locus Januensium	*Genuesisches Viertel*
Lamoncoia	*Le Monjoie (Berg der Freude)*
Pisani	*Pisanisches Viertel*
Porte ferree	*Das eiserne Tor*

hunderts zu verstehen, wird es nötig sein, einen allgemeinen Überblick über die Stadt und ihre historische Entwicklung zu geben.

Der Hafen von Akko gehört zu den ältesten noch bestehenden Häfen der Welt. Die früheste Erwähnung des Hafens findet sich auf einer ägyptischen Inschrift aus dem 19. vorchristlichen Jahrhundert, und geschichtliche Berichte über ihn bestehen seit der Zeit der Phönizier (etwa seit dem 12. vorchr. Jh.). Er gehörte damals zu den weniger wichtigen Häfen, da es an der Libanon-Küste besser geschützte Plätze für einen Hafen gab, vor allem Tyros und Sidon, wo natürliche Bedingungen einen Schutz vor Wind und Wellen boten. Ein solcher Schutz wurde für Akko erst in der hellenistischen Zeit (seit dem 3. vorchr. Jh.) geschaffen, als die Technologie es ermöglichte, künstliche Wellenbrecher zu bauen. In der römisch-byzantinischen Epoche war Akko der Haupthafen für den Norden Palästinas und der wichtigste römische Kriegshafen.

Die Wichtigkeit des Hafens ergibt sich aus seiner geographischen Lage. Akko liegt an der einzigen größeren Bucht Palästinas, der Bucht von Haifa, von der sich der günstigste Verkehrsweg zur Durchquerung Palästinas öffnet und sich zudem in der topographisch leichtesten Verbindung mit Damaskus fortsetzt. Es wurde schon betont, daß Damaskus die Drehscheibe für den Handel zwischen dem Mittelmeer und Asien darstellte; die Wichtigkeit eines Hafens an der Levanteküste hing von seinen Verkehrsverbindungen mit Damaskus ab. Die Häfen von Tyros und Sidon liegen zwar einige Kilometer näher zu Damaskus als Akko, aber ein hoher Gebirgszug erschwert ihre handelsmäßige Verbindung. Trotzdem blieb bis zur Kreuzfahrerzeit Akko ein sekundärer Hafen, und zur Zeit der arabischen Herrschaft waren Tyros und Tripolis die Haupthäfen. Zur Kreuzfahrerzeit erhielt Akko größere Bedeutung, weil es nicht nur dem Verkehr mit Damaskus dienen sollte, sondern in verstärktem Maße dem Verkehr mit Jerusalem, und von den drei erwähnten Häfen liegt Akko am nächsten zu Jerusalem und besaß die besten Verkehrsbedingungen für den Handel mit der heiligen Stadt und für die christliche Pilgerfahrt, die zur Kreuzfahrerzeit ungeahnte Ausmaße annahm.

Kurz nach der Eroberung Akkos durch König Balduin I. im Jahre 1104 begann die Stadt sich zum Haupthafen des Königreiches zu entwickeln, vor allem für die Pilger, die von Akko aus sowohl Nazareth und den See Genezareth besuchen als auch nach Jerusalem pilgern konnten. Der Hafen wurde erweitert, die zwei Wellenbrecher verstärkt und ausgebessert, so daß sie ein geschütztes großes Hafenbecken umgaben. Ein Reisender im Jahre 1172 sah schon 80 Schiffe im Hafen liegen. Die günstigen Hafenbedingungen zogen auch Handelsschiffe an, und bald übertraf Akko an Warenumsatz die übrigen Häfen der Mittelmeerküste. Die italienischen Städte gründeten ihre Handelskolonien kurze Zeit nach der Konsolidierung der Kreuzfahrerherrschaft in Akko: Venedig im Jahre 1123 und Genua im Jahre 1128. Die Aktivität des Hafens zog viele Händler mit Schiffsbedarfsware oder Handwerker für Schiffsbau und -reparatur an. Traditionelle Industrien wie die Glasmanufaktur, eine Zuckerfabrik, Farbstoffe oder Seiden- und Baumwolltextilien wurden erweitert und arbeiteten meistens für die Ausfuhr. Eine große Rolle im Handel des Hafens spielte der Sklavenmarkt. Durch all diese Aktivitäten wuchs die Bevölkerung der Stadt in starkem Maße.

Das Leben in Akko war völlig verschieden von dem Jerusalems. Jerusalem war (im 12. Jh.) das politische und religiöse Zentrum des Königreichs Jerusalem und das Endziel aller Pilger infolge der Konzentration der heiligen Stätten in der Stadt. Die wirtschaftliche Tätigkeit galt vor allem der Versorgung der zahlreichen religiösen Institutionen und der Tausende von Pilgern. Akko hingegen besaß keine heiligen Stätten und im 12. Jahrhundert nur eine beschränkte Zahl religiöser Zentren. Es war eine typische Hafenstadt, deren Tätigkeit in erster Linie von den Bedürfnissen des Hafens diktiert war: Aus- und Verladen, sowie Lagerung von Waren, Unterkunft für die großen Handelskarawanen, die den Inlandsverkehr nach Jerusalem oder Damaskus (und von dort weiter nach ganz Asien) abwickelten. Der Charakter von Akko war demnach viel kosmopolitischer als der Jerusalems. So kann es nicht verwundern, daß Mitte des 12. Jahrhunderts Akko bereits eine größere Bevölkerung als Jerusalem oder irgendeine andere Stadt in Outremer hatte.

Die Topographie der Stadt □ Akko liegt auf einer felsigen Halbinsel am Nordende der geschwungenen Bucht von Haifa, in Form eines Dreiecks von etwa 800 m Seitenlänge, dessen Spitze nach Süden vorspringt. Die Halbinsel, deren Höhe über dem Meer kaum 10 Meter übersteigt, formt die westliche Begrenzung einer kleinen Bucht, die dadurch vor Wind und Wellen vom Westen und Nordwesten her geschützt ist. Der Schutz nach Osten und Süden zu mußte künstlich mit zwei Wellenbrechern geschaffen werden (um 300 v. Chr.). Die Kreuzfahrer verlängerten die Wellenbrecher und bauten am See-Ende des großen, südlichen Wellenbrechers einen Turm auf den Fundamenten eines zerstörten hellenistischen Turms, der die Hafeneinfahrt zwischen den beiden Molen schützen sollte. Zum ferneren Schutz konnte eine schwere eiserne Kette vor die Molenöffnung gelegt werden, um das Eindringen feindlicher Schiffe zu verhindern. Im Jahre 1204 erhielt Akko die Kette, die vorher im Hafen von Konstantinopel die Einfahrt in das Goldene Horn versperrt hatte. Nach dieser Kette wurde das ganze Hafenviertel »catena« (lat. Kette) genannt; ein großer freier Platz diente als Zentrum dieses Viertels, und die Häuser, die ihn umringten, bildeten verschiedene Hafenbehörden: Der »Constable« = Heereskommandant und Vertreter des Königs, das Seehandelsgericht, der Prüfer der Münzen und Waagen, das Zollamt und anderes.

Über die Topographie der Stadt besteht eine Reihe von erstaunlich genauen Karten, die anscheinend alle auf eine Quelle zurückgehen: die Karte von Marino Sanuto, etwa um 1310 (also nach der Zerstörung Akkos durch die Mamelucken) nach dem Gedächtnis und Aufzeichnungen des Verfassers gezeichnet. Archäologische Ausgrabungen der letzten Jahre haben die Genauigkeit dieser Karte bestätigt (s. Karte 7 u. 8, S. 66 u. 67).

Nach ihrem Bauplan war Akko zur Zeit der Kreuzfahrer eine typisch nahöstliche Stadt, in der jede ethnische oder religiöse Gruppe in ihrem eigenen, oft von einer Mauer umgebenen Viertel wohnte. Jedes Viertel besaß seinen kleinen zentralen Platz, wo meistens das Gotteshaus für die Bevölkerung des Viertels stand. Charakteristisch ist das Fehlen eines zentralen Platzes für die ganze Stadt mit dem Sitz der Stadtverwaltung, einer Einrichtung, die im moslemischen Nahen Osten unbekannt war und auch im lateinischen Akko nicht existierte. Auch fehlte in Akko der in Europa übliche, zentrale Marktplatz, der Kleinhandel spielte sich in den engen Basargassen ab, während der Großhandel seinen Platz in den Karawansereien fand. Dem nahöstlichen Charakter der Stadt widersprach aber der Baustil, der die Herkunft der Bewohner verriet und entweder byzantinisch (Kuppelbauten) oder romanisch war, mit Zeichen des Übergangs zur Gotik. Die Kirche des heiligen Andreas, die westlich vom Hospital stand, ein hoher gotischer Bau, war nicht nur die Kirche mit der größten Höhe Akkos, sondern die größte Kirche, die im 13. Jahrhundert im Heiligen Land überhaupt gebaut wurde.

Das 13. Jahrhundert brachte die Blütezeit Akkos, da sich die Funktionen der Hafenstadt erweiterten und die Stadt nach der moslemischen Eroberung Jerusalems zur Hauptstadt des Restgebietes des Königreiches Jerusalem wurde, in der der König seinen Sitz nahm und auch der Klerus unter der Leitung des Patriarchen von Jerusalem residierte. Um die wachsende Bevölkerung der Stadt aufnehmen zu können, wurde ein neues Viertel im Norden errichtet – Mont-Musard –, das an Fläche größer war als die ursprüngliche Stadt. Ein weiteres neues Viertel wurde im

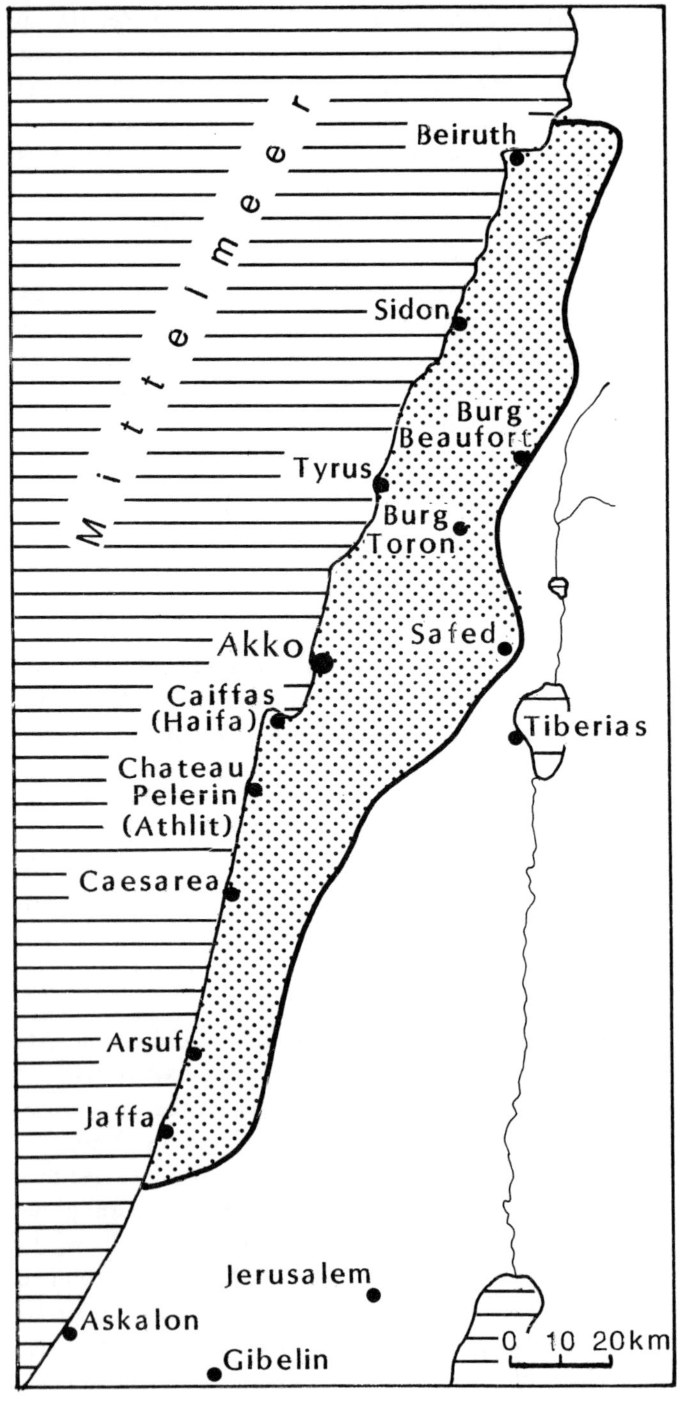

◁ *Karte 9: Der Reststaat von Akko (1253)*

Osten der Altstadt errichtet. Beide Viertel wurden schwer befestigt und verstärkten dadurch die Sicherheit der wichtigsten Institutionen im Stadtzentrum. Um die Mitte des 13. Jahrhunderts betrug die Fläche innerhalb der Mauern etwa 80 Hektar, so viel wie die Fläche Jerusalems zur selben Zeit. Die Einwohnerzahl von Akko wird auf etwa 50000 geschätzt, eine mehr als doppelt so große Zahl wie in Jerusalem, das viel mehr freie Flächen aufwies, vor allem den Tempelbezirk, der alleine 20% der Gesamtfläche ausmachte. Akko zählte damals zu den größten Städten der christlichen Welt. (Die größte Stadt im westlichen Europa war Köln mit etwa 50000 Einwohnern auf einer Fläche von 300 Hektar.)

Da Akko zu dieser Zeit etwa 60 Kirchen und Klöster besaß, muß der Anblick der Stadt, vor allem von der Seeseite her, überwältigend gewesen sein. Innerhalb der Stadt herrschte große Enge, und die meisten Häuser mußten mehrstöckig gebaut werden. Die italienischen Kommunen stritten sich um die Nähe zum Hafen, weil eine direkte Anlegestelle für Schiffe es ermöglichte, die Autonomie und Zollfreiheit jeder der Städte zu garantieren. Venedig gelang es sogar, ein künstliches Hafenbecken für seine eigenen Schiffe zu bauen. Die Südspitze der Halbinsel wurde von der starken Festung der Tempelritter eingenommen, die damit die Hauptverantwortung für die Verteidigung der Stadt übernahmen. Der Palast des Königs und ihm angeschlossen der große Komplex des Johanniterordens (s. S. 74f.) waren ursprünglich an der Nord-West-Ecke der Mauer gelegen, aber durch den Bau des Viertels Mont-Musard zum Zentrum der erweiterten Stadt geworden. Im Mont-Musard lebte vor allem die nichtfränkische Bevölkerung, aber auch eine Anzahl von Frauenklöstern fand ihren Platz dort, darunter das Nonnenkloster Maria-Magdalena, welches es sich zur Aufgabe gesetzt hatte, den Prostituierten des Hafenviertels den Übergang zu einem geordneten Leben zu ermöglichen.

Im Jahre 1219 besuchte Franz von Assisi Akko und gründete dort ein Franziskanerkloster, das zu einem Seminar für die Ausbildung von Missionaren und Predigern für ganz Asien wurde und vor allen Dingen asiatische Sprachen lehrte. Ein ähnliches Institut wurde im Jahre 1228 von den Dominikanern errichtet. So wurde Akko zu einem Brennpunkt des europäisch-christlichen Einflusses und Eindringens in Zentral- und Ostasien. Es war nur natürlich, daß Marco Polo, bevor er im Auftrag des Papstes seine Reise nach China antrat, im Jahre 1271 eine Zeitlang in Akko verblieb, um sich mit Proviant und Information für seine geplante lange Reise zu versehen.

Die Rolle des Johanniterordens in Akko

Die Ritterorden □ Mit der Wiedereroberung eines Teils von Palästina im Dritten Kreuzzug hatte sich herausgestellt, daß nur die Ritterorden imstande waren, ein stehendes Heer in Outremer auf die Dauer zu unterhalten. Obwohl sich Tausende von Rittern am Dritten Kreuzzug beteiligt hatten, blieb nur eine geringe Anzahl von ihnen nach Beendigung der Feindseligkeiten im Lande, und nur den Ritterorden war es möglich, ihre Mitglieder im Lande zu halten oder deren Mobilisierung in Europa zwecks Dienstes in Outremer anzubefehlen.

Dabei ergibt sich für den Historiker ein Problem: Bei einer Anzahl von Schlachten in Outremer, an denen die Orden teilnahmen, wird berichtet, daß fast alle Ordensritter gefallen oder gefangen waren, und kurze Zeit darauf erscheint der Orden wieder in voller Stärke. War es möglich, in so kurzer Zeit Reserven aus Europa zu mobilisieren? Und inwieweit entsprachen diese Reservisten dem Bild, das sich der Historiker unserer Zeit von den Ordensrittern macht: Menschen, die sich an die Bedingungen des Landes akklimatisiert hatten und dieses besser kannten als die Neuankömmlinge eines Kreuzzuges?

Zu dem Templer- und Johanniterorden gesellte sich nach dem Dritten Kreuzzug der Deutsche Ritterorden. Deutsche Kaufleute und Geistliche hatten schon vorher die Sorge für deutschsprachige Pilger übernommen. Sie wurden nach der Wiedereroberung Akkos verstärkt durch deutsche Ritter, die beschlossen hatten, nach dem Rückzug des deutschen Kreuzfahrerheers im Lande zu bleiben. Sie bildeten im Jahre 1197 den Deutschen Ritterorden, der vom Klerus und dem deutschen Kaiser unterstützt und im Jahre 1198 vom Papst anerkannt wurde. Die Inaugurierung des Ordens erfolgte im selben Jahr mit großem Pomp unter Beteiligung vieler hoher Würdenträger, vor allem des Klerus, elf Bischöfe, neun Reichsfürsten und zwei Ordensmeister.

Der Orden stand meist auf der Seite des deutschen Kaisers, was manchmal zu Zusammenstößen, vor allem mit dem Templerorden oder den italienischen Kommunen, führte. Er erhielt ein Gebäude und eine Kirche in Akko, und später die Burg Montfort (die er in »Starkenberg« umtaufte), etwa 20 km nordöstlich von Akko.

Die Regel des Ordens war in Fragen der militärischen Organisation auf der des Templerordens, in Fragen der Sozialarbeit und Krankenpflege auf der des Johanniterordens aufgebaut, aber er gelangte nie zu gleichem militärischen und politischen Einfluß wie die beiden älteren Orden.

Der Deutsche Ritterorden unterschied sich von ihnen, indem seine Tätigkeit sich von vornherein nicht auf den Kampf gegen die Mohammedaner beschränkte, sondern auch gegen andere »Heiden« gerichtet war, nämlich gegen die slawischen Stämme im Baltikum. Hier schuf sich der Deutsche Orden bereits im Jahre 1226 einen eigenen Staat (Preußen), und im Jahre 1237 einen anderen Staat rund um die Rigaer Bucht. Diese Eigenstaatlichkeit des Ordens wirkte sicherlich auf die anderen Orden ein und beeinflußte die Entscheidung des Johanniterordens nach dem Verlust Akkos, nun einen eigenen Staat auf einer Insel zu schaffen.

Die beiden älteren Orden stellten die größte und stets kriegsbereite Kraft im zweiten Königreich Jerusalem dar. Sie beteiligten sich fast an jeder militärischen Aktion in den hundert Jahren der Existenz des Königreichs, manchmal gemeinsam, manchmal nur einer unter starker Opposition des anderen. Aus dieser militärischen Kraft ergab sich ihr politischer Einfluß. Die Ordensmeister waren Mitglieder des Hochgerichts und beteiligten sich am Rat, den der König oder sein Vertreter vor jeder wichtigen militärischen oder politischen Aktion zusammenrief. In ihren politischen Ansichten neutralisierten sich die Orden manchmal dabei gegenseitig, oder der eine oder andere bildete bei Meinungsverschiedenheiten das Zünglein an der Waage. Die Templer waren im allgemeinen kampfbereiter als die Johanniter, standen in internen Fragen Outremers auf seiten der Barone und in alleuropäischen Fragen auf jener der Welfen, während der Johanniterorden auf seiten der Staufen, d.h. des Kaisers, stand und in internen Fragen Partei der – abwesenden – Könige nahm, die nach 1225 auch die Kaiserkrone trugen.
Politische und militärische Kraft drückte sich natürlich auch im Wirtschaftsleben aus. Beide Orden besaßen ausgedehnte Ländereien sowohl in Outremer wie in Europa und hatten bedeutende Einkünfte aus anderen Aktivitäten, die um so größer waren, als die Ritter fast von allen Abgaben an König oder Papst befreit waren. Die Einnahmen, die dazu geführt hatten, daß beide Orden Fachleute im Geldtransfer von Europa nach dem Osten und umgekehrt wurden, ermöglichten es ihnen, Anleihen an Kirche und weltliche Herren zu geben, wobei das Verbot des Zinsnehmens durch Umschreibung des Begriffs, wie z.B. Transfergebühren, Versicherung gegen Verlust und ähnliches, umgangen werden konnte. Dieses Finanzgebaren schuf den Militärorden, vor allem den Templern, die sich praktisch zum Bankier des ganzen lateinischen Europa entwickelt hatten, viel Feinde in herrschenden Kreisen, was für sie nach dem Fall von Akko schwere Folgen haben sollte.

Der Johanniterorden □ Der Johanniterorden hatte von vornherein in Akko eine hervorragende Position. Kaum hatten sich der Hafen und die Stadt Akko zum Haupthafen für Pilger entwickelt, ergab sich die Notwendigkeit, für die Pilger nach einer langen und oft schwierigen Seereise Unterkunft und Pflege zu beschaffen. Kurze Zeit nach der Eroberung von Akko durch Balduin I. begann der Johanniterorden ein kleines Hospital zu bauen, das im Laufe der Zeit stark wuchs und ausgebaut wurde, in der Größe allerdings nicht an die Ausmaße des Hospitals in Jerusalem heranreichte. Der Orden verstand es, ein gutes Verhältnis zu den italienischen Kommunen – vor allem zu den Pisanern, mit denen er die prokaiserliche Einstellung in europäischen Fragen teilte – herzustellen. Der Einfluß des Ordens in den ersten Jahren des Bestehens von Akko als neue Hauptstadt des Königreichs kam dadurch zum Ausdruck, daß die Stadt im französischen Sprachgebrauch zu »St. Jean d'Acre« wurde. Der Johanniterorden hatte mit dem Umzug nach Akko seine Umwandlung in einen kämpfenden Ritterorden vollzogen. Zwar war das Hospital noch immer der Mittelpunkt der sozialen Aktivität des Ordens und das wichtigste Moment in der Aufbringung von Geldern, aber die Ritter beschäftigten sich in Akko hauptsächlich mit militärischen Angelegenheiten und überließen die alltägliche Führung des Krankenhauses den »dienenden Brüdern« unter der Betreuung von Ärzten, die besoldet waren.
Diese Wandlung drückte sich auch in Veränderungen in der Zentralverwaltung aus. Der Großmeister blieb Oberbefehlshaber der gesamten Ordensarmee, aber als »Generalstabschef« sorgte der Marschall für die Kampfbereitschaft der Truppe, und zu seiner Seite standen die Kommandeure der wichtigsten Truppengattungen: Ritter, Fußvolk, Belagerungstruppen; später gesellte sich dazu ein »Admiral« als Verantwortlicher für die Kriegs- und Handelsflotte, die der Orden sich in Akko schuf, die aber in europäischen Häfen (hauptsächlich Marseille) stationiert war,

wobei jedes Handelsschiff etwa zweimal im Jahr eine Reise nach Akko und zurück unternahm. Die Kriegsflotte unterhielt mit der Zeit zehn Galeeren. Der »Drapier« (hier: Tuchbewahrer), der ursprünglich für die Versorgung des Krankenhauses verantwortlich war, übernahm anscheinend auch die Aufgabe als Verantwortlicher für die Versorgung des Ordens.

Diese Neuorganisation der obersten Heeresleitung unter Schaffung einer streng gegliederten Befehlskette und Hierarchie war nur ein Zeichen für eine allgemeine Straffung der Organisation des Johanniterordens. Diese Straffung kam vor allem zum Ausdruck in der Erschwerung der Aufnahmebedingungen in den Orden, die nicht nur eine Prüfung der Persönlichkeit des Kandidaten vorsahen, sondern auch eine strenge Prüfung seiner Herkunft. Nur Söhne einer Adelsfamilie, die ihre adlige Herkunft über mehrere Generationen nachweisen konnte, konnten überhaupt als Kandidaten für eine Ritterschaft angesehen werden. Die anderen blieben »dienende Brüder«. Die Gründe für die plötzliche genealogische Strenge sind nicht ganz klar, aber sie blieb Grundlage für die Aufnahme neuer Mitglieder bis zum Niedergang des Ordens in der napoleonischen Zeit und wurde auch von den Ordensneugründungen bis in das 20. Jahrhundert festgehalten.

Eine andere wichtige Entwicklung zur Neuorganisierung der Mitgliedschaft im Orden bahnte sich in Akko an: die Unterteilung der Mitglieder entsprechend ihrer nationalen Herkunft. Diese Entwicklung war wahrscheinlich eine Reaktion auf die Gründung des Deutschen Ritterordens, dem es gelang, nicht nur eine starke finanzielle Stütze und Mitgliederreserve in deutschsprachigen Ländern aufzubauen, sondern auch eine mächtige politische Stütze im deutschen Kaiserhaus zu finden. Der Hochmeister des Deutschen Ritterordens, Hermann von Salza, war es, der die Hochzeit Friedrichs II. mit der Erbin des Jerusalemer Königthrons, Jolanthe, anregte und vermittelte. Seitdem war er einer der intimsten Freunde des Kaisers; der Deutsche Orden war auch der einzige, der den Kaiser bei seinem Besuch in Jerusalem begleitete und bei dessen Krönung zum König von Jerusalem in der Grabeskirche die Wache stellte. Dafür ernannte Kaiser Friedrich Hermann von Salza zu seinem Stellvertreter während seiner Abwesenheit von Deutschland.

Auch der Templerorden zeigte eine starke nationale Konzentration von Rittern aus französischsprachigen Ländern, mit einigen wenigen Rittern aus England.

Der Johanniterorden hingegen betonte bewußt seinen internationalen Charakter, wobei die Krankenpflege als der wichtigste verbindende Faktor diente. Aber er sah durchaus auch die Vorzüge einer starken Beziehung zu nationalen Einheiten, und so entwickelte sich langsam ein – geglückter – Kompromiß in Form von »Zungen«. Dies bedeutet, daß zu einer Zeit, als der Begriff »Nation« und »Nationalstaat« noch gar nicht existierte, die Sprache als das einzige Kennzeichen nationaler Gruppierung galt. Diese Struktur der sprachlichen Organisation bahnte sich bereits in Akko an, kam aber zur vollen Auswirkung erst auf Rhodos und soll daher in ihren Einzelheiten weiter unten dargestellt werden (s. S. 97).

In derselben Zeit, in der der Johanniterorden eine starke Hinwendung zur Betonung der Aristokratie und nationaler Zugehörigkeit erfuhr, entwickelte sich in der katholischen Kirche eine Gruppierung, die genau das Gegenteil anstrebte: die Bettelmönche, vielleicht besser als Predigerorden bezeichnet. Diese Form des Mönchtums suchte nahe Beziehung zu allen Kreisen der Bevölkerung, indem die Mönche in kleinen Gruppen umherwanderten. Organisatorisch unterschieden sie sich von den älteren Mönchsorden dadurch, daß der einzelne Mönch nicht Mitglied eines bestimmten Klosters war, sondern dem Orden, der bald internationalen Charakter annahm, als solchem angehörte, und damit überall zu Hause war. Die beiden wichtigsten Orden, die Franziskaner und die Dominikaner, wurden 1210 bzw. 1212 vom Papst anerkannt, der in ihnen ein neues Instrument zur Erfassung der Massen und im Kampf gegen den Kaiser fand. Die Predigerorden kehrten zu dem ursprünglichen Gelübde, der absoluten Armut zurück, wandten sich aber von der in manchen Klöstern bestehenden Abneigung gegen scholastischen Unterricht ab. Im Gegenteil, sie errichteten allenthalben Schulen bis zum Grad der Universität, und aus ihren Reihen gingen die größten Religionsphilosophen ihrer Zeit hervor. Der wesentliche Unterschied zwischen den beiden Orden bestand darin, daß die Franziskaner eine positive Einstellung zum Leben, vor allem der Natur gegenüber, einnahmen und auch für menschliche Schwächen Verständnis hatten, die Dominikaner dagegen einen starren Puritanismus predigten und bald zum allgemein gefürchteten, wichtigsten Instrument der Inquisition wurden. Als Folge der verschiedenen Auffassungen vom Wesen des Ordens versuchte der elitäre Johanniterorden niemals, die Massen zu erfassen, und kam nie über wenige Tausend Ordensbrüder hinaus, während die neuen Orden zu Massenorganisationen wurden. Die Franziskaner, die im Jahre 1225 etwa 5000 Brüder zählten, umfaßten im Jahre 1280 200000 Mönche in 8000 Klöstern in der ganzen Welt. Für den Dominikanerorden wird für das Jahr 1300 eine Zahl von etwa 60000 Angehörigen erwähnt. Es ist anzunehmen, daß im 13. Jahrhundert die jeweiligen Päpste mehr Gewicht auf die Massenorden legten als auf die Ritterorden.

Die Bauten des Ordens □ Über die Bauten des Johanniterordens in Akko ist genaues erst seit Beginn der Ausgrabungen vor etwa 30 Jahren bekannt. Diese legten einen Teil des Hauptquartiers des Ordens frei, wobei allerdings der Zweck der einzelnen Bauten noch nicht völlig sicher festgestellt werden konnte. Der eindrucksvollste Saal ist die sogenannte »Krypta« (weil sie unter dem heutigen Straßenniveau liegt), die nun als das »Refektorium«, der Speise- und Empfangssaal des Großmeisters, identifiziert wurde. Diese Halle, deren Dach auf drei gewaltigen Rundsäulen verankert und von spitzbögigen Quer- und Diagonalrippen gestützt ist, erlaubt gewisse Schlußfolgerungen auf die Bauzeit, die von dem Leiter der Ausgrabungen, Dr. S. Goldmann, als um etwa 1148 bestimmt worden ist. Auf dieses Jahr deutet nicht nur der frühgotische Stil hin, sondern auch zwei aus Stein gehauene Wappen der französischen Könige (fleur-de-lis). Der gotische Stil erscheint in Frankreich zum ersten Mal in der Kathedrale von St. Denis, der Begräbnisstätte der Könige Frankreichs, deren Bau durch Urkunden auf das Jahr 1144 festgelegt ist. Das Wappen der Lilie wurde durch Ludwig VII. gesetzlich als das Wappen der französischen Könige festgelegt. Da Ludwig auf dem Zweiten Kreuzzug (1147–1149) im Königreich Jerusalem weilte, ist anzunehmen, daß das Refektorium zur Zeit seines Besuches, oder vielleicht auf seine Anordnung hin, gebaut wurde.

Andere bereits freigelegte Bauten sind sechs große »Rittersäle« nahe dem Eingang zur Festung, die möglicherweise auf die erste Einteilung des Ordens in »Zungen« hindeuten. Andere Säle, zum Teil ebenfalls freigelegt, mögen Wohnräume der Ritter gewesen sein. Bisher wurden noch keine Räume gefunden, die als Pferdeställe benutzt wurden. (Die Pferdeställe des Templerordens waren durch alte Karten im Vorort Mont-Musard eingezeichnet, sowie im Osten der Stadt eine Pferderennbahn, die vielleicht auch für Turnierkämpfe benutzt wurde.) Vom Refektorium führt ein Tunnel in Manneshöhe, von etwa 60 m Länge, zu einem ausgegrabenen Gebäudekomplex, der in türkischer Zeit »Post« genannt wurde. Bisher wurde ein riesiger Saal freigelegt, der sich auf eine große Zahl quadratischer Säulen stützt, was darauf hindeutet, daß dieser Saal als Fundament für ein großes, mehrgeschossiges Gebäude diente; es könnte also sein, daß dieses Gebäude das »Hospital« war, zumal diese Gegend auf einer alten Karte als »domus infirmorum« bezeichnet wird. Ausgrabungen sind noch immer im Gange, und es kann sein, daß sie eine Änderung der heutigen Bezeichnungen von Gebäuden notwendig machen. Jedenfalls spiegeln diese gewaltigen Bauten die Rolle wider, die der Johanniterorden in der Geschichte der mittelalterlichen Stadt Akko gespielt hat.

Weltpolitische Verschiebungen in Asien – Mongolen und Mamelucken

Die Mongolengefahr □ Während die Kreuzzüge das Augenmerk der nahöstlichen Staaten und Völker nach Westen gerichtet hielten, zeigte sich in Wirklichkeit eine geopolitische Verschiebung an, die die gesamte Region unter den Einfluß Zentralasiens zu bringen drohte. Diese Entwicklung hatte sich zunächst langsam angebahnt, indem verschiedene Gruppen turkmenischer Völker von Zeit zu Zeit Teile des Nahen Ostens überrannten und teils neue Staaten gründeten, wie die Türken von Konia, die verschiedenen Zweige der Seldschuken, die Choresmier und andere. Manche dieser Volksgruppen begründeten Reiche, die aber von kurzer Dauer waren. Eigentümlicherweise nahmen sie alle auf ihrem Weg von Zentralasien nach Westen den Islam an und waren oft größere religiöse Fanatiker als die Völker, die sie unterwarfen.

Die islamischen Bollwerke, die diese Wandlung schufen, waren die großen Handelsstädte und Kulturzentren Taschkent, Samarkand, Merv, Chorasan, Herat, Kabul, heute in Afghanistan bzw. den Sowjetrepubliken Turkmenistan und Usbekistan gelegen.

Im 13. Jahrhundert kam eine neue Welle von asiatischen Eroberern aus ferner gelegenen Steppengebieten, die bereits an China angrenzten: die Mongolen, eine Völkergruppe von berittenen Nomaden, die vorher im allgemeinen ihre östlichen Nachbarn belästigt hatten, aber unter einem machtsüchtigen und befähigten Führer, Dschingis-Khan, die Weltherrschaft anstrebten. Im Jahre 1204 erzielte er eine Vereinigung aller Mongolenstämme auf dem Gebiet der heutigen Mongolischen Volksrepublik, mit dem Zentrum in Karakorum, und schickte von dort seine Reiterhorden nach allen Richtungen. Im Jahre 1215 eroberte er Nordchina mit Peking, und bis 1220 Turkmenistan mit den moslemischen Zentren Buchara und Samarkand. Hier stieß er auf die islamisierten Choresmier und eroberte den südlichen Teil ihres Reiches, von wo diese in Massen flohen und somit auf der Bildfläche des Nahen Ostens erschienen, was unter anderem zu ihrem Bündnis mit den Ayyubiten Ägyptens und zur Eroberung und teilweisen Zerstörung Jerusalems führte (s. S. 64).

Die Gründe für das schnelle Vordringen der Mongolen über Tausende von Kilometern waren vielfach. Da waren zunächst die straffe Führung und Disziplin des Heeres, dann die große Beweglichkeit der kleinen, strapazierfähigen Pferde und die harte Übung der Reiter, so daß eine Truppe mehr als 100 km am Tag zurücklegen konnte. Dazu kam das Fehlen eines Trosses und von Belagerungsmaschinen, deren Transport verlangsamend gewirkt hätte. Verproviantierung erfolgte durch Plündern und Rauben. Die sprichwörtliche Grausamkeit der Mongolen entsprach nicht nur ihrem Volkscharakter und nomadischen Lebensgewohnheiten, sondern war wahrscheinlich Ergebnis einer berechneten Strategie: Es galt, solche Angst zu verbreiten, daß die kleineren Fürsten es gar nicht erst wagten, Widerstand zu leisten, sondern sich freiwillig als Vasallen des Khans erklärten. Nur befestigte Städte wagten den Widerstand, und hier zeigten die Mongolenhorden ihre ganze Wut. Die Zahl der Ermordeten in größeren Städten belief sich auf Zehntausende.

Die Führung der Mongolen verstand es aber nicht nur zu erobern, sondern auch aufzubauen. Mit derselben Disziplin, mit der die Truppen zusammengehalten wurden, wurde auch das Zivilleben organisiert und für Ruhe und Ordnung in den Städten wie auf den Karawanenrouten gesorgt. Der Welthandel wurde gefördert, die Stadt Karakorum wurde nicht nur ein großes Handelszentrum, sondern auch ein diplomatischer Treffpunkt für alle Nationen der Welt. Da es keine offizielle Staatsreligion gab, waren alle Religionen geduldet. Allerdings sahen die Mongolen ihren schlimmsten Feind im Islam und benahmen sich gegenüber Moslems viel grausamer als gegenüber Anhängern anderer Religionen. So wurden Christen meist verschont, und der Großkhan empfing oft christliche Gesandtschaften. Um die gemeinsame Gegnerschaft gegen den Islam zu einem Bündnis auszubauen, entsandte der Papst im Jahre 1245 und der französische König Ludwig IX. im Jahre 1254 Delegationen nach Karakorum, die aber politisch nichts erreichten. Der Papst und der König verlangten Annahme des Christentums durch die Mongolen, die Mongolen Anerkennung der Oberherrschaft ihres Khans und Schwur des Lehnseids. Unter den Christen selbst gab es große Debatten, wem mehr zu mißtrauen sei, den Mongolen oder den Moslems, und dieser Zweifel beeinflußte auch die Haltung der Ritteroden von Akko vor der entscheidenden Schlacht von Ain Dschalud (s. S. 79).

Der Feldzug, der die Mongolen am weitesten westwärts bis fast ins Herz des katholischen Europa brachte, begann 1237. Bei diesem Zug eroberten die Mongolen die russischen Fürstentümer am Kaspischen Meer bis nach Kiew und die Ukraine (1239), weiter drangen sie bis nach Polen (1240) und zum Herzogtum Schlesien, das bereits zum Deutschen Reich gehörte. Der polnische König rief den Deutschen Orden aus dem Baltikum zur Hilfe, der zusammen mit dem Herzog Heinrich I. von Schlesien im Jahre 1241 versuchte, die Mongolen an der Walstatt bei Liegnitz aufzuhalten. Beide christlichen Heere erlitten eine schwere Niederlage, aber trotzdem setzte das mongolische Heer seinen Vormarsch nicht fort, da seine Heerführer Nachricht von ausgebrochenen Erbschaftskämpfen in der Mongolei erreichte. Sie machten daher kehrt und begaben sich über Ungarn und die Walachei zurück nach Asien, nicht ohne alles auf ihrem Weg zu zerstören.

Bisher hatten die Mongolen einen direkten Zusammenstoß mit dem Kern der islamischen Welt vermieden und besetzten nur Randgebiete. Aber nachdem das Riesenreich in den fünfziger Jahren des 13. Jahrhunderts unter vier Brüdern, Enkel des Dschingis-Khan, aufgeteilt wurde, erhielt einer der Brüder, Hulagu, die Herrschaft über Persien, das mit Hilfe von persischen Gelehrten und Politikern sich zu einem blühenden Staat entwickelte. Hulagu nahm für sich und seine Nachfolger den Titel »Ilchan« an. Sein Ziel war, das Kalifat von Bagdad, das seit 750 bestand, zu zerstören; er beschloß aber, sich zunächst Flankendeckung durch Zerstörung der Hochburg der Assassinen – Alamut im hohen Elbrusgebirge, südlich des Kaspischen Meeres – zu schaffen. Trotz Schwierigkeiten des Geländes gelang ihm dies im Jahre 1258, und damit war die Terrorherrschaft des »Alten vom Berge« beendet, wenn auch eine zweite Burg, Massiaf in Nordsyrien, noch einige Zeit länger bestehen blieb. Von da wandte sich Hulagu nach Mesopotamien und eroberte Bagdad nach schweren Kämpfen im Jahre 1258. Er soll dabei 80000 Menschen umgebracht haben, darunter auch den letzten Kalifen der Abbassiden-Dynastie, unter deren Herrschaft Bagdad zur Perle des Islam und zu einer der schönsten und reichsten Städte des Nahen Ostens geworden war. Aber die Zerstörung Bagdads bedeutete nicht nur das Ende der höchsten religiösen Institution des Islam, sondern auch die physische Vernichtung ganz Mesopotamiens.

Mesopotamien, ein Wüstengebiet, existierte als fruchtbares Land nur dank der Ausnutzung der Überflutungen der Flüsse Euphrat und Tigris, die beide von den Bergen Armeniens herabkommen. Ungedämmt überschwemmt das Hochwasser dieser Flüsse alles niedriggelegene Land, und nur eine geregelte Bewässerungskultur, die etwa 2000 Jahre v. Chr. einsetzte, verstand durch ein genau berechnetes Kanalnetz die Überschwemmung in kontrollierte Bahnen zu leiten und Mesopotamien zu einem Paradies zu machen.

Die Eroberung durch die Mongolen, denen die Bewässerungskultur fremd war, führte dazu, daß nach kurzer Zeit die Überschwemmung nicht mehr geordnet zurückgeleitet werden konnte, daß fast das ganze Land versumpfte und die Bevölkerung durch Hunger und Malaria umkam. Von diesem Rückschlag konnte sich Mesopotamien – heute Irak – nie mehr erholen, und ein Drittel der Bewässerungsfläche ist noch immer Sumpfland.

Die Zerstörung Bagdads erregte in der christlichen Welt große Freude und neue Hoffnungen auf ein Zusammenarbeiten mit den Mongolen. Aber im Königreich Jerusalem waren die Meinungen gespalten. Der Templerorden suchte aus traditioneller Haltung enge Kontakte mit den Mongolen, zumal die alte Handelsroute über Bagdad durch eine neue Route ersetzt wurde, die vom Schwarzen Meer zur Halbinsel Krim und von da durch die Steppe nach Zentralasien führte. Der Templerorden war um so mehr zu dieser Änderung bewogen worden, als er nach einem jahrelangen Streit mit den Venezianern und Johannitern im Jahre 1257 aus Akko für einige Jahre verbannt worden war.

Die Venezianer wollten ihre guten Beziehungen zu Ägypten nicht gefährden und reagierten auf die veränderte geopolitische Situation mit der Unterstützung einer neuen Welthandelsroute, deren Mittelmeerhafen Alexandrien war. Diese Route basierte auf den arabischen Häfen Aden und Dschidda, von wo aus eine Schiffahrtslinie nach Indien existierte, die mit dem Sommermonsun nach Indien segelte und den Wintermonsun für die Rückfahrt benutzte. Von Dschidda aus bestand eine Möglichkeit, nach Suez zu segeln und von da einen Landweg von etwa 300 km Länge nach Alexandrien zu nehmen. Diese Änderung in den Welthandelswegen mußte natürlich die Position Akkos schwächen, und man kann einen Rückgang in der wirtschaftlichen und politischen Stärke Akkos seit etwa 1260 feststellen.

Die Mongolen setzten ihren Eroberungsfeldzug fort; im Jahre 1259 fiel Aleppo in ihre Hände und im Jahre 1260 Damaskus, mit dem Ergebnis einer weiteren Änderung der weltpolitischen Situation. Mit der Eroberung von Damaskus erschien das Schicksal des gesamten Islam besiegelt.

Aber wie bei Liegnitz mußte auch nach dem Sieg über Damaskus das mongolische Heer aus innenpolitischen Gründen in die Heimat zurückkehren. Diesmal war der Grund, daß Kublai-Khan, der Bruder Hulagus, sich zum obersten Herrscher aller Mongolenländer erklärt hatte und die Hauptstadt nach Peking verlegte (von wo sein Ruf später durch die Erzählungen Marco Polos in der ganzen Welt verbreitet wurde). Hulagu mußte einen großen Teil des Heeres seinem Bruder zu Hilfe schicken, und diese Schwäche wurde vom Herrscher Ägyptens benutzt, um ein großes Heer gegen Hulagus Stellvertreter zu schicken, das die Mongolen bei Ain Dschalud in die Flucht schlug (siehe folgendes Kapitel). Hulagu war gezwungen, Damaskus und Aleppo nach kurzem Stand aufzugeben, und konnte erst in Persien wieder sein Heer sammeln.

Die Schlacht bei Ain Dschalud war ein Wendepunkt der Weltgeschichte, der wahrscheinlich noch bedeutender war als die Schlacht von Hattin, denn hier wurde der Marsch einer Weltmacht aufgehalten, die die ganze westliche Welt unter ihre grausame Herrschaft zu bringen drohte.

Die Mamelucken □ Bei Ain Dschalud stießen die Mongolen auf ein neues Ägypten und vor allem auf eine neue militärische Organisation – die Mamelucken. Zwar bestand schon vorher in den meisten moslemischen Heeren die Gewohnheit, Söldnertruppen zu verwenden oder auch Sklaven von Jugend auf zu Berufssoldaten zu erziehen, aber in Ägypten wurde diese Form militärischer Organisation dadurch zur Vollendung gebracht, daß die Führer der Armee – selbst ehemalige Sklaven – sich zu Herrschern des Landes machten; das arabische Reich, das sie schufen und verwalteten, wurde nach ihnen das Mameluckenreich benannt. Es dauerte von 1257 bis zum Jahre 1517, als es von den Türken erobert wurde. Die Mameluckenherrscher, meistens türkische oder tscherkessische Sklaven, durchliefen zunächst eine militärische Karriere bis zu den obersten Befehlsposten und schufen sich im Militär eine starke persönliche Stütze, die sich einerseits auf eine fanatische Disziplin gründete, bei der es am Vollzug von Todesstrafen nicht mangelte, andererseits auf die Loyalität der Soldaten-Sklaven, die viele Vergünstigungen erhielten. Viele der Mameluckenherrscher kamen zur Regierung durch Ermordung ihres Vorgängers. Im allgemeinen waren die Herrscher grobschlächtige, rauhe Soldaten, aber sie verstanden es, sich mit guten Beratern zu umgeben, und die Zeit ihrer Herrschaft gilt als eine Blüteperiode Ägyptens (und auch Syriens und Palästinas), von der gewaltige und prachtvolle öffentliche Bauten zeugen.

In Ägypten hatten sicherlich der Vormarsch der Mongolen und die Zerstörung Bagdads den Anlaß dazu gegeben, daß die Heeresführung beschloß, die schwache Dynastie der Ayyubiten zu beseitigen und selbst die Herrschaft zu übernehmen. Der erste Heeresführer Aibeg versuchte noch einen Schein von Legitimität zu wahren, indem er die Witwe des letzten Ayyubitensultans heiratete (er wurde im Jahre 1257 auf Veranlassung seiner Frau ermordet). Der erste Mameluckenherrscher war Saif-el Din Qutuz, der 1259 zur Herrschaft kam und sofort sein Heer zum Widerstand gegen die Mongolen organisierte. Die Notwendigkeit dieser Handlung machte sich sehr bald bemerkbar, als der Mongolenführer Hulagu im Jahre 1260, nachdem er Damaskus erobert hatte, ein Ultimatum an Ägypten sandte, sich zu ergeben. Qutuz ließ die Gesandtschaft umbringen, und das war natürlich eine Kriegserklärung an die Mongolen. Militärisch bedeutete das, ein großes Heer auf dem schnellsten Wege nach Syrien zu schicken, um einen weiteren Vormarsch der Mongolen zu erschweren, und der kürzeste Weg führte durch das Gebiet des Restkönigreiches Jerusalem. Qutuz wandte sich also an Akko mit der Bitte um freien Durchzug und vielleicht auch Verpflegung für sein Heer. Für den Fall, daß die Kreuzfahrer darüber hinaus ein Militärbündnis mit Ägypten abschließen würden, versprach er einen langjährigen Waffenstillstand und territoriale Gewinne für die Franken.

Der Rat der Barone, in dem die Ritterorden maßgebende Stimme hatten, trat daraufhin in Akko zusammen und sah sich vor ein schweres Dilemma gestellt, das einer Wahl zwischen Skylla und Charybdis glich. Sowohl die Mongolen wie die Mohammedaner waren Großmächte, und die Unterstützung der einen würde sofort die Feindschaft der anderen nach sich ziehen, verbunden mit der Drohung völliger Vernichtung. Andererseits war es gar nicht sicher, daß die Großmacht, mit der man sich verbinden könnte, nach einem gemeinsamen Sieg Dankbarkeit zeigen würde. Dazu kam, daß nicht nur militärische Erwägungen im Spiel waren, sondern auch weltpolitische. Die Haltung des Klerus war klar auf seiten der Mongolen, hatte doch der Papst versucht, in ihnen einen Bundesgenossen gegen den Islam zu finden, und die Mohammedaner galten als die schlimmsten Feinde der katholischen Kirche. Auch die östlichen Kirchen, die von den Mongolen überall bevorzugt behandelt wurden, standen klar neben diesen (was wiederum für manche katholischen Kleriker ein Grund sein konnte, die Mohammedaner zu bevorzugen). Von den italienischen Kommunen hatten die Genuesen bereits intensive Beziehungen zu den Mongolen über die neue Schwarzmeer-Route geschaffen, während die Venezianer ihre Beziehungen zu den Ägyptern und der Rote-Meer-Route verstärkt hatten.

Es blieb nur noch die Stellung der Ritterorden, die das entscheidende Element im Rat waren; aber auch sie waren völlig uneins. Die Deutschritter, mit starken Beziehungen zu Antiochia und Klein-Armenien, sprachen sich eindeutig für die Mongolen aus, während die Johanniter für ein Zusammengehen mit den Mohammedanern waren. Der Templerorden stimmte wie immer gegen die Johanniter. Zum Schluß wurde ein Kompromiß angenommen, der den Ägyptern zwar den Durchmarsch ermöglichte (er wäre wahrscheinlich auf keinen Fall zu verhindern gewesen), aber militärische Neutralität der Franken vorsah, und den Ägyptern wurde nicht nur freier Durchgang durch das Heilige Land gewährt, sondern ihre Heeresführung wurde sogar zu einem Besuch in Akko eingeladen. (Es gibt in der Geschichte kein »wenn«, doch es könnte sein, daß die Weltgeschichte einen anderen Verlauf genommen hätte, hätten sich die Franken auf die Seite der Mongolen gestellt.)

Die Schlacht bei Ain Dschalud □ Inzwischen war Hulagu gezwungen, sich mit einem großen Teil seines Heeres nach Peking zu begeben, um seinem Bruder Kublai-Khan zu Hilfe zu kommen, und nur ein Restbestand des Heeres unter Kitbukha setzte den Vormarsch fort und überschritt den Jordan, wahrscheinlich in der Nähe von Bet-She'an, einem der günstigsten Punkte zur Überschreitung des Flusses, da sich auf der Westseite ein weites Tal öffnet. In der Mitte des Tales liegt heute der große Ruinenhügel der antiken Stadt Bet-She'an, die als ägyptische Festung etwa 2000 v. Chr. gegründet worden war. Etwa 10 km westlich von Bet-She'an erhebt sich südlich des Tales die Steilwand des Berges Gilboa etwa 600 m über der Talsohle, auf einer Länge von 10 km. Am Nordende dieser Steilwand entspringt die große Quelle von En Harod (von den Arabern Ain Dschalud genannt), von der aus das Gebiet um Bet-She'an bewässert wird, und die dem Kampfplatz den Namen gab. Im Nordosten erheben sich sanfte vulkanische Kuppen etwa 200 m über der Talsohle, und zwischen diesen Höhenzügen im Süden und im Norden zieht sich ein Tal von 2 bis 3 km Breite, das sich an seinem westlichen Ende weit in die Ebene von Esdrealon (heute Jesre'el-Tal) öffnet, von der sich die Wege nach Akko und Jerusalem teilen (s. Karte 10, S. 80). Dieser enge Paß besaß in allen Zeiten überwiegend strategische Bedeutung, auf die schon die Gründung von Bet-She'an als alte ägyptische Festung hinweist. In der Bibel wird der Ort zweimal als Ort von Schlachten erwähnt: das erste Mal als der Ort, wo Gideon die Midjaniter schlug und vor der Schlacht seine Soldaten aus der Quelle En Harod trinken ließ; das zweite Mal bei der Schlacht zwischen König Saul und den Philistern, wo Saul und sein Sohn Jonathan ums Leben kamen.

Dieses Tal wurde von Saif-el Din Qutuz als Falle für die Mongolen gewählt. Am Ostende des Tales wartete sein Heerführer Baibars mit einer kleinen Truppe, während das eigentliche Heer unter dem Kommando von Qutuz sich im sanften Hügelgelände und am Nordrand des Berges Gilboa verborgen hielt. Die Schlacht verlief wie geplant. Baibars zog sich nach dem ersten Geplänkel fluchtartig zurück, die Mongolen folgten ihm ins Tal, um sich plötzlich von allen Seiten von dem Hauptheer der Mohammedaner umzingelt zu sehen. Trotz hartnäkkigen Widerstands der Mongolen siegten die Mohammedaner infolge ihrer zahlenmäßigen Überlegenheit; das mongolische Heer wurde entwaffnet oder verstreute sich, Kitbukha selbst gefangen und hingerichtet.

Damit war die Macht der Mongolen im Nahen Osten gebrochen; schon fünf Tage nach der Schlacht hatten die Ägypter Damaskus zurückerobert und in weniger als einem Monat Aleppo. Die Mongolen konnten die Niederlage nicht wiedergutmachen, da der Hauptteil ihres Heeres in innere Kämpfe um die Machtergreifung Kublai-Khans verwickelt war, genau wie bei Liegnitz 20 Jahre vorher.

Doch auch Qutuz konnte seinen Sieg nicht voll nutzen. Bei der Rückkehr von Aleppo wurde er von seinem Befehlshaber Baibars ermordet, und dieser machte sich selbst zum Sultan des – nun gesicherten – Mameluckenreiches. Nach der Festigung seiner Herrschaft in Kairo und Damaskus beschloß Baibars zunächst, diejenigen christlichen Staaten zu strafen, die mit den Mongolen gemeinsame Sache gemacht hatten, d. h. den König von Armenien und Bohemund von Antiochia, aber im Norden Syriens und in Teilen Anatoliens hatten die Mongolen noch ihre militärische Stärke bewahrt und konnten den christlichen Staaten zu Hilfe kommen; daher brach Baibars seinen Angriff ab. Die Franken in Palästina genossen eine Zeitlang die Früchte ihrer wohlwol-

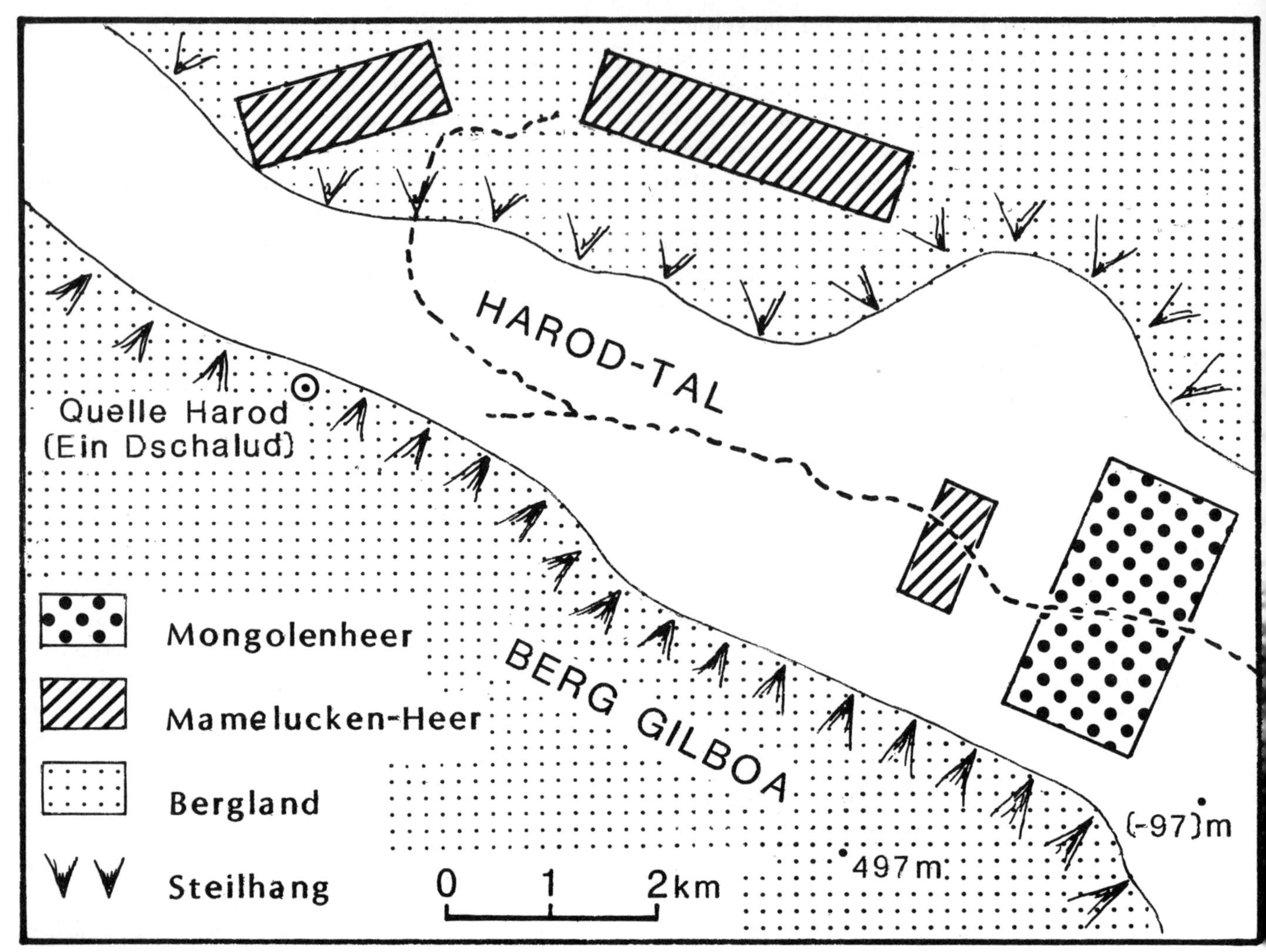

Karte 10: Das Schlachtfeld von Ain Dschalud

lenden Neutralität vor der Schlacht und versuchten sogar zu einem Abkommen der Zusammenarbeit mit Baibars zu gelangen, aber vergeblich. Inzwischen hatte sich die Situation der Franken auch im östlichen Mittelmeer geändert. Es war den Nachkommen der Kaiser von Byzantion, die seit der Eroberung von Konstantinopel durch Venedig sich ein Restgebiet in einem Teil Anatoliens (Nikäa) bewahrt hatten, gelungen, mit Hilfe des Königreichs Bulgarien Konstantinopel und einen Teil von Griechenland, vor allem den Peloponnes (Achaia) und verschiedene Inseln wiederzuerobern, und somit das griechische Kaiserreich neu zu errichten, allerdings in weit verringertem Umfang. Damit war Byzanz eine Atempause von fast 200 Jahren vergönnt.

Bei dem Wiederaufbau Konstantinopels halfen besonders die Genuesen, die die Herrscher dafür mit allen Handelsrechten belohnten, die vorher die Venezianer genossen hatten, und ihnen eine autonome Siedlung in Galata, am Nordufer des Goldenen Horns, zur Verfügung stellten (darauf weist noch heute der von den Genuesen erbaute »Galata-Turm« hin). Durch diese Ereignisse wurde die Position Venedigs im östlichen Mittelmeer stark geschwächt, was sich auch auf die Haltung Ägyptens dieser Stadt gegenüber auswirkte.

Im Jahre 1265 fühlte sich Baibars stark genug, um erneut den Kampf gegen die Mongolen in Nordsyrien und gleichzeitig gegen die Reste der Franken aufzunehmen. Dabei läßt sich kein klarer strategischer Plan erkennen, vielmehr ein Pragmatismus, der versuchte, jeden Moment der Schwäche bei den Franken auszunutzen, vor allem ihre Festungen zu erobern und zu zerstören. Die Liste der eroberten Städte und Festungen sei hier angeführt: 1265: Caesarea und Haifa; 1266: Safed (Templerfestung) und Klein-Armenien; 1268: Jaffa, Beaufort (Templerfestung) und Antiochia, worauf die Franken freiwillig ganz Nordsyrien räumten. Nach einer Ruhepause von einigen Jahren, die Baibars benutzte, um innere Schwierigkeiten zu lösen und sein Land wirtschaftlich und strukturell zu entwickeln, wagte er sich in den siebziger Jahren an die stärksten Festungen heran: Krak des Chevaliers (Johanniterfestung); Akkar (Johanniterfestung); Montfort (Hauptfestung des Deutschen Ritterordens). Zur Zeit des Todes von Baibars (1277) besaßen die Franken im ganzen in Outremer noch sechs Städte und zwei Festungen außerhalb Akkos.

Bei der Eroberung einer jeden Stadt und Festung bot sich immer dasselbe schreckliche Bild: Tausende oder Zehntausende von Leichen von Gefallenen oder Ermordeten, Tausende von Männern, Frauen und insbesondere Kindern, die in die Sklaverei geführt wurden, und Tausende von Flüchtlingen. Nur wenige begüterte oder führende Persönlichkeiten wurden gegen Lösegeld freigelassen.

Der Nachfolger Baibars, Qalawun, setzte das Werk seines Vorgängers fort, und im Laufe der achtziger Jahre eroberte er fast alle übrigen Festungen, von denen die größte Margat war, die den Johannitern gehörte und eine Besatzung von 2000 Kämpfern enthielt. In diesem Fall wurde die Festung freiwillig geräumt, und dafür den Verteidigern freier Abzug gewährt.

Nun bereitete Qalawun die Eroberung Akkos vor, starb aber während der Vorbereitungen im Jahre 1290, und es blieb seinem Sohn el-Aschraf vorbehalten, das Zerstörungswerk zu vollenden.

Die letzten Jahre Akkos □ Der Sieg über die Mongolen hatte das Mameluckenreich zur vorherrschenden moslemischen Macht gemacht. Das Prestige Baibars war derartig gestiegen, daß die islamische Welt bereit war, ihn als ihren Führer anzuerkennen, und er vielfach mit Saladin verglichen wurde. Er verkündete die Schaffung eines »Kalifats im Exil« in Kairo, als Ersatz für das aufgelöste Kalifat in Bagdad; aber noch zögerte Baibars, das Königreich Jerusalem endgültig zu vernichten, und Akko genoß noch eine Gnadenfrist von 30 Jahren, die allerdings voller politischer und militärischer Veränderungen war. Es würde zu weit führen, all die Ereignisse dieser Zeit zu erwähnen oder gar zu schildern, und so soll hier nur der Versuch unternommen werden, durch ein Modell Klarheit in das Geschehen dieser dreißig Jahre zu bringen, das sich gleichzeitig in verschiedenen Sphären mit engster Beziehung zueinander abspielte.

Der engste Kreis war die Stadt Akko. Hier handelten verschiedene Machtgruppen neben- oder gegeneinander. Die eine Gruppe waren die italienischen Kommunen, die nicht nur in Handelskonkurrenz miteinander standen, sondern sich auch oft mit Waffen innerhalb der Stadt bekämpften. Die zweite Gruppe waren die Ritterorden, bei denen das Verhältnis zwischen dem Johanniter- und dem Templerorden fast immer gespannt war, aber sich meistens in Unterstützung gegensätzlicher Gruppen auswirkte – nur in sehr seltenen Fällen in bewaffnetem Kampf. (Der Deutsche Ritterorden neigte meist mehr zur Seite des Johanniterordens.) Die dritte Machtgruppe waren die »Könige von Jerusalem«, von denen aber keiner seinen ständigen Wohnsitz in Akko nahm. Ferner mußte Rücksicht genommen werden auf den Klerus und die Barone, die ihre prächtigen Wohnhäuser in Akko hatten. Wie schon während der ganzen Epoche der Kreuzzüge hatten das Bürgertum oder die nichtfränkische Bevölkerungsschicht wenig Einfluß auf Entscheidungen, aber andererseits auch keine Gründe für eine Auflehnung.

Der zweite Kreis waren die angrenzenden Staaten, was nach 1260 hauptsächlich das Mameluckenreich bedeutete. Nur im Küstenstreifen nördlich des Königreichs Jerusalem und in Zypern lagen lateinische Staaten, deren Einfluß auf Akko politisch, aber nicht militärisch war. Die Mamelucken waren immer feindlich, aber beachteten die von Zeit zu Zeit geschlossenen Waffenstillstände; allerdings benutzten sie deren Ablauf zu Angriffen auf fränkische Städte und Festungen, bis gegen Ende der achtziger Jahre fast das ganze fränkische Gebiet in ihren Händen war.

Als dritter Kreis kamen die ferner gelegenen Länder des Nahen Ostens. Die Probleme und Zwistigkeiten dieses Gebietes berührten Akko nicht direkt, aber oft indirekt durch Einfluß auf die Handelswege – oder militärische Aktionen, die das eine oder andere Land zwangen, Truppen dorthin zu entsenden, wodurch manchmal der Druck auf die fränkischen Staatsgebilde gemildert wurde. Hier ist in erster Linie das im Jahre 1261 wiederbelebte Byzantinische Reich zu erwähnen, das zusätzlich zu Konstantinopel einen Teil der Küsten und Inseln des Ägäischen Meeres wieder unter griechische Herrschaft brachte. Ein anderer Konflikt bestand zwischen den Mamelucken und den Mongolen, die sich inzwischen in Persien und Aserbaidschan festgesetzt hatten und von Zeit zu Zeit Vorstöße gegen Ostanatolien und Nordsyrien unternahmen, wobei sie zeitweilig Aleppo und sogar Damaskus besetzten.

Der letze Kreis umfaßte die fernen Länder im Osten und Westen. Im Osten hatte sich das mongolische Reich in China und Zentralasien stabilisiert, kam aber durch seine Ausläufer im Nahen Osten in enge Berührung mit dem Geschehen in diesen Ländern. Es wurde schon geschildert, wie Erbstreitigkeiten im Fernen Osten zu Rückzügen der Mongolen sowohl nach der Schlacht bei Liegnitz, wie nach der von Ain Dschalud führten.

Im Westen war das politische Geschehen von größtem Einfluß auf die fränkischen Gebiete in Outremer, sei es durch den Konflikt Papst – Kaiser (letzterer war ja auch König von Jerusalem), sei es durch die Kämpfe um den Welthandel zwischen Venedig und Genua, aber insbesondere durch das noch immer bestehende Streben, den Franken in Outremer durch Organisierung eines neuen Feldzuges zu helfen; und manchmal trafen auch wirklich einige hundert Ritter mit Gefolgschaft in Akko als willkommene Verstärkung ein.

Aber zwischen so vielen verschiedenen Faktoren gab es ungezählte Möglichkeiten der Variation, so daß hier auf die Schilderung von Einzelheiten verzichtet werden soll. Nur ein Beispiel soll wiedergegeben werden – die Einmischung Karls von Anjou, des Bruders König Ludwig IX. von Frankreich. Karl, eine ehrgeizige und skrupellose Persönlichkeit, strebte danach, für sich selbst ein Mittelmeer-Imperium zu schaffen. Im Jahre 1265 eroberte er mit Unterstützung seines Bruders und des Papstes Sizilien und Neapel und ernannte sich selbst zum König von Sizilien. Als der junge Konradin, der Enkel Friedrichs II., den Versuch unternahm, sein Land zurückzuerobern, wurde er von Karl gefangengenommen und hingerichtet (1268). Aber damit hörte auch die Herrschaft des Hauses Hohenstaufen über das Königreich Jerusalem auf. Der Rat der Barone berief daraufhin König Hugo II. von Zypern zum König von Jerusalem. Hugo versuchte eine Zeitlang, in Akko zu leben, geriet aber dort in solche Streitigkeiten, daß er es vorzog, nach Zypern zurückzukehren, ohne einen Vertreter in Akko zu bestimmen.

Karl spann inzwischen seine Pläne zur Beherrschung des Mittelmeeres fort und plante als nächsten Schritt eine Wiedereroberung Konstantinopels, diesmal mit Hilfe Venedigs und der Mamelucken. Die letzteren waren zur Hilfeleistung bereit, da der Kaiser von Byzantion ein Abkommen mit den Mongolen getroffen hatte.

Im Jahre 1277 ergab sich für Karl eine Gelegenheit, den Königstitel von Jerusalem käuflich zu erwerben, da Maria von Antiochia, die ein Erbrecht auf den Thron beanspruchte, bereit war, dieses Recht zu verkaufen, und so gab es von 1277 bis 1285 parallel zwei Könige von Jerusalem. Karl von Anjou setzte einen Stellvertreter, Roger von San Severino, als »bailli« (Domänenverwalter) in Akko ein; dieser genoß die Unterstützung der Venezianer und der Templer.

Als Karl mit seinen Vorbereitungen so weit war, um Konstantinopel angreifen zu können, brach eine Revolte in Sizilien aus (die »Sizilianische Vesper«, 30. 3. 1282), bei der alle Franzosen ermordet wurden. Karl sah sich mit einem Schlag seiner Machtbasis beraubt. Er gab daraufhin alle Pläne auf und berief auch seinen Bailli Roger von Akko ab. Er starb machtlos im Jahre 1285.

Dieses eine Beispiel zeigt sehr gut die Verflechtung aller Kreise miteinander und mit dem Geschehen in Akko.

Der letzte König von Jerusalem war der Sohn Hugos III., Heinrich II., der im Jahre 1286 (14jährig) durch eine Koalition der Kommunen mit den Hospitalern und Deutschrittern gewählt wurde. Er wurde feierlich vom Erzbischof von Tyros gekrönt, und nach großen, prunkvollen Feierlichkeiten in Akko kehrte er nach Zypern zurück.

Das Ende von Akko □ Nach Eroberung der großen Festungen in Syrien, vor allen Dingen Margats, und der Stadt Tripolis im Jahre 1289, war es klar, daß für die Franken keine Hoffnung mehr bestand, Outremer noch einmal zurückzuerobern. Europa war der Kreuzzüge mit ihren großen Verlusten an Männern und Material und ihren gewaltigen Kosten müde, und daher war an die Verkündigung eines neuen Kreuzzuges nicht zu denken. König Heinrich II., der in Zypern saß, sandte verzweifelte Hilferufe an den Papst und verschiedene Landesfürsten, die nur zum Teil gehört wurden, und allein in Frankreich und England organisierte sich eine Gruppe von einigen hundert Rittern, die sich mit ihren Mannschaften nach Akko einschifften.

Ein Zwischenfall, bei dem im Jahre 1290 zahlreiche Mohammedaner in Akko getötet wurden, gab Sultan Qalawun den Vorwand, Vorbereitungen für den Ansturm auf Akko anzubefehlen, aber sein Tod unterbrach diese, und erst sein Sohn el-Aschraf setzte zu Anfang des Jahres 1291 die Vorbereitungen zum Endkampf fort. Er richtete sein Hauptaugenmerk auf die Beschaffung einer großen Anzahl von Schleudermaschinen (mehrere Hundert), darunter zwei Katapulte, die die größten zu dieser Zeit waren.

Die militärische Lage vor Beginn des Ansturms sah etwa so aus: Das mameluckische Heer zählte nach (immer sehr hoch gegriffenen) zeitgenössischen

Quellen ca. 60000 Berittene und 140000 Mann Fußvolk. So übertrieben diese Zahlen sein mögen, deuten sie doch darauf hin, daß die Mohammedaner den Christen an Zahl weit überlegen waren. Das fränkische Heer zählte nach eigenen Berichten etwa 1000 Ritter und 14000 Mann Fußvolk und Bürgergarde. Die Ritterorden hatten all ihre europäischen Reserven nach Akko beordert, aber es gibt keine genaue Quelle über deren Zahl. König Heinrich II. entsandte erst einen Monat nach dem Beginn der Belagerung 40 Schiffe von Zypern mit einer Verstärkung von 100 Rittern und 2000 Fußsoldaten.

Die Stärke der Franken lag zunächst in den großen Befestigungen, die König Ludwig IX. während seines Aufenthaltes in Akko (1250–1254) auf den neuesten Stand hatte bringen lassen, zweitens in der Beherrschung des Meeres. Zypern war eine außerordentlich gute Flottenbasis, nur etwa 300 km von Akko entfernt, und diese Entfernung konnte eine Galeere bei gutem Wind oder mit Hilfe von Ruderern in knapp zwei Tagen überwinden. Diese kurze Entfernung ermöglichte die Evakuierung von Greisen, Frauen und Kindern noch vor Beginn der Belagerung, und von Verwundeten selbst während der Kämpfe; allerdings konnten während der Kämpfe die Schiffe nicht in den sicheren Hafen einfahren, sondern mußten im offenen Meer in einer Entfernung von wenigen hundert Metern ankern. Manche Schiffe dienten auch als schwimmende Basis für Schleudermaschinen.

Die drohende Gefahr brachte endlich eine Zusammenarbeit zwischen allen Gruppen in Akko, mit Ausnahme der Genuesen, die sich schon einige Zeit vorher aus Akko zurückgezogen hatten. Es wurde vereinbart, daß jede Gruppe ihr eigenes Viertel verteidigte und zusätzlich einen Abschnitt des äußeren Mauerrings besetzte, der ihrem Viertel am nächsten lag. Der Mauerabschnitt vor Mont-Musard, der der längste und gefährdetste war, wurde von den drei Ritterorden gehalten, während die äußere Mauer vor der Altstadt in kürzeren Sektoren von den Kommunen und der Bürgerwehr verteidigt wurde. Die Ritterorden unternahmen auch anfänglich etliche Ausfälle, bei denen es ihnen gelang, einige Belagerungsmaschinen zu zerstören.

Die Truppen el-Aschrafs hatten ihre Taktik im wesentlichen auf die Schleudermaschinen gestützt, die am 6.4.1291 eine unaufhörliche Beschießung der Stadt, und vor allem der Vorstädte, begannen, die bis Mitte Mai dauerte. Nachdem es ihnen gelungen war, einige Türme durch Unterminierung zum Einsturz zu bringen, begann am 9.5. der Ansturm auf die äußere Mauer an der Nahtstelle zwischen den Befestigungen vor Mont-Musard und denen vor der Stadt selbst, und bis zum 16.5. waren alle Türme vor der Stadt zerstört oder erobert. Am 18.5. drangen die moslemischen Truppen in die bewohnten Viertel ein und eroberten die ganze Stadt mit Ausnahme der Templerfestung an der Südspitze, die noch zehn Tage länger aushielt.

Im Verlauf der Kämpfe um Mont-Musard wurde der Großmeister des Templerordens getötet; der Großmeister des Johanniterordens, Johannes von Villiers, wurde verwundet, aber es gelang, ihn auf ein Schiff zu schaffen. Auch König Heinrich II. und seine Begleiter schifften sich nach Zypern ein. Während des Ansturms auf die Mauern begann eine Massenflucht der Bevölkerung Akkos, die sich auf die Boote stürzte, die zu den vor der Stadt ankernden Schiffen gerudert wurden. Die Schiffe selbst segelten, überfüllt mit Flüchtlingen, nach Zypern und versuchten so schnell wie möglich zurückzukehren, um neue Flüchtlinge aufzunehmen. Von Tag zu Tag wuchs die Panik unter der Bevölkerung, jeder versuchte, einen Platz in einem Boot zu bekommen. Unter den Flüchtlingen waren auch die Mitglieder der italienischen Kommunen sowie eine Anzahl von Rittern der verschiedenen Orden, doch diese waren die Ausnahme. Das Ausharren der Templer in ihrer Zitadelle, zehn Tage nachdem die Stadt gefallen war, rettete sicherlich Tausenden von Einwohnern das Leben.

Im allgemeinen bewiesen die Ritter und Brüder sämtlicher Orden die Tapferkeit und Kampfkraft, für die sie erzogen waren, und ihnen ist zu verdanken, daß Akko sich überhaupt so lange halten konnte.
Die Moslems handelten, wie sie es in allen fränkischen Städten getan hatten: Alles, was ihnen in den Weg kam, wurde getötet oder im besten Fall gefangengenommen, um als Sklaven verkauft zu werden. Die Stadt selbst wurde in Brand gesteckt, und Mauern, sofern sie nicht zu kräftig gebaut waren, niedergerissen.
Nach dem Fall von Akko ergaben sich die noch übriggebliebenen Festungen – Zidon, Haifa, Tortosa und Atlith (Château Pelerin) – innerhalb dreier Monate, nur die Insel Ruad (gegenüber Tortosa), die den Templern gehörte, hielt noch – als letzter fränkischer Brückenkopf an der Levanteküste – 12 Jahre, bis 1303, aus.
Damit war das Zeitalter der Kreuzzüge, das fast 200 Jahre gedauert hatte, endgültig vorbei, und für 500 Jahre versuchte keine christliche Macht mehr auf dem Boden des Heiligen Landes militärisch Fuß zu fassen.

Nachspiel: Akko nach den Kreuzfahrern

Die totale Zerstörung der Stadt Akko war nicht nur eine Folge der schweren Kämpfe und der Wut der Eroberer über den harten Widerstand, dem sie begegneten, und der schweren Verluste, die damit verbunden waren. Sie war vielmehr Teil der mameluckischen Strategie zur Verhinderung eines neuen Kreuzzuges. Die Geschichte des 13. Jahrhunderts hatte sie gelehrt, daß die Eroberung des Landes durch Saladin nicht genügt hatte, um neue Kreuzzüge zu vermeiden, solange die Franken die Überlegenheit zur See hatten. Da die Mamelucken über keine starke Flotte verfügten, sahen sie das beste Mittel zur Sicherung ihrer Herrschaft in der totalen Verwüstung der gesamten Küstenzone. Alle Festungen wurden geschleift, die Städte zerstört und ihre Häfen dadurch unbrauchbar gemacht, daß große Steinblöcke in die Hafenbecken geworfen wurden, so daß Schiffe keinen sicheren Ankerplatz mehr finden konnten. Darüber hinaus wurden die übriggebliebenen Bauern in das Berg- und Hügelland vertrieben, und in der Küstenebene turkmenische Schaf- und Ziegennomaden angesiedelt, unter deren Einfluß die Küstenebene mit Sümpfen bedeckt und malariaverseucht wurde. Ihre Bevölkerung reduzierte sich damit auf einige wenige Tausende.
Diese Anti-Siedlungspolitik herrschte für 200 Jahre vor, bis zur Eroberung Palästinas durch die osmanischen Türken im Jahre 1517. Die Türken setzten zwar die Vernichtungspolitik der Mamelucken nicht fort, machten aber auch keine besonderen Anstrengungen, die Küste wieder zu besiedeln. Andererseits störten sie nicht örtliche Bestrebungen zur Wiederbelebung der Küstenstädte, vor allem von Gaza, Jaffa und Akko. Kurze Zeit nach der Eroberung durch die Türken erhielt Frankreich Handelsrechte in Akko und gründete eine Niederlassung, deren Bewohner bald eine Karawanserei (Khan-el-Franji) errichteten und sich Häuser aus den Steinresten erbauten.
Gegen Ende des 16. Jahrhunderts erbaute sich der Drusenfürst Fakhr-ed-Din, der über den Libanon und einen großen Teil Palästinas herrschte, eine Residenz in Akko mit einem Palast, Zollhaus und einer Moschee und versuchte sogar den Komplex der Johanniterbauten zu rekonstruieren. Aber im 17. Jahrhundert verfiel wieder der größte Teil dieser Bauten, und Akko war nur ein kleines Fischerdorf.
Die wirkliche Erneuerung der Stadt und des Hafens begann um die Mitte des 18. Jahrhunderts, als ein Beduinenführer, Daher-el-Amr, sich zum Herrscher von Galiläa aufschwang und Akko zu seiner Hauptstadt erwählte. Er stützte die Wirtschaft seines beinahe unabhängigen Staates auf die Wiederbelebung der Handelsroute nach Damaskus und auf politische und wirtschaftliche Unterstützung Frankreichs, das wichtige Handelsmonopole erhielt. Er baute in Akko eine neue Stadt auf den Ruinen der Kreuzfah-

rerstadt und unter Benutzung der zahllosen, behauenen Steinblöcke, die überall herumlagen. Der Johanniterkomplex wurde zur Zitadelle der Stadt und zum Wohnsitz des Herrschers ausgebaut. Neue Karawansereien wurden auf den Resten der alten errichtet, und die größte (Khan-el-Umdan) auf dem Gelände des inzwischen versandeten Hafenbeckens der Venezianer erbaut. Sein Nachfolger, Achmed-el-Dschesar, baute eine herrliche Moschee in Nachahmung einer solchen in Istanbul, anscheinend auf den Ruinen der Kathedrale des Patriarchen, und verschönte die Stadt durch Brunnen und öffentliche Gebäude. Akko wurde wieder zu einem Zentrum des Welthandels und zur größten Stadt Palästinas; allerdings war sie mit etwa 15000 Einwohnern bedeutend kleiner als ihre Vorgängerin der Kreuzfahrerzeit. Da der Hafen den Schiffen aller Länder offenstand, konnten auch Schiffe des Johanniterordens von Malta in Akko anlegen und ihre Waren verkaufen, manchmal auch Beute von einem gekaperten Schiff, und vor allem Sklaven. Sowohl in den Berichten über Akko wie in den Annalen des Ordens werden solche Besuche erwähnt.

Das erstaunlichste an der neugebauten Stadt Akko waren die Befestigungen, die wahrscheinlich mit französischer Hilfe nach dem von Vauban gegen Ende des 17. Jahrhunderts geschaffenen Prinzip errichtet wurden. Sie bestanden aus einer doppelten Mauer, die die Stadt ungefähr auf der Linie der mittelalterlichen Mauer (ohne die Vorstadt) umgab. Die beiden Mauern waren durch einen tiefen Graben von etwa 50 m Breite getrennt, vor der Außenseite der 14 m hohen und etwa 30 m breiten Außenmauer war ein zweiter tiefer und breiter Graben ausgeschachtet. An mehreren Stellen sprangen Bastionen vor, die mit Kanonen gespickt waren, dahinter erhoben sich mehrere Türme, und innerhalb der Mauern waren Kasematten und Munitionslager. Akko war zu Ende des 18. Jahrhunderts zweifellos eine der bestbefestigten Städte im Nahen Osten. Ihr Schicksal war durch Napoleon in gewissem Sinn mit dem des Johanniterordens auf Malta verbunden. Napoleon eroberte Malta am 6. Juni 1798 nach einen Ansturm von wenigen Tagen, und knapp drei Wochen später eroberte er Ägypten. Doch seine Flotte wurde am 1. August desselben Jahres von der englischen Flotte bei Abukir überrascht und zum größen Teil versenkt. Daraufhin beschloß Napoleon, die Türkei auf dem Landweg zu erobern, wurde aber durch die Befestigungen von Akko aufgehalten. Die Belagerung dauerte zwei Monate (vom 19. März bis zum 20. Mai 1799). Wegen Ausbruchs von Krankheiten und dauernder Beschießung durch die englische Flotte mußte er die Belagerung aufgeben und als geschlagener General nach Ägypten zurückkehren. Kurze Zeit darauf erschien eine englische Flotte vor Malta, und die französische Besatzung ergab sich am 5. September 1800. Damit begann die Periode der englischen Herrschaft über Malta.

Aber auch Akkos Glanzzeit war vorüber. Mit dem Tode Dschesars (1804) kam die Stadt wieder unter direkte türkische Herrschaft und verlor ihre Sonderstellung, die die Basis ihrer Größe gewesen war. Im 19. Jahrhundert begann ein langsamer Rückgang, der in der zweiten Hälfte des Jahrhunderts sich beschleunigte, als im Mittelmeer Dampfschiffe eingesetzt wurden, für die der Hafen von Akko zu seicht war. Zu Beginn des 20. Jahrhunderts war Akko nur noch ein kleiner Fischerhafen, die Rolle des Großhafens wurde von Haifa am Südende der Bucht übernommen. Im Jahre 1948 wurde die Stadt zu Israel geschlagen und ist heute eine Industriestadt von etwa 40000 Einwohnern.

Aber die Altstadt, innerhalb der Mauern von Daher-el-Amr, ist unversehrt erhalten geblieben, und in noch andauernden Ausgrabungen wurden wichtige Teile der Kreuzfahrerstadt, vor allem des Johanniter-Komplexes freigelegt, und dienen als großartiger Anziehungspunkt für Touristen und als Standort für eine Künstlermesse und für Konzerte klassischer Musik. So ist der Name der Stadt Akko als Stadt des Johanniterordens wieder rehabilitiert.

Intermezzo: Zypern – Das Ende des Templerordens

Die Zerstörung Akkos, und damit der endgültige Fall des Königreiches Jerusalem, löste in der westlich-christlichen Welt dieselbe Erschütterung und Entrüstung aus, wie die vorhergegangenen Verluste christlicher Herrschaftsgebiete in Outremer, und es fehlte auch nicht an Forderungen nach neuen Kreuzzügen, die aber diesmal nicht von den Massen oder den Herrschern ausgingen – diese Kreise waren bereits kriegsmüde –, sondern von Intellektuellen und geistigen Führern und – natürlich – vom Papst. Allerdings war der Heilige Stuhl in dieser Zeit durch Unruhen in Rom sehr geschwächt und gezwungen, seinen Wohnsitz woanders zu suchen. Papst Clemens V. (1305 – 1314) kam nach seiner Wahl überhaupt nicht nach Rom, sondern verlegte seinen Sitz nach Avignon, das eine päpstliche Enklave in der französischen Provence bildete. Er sowie die nächsten sechs Päpste regierten die Kirche von dort aus bis zum Jahre 1378 (die »Babylonische Gefangenschaft der Kirche«). Natürlich stand dadurch die Kirche stark unter französischem Einfluß, was sich bald als verhängnisvoll erweisen sollte.

Aber zunächst fiel die schwerste Bürde der fränkischen Katastrophe auf Zypern. Diese Insel war praktisch ein Kreuzfahrerstaat und das letzte lateinische Bollwerk in der Levante (bis 1571). Der letzte »König von Jerusalem«, Heinrich II., war gleichzeitig König von Zypern und blieb in diesem Amt auch nach dem Fall Akkos. Obwohl die Bevölkerung der Insel zum größten Teil aus griechischsprechenden orthodoxen Christen bestand, lebte die fränkische Oberschicht nach den Gewohnheiten eines feudalen Rittertums, im allgemeinen reicher und prunkvoller als in Outremer, mit denselben inneren Zwistigkeiten, die in Outremer gang und gäbe gewesen waren. Ruinen gotischer Burgen und Kirchen zeugen noch heute von dieser Epoche.

Seit den Vorbereitungen für die Belagerung von Akko sah sich Zypern genötigt, Tausende und vielleicht Zehntausende von Flüchtlingen unterzubringen und mit Lebensmitteln zu versorgen. Hier konnte der Johanniterorden vor allen von Nutzen sein, dank seiner Erfahrung in der Massenspeisung und seiner Reserven an Kapital und Menschen in Europa; er schuf sich schnell eine Position als helfende Kraft in Zypern, und bereits im Jahre 1296 wurde ein Hospital in Limassol erbaut. Der Orden besaß schon vorher einige Güter in Zypern und eine Festung in Kolossi bei Limassol. Aber dies waren nur erste Lösungen, um dem dringlichsten Notstand abzuhelfen. Für die fernere Zukunft waren alle drei Ritterorden ratlos und praktisch wie gelähmt. Die ganze Grundlage ihrer Existenz war ihnen genommen, und im Grunde sahen sie ihre Zukunft nur in einem neuen Kreuzzug, für den sie diesmal bereit waren, selbst die Führung zu übernehmen. Aber die Stimmung für einen Kreuzzug unter den potentiellen Teilnehmern war nicht sehr erfolgversprechend. In der Zwischenzeit erhielt der Johanniterorden eine Einladung von dem neuen Mongolenführer Ghazzan, dem Ilchan von Persien, mit ihm gemeinsame Sache gegen die Mamelucken zu machen. Diese wurde zwar angenommen, scheiterte aber aus Mangel an Koordination, und die Beteiligung des Ordens ging über einige Angriffe von der See auf Dörfer in Ägypten und Syrien nicht hinaus.

So mußten langsam die Führungsspitzen der Orden zur Erkenntnis kommen, daß eine Rückkehr zu den gewohnten Aktionen und Plänen nicht mehr möglich sei.

Die Situation des Johanniterordens war noch die beste unter den Orden, da seine soziale und krankenpflegerische Tätigkeit sowie die Sorge für die Pilger auch außerhalb Palästinas möglich waren. Von der Struktur des Baumes, mit dem wir den Orden verglichen hatten (s. S. 34), waren die Wurzeln in Europa noch intakt, und damit weitere Geldsammlungen und Überweisungen möglich. Der Baumstamm – der Transport über das Mittelmeer – mußte durch Schaffung einer großen Flotte verstärkt werden, und

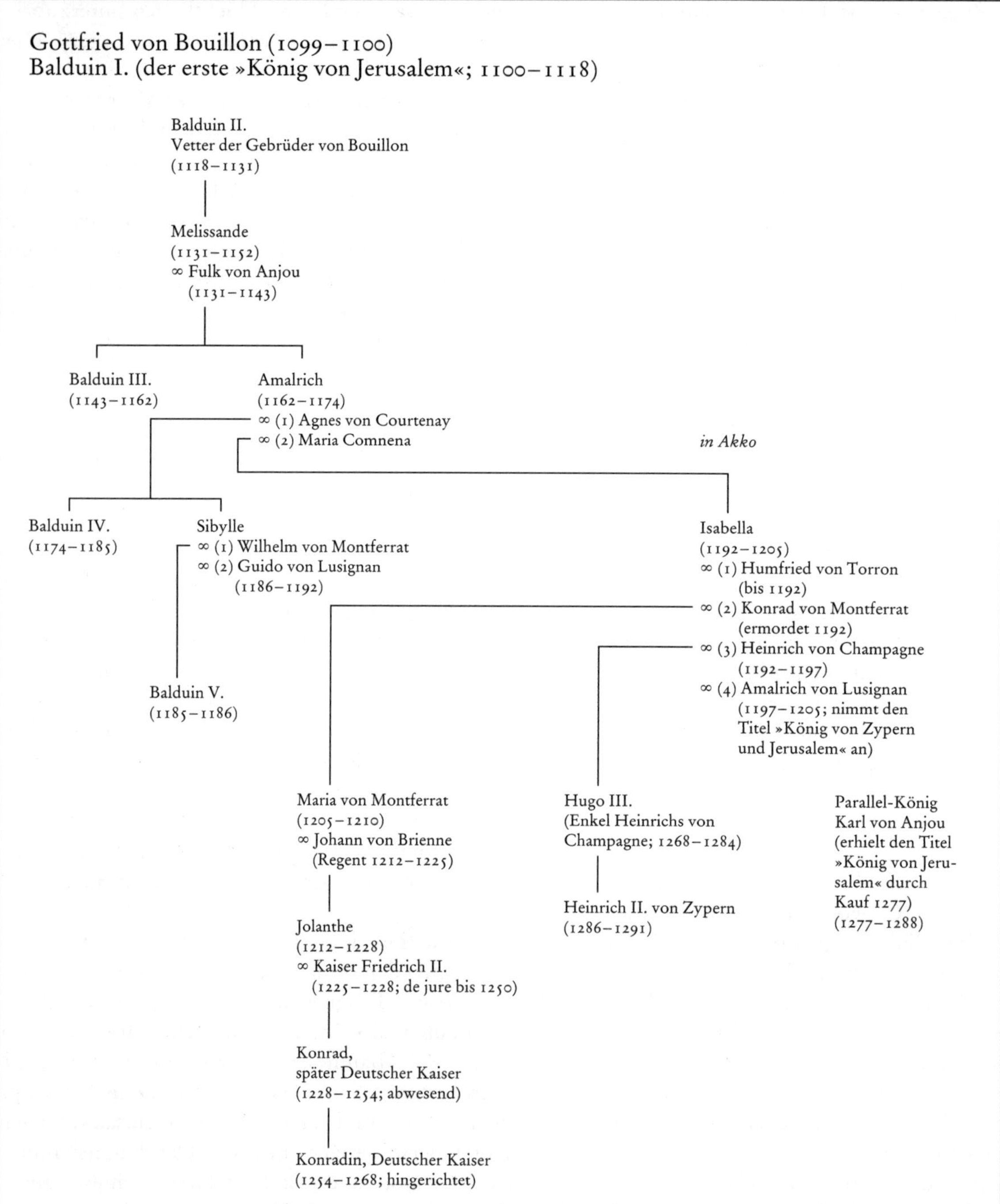

Genealogie (Auszug) der »Könige von Jerusalem« (1100–1291)

nur die Krone war gekappt, konnte aber durch Aufpfropfen eines neuen Zweiges wieder belebt werden.

Der Großmeister des Ordens, Johannes von Villiers, berief bereits im Jahre 1292 ein Generalkapitel ein, das beschloß, vorläufig Limassol zum Hauptsitz des Ordens zu machen – ein Beschluß, der von Papst Coelestin V. sanktioniert wurde. Auf Drängen des Papstes wurde später entschieden, eine große Flotte zu bauen, und im Jahre 1299 tauchte zum ersten Mal im Orden das Amt eines »Admirals« auf.

Diese Beschlüsse erregten den Unwillen des Königs von Zypern, Heinrich II., der in der Verstärkung des Johanniterordens in Zypern eine Gefahr für seine eigene Herrschaft sah. Er versuchte, die Entwicklung des Ordens dadurch zu hemmen, daß er ihm Steuern aufgerlegte und den Landerwerb durch den Orden verbot. Aber der Orden erreichte die Unterstützung des Papstes, der den König davor warnte, die Privilegien des Ordens anzutasten.

Die anderen Ritterorden □ Die anderen Ritterorden mußten die gleichen schicksalhaften Entscheidungen treffen. Der Deutsche Ritterorden, der ja von vornherein nicht auf die mohammedanische Front beschränkt war und sich im 13. Jahrhundert eigene Staaten an der Ostsee im Kampf gegen die Slaven geschaffen hatte, beschloß, den Nahen Osten völlig aufzugeben und sich ganz auf die baltische Front zu konzentrieren. Die Ritter in Zypern zogen nach dem Baltikum und verstärkten dort den Orden, der inzwischen eine Kolonisation großen Maßstabs eingeleitet hatte und im Jahre 1309 den Sitz des Großmeisters nach der neuerbauten Marienburg verlegte. Im folgenden Jahrhundert erweiterten die Deutschritter ihr Kolonisationswerk in Osteuropa, hatten aber anscheinend den Bogen überspannt und wurden im Jahre 1410 von einer polnisch-litauischen Armee bei Tannenberg vernichtend geschlagen.

Der Templerorden erlitt das schlimmste Schicksal. Da er ohne jede konkrete Aufgabe geblieben war, verließen die meisten seiner Ritter Zypern, und der Orden sammelte sich wieder in Frankreich, wo er ein riesiges Vermögen und zahlreiche Grundstücke besaß. Durch eben dieses Vermögen und das damit verbundene hochmütige Auftreten machte sich der Orden bei der Bevölkerung verhaßt, und merkwürdige Gerüchte begannen sich um ihn zu ranken, die jedes denkbare sittliche und religiöse Vergehen umfaßten, von der Sodomie bis zum Satanskult.

Gleichzeitig strebte König Philipp IV. von Frankreich danach, sich ihr riesiges Vermögen anzueignen. Im Jahre 1305, als Papst Clemens V. seinen Amtssitz nach Avignon verlegte und damit unter den Einfluß des französischen Königs kam, begann dieser eine systematische Aktion gegen den Templerorden: im Jahre 1307 erhielt er die Genehmigung des Papstes, die Ordensritter alle zu verhaften und vor ein Inquisitionsgericht zu stellen. Die Untersuchungen erstreckten sich über fünf Jahre, in denen sie sich auch auf andere Länder ausweiteten und das gesamte Vermögen des Templerordens beschlagnahmten. Im Jahre 1312 entschied jedoch der Papst, der inzwischen Angst vor der Macht des französischen Königs bekam, daß alle beschlagnahmten Güter des Templerordens dem Johanniterorden übergeben werden sollten, der gerade eine neue antimoslemische Aufgabe in Rhodos übernommen hatte.

Dafür bestätigte der Papst das Untersuchungsergebnis (das durch Geständnisse unter der Folter erreicht worden war), auf Grund dessen alle Ritter des Templerordens hingerichtet wurden. Die Debatte über den Prozeß und seine Ergebnisse beschäftigt bis heute Historiker und Juristen.

Ein interessantes Ergebnis der Übernahme des Templereigentums durch den Johanniterorden möge hier den Abschluß bilden: In London besaßen die Templer ein großes Grundstück, direkt außerhalb der westlichen Mauer der City, und hatten darauf im Jahre 1185 die Templerkirche gebaut, als Rundkirche wie alle Kirchen der Templer. Sechzig Jahre später kam es zu Anbauten im frühen Stil der englischen Gotik. Die Kirche ist eine von vier noch bestehenden Kirchen dieser Art in England. Als das Eigentum der

Templer dem Johanniterorden übergeben wurde, konnte dieser keinen Gebrauch davon machen, da er selbst ein ähnliches Grundstück in Clerkenwell, an der Nordmauer der City, besaß*. Er verpachtete daher das Gelände an die Gilde der Rechtsgelehrten, und im Laufe der Jahre entstanden die verschiedenen »Inns« auf dem Grundstück, so daß der Begriff »Tempel« in London das Zentrum des Jurastudiums bezeichnet.

Der Weg nach Rhodos □ Der Johanniterorden verfolgte die verschiedenen Lösungen, die die anderen Orden für die Sicherung ihrer Zukunft suchten, mit Interesse. Vom Deutschen Ritterorden lernte er die Wichtigkeit eines souveränen Ordensstaates zu schätzen, und auf der anderen Seite sah er das grausame Schicksal des Templerordens, das zum Teil daher kam, daß die Templer auf keine öffentliche Aufgabe hinweisen konnten, die ihre Tätigkeit und ihren Reichtum rechtfertigen könnte. Die Lösung für die Johanniter wurde von Großmeister Fulk von Villaret (1305 – 1319) vorgeschlagen und durchgesetzt: ein souveräner Ordensstaat auf der Insel Rhodos. Die Insel gehörte zwar zum Byzantinischen Kaiserreich, aber die Beziehungen zwischen der lateinischen und der orthodoxen Kirche waren wieder auf einen solchen Tiefstand gesunken, daß vom Papst keine große Opposition zu erwarten war. Dafür lag Rhodos so nahe an Anatolien, daß von dort aus eine ständige Störung der moslemischen Staaten in Anatolien und der moslemischen Schiffahrt im östlichen Mittelmeer möglich war.

Als Vorbereitung wurde im Jahre 1306 ein Geheimpakt mit einem genuesischen Korsar, Vignole de Vignoli, geschlossen, der eine gemeinsame Aktion gegen die Inseln des Dodekanes – vor der anatolischen Küste – vorsah. Der Orden sollte die Inseln Rhodos, Kos und Leros erhalten und dafür an Vignoli ein Drittel der Einnahmen von diesen Inseln bezahlen. Dieses Abkommen wurde vom Papst stillschweigend gebilligt. Im nächsten Jahr wurde eine gemeinsame Flotte für diesen Zweck zusammengestellt, und die Insel Rhodos nach einem langen Kampf, in dem die griechische Bevölkerung einen verzweifelten Widerstand gegen die Lateiner leistete, im Jahre 1308 erobert.

Damit hatte der Johanniterorden eine Permutation vollzogen – von einer Landtruppe, die in ihren Handlungen immer von den Entscheidungen anderer abhängig war, zu einer souveränen Seemacht mit eigenem Territorium, die Herrin ihrer Entscheidungen war, und als solche im Rat der Völker Sitz und Stimme hatte.

* Das südliche Tor dieses Geländes, »St. John's Gate«, wurde im 19. Jahrhundert zum Sitz des wiederbelebten Großpriorats Englands, des »Order of St. John«.

Der souveräne Orden

III
Rhodos (1308 – 1522)

Die neue Umwelt

Die geopolitische Situation □ Die Umsiedlung des Johanniterordens nach Rhodos war weit mehr als eine Ortsveränderung; sie bedeutete eine totale Umstrukturierung der wichtigsten Grundlagen, geographisch, militärisch, innen- und außenpolitisch. Nur die Ordensregeln und die Wirtschaftsstruktur blieben sich gleich: die Zweiteilung in die Sektion an der Front des Geschehens und die europäischen Kommenden, die für Geldmittel und Nachschub verantwortlich waren.

Grundlage für alle Veränderungen war die geopolitische Situation. Der Orden verlegte sein Hauptquartier – und damit das Zentrum seiner Aktionen – um 750 km nach Nordwesten, von einer Festlandlage auf eine Insel. Das bedeutete aber nicht nur eine räumliche Verlagerung, sondern eine Veränderung der militärischen und politischen Raumbeziehung. Im Heiligen Land stand der Orden im Mittelpunkt des Weltinteresses und des Weltverkehrs, an der Grenze zwischen den Weltteilen Afrika und Asien und an einem der wichtigsten Zugänge Asiens zum Mittelmeer. Fast jede aus Asien kommende Völkerschaft oder Heere eines asiatischen Großreiches durchzogen Palästina, eine Spur von Mord und Zerstörung hinter sich lassend, und die Gegenbewegung, die meist aus Ägypten kam, ließ ihrerseits an Grausamkeiten nichts übrig. Meistens war der Orden genötigt, Stellung zu nehmen, was bedeutete, das kleinere von zwei Übeln zu wählen, da die kämpfenden Großmächte beide im gleichen Maße christenfeindlich waren.

Auch die Kreuzzüge, die von Zeit zu Zeit der lateinischen – manchmal auch der griechischen – christlichen Bevölkerung der Levante Hilfe leisten wollten, stellten an die kämpfenden Orden schwerste Forderungen und kosteten schwerste Opfer. Im Königreich Jerusalem kam dazu, daß der Orden selten Herr über seine Entscheidungen war. Er war zu Gehorsam verpflichtet – sowohl dem Papst, wie dem König – und hatte dauernd mit dem Templerorden,

aber auch mit den verschiedenen Parteien der Kreuzritter, Meinungsverschiedenheiten auszutragen.
Selbst die innereuropäischen Konflikte hatten Wirkung bis nach Jerusalem oder Akko und fanden dort ihren Niederschlag, wie zum Beispiel der andauernde Konflikt zwischen Kaiser und Papst oder Hohenstaufen und Welfen.
Von alledem war auf Rhodos nichts zu spüren. Erstens war der neue Stützpunkt eine Insel, die nicht so schnell »im Vorübergehen« besetzt werden konnte (in den zweihundert Jahren der Ordensherrschaft auf Rhodos geschah es nur dreimal, daß ein Feind auf der Insel landete).
Zweitens liegt die Insel Rhodos zwar nur 18 km vom anatolischen Festland entfernt, aber die gegenüberliegende Küste bei Marmaris ist eine der entlegensten Gegenden Kleinasiens. Keine der großen Handels- und Heeresstraßen, die das anatolische Plateau durchziehen, nähert sich der Küste gegenüber Rhodos auf eine geringere Entfernung als 200 km über gebirgiges und unwegsames Gelände. Dadurch konnte der Orden auf Rhodos gegenüber dem Geschehen in Anatolien mehr oder minder gleichgültig bleiben.
In Kleinasien kam es aber während dieser Zeit zu weltumstürzenden Ereignissen. Für die ersten hundert Jahre, bis etwa zum Jahre 1400, war Kleinasien in einer Reihe kleiner Fürstentümer aufgeteilt, deren Herrscher türkischer oder mongolischer (tatarischer) Herkunft waren und sich gegenseitig bekämpften. Meist wurde ein solches Fürstentum von einem Heerführer begründet, dessen Herrschaft vielleicht nur zwei bis drei, manchmal aber auch nur eine Generation überdauerte, und die Mehrzahl dieser Veränderungen berührte den Orden überhaupt nicht. Die wichtigste Veränderung war der Niedergang des Byzantinischen Reiches bis zur Eroberung Konstantinopels durch die osmanischen Türken (1453), aber selbst an diesem Prozeß nahm der Orden keinen Anteil.
Das Tätigkeitsgebiet des Ordens beschränkte sich daher auf das Mittelmeer oder – noch genauer gesagt – das Ägäische Meer. Aber auch hier nahm Rhodos keine zentrale Position ein, denn die Insel liegt am Südostrand des Meeres, wo sich das offene Meer über 450 km nach Osten (Zypern) und 550 km nach Süden (Ägypten) erstreckt. Dagegen ist das Ägäische Meer nördlich, westlich und südwestlich von Rhodos übersät mit Inseln, die nahe beeinander liegen und zahlreiche, ausgezeichnete Häfen besitzen. Gegen Süden wird das Meer durch die langgestreckte Insel Kreta (= Kandia), die sich 200 km südwestlich von Rhodos befindet, gegen das offene Mittelmeer abgegrenzt.
Zur Zeit der Verlegung des Ordenssitzes waren alle Inseln und Küsten des Ägäischen Meeres (mit Ausnahme eines Teils der anatolischen Küste) in christlichen Händen, aber im Verlauf des 14. und noch mehr des 15. Jahrhunderts änderte sich diese Situation grundsätzlich, und nur noch einige Inseln blieben im Besitz von Venedig, Genua und des Johanniterordens. Daher war Rhodos für eine Zeitdauer von hundert Jahren auch von der See her von Angriffen geschützt, und kriegerische Aktionen fanden immer nur anderswo und auf die Initiative des Ordens hin statt (s. Karte 11, S. 94).
Diese geopolitische Situation erlaubte dem Orden, sich auf die Entwicklung des Ordensgebietes, vor allem in Rhodos, für eine lange Zeit zu konzentrieren.

Die Insel Rhodos □ Wie schon gesagt, liegt die Insel Rhodos an der Grenze zwischen dem Ägäischen Meer und dem östlichen Becken des offenen Mittelmeers. Sie nimmt daher zwar keine zentrale Stelle im Ägäischen Meer, wohl aber im Fernhandel des Mittelmeers ein, und die Insel beherbergte schon in der Antike einen wichtigen Hafen für den Handel zwischen den Anrainern der Ägäis einerseits und Ägypten und der Levanteküste andererseits. Die Insel erstreckt sich über 78 km von Norden nach Süden, und ihre größte Breite beträgt ca. 30 km. Ihre Fläche bedeckt 1398 km², ist also nur um ein geringes klei-

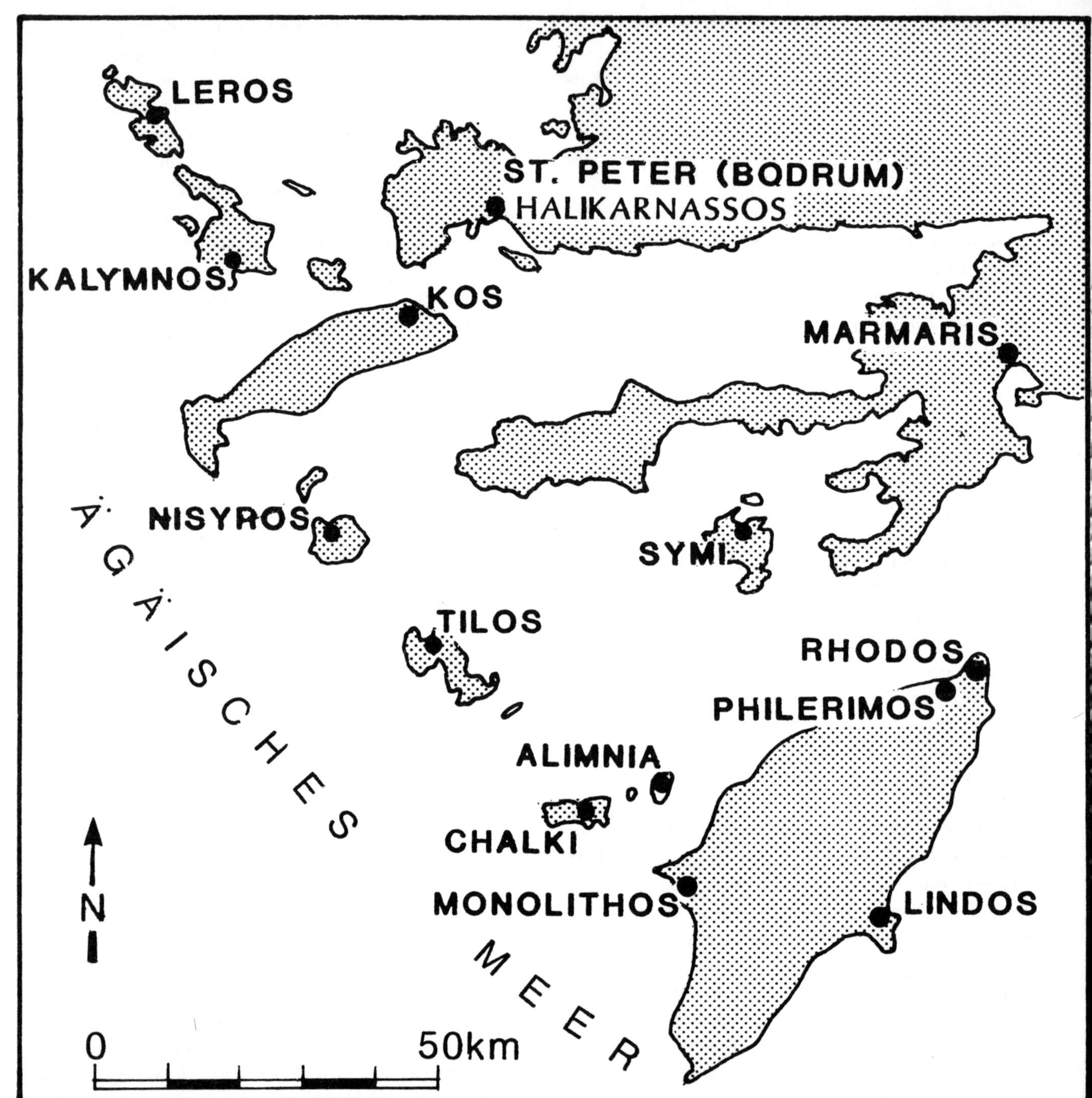
LEROS
ST. PETER (BODRUM)
HALIKARNASSOS
KALYMNOS
KOS
MARMARIS
NISYROS
SYMI
TILOS
RHODOS
PHILERIMOS
ALIMNIA
CHALKI
MONOLITHOS
LINDOS
ÄGÄISCHES MEER
N
0
50km

ner als das Gebiet der Kreuzfahrerherrschaft im 13. Jahrhundert. Die Insel ist im wesentlichen hügelig, mit einer Durchschnittshöhe von 500 m, aber durch ihre Nordhälfte zieht sich ein gebirgiger Rükken, der streckenweise 800 m überschreitet (höchster Punkt: Attaviros 1 215 m) und parallel zur Westküste verläuft. Er endet in dem steilen Kap Monolithos, das die einzige Bucht des Westküste bildet. Die gesamte Westküste, d.h. die Küste, die dem Ägäischen Meer zugewandt ist, ist gerade oder breit geschwungen und hafenlos. Auch die südliche Hälfte der dem Mittelmeer zugewandten Ostküste ist gerade, nur der nördliche Teil dieser Küste weist einige Vorgebirge und Buchten auf, z. B. bei Lindos.

Der einzige Ort, der die natürlichen Bedingungen für den Ausbau eines Hafens besitzt, liegt auf der schmalen Nordspitze der Insel, und um ihn herum bildete sich schon in der Antike die Stadt Rhodos. Der Hafen nutzt drei geschwungene Buchten aus, die bereits von den Griechen durch Molen gegen Wind und Wellen geschützt worden waren. Die mittlere der drei Buchten, heute der »Handelshafen«, wurde zur Zeit des Ordens zum Haupthafen, um den die ummauerte Stadt gebaut wurde, während der nördliche (Mandraki) zum Galeerenhafen bestimmt war.

Das Herrschaftsgebiet des Ordens umfaßte neben Rhodos auch die südliche Inselkette des Dodekanes, mit u. a. den Inseln Chalki, Tilos, Simi, Nisiros, Kos, Kalimnos und Leros. Diese Inseln bilden eine fast gerade Linie von 140 km Länge, die der allgemeinen Ausrichtung der anatolischen Küste parallel läuft und diesen Teil Anatoliens völlig absperrt. Ihre Bedeutung für den Orden auf Rhodos lag darin, daß sie Vorwarnung geben konnten, wenn sich ein feindliches Schiff von Norden her nähern sollte.

◁ *Karte 11: Die ägäischen Inseln unter der Herrschaft des Johanniterordens*

Die Mamelucken und das Mittelmeer □ Während des 14. Jahrhunderts war der wichtigste Gegner des Ordens im Mittelmeer das Mameluckenreich, mit dem Zentrum in Kairo, das ja den Orden aus Akko vertrieben hatte und daraufhin auch die gesamte Levanteküste und Syrien beherrschte. Aber infolge der Versetzung des Ordens nach Rhodos gab es keinen Festlandkontakt mehr zwischen den beiden Gegnern. Die einzige Kontaktmöglichkeit bestand auf dem Seeweg, und es lohnt sich, hier die Beziehung der Mamelucken zur Seefahrt kurz zu untersuchen.

Wie bei allen islamischen Gruppen galt auch bei den Mamelucken Ägyptens der berittene Kämpfer als das Ideal und genoß höchstes Prestige in der herrschenden Gesellschaft. Seefahrt lag im Grunde genommen der Gedankenwelt vor allem der Araber fern, und der Seehandel wurde den anderen Völkern überlassen, meistens Griechen und Albaniern. Dahingegen gründete sich der Reichtum der italienischen Stadtrepubliken im wesentlichen auf den Seehandel; an der Spitze der Gesellschaft standen die großen Kaufmannsfamilien, die auch die Reedereien und Schiffe besaßen.

Dieser Unterschied der Bewertung der Seefahrt läßt sich auch im Schiffsbau erkennen. Moderne Historiker weisen im allgemeinen darauf hin, daß Ortslage von Werften von der Verbreitung geeigneter Hölzer abhängig war, doch ist diese Theorie nur zum Teil richtig. Holz ist ein leicht zu transportierendes Gut, und die Geschichte der Niederlande nach der Erreichung der Unabhängigkeit von Spanien Ende des 16. Jahrhunderts und deren Entwicklung zum größten Schiffsbauer Europas (obwohl es in den Niederlanden selbst kaum Wald gibt) zeigen, daß man auch den Bau von Schiffen mit importierten Hölzern bewerkstelligen kann, wenn das nötige Wissen und die notwendige Sozialstruktur dafür vorhanden sind.

Die Mamelucken erwiesen sich als schlechte Schiffsbauer, obwohl sich die libanesische Küste mit ihrem Angebot an Zedernholz in ihren Händen befand, und ihre Schiffe waren an Qualität denen, die an der Nordküste des Mittelmeers gebaut wurden, weit unterlegen. Auch die kämpfende Besatzung der Schiffe, vor allem die Offiziere, war derjenigen der christlichen Schiffe nicht ebenbürtig, weil die befähigtesten und tapfersten jungen Männer der islamischen Welt in der berittenen Armee ihre Hauptchancen zur militärischen (und infolgedessen auch politischen) Karriere sahen.

Die negative Haltung zur Schiffahrt läßt sich auch am Fehlen einer Küstenbefestigung erkennen. Die Küste Ägyptens ist naturgegeben leicht zu verteidigen, da das Nordende des Deltas in einer Breite von etwa 30 km mit Papyrussümpfen und Lagunen bedeckt ist, die einen geordneten Vormarsch ins Landesinnere unmöglich machen; alle Versuche der Kreuzfahrer im 12. und 13. Jahrhundert, Ägypten von der See her zu besetzen, scheiterten an der Natur des Deltas und endeten meist mit einer Niederlage und schweren Verlusten der Angreifer. Daher sahen die Mamelucken keine besondere Dringlichkeit in der Anlage von starken Küstenbefestigungen. An der Küste Palästinas glaubten sie eine erneute christliche Invasion (die sie immer befürchteten) dadurch aufhalten zu können, daß sie einen Streifen von 10 bis 15 km Breite entlang der Küste total verwüsteten und einen Wiederaufbau der von ihnen zerstörten Hafenstädte, einschließlich Akkos, nicht zuließen.

Andererseits waren die Mamelucken daran interessiert, die geopolitische Situation Ägyptens als Landbrücke zwischen dem Mittelmeer und dem Roten Meer dazu zu benutzen, Ägypten ein Monopol im Seehandel mit Indien und dem Fernen Osten zu sichern. Dies wurde dadurch erreicht, daß sie die Häfen Alexandrien und Suez ausbauten und Waren durch Nilboote und Kamelkarawanen von einem Hafen zum anderen über eine Entfernung von 350 km transportierten. Von Suez zum Indischen Ozean wurde der Transport mit primitiven arabischen Schiffen (Dhau) betrieben, während im Mittelmeer vor allem Venedig das Vorrecht für die Benutzung des Hafens von Alexandrien hatte; auch der Johanniterorden konnte in Friedenszeiten Frachtschiffe nach Alexandrien entsenden. Aus dieser Organisation des Handels erklärt sich, warum Venedig ständig an einem Frieden mit Ägypten interessiert war und auch der Orden über viele Jahre Friedensverträge mit Ägypten abschloß.

Schiffe und Befestigungen des Ordens □ Die Verlegung des Sitzes des Ordens auf eine Insel verlangte eine fast völlige Umgestaltung der militärischen Aktivitäten – eine Umgestaltung, deren Grundlagen bereits auf Zypern gelegt worden waren. In der neuen Situation gab es keinen Platz mehr für den gepanzerten Ritter, der hoch zu Roß in geschlossener Phalanx in den Kampf ritt. Auch die Fußsoldaten mußten ihre Aufgabe modifizieren und sich hauptsächlich im Entern und Kapern feindlicher Schiffe üben. Ferner war es notwendig, eine homogene Mannschaft von Seeleuten in all ihren Berufen auszubilden, und dafür wurden meistens griechische Bewohner der Insel gewonnen. Die jungen Ritter brauchten keine Ausbildung mehr im Turnier, sondern in Navigation und Taktik des Seekampfes. Der Großadmiral, der die Umstellung auf den Seekampf durchzuführen hatte, nahm eine große Verantwortung auf sich – nicht nur im Gefecht, sondern auch in der Sorge für die Anschaffung von Schiffen und allem Schiffbedarf. Da er auch für die Entwicklung einer Handelsflotte Sorge tragen mußte, wurde er die wichtigste Figur im Konvent; der Posten wurde immer von einem Italiener eingenommen, weil die italienischen Städte die größte Erfahrung in der Schiffahrt besaßen, und es für den Orden oft notwendig wurde, in Zusammenarbeit mit der Flotte Genuas oder Venedigs eine Seeschlacht zu führen.

Nur in einer Art der Kampfführung, im Festungsbau und in der Verteidigung von Festungen, erfolgte keine grundlegende Änderung. Hier hatte der Johanniterorden die größten Erfahrungen gesammelt und galt als einer der besten Berater auf diesem Gebiet, wenn auch die Planung der Einzelheiten und Überwachung des Baus selbst meist Berufsarchitekten übergeben wurden. Die große Veränderung im Festungsbau wurde erst im 15. Jahrhundert notwendig, als die Benutzung von Schießpulver und der Kanonenbau die primitive Stufe des Beginns überwunden hatten, und die Artillerie zum wichtigsten Kampfmittel – später auch auf Schiffen – geworden war.

Da fast alle Befestigungen an den Küsten der verschiedenen Inseln gebaut wurden, wurde die Verantwortung für sie dem »Pillier« der englischen Zunge übergeben, der bisher als »Turkopolier«* für die leichte Kavallerie (meistens Söldnertruppen) verantwortlich gewesen war, für die in der neuen Strategie kein Platz mehr war. Allerdings wurde der Titel des Amtes beibehalten und nur eine neue Funktion mit ihm verbunden. Auch der Pillier der deutschen Zunge erhielt eine neue Aufgabe: die ständige Kontrolle der Instandhaltung der Mauern.

So waren die ersten Aktionen des Ordens, der Festungs- und Flottenaufbau, durch militärische Notwendigkeiten vorgeschrieben. Beide Aufgaben verlangten einen gewaltigen Kapitalaufwand, für den sich der Orden in große Schulden stürzte. Er hoffte dabei, daß die Einnahmen aus den Gütern des Templerordens, die ihm auf Geheiß des Papstes übertragen worden waren, die Schuldendeckung garantieren könnten, und daß die neu zu bauende Flotte es ihm ermöglichen würde, durch »corsos« (Beutezüge) große Mengen von Sklaven, Gütern und Geld zu erbeuten. Wie schon im vorigen Kapitel angesprochen, gab es im 14. Jahrhundert nur eine geringe Piratentätigkeit im Ägäischen Meer (sie war mehr auf das westliche Mittelmeer konzentriert), und so konnte die Flotte mehr zum Angriff als zur Verteidigung benutzt werden. Über die Anzahl der Schiffe gibt es sehr divergierende Quellenangaben – von etwa zehn bis zu fünfzig oder sogar siebzig. Wahrscheinlich umfassen die letzteren Zahlen auch die Handelsschiffe, während die kleinere Zahl sich nur auf die Galeeren bezieht. Der Orden benötigte eine größere Anzahl von Schiffen für den Verkehr zwischen den zehn Inseln in seinem ägäischen Hoheitsgebiet, und darüber hinaus einige Schiffe für den Waren- und Pilgerverkehr. Die Pilger segelten – unter dem Schutz der Kriegsschiffe – nach Alexandrien oder Tyros, von wo die Landreise nach dem Heiligen Land angetreten werden konnte.

Der Orden legte besonderen Wert auf den Ausbau seiner Festungen, nachdem er aus den Erfahrungen im Heiligen Land gelernt hatte, daß diese die Grundlage seiner physischen Existenz bildeten. Deswegen wurde auf jeder der Inseln eine starke Festung gebaut; auf Kos, der größten Insel nach Rhodos, sogar zwei. Auf der Insel Rhodos betrug die Zahl der Festungen zehn, zusätzlich zu etwa zehn Wachtürmen entlang der Küsten. Die stärksten Festungen wurden auf isolierten Hügeln gebaut, die sich in Küstennähe steil über ihre Umgebung erhoben. Solche Festungen waren Philerimo (267 m) an der Nordküste, Kastello (280 m) an der Westküste und südlich davon Monolithos, wo ein Felsenvorsprung (290 m) die einzige Bucht der Westküste bildet und den westlichsten Punkt der Insel bezeichnet. Im Osten war die stärkste Burg Lindos, an einem kleinen Naturhafen, der schon in der klassischen Periode die Grundlage für eine Stadt bildete. (Von den Befestigungen der Stadt Rhodos selbst wird später die Rede sein.) Die Inseln standen in gegenseitiger Nachrichtenverbindung durch Brieftauben und primitive Semaphore (Flaggensignale) am Tage und Feuerzeichen bei Nacht.

Der Großmeister, der Rhodos erobert hatte und der den Befestigungen und dem Ausbau der Flotte den ersten Rang gab, war Fulk von Villaret (1305 – 1319) während es seinem Nachfolger, Helion von Ville-

* »Pillier« (Pfeiler) ist das Haupt einer »Zunge« (nationale Rittereinheit). Turkopolen sind eine Truppe leichter Kavallerie (meist Söldner); der Kommandeur dieser Truppe ist der »Turkopolier«. »Bailli« dagegen ist das Haupt einer territorialen Einheit von Rittern in Europa, genannt Ballei.

neuve (1319 – 1346) überlassen blieb, die Organisation des Ordens den neuen Umständen anzupassen. Zum Zweck der Neuorganisation berief er während seiner Magistratur siebenmal ein Generalkapitel, um der Neuordnung die höchste legale Autorität zu geben. Der größte Teil der Reformen beschäftigte sich mit der Finanzverwaltung in Europa, die durch Übernahme des Vermögens des Templerordens in Unordnung geraten war; sie benötigte eine starke Hand, um die Gelder aufzubringen, welche die Schulden, die der Orden notgedrungen bei der Schaffung seiner Infrastruktur machen mußte, zu tilgen helfen sollten.

In den Beschlüssen der Generalkapitel, die sich mit den Aufgaben der Zentralverwaltung des Ordens befaßten, zeigte sich seine konservative Tendenz. Die meisten Beschlüsse bedeuteten nicht eine Änderung der Grundlagen, sondern nur verwaltungsmäßige Anordnungen, so daß praktisch die alten Regeln auch auf Rhodos Anwendung fanden. Die Einteilung in Zungen erhielt eine straffere Regulierung, was wahrscheinlich auf den Ausbruch des »Hundertjährigen Krieges« zwischen Frankreich und England (1335 – 1453) zurückzuführen ist, der auch Spannungen zwischen den Zungen dieser Nationen in Rhodos schuf. (In Rhodos bewohnten die Zungen nicht nur getrennte Teile des Konventsgebäudes, sondern separate Häuser.) Die endgültige Festlegung der Zungen erfolgte im Generalkapitel von 1482.

Auf anderen Gebieten suchten neue Satzungen die Disziplin zu stärken und vor allem den mönchischen Charakter des Ordens wieder stärker zu betonen. Die Ordensritter wurden zu einer strengeren Beachtung aller Klosterregeln, vor allem der regelmäßigen Messen und Gebete, angehalten. Auch in den Regeln des Hospitals gab es kaum Änderungen.

Die Betonung des religiösen Charakters des Ordens spiegelt sich auch im Ausbau der Stadt Rhodos wider. Die Einwohner der Stadt vor der Eroberung durch den Orden waren hauptsächlich orthodoxe Griechen, mit einem kleinen Zuwachs von anderen östlichen Kirchen, vor allem Armeniern und Juden. Alle diese Religionsgruppen wurden nun zu Bürgern zweiter Klasse – genau wie es im Heiligen Land der Fall gewesen war –, und der Orden beschloß, diesem Verhältnis auch geographischen Ausdruck zu geben. So wurde an die bestehende griechische Stadt ein Ordensviertel angegliedert (Collachium), das von der Stadt durch eine Mauer getrennt war. Im Gegensatz zu den eng gebauten, planlosen Gassen der Bürgerstadt wurde das Collachium entlang einer Hauptstraße (heute »Straße der Ritter« genannt) in großzügiger Planung auf großen Grundstücken erbaut. Allerdings gab es auch in der griechischen Stadt geräumige Häuser, die reichen Händlern oder Reedern gehörten, aber diese mußten sich dem engen Baucharakter der Stadt anpassen.

Es war natürlich notwendig, das Collachium und die Stadt mit einer gemeinsamen Mauer zu umgeben, und da die byzantinische Stadtmauer schwach gewesen war und durch die Eroberung noch stärker beschädigt wurde, bauten die Johanniter eine neue Stadtmauer von etwa 4 km Umfang. Sie grenzte im Nordosten an das nördliche Hafenbecken, das als Galeerenhafen diente. Da die Galeeren einer offensiven Strategie dienten (d.h., die Galeeren während eines Krieges außerhalb des Hafens sein sollten, um die feindliche Flotte anzugreifen), war dieser Hafen nicht mehr von der Landseite her von einer Mauer gschützt, und erst später wurde an der Spitze der Mole, die den Hafen vor Wind und Wellen schützen sollte (gebaut 1346 – 1351), eine starke Festung (St. Nikolaus) errichtet. Der mittlere Hafen, der Handelshafen, grenzte in seinem nördlichen Sektor an das Collachium, wogegen der mittlere und südliche Sektor der Hafenbucht als allgemeiner Hafen dienten. Die gesamte Rundung der Bucht war von einer hohen Mauer umgeben, um die Stadt von der Seeseite her zu schützen.

Als die Mauer gebaut wurde, war der Einsatz von Kanonen noch unbekannt, und die Breite der Mauer an ihrem Sockel betrug nur etwa fünf Meter, später mit dem Aufkommen des Schießpulvers, wurde es nötig, die Mauer zweimal zu verstärken und zu erhöhen.

Wichtige Ereignisse im 14. Jahrhundert □ Die ersten dreißig Jahre seiner Herrschaft auf Rhodos hatte der Orden dazu benutzt, sich eine neue Infrastruktur zu schaffen, sowohl durch Stärkung der inneren Organisation und Disziplin wie durch Befestigung der Insel Rhodos und ihres Inselreiches und die Schaffung einer Flotte von Galeeren und Handelsschiffen. Es war selbstverständlich, daß der Orden auch seine Aufgabe als Hospitaler nicht vernachlässigte und auf Rhodos, das schon vorher einige kleine Krankenhäuser besaß, ein neues Hospital nach seinen Prinzipien erbaute. Ein weiteres Hospital wurde auf Kos errichtet, einer Insel, die schon seit der Antike ein großes medizinisches Zentrum beherbergte. Hier war im 5. Jahrhundert v. Chr. Hippokrates, einer der Gründer der klassischen Medizin, geboren, und hier wurde in hellenistischer Zeit (4. Jh. v. Chr.) eines der größten Gesundheitszentren der griechischen Welt, das Asklepieion, mit dem Heiligtum des Gottes Asklepios errichtet, das noch in der Römerzeit jährlich Zehntausende von Pilgern anzog. Der Johanniterorden setzte also mit dem Bau eines Krankenhauses nur eine jahrhundertelange Tradition fort.

Als Einschnitt in der Geschichte des Johanniterordens im 14. Jahrhundert ist das Auftreten der großen Pest (»der Schwarze Tod«) in den Jahren 1348 bis 1350 zu betrachten, einem Ereignis, dessen Einfluß auf die Geschichte im allgemeinen unterschätzt wird. Die Pest, die sich von Zentralasien über den Vorderen Orient und von da über ganz Europa bis nach England ausbreitete, hatte die Vernichtung von 30 bis 50 % der Bevölkerung der meisten betroffenen Länder zur Folge. Dies bedeutete nicht nur den Tod von Millionen von Menschen, sondern auch den Zusammenbruch der Wirtschaft – sowohl ländlich wie städtisch – wegen Mangels an Arbeitskräften. Es ist anzunehmen, daß Rhodos von der Pest weniger getroffen wurde, weil der Orden durch seine Kenntnis der Medizin, vor allem durch Verhütung von Ansteckung durch Hygiene und Isolierung, besser imstande war, eine allzu verheerende Auswirkung der Krankheit zu verhindern. Aber von den wirtschaftlichen Auswirkungen der Pest in Europa wurde der Orden schwer getroffen. In feudalen Gebieten blieben die großen Güter ohne Arbeitskräfte und daher ohne Einkommen, und vor allem die Kommenden des Ordens waren in starke Mitleidenschaft gezogen. In Frankreich, der finanziellen Hauptquelle des Ordens, führten die Verheerungen durch die Pest und den Krieg mit England zu Bauernrevolten und Reformen, die gleichfalls das Einkommen des Ordens verringern mußten.

Die Eroberung von Smyrna □ Der Orden nutzte seine neue Flotte nur zum Schutze der christlichen Seefahrt und zu Angriffen auf moslemische (und zeitweise auch griechische) Schiffe, nicht jedoch zu einem Angriff auf das Heilige Land und seine mameluckischen Herrscher. Angesichts dieser Lage beschloß der noch immer in Avignon residierende Papst, den Orden zu stärkerer militärischer Aktivität zu mahnen, und sogar mit der Auflösung des Ordens zu drohen. Dies war für den Großmeister Helion von Villeneuve Anlaß, sein Lebenswerk mit der Eroberung von Smyrna zu krönen. Diese Stadt (heute Izmir) war und ist der beste natürliche Hafen an der ägäischen Küste Anatoliens. Sie liegt am inneren Ende einer 80 km langen Bucht, völlig vor Wind und Wellen geschützt, doch was noch wichtiger ist, an der Mündung des Flusses Gediz, dessen breites, fruchtbares Tal den leichtesten Aufstieg zum anatolischen Plateau ermöglicht und seit der Hethiterzeit die wichtigste Verbindung zwischen dem Plateau und dem Mittelmeer darstellte. Zum Angriff auf Smyrna verbündete sich Helion mit Venedig, dem Kreuzfahrerstaat Zypern und dem Papst, um gemeinsam eine große Flotte zusammenzustellen, die im Jahre 1342 Smyrna angriff. Helion sollte den Sieg nicht mehr erleben, denn die Stadt wurde erst 1346 erobert; Stadt und Hafen wurden dem Johanniterorden übergeben und verliehen ihm eine Machtposition, die es ihm ermöglichte, den Handel Anatoliens auf das schwerste zu schädigen. Die Stadt verblieb im Besitz des Ordens bis zum Jahre 1402. Doch brachte der Besitz Smyrnas nicht nur Vorteile für den Orden, er verwickelte ihn vielmehr durch seine Festlandposition mit dem Geschehen in Anatolien und den Konflikten auf dieser riesigen Halbinsel. Damit begann für den Orden eine neue Epoche.

Das Auftreten der osmanischen Türken

Die Osmanen □ Nachdem die ägyptischen Mamelucken Akko erobert und zerstört hatten (1292), wurden sie zur größten Macht im Vorderen Orient, die sich von Libyen und Teilen des Sudans bis an die südliche Grenze Kleinasiens erstreckte und in der Levante die Städte Jerusalem, Damaskus und Aleppo einschloß. Kleinasien selbst war in eine Reihe kleiner Staaten aufgeteilt, deren Herrscher alle türkischen Ursprungs waren. Smyrna, zum Beispiel, war zur Zeit der Eroberung durch den Orden Teil des Gebietes des Mensche-Klans, einer Gruppe türkischer Stämme, der sich mit dem nördlich davon gelegenen Emirat von Aydin verbündet hatte.

Gegen Mitte des 14. Jahrhunderts machte sich eine andere türkische Gruppe bemerkbar, die sich im Laufe von hundert Jahren zu einer Weltmacht emporschwang. Dies waren die Osmanli-Türken, benannt nach ihrem Führer Osman I. Obwohl aus Innerasien stammend, waren sie nicht reine Turkmenen, sondern hatten eine große Anzahl von Europäern in ihre Reihen aufgenommen, vor allem Albanier und Griechen. Die wichtigste Quelle für den Zuwachs, vor allem des Heeres, waren Christenknaben, die als Tribut von eroberten Gebieten geliefert werden mußten und als Sklaven in strenger islamischer Tradition erzogen wurden. Sie wurden zur Elitegruppe des osmanischen Heeres, die als »Janitscharen« (= neues Heer) bekannt und berüchtigt wurde.

Osman war der Begründer der Sultandynastie der Türken, und alle 36 Sultane des Osmanischen Reiches (bis 1922) stammten von ihm ab. Dadurch unterschied sich das Osmanische Reich vor allem von den Mamelucken, bei denen die Herrscher aus Kreisen von Soldaten-Sklaven stammten, und von einer Dynastie nicht die Rede sein konnte.

Die Osmanen begannen ihren Einmarsch in Kleinasien um 1320, zogen durch Anatolien hindurch, ohne sich in den türkischen Emiraten festzusetzen, bis sie byzantinisches Gebiet erreichten. Dort eroberten sie die Stadt Brussa, die die letzte große christliche Stadt Kleinasiens war, im Jahre 1328. Die Stadt liegt 20 km südlich der Küste des Marmarameeres und 100 km südlich von Konstantinopel. Der Sohn Osmans, Orchan, machte die Stadt im Jahre 1338 zur Hauptstadt der osmanischen Türken und schmückte sie mit prachtvollen Moscheen und anderen öffentlichen Gebäuden. Im selben Jahr eroberte er Nikomedia am östlichen Ende des Golfes von Izmit, 80 km östlich von Konstantinopel, die letzte christliche Zitadelle in Asien.

Das Ziel der osmanischen Türken lag aber ursprünglich nicht in der Beherrschung Kleinasiens, sondern in der Balkanhalbinsel. Daher ließ Orchan die türkischen Kleinstaaten Anatoliens bestehen und führte sein Heer über die Dardanellen nach Thrakien; er besetzte die Halbinsel Gallipoli, die die Dardanellen beherrschte, und schnitt dadurch Kostantinopel von der christlichen Welt ab. Trotzdem blieb die Stadt noch fast hundert Jahre als Handelszentrum ohne politische Macht bestehen. Orchans Sohn Murad I. setzte den Feldzug im Balkan fort, eroberte Adrianopel (heute Edirne) im Jahre 1362 und verlegte im Jahre 1366 die türkische Hauptstadt von Brussa hierhin. Damit begann der große Ausbreitungsfeldzug der osmanischen Türken, die den Großteil der Balkanhalbinsel und auch Kleinasien eroberten.

Die Tataren □ Um dieselbe Zeit entstand dem türkischen Reich ein neuer Feind durch die Wiederbelebung des Mongolenreiches, das zur Mitte des 13. Jahrhunderts in der Schlacht von Ain Dschalud von den Mamelucken geschlagen worden war. Der Führer der Mongolen (die jetzt in Europa auch Tataren hie-

ßen) war Timur-Lenk (Timur der Lahme), auch Tamerlan genannt, ein Nachkomme des Dschingis-Khan, der an Grausamkeit seinen Vorfahr noch übertraf: nach jeder Eroberung einer Stadt ließ er vor den Toren eine Pyramide aus Schädeln der Gefallenen und Getöteten errichten.
Im Jahre 1369 machte sich Timur zum Herrscher großer Teile des Perserreiches und gründete einen Tatarenstaat mit der Hauptstadt Samarkand. Von da begann er, die östlichen Gebiete des Seldschukenreiches zu erobern und erreichte Bagdad im Jahre 1393. Damit kam er in feindliche Berührung sowohl mit dem Reich der Mamelucken wie auch mit den türkischen Staaten Kleinasiens. Dies bewegte den neuen türkischen Sultan Bajesid I. (1390 – 1403), den Großteil seines riesigen Heeres in Kleinasien einzusetzen; er eroberte 1393 die Städte Konia, Kaiseri und Sivas, also praktisch ganz Zentralanatolien. Um seine Flanke nicht zu gefährden, begann er auch eine Belagerung Konstantinopels, die von 1391 bis 1398 dauerte, aber erfolglos abgebrochen werden mußte.
Diese Situation veranlaßte die Päpste Bonifatius IX. (1398 – 1404 in Rom) und Clemens VII. (1378 – 1394 in Avignon), zu einem erneuten Kreuzzug aufzufordern. Es war die Zeit der großen Spaltung der katholischen Kirche zwischen Rom und Avignon, und wahrscheinlich hoffte jeder der Päpste, durch einen Sieg in einem Kreuzzug die Oberhand über seinen Rivalen zu gewinnen. Die militärische Situation erschien günstig wegen der Zersplitterung des türkischen Heeres auf drei Fronten (Ungarn, Konstantinopel und Kleinasien), und vielleicht spielte noch immer der alte Traum einer Verbindung mit den Mongolen gegen die Mohammedaner mit. Die Kreuzzugsidee fand großen Anklang bei den Rittern der europäischen Staaten und auch beim Orden auf Rhodos. Es sammelte sich das größte Heer, das je ein Kreuzzug zusammengebracht hatte. Während die europäischen Heere die Donau abwärts marschierten, fuhr die Ordensflotte unter dem persönlichen Kommando des Großmeisters Philipp von Naillac durch das Schwarze Meer zur Donaumündung, um sich mit dem Kreuzfahrerheer zu treffen. Das türkische Heer kam von Süden. Es kam zur Schlacht an der Donau bei Nikopolis am 10. September 1396, die mit einer totalen Niederlage der Kreuzfahrer endete und die Idee eines neuen Kreuzzuges ein für allemal begrub.
Für den Orden war dies das erste Zusammentreffen mit der türkischen Militärmacht, vor allem mit der Elitetruppe der Janitscharen, und es genügte, daraus die Lehre zu ziehen, in Zukunft jeden Kampf gegen die türkische Armee nach Möglichkeit nur im Schutz von Befestigungen zu führen.
Auch für die Türken hatte diese Schlacht schwerwiegende Folgen. Sie konnten zwar ihren Vormarsch bis tief nach Ungarn und sogar Österreich fortsetzen, aber ihr Vormarsch führte bei den Mongolen zur Erkenntnis, daß sie den Türken Kleinasien entreißen müßten, und so begann der mongolische Feldzug zur Eroberung der Halbinsel (1400), der ihnen einen großen Teil Anatoliens in die Hände lieferte, z. T. als Vasallentum. Im Jahre 1402 stießen das mongolische und das türkische Heer bei Angora (Ankara) aufeinander in einer Schlacht, die wahrscheinlich nach Zahl der Beteiligten die größte im Nahen Osten war. Sie endete mit einem totalen Sieg der Mongolen, aber diese konnten eine Verfolgung der sich nach Europa zurückziehenden Türken nicht unternehmen, da ihnen keine Schiffe zur Verfügung standen. Stattdessen wandten sich die Mongolen nach Süden und griffen im Jahre 1403 Smyrna an. Trotz verzweifelten Widerstandes konnten die Verteidiger der Stadt sie nicht halten und mußten sie nach schweren Verlusten den Mongolen überlassen, die vor den Toren der Stadt ihre Schädelpyramide errichteten. Die Ordensbrüder konnten sich zum großen Teil auf ihre Galeeren zurückziehen und ungehindert nach Rhodos gelangen, da den Mongolen die Schiffe zur Verfolgung fehlten.
Aber wie bei allen vorhergegangenen Mongolenzügen war nach der entscheidenden Schlacht der Füh-

rer des Feldzuges wegen innerer Unruhen gezwungen, in seine Heimat zurückzukehren, wobei nur kleine Besatzungsheere zum Schutz der eroberten Gebiete zurückblieben; so gelang es den Türken, binnen kurzer Zeit den größten Teil Anatoliens zurückzugewinnen.

Die Flotte des Ordens □ Bis zur Schlacht von Nikopolis hatte der Orden keinerlei Zusammenstöße mit den osmanischen Türken oder überhaupt einer Landmacht gehabt, sondern hatte sich vollständig auf Seekrieg und Piraterie eingestellt. Hier war er zu solcher Erfahrung gelangt, daß die Flotte des Ordens von Feinden gefürchtet wie von Freunden hoch eingeschätzt wurde. Allerdings muß man dabei immer die geringe Größe des Ordens in Betracht ziehen. Gegen Ende des 14. Jahrhunderts zählte der Orden in Rhodos und den anderen Inseln nur etwa 400 Ritter, mit einigen wenigen Tausenden griechischer Hilfssoldaten. Auch die Flotte war nicht dafür gebaut, größere kriegerische Aktionen zu unternehmen, sondern konnte sich immer nur als kleinerer Partner an Feldzügen beteiligen, die von großen Flotten, wie die von Venedig, Genua oder Frankreich, durchgeführt wurden. Eigene Aktionen konnte der Orden nur als Korsar oder Begleiter christlicher Handelsschiffe ausführen, wobei meistens zwei Galeeren eine Kampfeinheit bildeten.

Die wichtigste Aktion der Flotte fand bereits 1359 statt, im Rahmen eines »Kreuzzuges«, den König Peter I. von Zypern, der noch immer den Titel »König von Jerusalem« führte, organisierte. Trotz der schlechten Erfahrungen früherer Kreuzzüge beschlossen die Teilnehmer auch dieses Mal, anstelle des Heiligen Landes Ägypten anzugreifen, und da Rhodos für den Beginn eines solchen Unternehmens geographisch besser gelegen war als Zypern, wurde beschlossen, diese Insel zum Ausgangspunkt des Feldzuges zu machen. An ihm beteiligte sich keine der europäischen Mächte, aber trotzdem kam ein großes Heer von Individuen zusammen, die auch die Handelsschiffe und kleinen Segler stellten. Die Kriegsflotte der großen Galeeren kam von Venedig und vom Orden. Es gelang einem Verband von 165 Schiffen, im August 1365 Rhodos zu verlassen, ohne daß die Ägypter das Ziel des Feldzuges ahnten, und am 9. 10. 1365 Alexandrien nach kurzer Belagerung zu erobern. Aber anstatt sofort nach Kairo zu marschieren, verbrachten die »Kreuzfahrer« einige Tage in Alexandrien mit Morden und Plündern in einer Weise, die selbst in der grausamen Geschichte des Nahen Ostens kaum ihresgleichen fand. Nur der Orden und das zyprische Heer hielten einigermaßen Disziplin, die anderen Teilnehmer waren allein darauf bedacht, ihre Beute auf die Schiffe in Sicherheit zu bringen und abzufahren. So endete diese große Aktion in einem Raubzug (corso), ohne weiteres Ergebnis. Ein Angriff, den die Flotte des Ordens im Jahre 1367 auf die Häfen der Levanteküste unternahm, war von vornherein nur als »corso« gedacht.

Der Ausbau von Rhodos

Johanniter und Mamelucken □ Die Gigantenschlacht von Angora hatte praktisch den Erfolg, daß beide Großmächte – Türken und Tataren – sich gegenseitig neutralisierten, da es den Tataren nicht möglich war, den Türken über das Meer zu folgen. Aber für ein Reitervolk, wie es die Tataren waren, bedeutete Stillstand Niedergang, und bald zog sich ihr Hauptheer nach Samarkand zurück und befreite den Nahen Osten von der drohenden Gefahr physischer und politischer Vernichtung.

Die Mamelucken in Ägypten sahen sich als das nächste Opfer eines eventuellen neuen Tatarenvorstoßes nach Westen und wollten sich für diese Möglichkeit Rückendeckung schaffen. Sie boten daher dem Johanniterorden auf Rhodos einen langjährigen Waffenstillstand an, der fast 40 Jahre dauerte. Da sich der Waffenstillstand im wesentlichen gegen die Mongolen richtete, konnte der Orden ungestört eine der letzten Festungen, die mit Tataren bemannt war, angreifen und erobern. (Das Datum der Eroberung steht nicht genau fest.) Großmeister Philipp von

Naillac (1396 – 1421), der den Verlust von Smyrna wieder wettmachen wollte, eroberte die Festung, die vielleicht schon die Byzantiner auf den Ruinen der alten hellenistischen Hafenstadt Halikarnassos errichtet hatten, und welche von den Tataren verstärkt worden war. Er erbaute an der Stelle der alten Festung eine starke befestigte Burg und benutzte dazu gewaltige, behauene Steinblöcke, die zum Bau des Mausoleums (Grabmal des Mausolos, galt als eines der sieben Weltwunder der Antike) benutzt worden waren. Die Burg, St. Peter benannt (was im Türkischen zu Bodrum wurde), lag auf dem Festland gegenüber der Inselfestung auf Kos, und die beiden mächtigen Festungen beherrschten die Meerenge von 7 km Breite, die zwischen ihnen liegt.

Eine Folge des Waffenstillstands war, daß der Orden eine – wenn auch beschränkte – Tätigkeit in Jerusalem wiederaufnehmen durfte. Allerdings war die Pilgerfahrt katholischer Christen stark behindert, was auch dadurch zum Ausdruck kam, daß die Mameluken nicht erlaubten, die Häfen an der Küste Palästinas, die alle zerstört waren, neu anzulegen. Aber dem Orden wurde erlaubt, Pilger in Jerusalem zu betreuen und dazu vielleicht sogar Teile des zerstörten Hospitals wieder zu benutzen.

Der Johanniterorden hatte ebenfalls eine Zeitlang von seiten der osmanischen Türken nichts zu befürchten. Diese brauchten eine gewisse Zeit, um sich von der schweren Niederlage bei Angora zu erholen, konzentrierten aber dann ihre militärischen Anstrengungen vor allem auf die Balkanhalbinsel und die Küsten des Schwarzen Meeres. Dort konsolidierten sie ihre Herrschaft als Grundlage zum »Osmanischen Reich« und ließen vorläufig das Inselreich des Johanniterordens in Frieden.

So genoß der Orden eine Atempause, die nur von der normalen Tätigkeit auf See (Schutz der christlichen und Piratenangriffe auf die moslemische Schiffahrt) bestimmt war. Diese Pause konnte zum Ausbau der Befestigungen von Rhodos, aber auch des Ordenslebens, benutzt werden. Die Mauern der Stadt wurden ständig verstärkt oder erhöht, manchmal vollständig erneuert. Dies geschah hauptsächlich unter den Großmeistern Philipp von Naillac und Anton Fluvian de la Rivière. Beide Großmeister waren Spanier, was vor allem die Stärkung Spaniens widerspiegelte, da das spanische Territorium durch konstante Zurückdrängung der Mohammedaner ständig anwuchs. Diese Stärkung kam auch in Rhodos dadurch zum Ausdruck, daß die spanische Zunge im Jahre 1425 in zwei gleichberechtigte Zungen Aragon und Kastilien aufgeteilt wurde.

Großmeister Naillac ließ das wichtigste Bollwerk bauen, den Turm, der seinen Namen trug. Dieser Turm, an der Berührungsstelle des Galeeren- und des Handelshafens, war 46 m hoch; man konnte von ihm das Meer bis zur anatolischen Küste überschauen und jeden Angriff von der See her abwenden. Die Verteidigung der Mauern wurde so organisiert, daß jede der sieben (später acht) Zungen einen Mauerabschnitt zu verteidigen hatte, von denen sechs einen Turm und ein Tor besaßen, die natürliche Angelpunkte der Verteidigung waren.

Neben den Befestigungen wurden auch die meisten öffentlichen Gebäude neu und größer erbaut. Das Hospital, das sofort nach der Übernahme Rhodos durch den Orden in einem kleinen Gebäude untergebracht und mehrmals erweitert worden war, erhielt seine endgültige Form unter Großmeister Anton Fluvian (1421 – 1437). Mit dem Neubau wurde 1430 begonnen, aber Veränderungen und Anbauten zogen sich bis 1490 hin. Das Große Hospital (heute Nationalmuseum) wurde am unteren Ende der Ritterstraße, ganz in der Nähe des Hafens als zweistöckiges Gebäude errichtet. Der große Saal, in einem Flügel des oberen Stockwerkes gelegen, war 50 m lang und 11 m breit und faßte 100 Patienten. Kleinere Krankensäle und Dienstgebäude umgaben einen Innenhof mit Säulengängen, die das obere Stockwerk trugen.

An der Ritterstraße, die vom Hospital hügelaufwärts läuft, bauten die einzelnen Zungen ihre Herbergen, im Gegensatz zu Akko in getrennten Gebäuden. Am oberen Ende der Straße, wo einst ein Apollotempel gestanden hatte, auf einem weiten, künstlich begradigten Platz, wurde der Palast des Großmeisters mit dem Konvent errichtet. Der ursprüngliche Bau – vom Ende des 14. Jahrhunderts – wurde nach der Belagerung von 1480 und dem Erdbeben 1481 durch Großmeister Peter von Aubusson restauriert bzw. umgebaut. Zur Türkenzeit wurde er stark vernachlässigt und im Jahre 1856 – zusammen mit der Ordenskirche – durch Explosion eines Pulvermagazins vollständig zerstört. Der heutige Bau ist eine Rekonstruktion, die nur teilweise authentisch ist.

Alle Bauten des Ordens waren in einem ummauerten Bezirk, dem Collachium, dessen Größe 360 x 250 m betrug, konzentriert. Aber die lange Friedenszeit erlaubte auch der wohlhabenden Bevölkerung, sich palastähnliche Bauten im Handelsviertel, das an das Collachium wie an den Handelshafen angrenzte, zu bauen. Hier befanden sich unter anderem der Palast des Lateinischen Erzbischofs und die griechisch-orthodoxe Kathedrale, das Handelsgericht, die Wohnhäuser und Kontore der Großkaufleute und Schiffsbesitzer, auch der freien Berufe, insbesondere der Ärzte, die allerdings zum Teil im anschließenden jüdischen Viertel lebten. Die meisten Bewohner des Handelsviertels waren Einwanderer aus katholischen Ländern, vor allem aus Hafenstädten, unter denen natürlich Venedig und Genua am stärksten vertreten waren.

Die griechische Bevölkerung lebte in der »Altstadt«, die vor der Herrschaft des Ordens existierte, mit engen, gekrümmten Gassen. Hier wohnten die Handwerker, Hafenarbeiter oder ungelernten Arbeiter. Die gesamte ländliche Bevölkerung der Inseln war griechisch, während in den Städten ein Völkergemisch des Orients zu beobachten war. Die nichtlateinische Bevölkerung genoß zunächst geringere Rechte, die im Jahre 1461 ausgeweitet wurden, um die Menschen stärker an den Orden zu binden.

Auch die Mamelucken zogen große Vorteile aus der Beruhigung der Situation. Die Tatarengefahr war ein für alle Mal beseitigt, die osmanischen Türken richteten ihr Augenmerk auf Europa und Kleinasien, und der Waffenstillstand mit dem Johanniterorden gewährte eine gewisse Sicherheit für den Seehandel im Mittelmeer. Der Handel mit Indien und dem Fernen Osten konnte verhältnismäßig ungestört vor sich gehen, da die Westküste Arabiens unter der Herrschaft des Scherifen von Mekka stand; er war natürlich an einem guten Verhältnis zu Ägypten interessiert, da die wichtigsten Routen der moslemischen Pilger nach den heiligen Orten Mekka und Medina durch ägyptisches Territorium liefen.

Der Orienthandel hatte eine bestimmte, jahreszeitbedingte Routine angenommen. Der Brennpunkt war Aden (in der südwestlichen Ecke Arabiens), von wo Schiffe nach Indien oder weiter östlich mit Hilfe des nach Nordosten gerichteten Sommermonsuns segeln und im Winter mit dem in der Gegenrichtung wehenden Wintermonsun die Rückfahrt antreten konnten. Die ägyptischen oder arabischen Händler konnten von Suez nach Aden entweder den gefährlichen Seeweg über das Rote Meer wählen, oder mit dem Schiff bis nach Dschidda (dem Hafen Mekkas) segeln und von dort auf dem Landweg nach Aden gelangen. Die wirtschaftliche Blüte erlaubte es, Kairo zur schönsten Stadt des Nahen Ostens zu machen, und einige der imposantesten Moscheen in der Stadt wurden in diesem Zeitraum erbaut.

Die Wichtigkeit des Seehandels veranlaßte die Mamelucken, auch eine Mittelmeerflotte zusammenzustellen; ihre erste kriegerische Aktion war ein Angriff auf die noch immer von den Nachkommen der Kreuzfahrer beherrschte Insel Zypern unter dem Vorwand, die dort ansässigen Piraten zu bekämpfen (1424). Im Jahre 1426 wurde Zypern von Ägypten erobert, aber wieder freigegeben, nachdem König Janus von Zypern die Oberherrschaft Ägyptens anerkannt und sich zu einem Tribut an Ägypten verpflichtet hatte. Durch diese Erfolge ermuntert, begannen die Mamelucken, im Mittelmeer aktiver zu werden, und auch den Johanniterorden anzugreifen – wieder mit dem (wahrscheinlich berechtigten) Vorwand, die Piraterie des Ordens zu unterbinden. Im Jahre 1440 griff der Mameluckensultan Jakmak die östlichste Insel des Ordens (Kastellorizo) mit einer großen Flotte an und zerstörte ihre Siedlungen. Dann wandte er sich gegen Rhodos selbst, wurde aber durch eine Blitzaktion der Ordensflotte in die Flucht geschlagen. Doch gelang im Jahre 1444 eine ägyptische Invasion von Rhodos, und nach Zerstörung zahlreicher Dörfer begann eine Belagerung der Stadt. Erst nach schweren Kämpfen, die 40 Tage dauerten, konnten die Ägypter zum Rückzug gezwungen werden. Wieder einmal hatte es sich gezeigt, daß die Stärke des Ordens in der Verteidigung von Festungen lag. Aber mit diesen Angriffen war die Friedenszeit für den Orden vorbei.

Der Fall Konstantinopels – Die Macht des Schiesspulvers □ Die zweite Hälfte des 15. Jahrhunderts begann mit einem Ereignis, das die geopolitische Situation in Europa und dem Nahen Osten grundlegend veränderte: Die Eroberung Konstantinopels am 29. Mai 1453 durch die osmanischen Türken unter Sultan Mohammed II. (der Eroberer) setzte dem über ein Jahrtausend bestehenden Byzantinischen Reich ein Ende und ließ an seiner Stelle das mächtige Osmanische Reich entstehen. Zwar hatte Byzantion seine Vormachtstellung im Jahre 1204 verloren, als es durch den Vierten Kreuzzug von lateinischen Staaten erobert und aufgeteilt wurde. Es hatte sich im 14. Jahrhundert wieder etwas erholt, verlor aber dann eine Region nach der anderen an die Türken, bis zuletzt nur die Stadt Konstantinopel und ihre nächste Umgebung übriggeblieben war. Aber diese Stadt war noch immer ein Zentrum der Kultur und vor allem des griechisch-orthodoxen Christentums und beherrschte durch ihre Lage am Bosporus die wichtigsten Handelsstraßen der mittelalterlichen Welt.

Die osmanischen Türken, die sich im Verlauf des 14. und der ersten Hälfte des 15. Jahrhunderts ganz Kleinasiens und großer Teile der Balkanhalbinsel einschließlich Griechenlands bemächtigt hatten, hatten bisher nicht gewagt, einen Ansturm auf die durch mächtige Befestigungswerke geschützte Stadt zu unternehmen. Zwar hatte Sultan Murad II. (1421 – 1451) gleich nach seinem Regierungsantritt einen Angriff auf Konstantinopel unternommen, den er bald wegen mangelnder Vorbereitungen, vor allem aber wegen unzureichender Artillerie, aufgeben mußte. Sein Sohn Mohammed II., der 1451 den Thron bestieg (und 30 Jahre lang regierte), widmete seine ganze Aufmerksamkeit der Eroberung der Stadt und ging dabei systematisch vor.

Die erste Aufgabe war die Schaffung einer großen Flotte. Die Türken waren, ähnlich wie die Mamelukken, in der Seefahrt ungeübt, konnten aber für ihre Flotte griechische und andere europäische Mannschaften anwerben.

Als zweites baute er eine starke Festung an der engsten Stelle des Bosporus, etwa 10 km von der Stadt entfernt. Die Festung Rumeli Hisari (europäische Festung) wurde 1452 fertiggestellt; sie liegt genau gegenüber der Festung Anadolu Hisari (anatolische Festung) auf der asiatischen Seite des Bosporus, die 50 Jahre vorher von Sultan Bajesid I. erbaut worden war. Der Bosporus ist hier 900 m breit, und es war möglich, mit Artillerieeinsatz die Durchfahrt für Schiffe zu verhindern und so Konstantinopel völlig zu blockieren.

Doch die wichtigste Vorbereitung für den Ansturm stellten Erneuerung und Ausbau der Artillerie dar. Die Belagerung von 1421 war zum Teil deswegen gescheitert, weil die Kanonen noch ziemlich primitiv waren; die Reichweite ihrer Geschosse war gering, und zwischen zwei Abschüssen mußte eine Pause von mindestens einer Stunde eingelegt werden, um das Rohr abkühlen zu lassen. Viele Rohre barsten nach nur wenigen Schüssen.

Für die Belagerung im Jahre 1453 bestellte der Sultan einige Großgeschütze mit einem Gewicht von je 70 Tonnen, die 100 Ochsen zu ihrer Fortbewegung benötigten, dafür aber ein Geschoß von 300 kg

Gewicht bis zu 600 m weit tragen konnten. Die Rohre für diese Kanonen wurden speziell in Europa gegossen.

Von Vorteil für die Belagerer war auch, daß Konstantinopel in den letzten Jahrzehnten viel Bevölkerung durch Abzug verloren hatte, und dem Kaiser nur etwa 10000 ausgebildete Soldaten zur Verfügung standen, gegenüber etwa 100000 Mann in der türkischen Armee. Trotzdem hielt die Stadt – dank ihrer mächtigen Mauern – einer Belagerung von drei Monaten stand, bei der beide Seiten schwere Verluste erlitten. Am 29. Mai 1453 gelang es den Angreifern, eine Bresche in die Mauer zu schießen und in die Stadt einzudringen. Mit den restlichen Verteidigern wurde auch Konstantin XI., der letzte Kaiser von Byzanz, getötet. Anderen Verteidigern gelang es, auf genuesischen und venezianischen Schiffen zu entkommen. Der Johanniterorden hatte an dieser weltentscheidenden Schlacht nicht teilgenommen. Nach drei Tagen des Mordens und Plünderns wurde die Ruhe im türkischen Heer mit eiserner Disziplin wiederhergestellt.

Mit dem Fall von Konstantinopel, das von jetzt ab den Namen Istanbul (vielleicht von griechisch ēis tēn polēn – in die Stadt – abgeleitet) trug, war die Türkei, die sich jetzt von Kleinasien bis weit nach Mitteleuropa erstreckte, zur größten Macht Europas geworden, eroberte bald darauf Serbien, Bosnien und Teile von Kroatien und näherte sich Venedig bis auf eine Entfernung von 100 km. Auch Griechenland wurde fast zur Gänze erobert – bis auf einige wenige venezianische Enklaven, nachdem Venedig seine großen Besitztümer Morea (Peloponnes) und Negroponte (Euboea) in den Jahren 1460 bzw. 1479 verlor.

Die Macht des Osmanischen Reiches war nicht nur militärisch, sondern auch wirtschaftlich zu spüren. Die türkischen Herrscher versuchten, Istanbul wieder zum Zentrum des Welthandels zu machen, indem sie jeden Export von Asien nach Europa über andere Häfen verboten und die Landwege generell kontrollierten. Nur das mameluckische Alexandrien, verbündet mit Venedig (und in gewissem Maße auch mit Rhodos), hielt seine Handelsroute über das Rote Meer und den Indischen Ozean offen. Auf jeden Fall beherrschte die Türkei den größten Teil des Orienthandels, und dies wurde in Europa bald am Steigen der Importpreise ablesbar.

Heinrich der Seefahrer □ Nur in einem Punkt hatte sich die Türkei verrechnet. Ihre Herrscher glaubten, mit der Eroberung Konstantinopels zum geographischen Mittelpunkt der Welt geworden zu sein; dies entsprach der Realität aber nur für kurze Zeit. Am westlichen Ende des Mittelmeers sollte der kleine Staat Portugal die Geographie der Erde grundlegend verändern. Initiator dieser Änderung war Prinz Heinrich von Portugal (dem die Welt später den Beinamen »Der Seefahrer« gab, 1394–1460), ein Eiferer für die christliche Kirche, der ein weltumspannendes Projekt in die Wege leitete: sein Versuch, das Vordringen der Mohammedaner dadurch aufzuhalten, daß er eine Seeroute bis zum Indischen Ozean zu finden hoffte. Er begann dabei – mit wissenschaftlichem Anliegen und auf lange Sicht unterstützt durch die katholische Kirche – damit, zunächst eine Forschungsgrundlage für das seinen Zeitgenossen phantastisch anmutende Projekt zu legen.

Im Jahre 1420 ernannte ihn Papst Martin V. (der das Schisma der katholischen Kirche beendet hatte) zum Großmeister des Christusordens, welcher den Templerorden in Portugal abgelöst hatte, und stellte ihm die Gelder des Ordens zur Verfügung. Damit gründete Prinz Heinrich an der südwestlichen Spitze Portugals, in Sagres, eine Marineakademie, an die er die größten Gelehrten seiner Zeit berief: Astronomen, Kartographen, Instrumentenbauer, Schiffsbauer und Seefahrer. Das Ergebnis dieser gemeinsamen Arbeit war ein neuer wissenschaftlicher Kartentyp (Portolani), neue Navigationsgeräte, astronomische Tabellen, und vor allem ein neuer Schiffstyp für Ozeanfahrten: die mehrmastige Karavelle (mit der auch Christoph Kolumbus seine Entdeckungsfahrt unternahm). Gleichzeitig begann eine systematische

Erkundung der Westküste Afrikas, bei der jedes Jahr eine Flottille von Schiffen ungefähr 200 Kilometer Küste erforschen und kartieren und gleichzeitig nach Mineralien und Stützpunkten für den Sklavenhandel suchen sollte.

Zum Zeitpunkt, als die Türken Konstantinopel eroberten, war die Erforschung der Westküste Afrikas etwa bis Sierra Leone fortgeschritten, aber es sollte noch 45 Jahre dauern, bis Vasco da Gama den Indischen Ozean erreichte – wohl das längste geplante Unternehmen der Weltgeschichte.

Die Entdeckung des Seeweges zum Indischen Ozean, gleichzeitig mit der Entdeckung Amerikas, schuf eine neue Geographie der Erdkugel und später eine Verschiebung des Schwerpunktes der Geopolitik vom Nahen Osten zu den Küsten des Atlantischen Ozeans.

Die Reaktion des Ordens □ Die Eroberung Konstantinopels durch die Türken veränderte mit einem Schlag auch die geopolitische Situation des Johanniterordens. Er stand nun fast als einzige christliche Bastion dem türkischen Weltreich gegenüber, nachdem Zypern zeitweilig von den Mamelucken besetzt war, und Venedig seine wichtigsten Positionen im Ägäischen Meer eine nach der anderen an die Türken verlor. Daß das winzige Inselreich des Ordens es überhaupt wagte, gegen die größte Macht Europas anzustehen, kann nur aus dem Glauben an seine Sendung, aus Kampfesmut und der Hingabe seiner Ritter erklärt werden, kurz – aus allen Prinzipien, für die der Orden geschaffen und erzogen war. Daß er noch 70 Jahre in dieser Position durchhalten konnte, ist als eine fast übermenschliche Leistung zu betrachten. Jedenfalls wurde seine Geschichte für die nächsten 300 Jahre durch Feindschaft der Türkei gegenüber bestimmt. Sofort nach der Eroberung von Teilen Griechenlands erkannten die zahlreichen halb-selbständigen Inseln der Ägäis die türkische Oberherrschaft an und erklärten sich bereit, einen jährlichen Tribut an die »Hohe Pforte« zu entrichten. Der Johanniterorden lehnte ein solches Anliegen ab und war nur bereit, mit dem Sultan als Gleichberechtigten zu verhandeln.

Der Sultan sah in dieser Antwort eine Kriegserklärung, und im Jahre 1457 griff die türkische Flotte die kleineren Inseln des Dodekanes an. Trotz heldenhafter Verteidigung konnte der Orden nur die nähergelegenen Inseln halten, und verlor die nördlichen Inseln: Lemnos, Thasos und Lesbos. Der Orden versuchte auch, Lehren aus der Eroberung Konstantinopels zu ziehen und die Mauern der Festungen auf ein schweres Bombardement vorzubereiten. Die Innenseite der Mauern wurde durch Aufhäufung von Erde und Steinen bis auf 12 m verstärkt, um der Mauer selbst einen größeren Halt gegen Erschütterungen durch Kanonenkugeln zu geben; vor den Mauern wurde ein Wallgraben von 12 m Breite ausgeschachtet. Da die Mauern bisher nicht den Einsatz von Kanonen ermöglicht hatten, sondern nur enge Schießscharten besaßen, wurden sie jetzt an einigen Stellen durch Bastionen verstärkt, auf denen Kanonen aufgestellt werden konnten. Großmeister Giovanni Battista Orsini, ein Italiener (1467 – 1476), tat sich besonders im Bau von Befestigungen hervor. Viereckige Türme wurden durch Rundbauten ersetzt, um den Geschossen weniger Aufschlagsfläche zu bieten. Insbesondere wurde die Befestigung der Häfen verstärkt: Der Galeerenhafen wurde durch eine runde Festung (St. Nikolaus) am See-Ende seiner Mole (erbaut von Großmeister Pedro-Ramon Zagosta, 1461 – 1467) geschützt, der Handelshafen durch einen runden Turm am äußeren Ende der Mole der Mühlen, gegenüber dem von Naillac befestigten viereckigen Turm. Zwischen beiden Türmen konnte eine Kette gespannt werden, um die Einfahrt feindlicher Schiffe zu verhindern.

Obwohl der Orden sein Hauptaugenmerk auf die Stärkung der Festungen konzentrierte, vernachlässigte er nicht seine zweite Hauptaufgabe, das Hospitalwesen. Das große Hospital in Rhodos, dessen erster Bau sich als viel zu klein erwiesen hatte, sollte durch ein neues ersetzt werden, mit dessen Bau im Jahre 1437 begonnen worden war. Der Neubau konnte zwar schon Kranke aufnehmen, aber die Vollendung des Baus mit all seinen Nebenräumen mußte wegen Geldschwierigkeiten verschoben werden, und erst Großmeister Peter von Aubusson (1476 – 1503) konnte im Jahre 1479 den Bau beenden. Im Gegensatz zu dem großen Hospital in Jerusalem diente das Hospital in Rhodos nur zur Krankenpflege; für die Unterkunft durchreisender Pilger wurde ein eigenes Hospiz, Santa Katherina, erbaut.

Die erste türkische Belagerung von Rhodos (1480)

Mohammed II. hatte für die Belagerung Konstantinopels eine große Flotte gebaut, und nach Eroberung der Stadt begann er diese Flotte zu benutzen, um seine Gegner zur See, vor allem Genua und Venedig, aus dem Ägäischen Meer zu verdrängen. In den Jahren bis 1460 eroberte er fast alle Positionen Genuas, sowie das selbständige Herzogtum von Athen und die Halbinsel Morea (Peloponnes), den letzten Besitz des Kaisers von Byzanz. Dann wandte er seine ganze Seemacht gegen Venedig in kriegerischen Aktionen, die von 1463 bis 1479 dauerten. Er bedrohte vor allem die dalmatische Küste des Adriatischen Meeres, wo er große Eroberungen in Albanien und Kroatien machte; im Jahre 1470 entriß er den Venezianern die bedeutende Insel Negroponte (Euboea).

Als Gegenstoß versuchte Venedig ein Bündnis mit dem östlichen Nachbarn der Türkei, Persien, abzuschließen; die Perser fielen in Ostanatolien ein, wurden aber 1473 bei Ersindschan (am oberen Euphrat) geschlagen.

Als die türkische Flotte im Jahre 1479 tief in die Adria eindrang und Venedig selbst bedrohte, entschloß sich die Stadt, einen Kompromißfrieden mit der Türkei zu schließen, in dem sie eine Anzahl Stützpunkte in der Ägäis endgültig aufgab und sich zu einem hohen jährlichen Tribut verpflichtete als Bezahlung für das Recht, im Schwarzen Meer Handel zu treiben. Venedig behielt im östlichen Mittelmeer nur Kandia (Kreta) und einige Küstenstädte auf dem Peloponnes.

So blieb der Johanniterorden auf Rhodos beinahe völlig isoliert, und es war klar, daß der nächste türkische Angriff ihm selbst gelten würde. Peter von Aubusson, der 1476 Großmeister geworden war, versuchte alles, um für diesen Augenblick gewappnet zu sein. Er ließ alle Befestigungen noch einmal verstärken, suchte sich aber auch diplomatisch zu sichern. So schloß er im Jahre 1479 einen Friedensvertrag mit den Mamelucken in Ägypten, die inzwischen eingesehen hatten, daß eine Stärkung der Türkei im Mittelmeer auch für sie eine Gefahr darstellte. Aber im großen und ganzen war der Orden völlig auf sich allein angewiesen. Er konnte 600 Ritter und 1 500 Söldner aufstellen, dazu noch eine Bürgermiliz von Rhodesern für Bauarbeiten und andere Hilfsdienste.

Die Türken hingegen hatten sich nach allen Seiten hin abgesichert; um einen Friedensbruch von Venedigs Seite her zu verhindern, schickten sie eine Expedition nach Otranto, an der Südspitze Apuliens, von wo in der Meerenge, die das Adriatische mit dem Ionischen Meer verbindet, die Ausfahrt einer venezianischen Flotte verhindert werden konnte.

Der Verlauf der Belagerung ist auf das ausführlichste von Zeitgenossen geschildert worden – und vielleicht auch von Augenzeugen, die zum ersten Mal von der Möglichkeit Gebrauch machten, mit Hilfe des kürzlich zuvor erfundenen Buchdrucks eine Beschreibung der Belagerung in weiten – lesekundigen – Kreisen zu verbreiten. Da die bis ins einzelne gehende Beschreibung von Ordensseite her stammt, kann man von ihr keine volle Objektivität erwarten, vor allem was die Zahlen anbetrifft. Die Schilderung ist voll von Einzelheiten über Heldentaten einzelner Ritter oder über Überläufer und Verräter. Hier sollen nur die großen Linien der Belagerung dargelegt werden.

Die erwartete türkische Flotte wurde Mitte Mai 1480 von Aussichtspunkten des Ordens gesichtet und erschien am 23. Mai 1480 vor der Küste der Insel.

Nach den Berichten der Zeitgenossen zählte das türkische Heer 70000 Mann und 50 Galeeren. Wie bei allen Belagerungen von Häfen im Mittelalter, bei denen sich die Verteidiger hinter Befestigungen verschanzten, erfolgte die Landung der Truppen abseits der Stadt in der Bucht von Trianda, etwa 5 km westlich der Stadt. Das erste Ziel der Angreifer war die Festung St. Nikolaus auf der Mole, die die Einfahrt in den Galeerenhafen beherrschte und erst 15 Jahre vor der Belagerung gebaut worden war. Später ordnete sich das türkische Heer rund um die Mauern und versuchte, an irgendeiner Stelle eine Bresche zu schlagen. Alle angegriffenen Punkte hielten trotz heftigen Kanonenbeschusses stand; erst nach zwei Monaten gelang es den Türken, in der Nähe des Judenviertels die Mauer niederzuschießen und in die Stadt einzudringen, wo sich ein Handgemenge entwickelte, das vom Großmeister persönlich angeführt wurde. Aubusson wurde bei diesem Kampf schwer verwundet, aber es gelang den Heilkundigen des Hospitals, sein Leben zu retten. Nach schwerem Gemetzel konnten die Türken aus der Stadt zurückgedrängt und in fieberhafter Arbeit die Bresche geschlossen werden.

Die Türken waren so geschwächt, daß sie eine Zeitlang keine neuen Angriffe unternahmen und dadurch den Verteidigern Zeit ließen, die überall beschädigten Befestigungswerke zu reparieren. Die Verteidiger hofften jetzt auf Hilfe aus Europa, obwohl die Türken sich inzwischen in Otranto festgesetzt hatten. Erste Hilfe kam im August aus dem Ligurischen Meer: eine Karacke (mehrstöckiges Segelschiff) aus Neapel und eine Fregatte der päpstlichen Flotte, denen es gelang, die Blockade der Türken zu durchbrechen und willkommene Verstärkung für die Insel zu bringen. Die Ankunft von Hilfe veranlaßte die Türken, die Belagerung nach drei Monaten aufzugeben und am 22. August die Truppen und die Flotte zurückzuziehen. Auf dem Wege versuchten sie noch, die Festung von St. Peter in Halikarnassos anzugreifen, aber auch diese erwies sich als zu stark.

Der Orden auf Rhodos begann sofort, die Befestigungen wieder instand zu setzen, da er erwartete, daß jetzt der Sultan persönlich versuchen würde, mit einem noch größeren Heer die Insel anzugreifen. Aber Sultan Mohammed II. starb im Jahre 1481.

Der Orden hatte nach Berichten der Augenzeugen die Hälfte seiner Ritter verloren, dazu kam eine unbekannte, sicher aber große Anzahl von Söldnern und Rhodesern. Die Verluste der Türken werden von den zeitgenössischen Quellen mit 9000 Getöteten und 15000 Verwundeten angegeben. Trotz der enormen Einbußen an Mannschaften und Material bedeutete der Abbruch der Belagerung für die Türken nur einen Prestigeverlust. Der Krieg hatte für sie keine negativen territorialen Tatsachen geschaffen, und bei den riesigen Menschenreserven der Türkei konnte diese auch leicht die Verluste wieder ersetzen. Für den Orden hingegen war es ein Kampf auf Leben und Tod gewesen, und seine schweren Verluste waren nicht so leicht wieder zu ergänzen. Für die gesamte christliche Welt brachte der Abbruch der Belagerung ein Gefühl der Erleichterung; zeigte er doch, daß selbst die allmächtige Türkei durch einen entschlossenen Gegner aufgehalten werden konnte. In der christlichen Welt stieg das Prestige des Ordens, das manchmal auf einen Tiefpunkt gesunken war, erneut, und dies drückte sich in einem Anwachsen der Zahl der Bewerber um Mitgliederschaft im Orden aus, sowie in großen Spenden, die es dem Orden ermöglichen sollten, die Schäden der Belagerung wiedergutzumachen.

Nur ein zweiter christlicher Staat zeigte dasselbe Beharrungsvermögen wie der Johanniterorden: Portugal. Die portugiesische Flotte hatte ihr Projekt der Erforschung Afrikas fortgesetzt, das einen Krisenpunkt erreichte, als man entdeckte, daß die Küste, die über eine Expeditionszeitdauer von 20 Jahren immer einer westöstlichen Richtung gefolgt war, plötzlich wieder nach Süden umschwenkte, und damit die Hoffnung enttäuschte, bald Afrika umsegelt zu haben. Aber trotz dieser Enttäuschung beschloß Portugal, das Projekt fortzusetzen und sogar sein Tempo zu steigern. Im Jahre 1480 hatte die Expedition die Mündung des Kongoflusses erreicht, und die Flottille unter dem Kommando von Diego Cam erreichte im Jahre 1485 Cape Cross (heute Walfischbai), 2000 km weiter südlich. Zwei Jahre später erreichte Bartolomeo Diaz das ersehnte Ziel. 1800 km südlich vom südlichsten Punkt, den Cam erreicht hatte, in der Mosselbucht, konnte er endgültig beweisen, die Südküste Afrikas erreicht zu haben; nach einer weiteren Pause von zehn Jahren konnte Vasco da Gama Kontakt mit arabischen Häfen an der Ostküste Afrikas herstellen (1498), und somit war der Seeweg nach Indien entdeckt. In der Pause zwischen den Expeditionen von Diaz und da Gama entdeckte Christoph Kolumbus die Inseln vor der Küste Amerikas, und die Welt »nahm eine neue Gestalt an«.

Der Verzweiflungskampf des Johanniterordens

Grossmeister Aubusson □ Mit der erfolgreichen Verteidigung von Rhodos hatte sich der Johanniterorden eine Ruhepause erkauft, die etwa 40 Jahre dauern sollte. Die Türken hatten – mit dem Tode Mohammeds II. – die Lust an einer Erneuerung der Belagerung verloren und wandten sich anderen Zielen zu; der Friedensvertrag mit den Mamelucken, kurz vor der Belagerung geschlossen, blieb weiterhin in Kraft. Dadurch wurde Rhodos zu einem der sichersten Häfen im östlichen Mittelmeer – dieser wurde in steigendem Maße von der Handelsschifffahrt aller Nationen benutzt, was natürlich zur wirtschaftlichen Blüte von Rhodos beitrug. Rhodos wurde auch zu einem Kulturzentrum als Ersatz für die verlorengegangenen byzantinischen und venezianischen Gebiete.

Peter von Aubusson, der noch bis 1503 als Großmeister fungierte, sah trotzdem die Gefahr, die dem Orden von den beiden moslemischen Nachbarn drohte, als größtes Problem des Ordens und bemühte sich vor allem, sofort die Befestigungen der Inseln zu reparieren und nach den Erfahrungen der Belagerung zu verbessern. Besonderes Augenmerk wurde auf die Stärkung einiger Stadttore gerichtet, deren Zugang durch ein kompliziertes System von doppelten und dreifachen Mauern mit abgewinkelten Gassen dazwischen stark erschwert wurde. Besonders zu erwähnen ist der Neubau des St. Antons-Tores im Nordwesten der Mauer, das am Treffpunkt der Abschnitte der deutschen und französischen Zunge gebaut und in Ambroise-Tor umbenannt wurde. Aubusson leitete auch die Verstärkung der Wallgräben ein, deren Bau etwa 40 Jahre in Anspruch nahm. Die Breite der Gräben wurde auf 18 bis 24 m vergrößert, und an ihrer Außenseite eine weitere hohe Mauer errichtet, so daß in vielen Fällen jede Annäherung an die Mauer oder ein Tor auf einem Gürtel von 100 m durch physische Hindernisse blockiert war. Die Mauern von Rhodos galten nach den Veränderungen als die stärkste Befestigung in der westlichen Welt.

Für den Ausbau der Verteidigung wurde auch an einen stärkeren Einsatz von Kanonen gedacht, und für diesen Zweck wurden an strategisch wichtigen Stellen Bastionen gebaut, die nach der Stadt hin mit einer Rampe versehen waren, auf der die Kanonen und Munition auf die Mauer gebracht werden konnten.

Aubusson verließ sich nicht nur auf die Stärke der Mauern: die beste Strategie war für ihn, es überhaupt nicht zu einer neuen Belagerung kommen zu lassen, sondern durch geschickte Diplomatie die Großmächte gegeneinander auszuspielen, vor allem die Türkei und Ägypten. Aber bald ergab sich auch eine Gelegenheit, in der Türkei selbst in der Frage der Thronfolge diplomatisch einzugreifen.

Mohammed II., der Eroberer Konstantinopels und Organisator der Belagerung von Rhodos, starb im Jahre 1481, kurz nach dem Rückzug von Rhodos. Vor seinem Tode hatte er seinen dritten Sohn Djem zum Nachfolger ernannt, nachdem der älteste Sohn als Rebell hingerichtet worden war, und der zweite

Sohn Bajesid aus dynastischen Gründen nicht zum Sultan gemacht werden konnte. Dagegen revoltierte die Armee, vor allem die Janitscharen, und rief den älteren Bruder zum Sultan Bajesid II. aus. Gleichzeitig ließ sich Djem in Brussa zum Sultan wählen. In dem daraufhin folgenden Bruderkrieg wurde Djem geschlagen und floh zunächst nach Kairo, wo er hoffte, die Mamelucken als Bundesgenossen gegen seinen Bruder zu gewinnen. Als er dies nicht erreichte, sammelte er noch einmal ein Heer und wurde von seinem Bruder erneut in Anatolien geschlagen. Er versuchte jetzt sein Glück in Rhodos (1482), wo er mit königlichen Ehren empfangen wurde. Aubusson stellte sich aber nicht auf seine Seite, sondern benutzte ihn als Faustpfand, um von dem schwachen Bajesid einen Friedensvertrag zu erpressen, sowie eine Verpflichtung, für den Aufenthalt Djems eine bedeutende Summe zu zahlen. Djem blieb auf Rhodos – ob als Gast oder als Gefangener, ist nicht klar. Im Jahre 1489 schickte ihn Aubusson unter bewaffnetem Geleit nach Rom, wo Papst Innozenz VIII. ihn benutzen wollte, um mit der Türkei ein Bündnis gegen Frankreich zu erzielen, aber ohne Erfolg. Im Jahre 1495 erfolgte ein französischer Einmarsch in Italien. Djem mußte an Frankreich ausgeliefert werden und starb dort durch Gift, vermutlich auf Geheiß des Sultans. Jedenfalls zeigt diese Episode, daß Aubusson es verstanden hatte, Rhodos aus diesem gefährlichen Machtspiel erfolgreich herauszuhalten.

Inzwischen setzte die Türkei ihre Bemühungen fort, Venedig aus dem Ägäischen Meer zu vertreiben, und eroberte in einigen Feldzügen, die bis 1503 dauerten, fast alle venezianischen Besitzungen in der Ägäis. Allerdings erhielt Venedig durch Erbschaft das Besitzrecht über Zypern (1489).

Das Auftreten Portugals im Indischen Ozean □ Mit Beginn des 16. Jahrhunderts erschienen die Portugiesen auf der Bildfläche des Nahen Ostens. Sofort nach Entdeckung des Seeweges nach Indien begannen sie damit, größere Flotteneinheiten nach dem Indischen Ozean zu entsenden und dort militärische Basen zu errichten. Auf der arabischen Halbinsel war es ihre Strategie, die Meerengen, die zum Persischen Golf und dem Roten Meer führten, zu besetzen und dadurch eine Ausfahrt arabischer Schiffe nach dem Indischen Ozean zu blockieren. Ihr Hauptstützpunkt war Goa in Indien, das 1510 erobert wurde. Der Zugang zum Persischen Golf wurde 1507 durch die Eroberung von Ormus (Hormus) an der gleichnamigen Meerenge verriegelt, und die Eroberung von Aden (1524) sperrte endgültig die Handelsroute von Ägypten nach Indien, die schon vorher zum Teil durch portugiesische Schiffe gesperrt worden war.

Diese Eroberungen trafen den arabischen Indienhandel schwer. Am schwersten war jedoch das Mameluckenreich betroffen, das der größte Nutznießer dieses Handelsbereichs war, und das zahlreiche Schiffe durch Kämpfe mit der portugiesischen Flotte verlor. Im Kampf mit den Portugiesen war Ägypten sogar bereit, mit dem Osmanischen Reich ein Bündnis abzuschließen (1510) und eine gemeinsame Flotte im Roten Meer zusammenzustellen, für deren Bau (in Suez) die Türkei Hölzer aus anatolischen Wäldern liefern sollte. Die Ägypter schickten eine große Anzahl von Schiffen nach Adana im Golf von Alexandretta (Iskanderum), aber der Johanniterorden erhielt davon Nachricht, entsandte eine Flottille, die die ägyptischen Schiffe bei Lajazzio, am Westufer des Golfes überraschte und 15 davon kaperte. Danach mußte die geplante gemeinsame Aktion der beiden moslemischen Großstaaten abgesagt werden, und so hatte der Johanniterorden indirekt der Festsetzung Portugals am Indischen Ozean Vorschub geleistet. Vielleicht wäre es wichtig zu erwähnen, daß der Befehlshaber der Johanniter-Galeeren ein Portugiese war.

Die Schwächung Ägyptens und vielleicht auch der Türkei unter dem schwachen Herrscher Bajesid II. bestärkte den Johanniterorden, seine Beutezüge zur See auszuweiten, und seine Flotte führte eine Anzahl

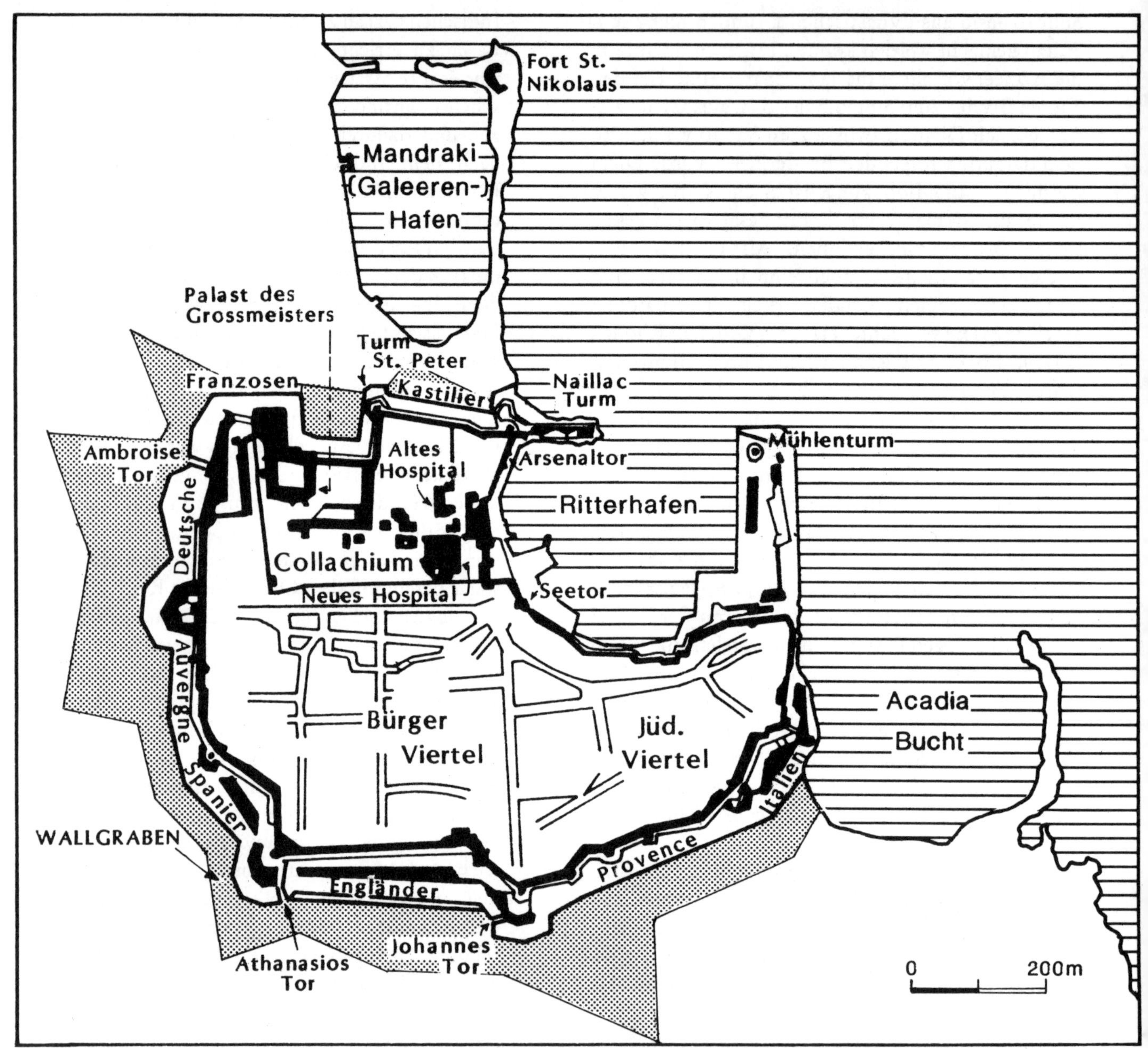

Karte 12: Die Befestigungen von Rhodos

von »corsos« durch, die im allgemeinen große Einnahmen brachten. Im Jahre 1506 wurden sechs ägyptische Schiffe in der Nähe von Kos gekapert, und 1507 gelang es, das größte Schiff der ägyptischen Flotte, die sechsstöckige ägyptische Karacke »Magarbina« und drei kleinere Schiffe, alle schwer mit Waren beladen, in der Nähe von Zypern zu kapern. Die reiche Beute versah den Orden mit den notwendigen Mitteln, um den Ausbau der Befestigungen weiter fortsetzen zu können.

Die Nachfolger Peters von Aubusson, der 1503 starb, setzten das von ihm begonnene Werk der Befestigung fort. Emerich von Amboise (1503 – 1512) vollendete die gewaltigen Befestigungen des nach ihm benannten Tores im Nordwesten der Stadt; der Italiener Fabrizio del Carretto (1513 – 1521) schloß das Projekt mit dem nach ihm benannten Turm in der Nähe des Handelshafens und dem St. Georgsturm (1521) im Mauerabschnitt der deutschen Zunge ab. Mit dem Abschluß aller dieser Arbeiten galt die Festung von Rhodos als uneinnehmbar (s. Karte 12, S. 112).

Der Abzug des Johanniterordens von Rhodos

Selim und Süleiman □ Eine Änderung der politischen Situation bahnte sich mit dem gewaltsamen Tod des Sultans Bajesid II. (1512) an. Er wurde von seinem Sohn Selim ermordet, der mit seinen Brüdern um den Thron kämpfte und nach einem militärischen Sieg seine Brüder und alle potentiellen Prätendenten umbringen ließ. Er bestieg den Thron als Selim I., erhielt aber bald den Beinamen »der Grausame«. Einer seiner Brüder, Achmed, war vom Schah von Persien unterstützt worden; Selim griff daraufhin Persien an, unter dem Vorwand eines Religionskrieges, da Persien die schiitische Fraktion des Islam vertrat, die aber auch in Anatolien eine starke Anhängerschaft besaß. Es wird berichtet, daß Selim, ein fanatischer Sunnite, 40000 seiner eigenen schiitischen Untertanen umbringen ließ, bevor er Persien angriff. Die Perser wurden im Jahre 1514 völlig geschlagen, aber Selim konnte seinen Sieg nicht ausnutzen, da die Janitscharen sich weigerten, weiter nach Osten vorzurücken; er mußte sich mit der Festigung seiner Herrschaft im östlichen Anatolien und in Kurdistan begnügen.

Die Atempause wurde von den Persern benutzt, um einen Bündnisvertrag mit Ägypten abzuschließen. Als Selim seinen Angriff auf Persien im Jahre 1515 erneuerte, erschien der mameluckische Sultan Kansu el Ganri mit einem Heer vor Aleppo, um dem Schah zu helfen. Dieses Heer wurde von Selim vernichtet, der sich nun anstatt nach Osten nach Süden wandte, Damaskus und Jerusalem eroberte und im Jahre 1517 vor Kairo erschien. Daraufhin unterwarf sich der Scherif von Mekka, der die heiligen Städte Mekka und Medina kontrollierte, freiwillig dem türkischen Sultan. Da dieser nun alle heiligen Stätten des Islam in der Hand hatte, übernahm er auch den Titel »Kalif«, den die Sultane des Osmanischen Reiches bis zu dessen Auflösung (im Jahre 1923) beibehielten. Mit der Einverleibung des Mameluckenreiches, das auch die Souveränität über ganz Nordafrika besaß, wurde die Türkei zu einem Riesengebilde, zum größten Reich Europas und des Nahen Ostens. Um so mehr traf es den Stolz des Sultan-Kalifen, daß auf der winzigen Insel Rhodos, mitten im türkischen Gebiet gelegen, der christliche Johanniterorden noch immer standhielt. Er traf Maßnahmen zu einem Ansturm auf die Insel, starb aber inmitten der Vorbereitungen im Jahre 1520.

Sein Nachfolger war Süleiman II. (1520 – 1566), dem es als einzigem Sohn erspart blieb, dem »Brauch«, der sich inzwischen in der türkischen Dynastie festgesetzt hatte, daß der Thronfolger alle seine Brüder umbrachte, zu folgen. Er ging in die Geschichte als eine Art türkische Version Saladins ein: ein Herrscher, der militärisches Können mit Wissensdurst und kulturellem Streben verband, und dem auch die Eigenschaften der Ritterlichkeit und Großherzigkeit nicht fehlten. Er erhielt daher den Beinamen der »Große« oder »der Prächtige«. Das Schicksal wollte es, daß er sowohl zu Beginn seiner Regierungszeit wie zu deren Ende einen Kampf auf Leben und Tod mit dem Johanniterorden führen mußte. Bei diesen Kämpfen hatte auch der Ritterorden seine besten Kräfte an seiner Spitze stehen, und die beiden jeweils führenden Persönlichkeiten machten kein Hehl aus ihrer Hochachtung vor der menschlichen Größe des Gegners.

Doch zunächst wandte sich Süleiman seinem eigentlichen Ziel zu: Europa seinem Nordafrika und Südwestasien umfassenden Reich anzugliedern. Er griff daher im Jahre 1521 Belgrad, die Schlüsselposition zu einem Vormarsch nach Zentraleuropa, an und eroberte es. Dadurch war der Weg nach Ungarn und weiter westwärts frei (im Jahre 1529 erschien Süleiman II. vor den Mauern Wiens). In dieser Großkonzeption der türkischen Strategie hatte Rhodos einen neuen Platz eingenommen. Es lag an der Seefahrtsroute, die die beiden islamischen Teile des Osmanenreiches verband, und als Störenfried einer Nord-Süd-Achse kam Rhodos eine größere Bedeutung zu als in der Blockade einer Ost-West-Achse. Daher unterbrach Süleiman seinen Vormarsch in Südosteuropa, um Rhodos anzugreifen, in der Hoffnung, daß seine gewaltige zahlenmäßige Überlegenheit ihm einen schnellen Sieg liefern würde.

Die Belagerung □ Auf Rhodos war im Jahre 1521 Philippe Villiers de l'Isle Adam (1520–1534) zum Großmeister gewählt worden, eine stahlharte Persönlichkeit, wie sie die Situation erforderte. Sofort mit seinem Amtsantritt wurde er sich über die türkischen Absichten klar, versuchte aber noch, durch diplomatische Korrespondenz mit Süleiman einen türkischen Angriff zu vermeiden. Gleichzeitig damit begann er, die Insel auf eine längere Belagerung vorzubereiten, indem er große Lager von Lebensmitteln und Reserven von Kriegsmaterialien, vor allem Schießpulver, anlegen ließ und die gesamte Zivilbevölkerung von Rhodos in Arbeitsbrigaden organisierte. Er bemühte sich auch, die Drohung dadurch abzuwenden, daß er dringend um politische und militärische Hilfeleistung bei den europäischen Mächten nachsuchte. Aber diese waren jede mit ihren eigenen Problemen und Zwistigkeiten mit anderen Mächten so beschäftigt, daß keine sich dem Orden gegenüber verpflichten wollte. Es wurde dem Großmeister klar, daß nicht auf Hilfe von auswärts zu hoffen war, und er nur die Reserven des Ordens nach der Insel berufen konnte. Seine Strategie war nun darauf ausgerichtet, die Türken so lange von der Insel fernzuhalten, oder einer Belagerung so lange standzuhalten, bis der eintretende Winter die Türken zwingen würde, die Belagerung aufzugeben.

Das Heer der Verteidiger zählte 600 Ritter und 1 500 andere Ordenssoldaten, sowie etwa 3 000 kämpfende Rhodeser und die Arbeitsbrigaden. Die Befestigungen der Stadt waren seit 1480 auf den besten Stand gebracht worden, und auch Zahl und Qualität der Kanonen waren weit besser als 1480. Bei Zahl und Ausrüstung der Türken werden sehr hoch gegriffene Zahlen bis zu 200 000 Mann und mehrere Hundert Schiffe genannt. Wie bei allen Schlachten, die der Orden lieferte, gibt es eine bis ins einzelne gehende Beschreibung, die als Grundlage für alle später veröffentlichten Geschichtsbücher diente. Es ist daher nicht notwendig, im Rahmen dieses Buches die Schilderungen zu wiederholen; nur die wichtigsten Tatsachen sollen aufgeführt werden.

Die offizielle Kriegserklärung erfolgte am 1. Juni 1522, und die türkische Flotte erschien vor Rhodos am 24. Juni. Sie machte die Marmaris-Küste auf dem Festland (durch eine Meerenge von 20 km Breite von Rhodos getrennt) zu ihrer Basis, von der die Truppen und Kanonen auf Booten zu verschiedenen Landestellen auf der Insel verladen wurden. Diese Vorbereitungen nahmen etwa drei Wochen in Anspruch, in denen der Orden kleine Störversuche ohne großen Erfolg unternahm. Die Türken warteten mit dem eigentlichen Angriff, bis der Sultan am 28. Juli persönlich an der Front eintraf. Dann erfolgten fast ununterbrochen Angriffe auf verschiedene Verteidigungspositionen, und die Befestigungen erwiesen sich als so stark, daß sie zwar beschädigt, aber nicht durchbrochen werden konnten. Die Zahl der Opfer auf beiden Seiten war jedoch ungeheuer groß, ohne daß eine klare Entscheidung fallen konnte.

Süleiman begann ungeduldig zu werden, weil ihn die lange Dauer der Belagerung daran hinderte, seinen Europa-Feldzug weiter fortzusetzen, aber Sorge um sein Prestige hinderte ihn, den Kampf aufzugeben. Die Einwirkung des Winterwetters wurde spürbar, als am 30. November ein schwerer Wolkenbruch niederging und einen Erdrutsch an der Mauer verursachte, wo gerade die Türken eine Bresche geschlagen hatten und daran waren, eine Rampe zu bauen, um in die Stadt zu kommen. Der Erdrutsch zerstörte die Rampe. Zehn Tage danach beschloß Süleiman, die Belagerung zu beenden, und bot dem Orden großzügige Bedingungen für eine Übergabe der Stadt an. Der Großmeister widersetzte sich diesem Gedanken auf das heftigste, aber als er erfuhr, daß in der Stadt und selbst im Orden keine Kampfstimmung mehr bestand, und daß die Pulverlager leer seien, willigte er am 20. Dezember in einen Abzug des Ordens ein, für den 12 Tage Zeit verlangt wurden. Noch am selben Tag wurde der Vertrag für die Übergabe der Stadt und sämtliche Festungen (einschließlich St. Peter und Kos) unterzeichnet.

Der Vertrag sah unter anderem folgendes vor: Sämtliche Ordensmitglieder konnten auf ihren Schiffen die Insel ehrenvoll und unbehelligt verlassen und all ihre tragbare Habe, einschließlich Waffen, mit sich nehmen. Dasselbe Recht hätten alle anderen Christen, ebenso die Rhodeser, die nicht unter türkischer Herrschaft verbleiben wollten. Allen Rhodesern, die auf der Insel blieben, wurde die Freiheit der Person, des Vermögens und der Religion zugesichert. Zusätzlich sollten sie fünf Jahre lang von jeder Abgabe befreit sein. Ihre Kinder brauchten nicht zum Dienst in der Janitscharentruppe anzutreten. Sollte es dem Orden innerhalb von 12 Tagen nicht gelingen, Schiffe für den Transport zu mobilisieren, würde ihm die türkische Flotte die benötigte Anzahl von Schiffen zur Verfügung stellen.

Aufgrund dieses Vertrages übergab Großmeister de l'Isle Adam am Weihnachtstag des Jahres 1522 die Stadt einem Kommandanten der Janitscharen, die sich aber nicht an den Vertrag hielten und die Stadt plünderten, vor allem ihre Kirchen und das Hospital. Erst nach Beschwerde des Großmeisters setzte der Sultan diesem Treiben ein Ende. Er fügte dieser strikten Verordnung eine – für ihn typische – ritterliche Geste hinzu: er lud den Großmeister zu sich ins Heereslager ein, nicht als Gefangenen, sondern als gleichberechtigten Souverän und erwiderte einige Tage später den Besuch im Großmeisterpalast, wo er sein Bedauern darüber ausdrückte, als Führer einer großen Nation gezwungen zu sein, aus politischen Gründen eine so bedeutende Persönlichkeit wie Großmeister de l'Isle Adam aus seinem Land zu vertreiben.

In der Neujahrsnacht des Jahres 1523 verließ die Flotte des Ordens, durch einige venezianische Schiffe auf 50 Schiffe verstärkt, hauptsächlich Handelsschiffe, den Hafen von Rhodos. Auf ihnen befanden sich die überlebenden Ritter (etwa 180) und Soldaten des Ordens und etwa 4000 Rhodeser. Als wichtigstes Ordensgut nahmen sie die Reliquien des Ordens mit: die rechte Hand des heiligen Johannes, Splitter vom »Wahren Kreuz«, einen Dorn aus der Dornenkrone und das Bildnis der »Maria von Philerimos«, eine Ikone in einem mit Edelsteinen besetzten Goldrahmen, das im Kloster auf dem Berg Philerimos (dem ersten Stützpunkt der Ritter auf Rhodos) verwahrt worden war. Dazu nahmen sie das gesamte Archiv des Ordens mit sich, nicht nur aus dem Wunsche heraus, alle Geschehnisse des Ordens für die Geschichte zu dokumentieren, sondern auch, weil es alle Spendenurkunden für die vielen Güter des Ordens in Europa enthielt.

Bewertung der Zeit in Rhodos □ Der Johanniterorden hatte auf Rhodos 210 Jahre zugebracht. Diese Zeitspanne war wohl die wichtigste in seiner Geschichte. Will man sie mit einem Menschenleben vergleichen, so könnte man die Zeit, die der Orden in Jerusalem und Akko weilte, als die formative Phase bezeichnen – Kindheit und Jugend, in der er langsam und unter Schwankungen seinen Charakter herausbildete, dabei aber immer noch von anderen abhängig und kontrolliert war. Die Rhodos-Periode könnte als das Mannesalter angesehen werden: die politische Unabhängigkeit, die Herausbildung einer militärischen Spezialisierung auf Befestigungsbau und Seekrieg, eine geistige Reife, die sich in geringen inneren Spannungen und einer von Diplomatie geprägten Außenpolitik zeigte, und schließlich der Mut, allein auf sich gestellt den Kampf mit der größten Kriegsmacht Europas aufzunehmen und mit einem »Unentschieden« zu enden. Die folgende Zeit in Malta könnte mit dem reifen Mannesalter, aber auch mit beginnender Vergreisung verglichen werden: ein Höhepunkt des Schaffens im 17. Jahrhundert, dann der sich immer mehr beschleunigende, geistige und materielle Niedergang bis zur Auflösung Ende des 18. Jahrhunderts.

Die Entwicklung auf Rhodos war also die einheitlichste und vielleicht wichtigste Phase in der Geschichte des Ordens. Nicht nur verstand er es, sich im Bau von Befestigungen an die Spitze der Welt zu setzen und die Stadt Rhodos so stark zu machen, daß Süleiman II. auf einen letzten Ansturm verzichtete und lieber den Orden abziehen ließ; er lernte auch, mit der örtlichen Bevölkerung in gutem Einvernehmen zu leben, derart, daß sie trotz des Religionsunterschiedes und nachteiliger Behandlung als Bürger treu zum Orden in seinen schwersten Stunden stand, und viele es vorzogen, mit dem Orden von Rhodos abzuziehen anstatt die türkische Herrschaft – trotz aller versprochenen Rechte – auf sich zu nehmen.

Bei all diesen Tätigkeiten vergaß der Orden nie die eigentliche Aufgabe seiner Gründung: ein Hospitalerorden zu sein. Allerdings hören wir nicht viel von einer Entwicklung der Medizin des Ordens während dieser Zeit, aber im Bau des Hospitals und seiner Verwaltung waren die Regeln, die sich der Orden im Heiligen Land oder kurz nach seiner Ankunft in Rhodos gegeben hatte, noch immer lebensfähig. Wenn trotz alledem der Orden am Ende seiner Tage auf Rhodos fast völlig isoliert war und jahrelang als Flüchtling umherirren mußte, so war dies nicht seine Schuld, sondern die Folge weltumwälzender Veränderungen in der Politik, von denen in den nächsten Kapiteln die Rede sein wird.

Nachspiel: Rhodos nach dem Abzug der Ritter

Die Türken □ Unter türkischer Verwaltung verlor die Insel Rhodos augenblicklich ihre geopolitische Bedeutung. Solange sie eine vorgeschobene Bastion des Christentum gewesen war sowie der Sitz des Johanniterordens, genoß sie privilegierte Vorrechte und vor allem große Investitionen für den Bau von Befestigungen und Häusern und diente als bevorzugter Handelshafen für den Schiffsverkehr im Mittelmeer. Als türkische Insel, die von allen Seiten von türkischen Territorien umschlossen war, hatte sie keinerlei geographische Vorteile gegenüber anderen Inseln der Ägäis, und die türkische Verwaltung suchte – trotz der Bestimmungen des Vertrages mit dem Johanniterorden – die Bewohner von Rhodos dafür zu bestrafen, daß sie den Rittern bei der Verteidigung der Insel geholfen hatten.

So wurden alle Griechen aus der Altstadt von Rhodos vertrieben, wenn sie auch im Hafen weiter Handel treiben durften. In der Altstadt wurden Einwanderer aus der Türkei – Moslems wie Juden – angesiedelt, und die meisten Kirchen, soweit sie nicht zerstört waren, in Moscheen umgewandelt. Aber es gelang dennoch nicht, die Insel vollständig zu türkisieren, und im 19. Jahrhundert berichtete ein Reisender, daß auf der Insel von 49 Dörfern nur fünf moslemisch waren. Er berichtete auch, daß die Griechen der Stadt Rhodos ihren Wohnsitz zum größten Teil in das Städtchen Lindos verlegt hatten; davon zeugt heute die erhaltene große Anzahl von Kirchen und schönen alten Bürgerhäusern in Lindos.

Infolge des Verlustes der politischen Sonderstellung

verfiel auch der Hafen von Rhodos und diente im wesentlichen nur dem regionalen Handel. Die Häuser des Collachiums wurden als Warenlager benutzt und erlebten so ihren langsamen Niedergang. Während des 19. Jahrhunderts wurde Rhodos von verschiedenen Natur- und anderen Katastrophen heimgesucht (Erdbeben, Explosion eines noch in der Ritterzeit angelegten Pulvermagazins), ohne daß die Zentralregierung etwas zum Wiederaufbau der beschädigten Gebäude tat. So machte Rhodos gegen Ende des Jahrhunderts einen ärmlichen und vernachlässigten Eindruck.

Die Italiener □ Im Jahre 1912 wurde Rhodos zusammen mit den anderen Inseln des Dodekanes von Italien – im Rahmen des Krieges um Tripolis – militärisch besetzt, und im Jahre 1923 trat die Türkei im Vertrag von Lausanne die Souveränität über die Inseln an Italien ab, das sofort mit einer Politik der Lateinisierung begann. Es wurden nicht nur die meisten Ortsnamen ins Italienische transliteriert, sondern die Regierung tat alles, um die Bevölkerung auch zur Benutzung der italienischen Sprache zu zwingen. Dieses Bestreben wurde noch stärker, als in Italien der Faschismus unter Mussolini an die Regierung kam. Mussolini wollte Rhodos zu einem Schaufenster des Faschismus machen und baute an die Altstadt ein Regierungsviertel an.

Mussolini sah als eines der wichtigsten Mittel zur Italienisierung von Rhodos die Betonung der Ritterzeit (zu der Rhodos katholisch und lateinisch war) an. Zu diesem Zweck mußten die Einwohner das Collachium räumen, und es wurde so weit wie möglich im Stil des Johanniterordens restauriert. Es entstand die heutige Ritterstraße als Rekonstruktion der antiken Bauten nach alten Plänen, und als Krönung der Neubau des Großmeisterpalastes (1940). Der Gouverneur, de Vecchi, der der Hauptvertreter der Italienisierung war, bestimmte den Palast als Wohnsitz für den König von Italien und Mussolini bei ihren Besuchen auf Rhodos und baute ihn deswegen besonders prunkvoll auf, so daß zum Schluß die Ähnlichkeit des neuen Palastes mit seinem Original nur sehr bedingt gegeben war.

Die Griechen □ Im Zweiten Weltkrieg erlitt Rhodos nur geringen Schaden; die Insel wurde im Jahre 1947 zusammen mit dem Dodekanes unter griechische Militärverwaltung gestellt und im Jahre 1948 offiziell an Griechenland angeschlossen. Sie wurde zum weitestgelegenen Bezirk des griechischen Königreiches, und dieses war anfänglich nicht imstande, etwas für die Entwicklung der Insel zu tun, da es selbst bis 1949 in einen Bürgerkrieg verwickelt war, aus dem es völlig verarmt und mit gewaltigen Zerstörungen in all seinen Gebieten hervorging. Erst in den 50er Jahren konnte mit dem Wiederaufbau der griechischen Wirtschaft begonnen werden. Für die völlig verarmte Insel Rhodos sah man nur einen Ausweg aus der mißlichen Wirtschaftlage: die Entwicklung der Insel zu einem Zentrum des Fremdenverkehrs, für den die Insel bis dahin keine Infrastruktur besaß. Als Zugmittel wurde als erstes die Insel in ihrer Gesamtheit zum zollfreien Gebiet erklärt, wo Waren aus aller Welt bedeutend billiger als selbst in den Herkunftsländern erstanden werden konnten. Als nächstes wurden die Vergangenheit der Insel und deren Zeugnisse herausgestellt, wobei die Überreste der Ritterzeit den ersten Platz einnehmen. Die Mauern und Türme wurden wiederhergestellt (soweit das nicht schon von den Italienern getan worden war), das Hospital des Ordens in ein Nationalmuseum umgewandelt.

Die Hauptentwicklung der Insel für den Fremdenverkehr setzte in den 60er Jahren ein, als sich auf Rhodos der »Sonnentourismus« im Stil Spaniens und Italiens entwickelte. Heute ist Rhodos ein beliebtes und billiges Reiseziel, und der Johanniterorden und seine Bauten liefern den kulturellen Hintergrund.

Intermezzo: Das Jahr 1517 – Der Beginn der Neuzeit

Vom Standpunkt der Geschichtswissenschaft gesehen, ist es nicht möglich, eine Geschichtsepoche durch bestimmte Daten zu begrenzen, aber für die Darstellung gewisser Wandlungen in der großen Welt, wie in dem engeren Gesichtskreis des Johanniterordens, ist es manchmal von Nutzen, chronologische Anhaltspunkte zu sehen; als solcher könnte das Jahr 1517 angesehen werden.

Die hier genannten Ereignisse dieses Jahres haben anscheinend keinen direkten oder kausalen Zusammenhang, und sie selbst stellen nur Anfänge dar, die aber im Laufe des 16. Jahrhunderts zu weltbewegenden Veränderungen führten und auch die Entwicklung des Johanniterordens direkt betrafen.

DAS ENDE DES MAMELUCKENREICHES □ Im Frühjahr des Jahres 1517 eroberte der türkische Sultan Selim I. in einem kurzen Feldzug Syrien, Palästina und Ägypten, und setzte damit der Mameluckenherrschaft, die über 250 Jahre gedauert hatte, ein Ende (s. S. 113).

Sein Sohn und Nachfolger, Süleiman der Prächtige, hatte sich zum Ziel gesetzt, ganz Europa zu erobern, und hatte als Flankendeckung für dieses Projekt Rhodos angegriffen und den Johanniterorden zum Abzug von der Insel gezwungen. In den darauffolgenden Jahren eroberte er Serbien und Ungarn und erschien im Jahre 1529 vor den Toren von Wien, mußte aber die Belagerung wegen widriger Umstände aufgeben.

Die Türkei wurde dadurch zur beherrschenden Macht im Islam und blieb es genau 400 Jahre bis zum Jahre 1917. Sie war aber auch bis zum Ende des 18. Jahrhunderts die größte Macht in Europa und beeinflußte als solche oft das politische Geschehen des Kontinents. Für den Johanniterorden blieb sie der hauptsächliche Gegner in seiner Geschichte vom 16. bis zum 18. Jahrhundert.

DIE REFORMATION □ Am 31. Oktober 1517 schlug Martin Luther am Tore der Allerheiligen-(Hof)-Kirche in Wittenberg seine 95 Thesen an, und dieser Tag wird allgemein als der Beginn der Reformationsbewegung angesehen, die ursprünglich gegen die Mißbräuche päpstlicher Macht gerichtet war, aber bald zu einer sozialen und politischen Revolution wurde, die Europa spaltete und ihren Höhepunkt im Dreißigjährigen Krieg (1618 – 1648) fand.

Die Gegenreformation der katholischen Kirche und Herrscher schuf sich ihre eigenen Instrumente zum Kampf gegen die Reformation, vor allem die Inquisition und den Jesuitenorden. Der Kampf gegen die Mohammedaner und für die Wiedergewinnung des Heiligen Landes wurde zurückgestellt, und die Abwehrschläge gegen Angriffe der Türken wurden durch die weltliche Macht geführt. Der Orden sah sich dadurch auf die Seite gedrängt und verlor seine Machtstellung in kirchlichen Kreisen.

Die Reformationsbewegung hatte noch andere schwerwiegende Folgen für den Orden: Im Jahre 1534 brach der englische König Heinrich VIII. seine Beziehungen zur katholischen Kirche ab und verkündete die Unabhängkeit der englischen Kirche, später die anglikanische genannt. Im Rahmen dieser »Englischen Reformation« wurden in den folgenden Jahren alle dortigen Klöster und Orden aufgelöst und ihr Vermögen beschlagnahmt. Dadurch wurde der Johanniterorden einer seiner wichtigsten Einnahmequellen in Europa beraubt, und nur wenige Ritter, die schon in Malta residierten, blieben ihm treu.

Als im übrigen Europa auch verschiedene Landesherren den Protestantismus für ihr Hoheitsgebiet als Staatsreligion einführten, verlor der Orden auch seine Einkünfte aus diesen Staaten. Aber er konnte nicht direkt auf diese Entwicklung reagieren; seine Aufgabe blieb, zusätzlich zu der Unterhaltung von Krankenhäusern, auf den Kampf gegen die Mohammedaner, vor allem gegen die Türken, beschränkt.

KARL V. □ Die Persönlichkeit, die den stärksten Einfluß auf das Schicksal des Johanniterordens ausübte und eine Zeitlang der mächtigste Herr Europas war, war Karl V., Enkel der »katholischen Könige« Ferdinand von Aragon und Isabella von Kastilien auf der einen und des deutschen Kaisers Maximilian I. aus dem Hause Habsburg auf der anderen Seite. Er wurde im

Jahre 1500 in Gent geboren und in den Niederlanden erzogen. Im Jahre 1515 zum König der Niederlande gewählt, wurde er 1516 nach dem Tode seines Großvaters der Erbe des Königreiches Spanien. Im September 1517 reiste er nach Spanien, um sein Erbteil anzutreten, mit dem Titel Karl I. Im Jahre 1519 wurde er zum König von Deutschland und Kaiser des Deutschen Reiches gewählt (als solcher Karl V.), konnte allerdings erst im Jahre 1530 die Kaiserkrone vom Papst in Bologna erhalten (zum König von Deutschland war er 1520 in Aachen gekrönt worden). Er wurde damit zum mächtigsten Herrscher Europas, der unter anderem folgende Titel auf sich vereinte: Kaiser des Deutschen Reiches, König von Spanien, König von Deutschland, König von Neapel (einschließlich Sizilien), Herrscher der Niederlande, Mailands und des sich ständig erweiternden Kolonialreiches in der Neuen Welt.

Süd- und Mittelamerika standen gleichfalls unter der Herrschaft Karl V., in seiner Eigenschaft als König Karl I. von Spanien. Aber die Verwaltung der Kolonien folgte völlig anderen Richtlinien als die der europäischen Teile des spanischen Herrschaftsgebietes.

Aufgrund der Entdeckung Amerikas durch Kolumbus, dessen Expedition von Spanien finanziert und ausgerüstet wurde, erhob Spanien Anspruch auf alle süd- und mittelamerikanischen Gebiete, einschließlich der vorgelagerten Inseln. Ein Zeichen dieses Anspruchs war die Gründung der Casa de Contratacion (1503), des Handelsbüros in Sevilla, das das Monopol für den gesamten Amerikahandel besaß: alle spanischen Schiffe, die nach dem amerikanischen Kontinent segelten, durften nur in Sevilla (und zeitweise auch in Cadiz) ein- und auslaufen. Hauptzweck des Amerikahandels war der Transport von Gold und Silber nach Spanien und die Versorgung der spanischen Verwaltung und Kolonisten mit Gütern aus Spanien. Die Ausfuhr landwirtschaftlicher Produkte begann erst später.

Das schnelle Tempo, in dem die spanische Kolonisierung stattfand, ergibt sich aus der Tatsache, daß bereits 20 Jahre nach der Entdeckung der ersten Insel Vasco Nuñez de Balboa nach Durchquerung des Isthmus von Panama den Pazifik, und im Jahre 1520 Magellan, die nach ihm benannte Durchfahrt, entdeckte, die die Umsegelung Südamerikas ermöglichte. Zum Zweck des Transports der Güter aus dem neuentdeckten pazifischen Küstengebiet Südamerikas nach Spanien wurde der Hafen von Panama an der atlantischen Küste angelegt, und die Stadt Panama diente als Hauptstadt für die neugeschaffenen spanischen Kolonien.

Die Entwicklung des Kolonialreiches lenkte viel von Karls V. Interesse von Europa ab. Die Schiffe, die dem Amerikahandel dienten, mußten von anderer Bauart sein als die Mittelmeerschiffe, vor allem, da sie Häfen benutzen mußten, in denen es einen Gezeitenunterschied gibt. Die Galeeren mit ihrer großen Anzahl von Ruderern und von niedriger Bauweise, waren für die Wellen des Ozeans ungeeignet, und der Handel benutzte nun den Typ der hochgebauten Karavelle, die mehr Augenmerk auf die Entwicklung der Segel legte.

Die reiche Ladung der Schiffe, die von Amerika nach Sevilla segelten, lockte naturgemäß Piraten an, und dies führte nach kurzer Zeit dazu, daß die Schiffe in Konvois segelten, und die Piraten dadurch gezwungen wurden, gleichfalls mit einer größeren Anzahl von Schiffen anzugreifen. Für diesen Zweck brauchten sie eine territoriale Basis, welche sie an der nordafrikanischen Berberküste fanden.

Als Karl V. dem Hospitalerorden die Insel Malta als Sitz anbot, lag sein Hauptziel darin, eine Gegnerschaft gegen die Piraten zu schaffen.

Die hier erwähnten Ereignisse stellen Anfänge dar, die im Laufe der nächsten zwei Jahrhunderte das Weltbild völlig verändern sollten. Daher scheint es gerechtfertigt, den Anfang der Neuzeit etwa auf das Jahr 1517 festzulegen.

IV
Malta – Die Glanzzeit des Ordens

Die unerwünschte neue Heimat

Die geographische und geopolitische Situation Maltas □ Mit dem Abzug aus Rhodos war der Orden erneut zum Flüchtling geworden, allerdings zu einem Flüchtling besonderer Art. Er hatte zwar seine politische und militärische Basis auf der Insel verloren, aber seine Finanzstruktur – mit den Wurzeln in Europa – ließ ihn nicht gerade zum Bettler werden. Trotzdem war seine längere Anwesenheit oder gar Niederlassung an einem anderen Ort unerwünscht. Man hatte allenthalben Angst vor dieser bewaffneten und kriegsgeübten Gruppe von Rittern, die mit ihrem Adelsstolz und Hochmut gewiß viele Leute vor den Kopf gestoßen und sich so oft in politische Angelegenheiten gemischt hatten, daß sie für jede örtliche Regierung eine potentielle Gefahr darstellten. Andererseits war der Papst an der Weiterexistenz des Ordens interessiert und übte auf verschiedene Hafenstädte einen Druck aus, dem Orden zumindest eine temporäre Zuflucht zu gewähren.

Der Orden selbst, und vor allem Großmeister de l'Isle Adam, hatte die Hoffnung auf eine bewaffnete Rückkehr nach Rhodos nicht aufgegeben und unternahm verzweifelte Versuche, eine der Großmächte für die Organisierung eines neuen Kreuzzuges – oder unter den obwaltenden Umständen eines Feldzuges – zur Wiedereroberung von Rhodos und vielleicht sogar des Heiligen Landes zu gewinnen. So suchte der Orden zunächst in Kandia auf Kreta eine Zuflucht, um seine beschädigten 50 Schiffe wieder instandzusetzen, und begab sich von dort, im Laufe von sieben Jahren, nach Messina (Sizilien), Cività Vecchia (im Kirchenstaat), Viterbo (desgl.), Villefranche (Provence, Frankreich) und Nizza (Savoyen). De l'Isle Adam, selbst Franzose, versuchte irgendeinen französischen Hafen zu erhalten, stieß aber auf starke Opposition von seiten der spanischen Zunge, da sich Spanien gerade im Kriegszustand mit Frankreich befand.

Bereits im Jahre 1523, also unmittelbar nach dem Auszug aus Rhodos, hatte der Vizekönig von Sizi-

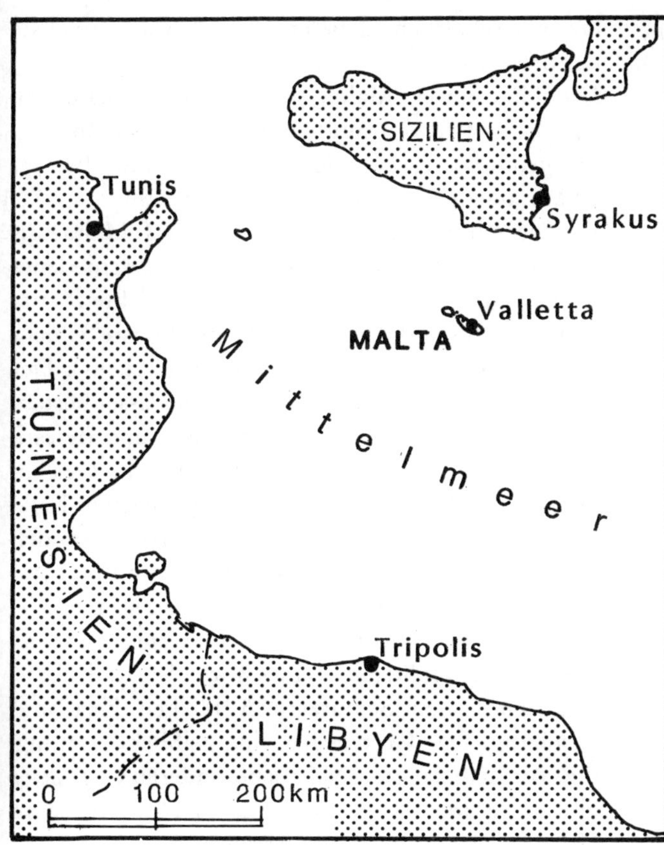

Karte 13: Die Lage Maltas im Mittelmeer

lien, der ein Vasall des Königs von Spanien war (und zu dessen Domäne die Inselgruppe von Malta gehörte), im Namen des Königs die Inseln Malta, Comino und Gozo dem Orden als Lehen angeboten, um sie als Bollwerk gegen eventuelle türkische Angriffe zu verteidigen.

Die Beweggründe Spaniens □ Der König von Spanien hatte klare Ziele vor Augen, als er dem Orden dieses Angebot machte. Seit Beginn des 16. Jahrhunderts war die Küste Nordafrikas, und besonders Algeriens, ein Sammelplatz für Piraten geworden, deren Schiffe Versteck und Zuflucht in den zahlreichen Buchten und bei den Inseln dieser Küste fanden. Die Tätigkeit der Piraten verstärkte sich, als der Schiffsverkehr zwischen Spanien und dessen neuen Kolonien in Mittel- und kurz darauf auch Südamerika häufiger und regelmäßiger wurde. Die Schiffe kehrten beladen mit kostbarer Beute – Metalle und exotische Landwirtschaftsprodukte – zurück. Sie mußten sich der Meerenge von Gibraltar nähern, um ihre Bestimmungshäfen Sevilla und später auch Cadiz zu erreichen. Die Benutzung eines Mittelmeerhafens war von vornherein ausgeschlossen, da sie sowohl einen anderen Schiffstyp verlangte, als noch viel mehr der Gefahr der Piraterie von der nordafrikanischen Küste her ausgesetzt war.

Unter den moslemischen Piraten taten sich vor allem die Gebrüder Chair-ed-Din hervor, zwei Griechen, die zum Islam übergetreten waren; sie hatten ihre Basis ursprünglich (um das Jahr 1510) in La Goulette (Tunis) und verlegten sie später nach der Insel Djerba – halbwegs zwischen Tunis und Tripolis –, wo eine Lagune Raum für eine große Anzahl von Schiffen bot.

Mit der Eroberung des Mameluckenreiches durch den türkischen Sultan Süleiman den Prächtigen wurde ganz Nordafrika türkisch, und die Piraten wurden vom Sultan als Seemacht des Osmanischen Reiches anerkannt. Chair-ed-Din Barbarossa wurde 1519 zum Gouverneur von Algerien und 1531 zum Admiral des Sultans und Oberstkommandierenden der türkischen Flotte ernannt. Die Veränderungen deuteten auf türkische Absichten hin, sich zum Herrn des ganzen Mittelmeers zu machen und von da aus durch eine Zangenbewegung, deren zweiten Arm der Vorstoß auf Wien bilden sollte, sich ganz Europa zu unterwerfen.

Karl V., dem es schon vorher gelungen war, in gemeinsamer Aktion mit der Seemacht von Genua verschiedene Stützpunkte in Nordafrika zu errichten, sah in der kleinen Insel Malta den Sperriegel, der die türkische Flotte an der Einfahrt in das westliche Mittelmeerbecken hindern sollte, und im Johanniterorden, der sich so gut im Kampf gegen die Türken bewährt hatte, das geeignete Instrument für die Durchführung dieses Planes. Ferner sollte der Orden ihm bei der Bekämpfung der Piraten behilflich sein, und die Stützpunkte, die er in Nordafrika errichtet hatte, besetzt halten – vor allem Tripolis, das im Jahre 1511 erobert worden war.

De l'Isle Adam war von dem Vorschlag Karls alles andere als begeistert, da er noch immer nicht die Hoffnung auf eine Rückkehr nach Rhodos aufgegeben hatte und in Sorge war, durch die Annahme eines spanischen Lehens in die europäische Politik hineingerissen zu werden. Intern befürchtete er, damit Streitigkeiten zwischen den Zungen des Ordens hervorzurufen. Aber aus Gründen der Diplomatie stimmte er zunächst zu, eine Untersuchungskommission, bestehend aus den Vertretern jeder Zunge, nach Malta zu schicken.

Die physische Geographie von Malta □ Die Kommission erarbeitete einen allgemein negativ gehaltenen Bericht, dessen Hauptinhalt – in eine moderne geographische Analyse eingefügt – hier wiedergegeben sein soll. Die Inselgruppe von Malta besteht aus fünf Inseln, von denen zwei nur unbewohnte Felsengruppen sind; die kleinste der drei bewohnten Inseln ist 2,75 km² groß – dies ist die »Kümmelinsel« (Comino), auf der im Mittelalter nur Kümmel als Exporterzeugnis produziert wurde. Gozo, die westliche Insel, hat eine Fläche von 67 km² und ist die landwirtschaftlich ergiebigste und wasserreichste der drei Inseln.

Die Hauptinsel, Malta, bedeckt eine Fläche von 246 km², etwa ein Fünftel der Fläche von Rhodos. Die größte Länge von Nordwest nach Südost beträgt 27 km, die durchschnittliche Breite 12 km.

Geologisch gesehen besteht die Insel Malta aus einem mächtigen Block Kalkstein von verschiedener Konsistenz. Die zwei untersten Schichten sind Korallenkalk und darüber ist die mächtigste Schicht Kalk der Globigerina (eines Meerestierchens). Der Korallenkalk ist gegen sprühendes Seewasser beständig, daher besonders für Hafenbauten und Befestigungen geeignet. Die Globigerina ist ein Gestein besonderer Art: ein weicher, mergelgleicher Kalkstein, der sich mit Leichtigkeit zersägen oder modellieren läßt, so daß aus ihm Skulpturen und Dekorationen wie aus Holz geschnitzt werden können. Ist der Stein aber längere Zeit der Luft ausgesetzt, so härtet er zu der Struktur eines normalen Kalksteins, und die feinen Schnitzereien bleiben hart und beständig. Das Gestein hat eine gelbliche Tönung, die vor allem der Stadt Valetta besonderen Charakter gibt. Bei Sonnenuntergang erglüht der Stein in einem Goldton, der an Jerusalem erinnert.

Aus diesem Stein bestehen fast alle Kirchen und ihre Dekorationen, aber auch die meisten Befestigungen, die so gebaut wurden, daß zuerst der weiche Stein aus dem Felsen gebrochen wurde, um tiefe Gräben (bis 20 m Tiefe) auszuschachten, und dann die gebrochenen Steine für den Bau von hohen Mauern benutzt werden konnten. Auch der Bau von langen Tunnels innerhalb der Mauern wurde durch die ursprüngliche Weichheit des Steines erleichtert.

Die oberste Schicht ist ein von Natur aus sehr harter Kalkstein, der nur langsam verwittert und daher die oberste Kante von Plateaus oder Bergen bildet, vor allem auf Gozo. Unter dieser Schicht, als Trennung zwischen ihr und dem Globigerina-Gestein findet sich eine Schicht aus weichem Gestein – Ton und Grünsand –; diese Schicht ist die wichtigste für das

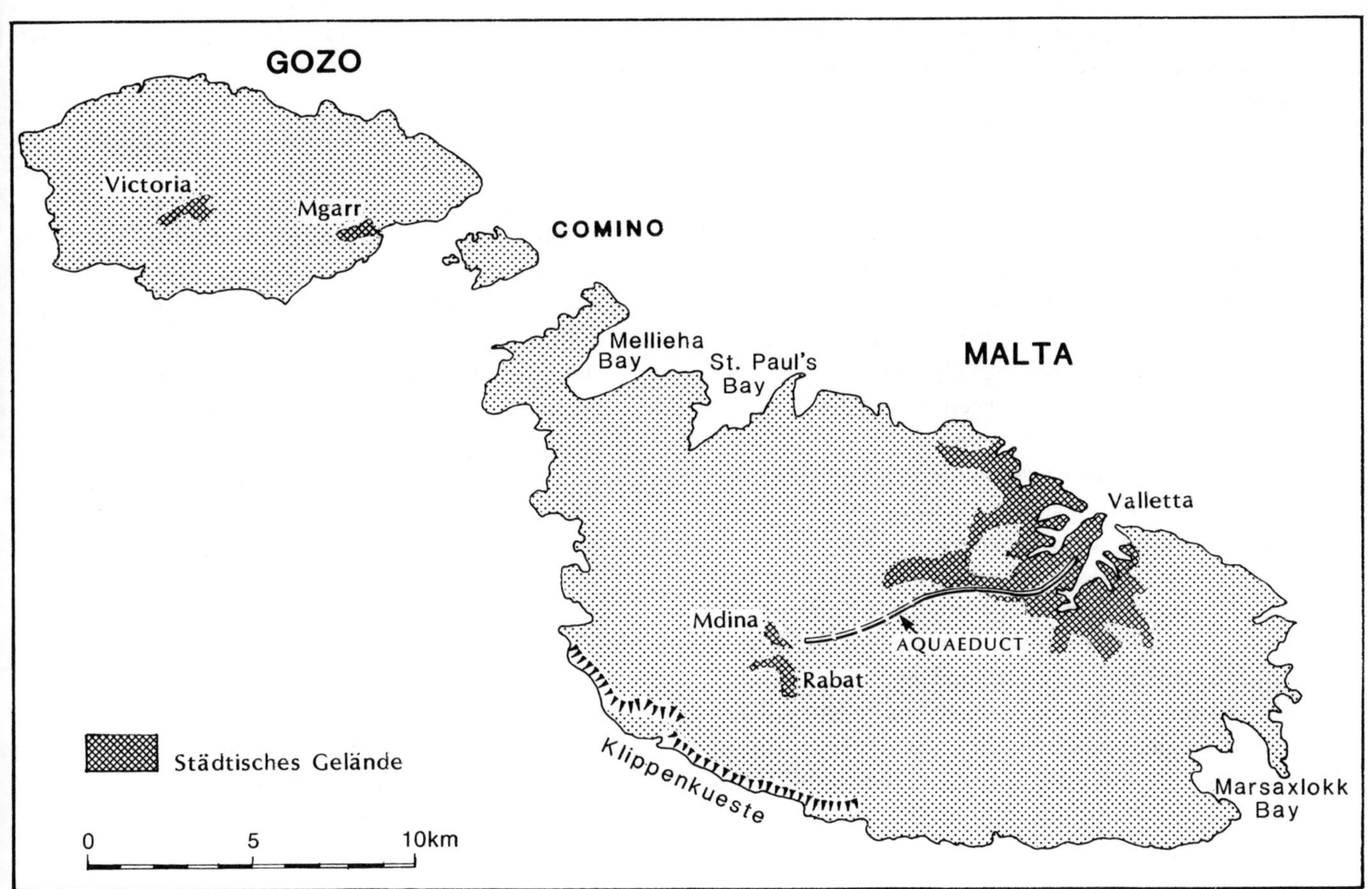

Karte 14: Die Inselgruppe von Malta

Leben der Bevölkerung. Sie verwittert leicht, schafft dadurch landwirtschaftlichen Boden und bildet die einzige grundwasserhaltige Schicht, aus der Quellen entspringen oder in welche Brunnen gebohrt werden können. Die Verteilung der mittelalterlichen Siedlungen folgt der Verbreitung dieser Schicht.

Der gesamte Block erfuhr in der jüngsten geologischen Zeit eine starke Hebung im Süden und Westen, so daß die ganze Insel heute nach Norden und Osten geneigt ist. Im Süden besteht eine Steilküste, die sich an manchen Stellen bis 150 m über dem Meer erhebt, während im Norden und Osten infolge der Neigung das Meer in die Flußtäler eingedrungen ist, und sie in langgestreckte Ästuarien (trichterförmige Flußmündungen) verwandelt hat, zwischen denen sich hier und da hügelige Landzungen erstrecken. Daher ist die Südküste hafenarm, während im Norden und Osten sich eine Reihe von Naturhäfen befindet, die im Arabischen »Mersa« genannt werden. Der längste dieser Meeresarme ist fast 4 km lang, von ihm laufen nach Osten drei Verzweigungen von je einem Kilometer Länge, zwischen denen sich drei hügelige Landzungen erheben. Dieses kammartige Gefüge, der »Große Hafen«, wurde zum Schauplatz allen dramatischen Geschehens, das Malta zur Zeit des Johanniterordens auszeichnete.

Einen Kilometer westlich vom Großen Hafen befindet sich ein weiterer Meeresarm von fast 3 km Länge, jedoch breiter als der Große Hafen, der Mersa Muscetto (in maltesischer Schreibweise Mersamxett) genannt wurde.

Zwischen den beiden Buchten erhebt sich ein steiler Hügel, Mont Sceberras, auf dem der Orden die Stadt Valetta errichtete. Diese Kombination von großen Flächen wind- und wellengeschützten Wassers und steilen Hügeln dazwischen war und ist ideal für den Bau eines Hafens. Die Anlegemöglichkeiten für Schiffe von der Durchschnittslänge einer Galeere oder eines Frachtschiffs des 16. bis 18. Jahrhunderts reichten für etwa 300 Schiffe aus, und damit besaß Malta einen der besten und größten Häfen im Mittelmeer, der sich fast mit Konstantinopel messen konnte.

Die wirtschaftliche und politische Lage □ Diese geographische Schilderung der Insel war natürlich nicht im Report der Kommission enthalten, aber sie bildet den Hintergrund der Darstellung Maltas als zerklüftete Insel aus kahlem Gestein, fast ohne Bedeckung mit Erde, ohne Baumwuchs und fast ohne Wasser. Die Wasserversorgung der Bevölkerung erfolgte meist aus aufgestautem Regenwasser. Die Bevölkerung von etwa 12000 Seelen sprach eine vom Arabischen abgeleitete Sprache, war außerordentlich verarmt, und ihre Getreideproduktion konnte kaum die Familien für vier Monate im Jahr sättigen. Zudem litt die Bevölkerung unter häufigen Überfällen von mohammedanischen Korsaren. Der Lehnsherr von Malta, der Vizekönig von Sizilien, hatte sich verpflichtet, für die Versorgung der Bevölkerung von Malta mit Getreide zu sorgen, und die Getreideausfuhr von jedem Zoll zu befreien. Der Bericht anerkannte zwar die Vorteile des Hafens, sah aber klar die immensen Kosten, die Befestigung und Verteidigung eines solchen Hafens verlangen würden.

Merkwürdigerweise enthält der Bericht nichts über die politische Verwaltung der Insel; dies soll hier hinzugefügt werden. Die Regierung der Insel lag in den Händen einer Adelsschicht spanischer oder sizilianischer Herkunft, die ihr Zentrum in der antiken römischen und später arabischen Hauptstadt Mdina hatte. Sie lag auf einem der höchsten Punkte der Insel, von wo man diese nach drei Seiten bis zum Meer überblicken konnte. In dieser Stadt, deren Name im 15. Jahrhundert in Notabile geändert wurde, lag auch der Sitz des Erzbischofs und des Klerus. In Notabile waren gleichfalls die verschiedenen Mönchsorden durch Klöster vertreten, vor allem die allgegenwärtigen Franziskaner und Dominikaner.

Das Bürgertum der Insel und die Kaufmannsschaft hatten sich auf einer der Halbinseln im Großen Hafen, Borgo genannt (im Maltesischen: Birgu), angesiedelt, die von einer kleinen Burg, St. Angelo, verteidigt wurde.

Die städtische Bevölkerung besaß eine eigene Stadtverwaltung, die Universita, die noch bis lange in die Ritterzeit hinein aktiv war; die Bauern hatten eine Art Dorfmiliz, hauptsächlich zur Verteidigung gegen Seeräuber, gebildet. Die Gesamtbevölkerung gehörte auf Malta der katholischen Kirche an, während die Ritter es bisher immer mit einer Bürgerschaft oder Bauernbevölkerung zu tun hatten, deren Glaubensgemeinschaft eine östliche Kirche bildete.

Der Legende nach war das Christentum von St. Paul, der an der Küste Maltas Schiffbruch erlitten hatte, durch eine Wunderheilung eingeführt worden und hatte bald so starke Wurzeln gefaßt, daß die mohammedanische Besetzung der Insel (870 – 1090) nur wenige zum Islam bekehren konnte. Bis auf den heutigen Tag ist die Bevölkerung Maltas streng katholisch; davon zeugt die große Anzahl prächtiger Kirchen (selbst in dem kleinsten Dorf) auf Malta und Gozo.

Der Bericht der Kommission über die ärmlichen Verhältnisse in Malta und vor allem über die armselige Landwirtschaft wurde von dem Konvent, der sie mit der grünen und baumbestandenen Insel Rhodos verglich, nicht sehr freundlich aufgenommen. Dazu kam die politische Opposition der drei französischen Zungen gegen eine zu starke Bindung an den König von Spanien, mit dem Frankreich in andauernde Kriege verwickelt war, und der italienischen Zunge, die eine Bindung an den deutschen Kaiser (identisch mit dem König von Spanien) verhindern wollte. Nur die spanische Zunge, sowie die englische und deutsche waren für die Annahme des Angebots.

Karl V. war inzwischen in eine schwierige Lage geraten. Die türkische Invasion des Balkans rückte bis vor die Tore von Wien vor; der Krieg mit Frankreich verlief ungünstig und wurde 1529 mit dem Vertrag von Cambrai abgeschlossen, gemäß dem Spanien an Frankreich Burgund abgeben mußte gegen den Verzicht des französischen Königs auf Neapel; die Angriffe der nordafrikanischen Piraten wurden immer häufiger und kühner. Daher begann Karl, Druck auf den Orden auszuüben, indem er erklärte, er könne nicht zulassen, daß die Kommenden des Ordens in Spanien Geld, das zum Kampf gegen die Türken bestimmt sei, einem untätigen Orden zuführten. Dieses letzte Argument war wahrscheinlich der entscheidende Faktor: das im Jahre 1529 nach Rom zusammenberufene Generalkapitel erklärte sich für die Annahme des Lehensangebots.

Die Bedingungen des Lehens □ Der Lehensvertrag wurde am 24. März 1530 anläßlich der in Bologna stattfindenden Krönung Karls V. zum Deutschen Kaiser unterzeichnet. Seine Hauptpunkte sind wie folgt: Der Orden erhält die Inseln Malta und Gozo, sowie Tripolis und seine Umgebung als kaiserliches Lehen, damit die Ritter ihren Kampf »gegen die gottlosen Feinde des christlichen Glaubens« wieder aufnehmen können. Allerdings wurde die Bestimmung gestrichen, daß der Orden im Kriegsfall dem Lehnsherren zur Verfügung stehen müsse, da er durch seine Satzung verpflichtet war, nie Waffen gegen Christen zu erheben. Als Entgelt hatte der Orden jährlich einen Falken dem König von Spanien zu überliefern; also bedeutete das praktisch eine vollständige Befreiung von allen Abgaben, die ein Vasall seinem Lehnsherrn schuldet, und war nur eine symbolische Anerkennung der Souveränität des Königs. Die Lehnsurkunde gab dem Orden nicht vollständige Unabhängkeit. Er wurde verpflichtet, die Selbstverwaltung der alteingesessenen Adligen (die Universita), sowie die ererbten Rechte der Bevölkerung zu achten. Die Kirche besaß ihre eigene Freiheit, die nur die Unterstellung unter den Papst anerkannte. Der König behielt sich aber das Recht vor, den Bischof von Malta zu bestätigen, und zu diesem Zweck sollte eine Liste von drei Kandidaten vorgeschlagen werden, von denen einer ein Spanier sein müsse. Diese beschränkenden Bestimmungen führten im Laufe des Jahrhunderts zu zahlreichen Konflikten, bei denen oft die Entscheidung des Papstes angerufen werden mußte, der dadurch immer eine Hand auf den Angelegenheiten Maltas behielt. Es wurde dem Orden auch ursprünglich das Münzrecht verweigert und erst um das Jahr 1540 – für Goldmünzen erst um 1680 – gewährt.

Dem Orden blieb die Souveränität auf militärischem Gebiet, wobei allerdings das Herren-Vasallenverhältnis für Kriege gegen Nichtchristen wirksam blieb. Als Vertreter des Königs in aus dem Vertrag entstehenden Fragen wurde der Vizekönig von Sizilien, zu dessen Domäne Malta bis dahin gehört hatte, eingesetzt. Auch aus dieser Bestimmung ergaben sich im Laufe der Jahre zahlreiche Zusammenstöße. Aber im großen ganzen wurde der Vertrag vom Orden angenommen, weil er dadurch wieder ein eigenes Territorium besaß (auf dem er selbst keine übergeordnete Instanz hatte) und nur einen Modus vivendi mit den übrigen auf der Insel befindlichen Bevölkerungsgruppen suchen mußte.

Die Belehnung des Ordens mit Tripolis erwies sich als ein Danaergeschenk. Tripolis (fast 340 km genau südlich von Malta) war im Jahre 1511 von Spanien erobert worden, konnte aber nur mit Mühe gehalten werden. Das eroberte Gebiet umfaßte die Stadt und ihren vernachlässigten Hafen, und deren Befestigungen waren schwach und nur von einer kleinen spanischen Garnison geschützt, während mohammedanische Truppen die Höhen in der Umgebung der Stadt besetzthielten. Es war daher die erste Aufgabe des Ordens, die Befestigung der Stadt zu stärken, ohne daß dafür die nötigen Mittel zur Verfügung gestanden hätten. Tripolis ging daher knapp zwanzig Jahre nach der Übernahme durch den Orden an die Türken verloren (s. S. 128).

Neue Schicksalsschläge

Militärische Aktionen zur See □ Im Oktober 1530 erschien die Flotte des Ordens am Eingang zum Großen Hafen, und die Ordensritter nahmen Besitz von dem Städtchen Birgu; kurz darauf erfolgte in Notabile die feierliche Übergabe der Insel an den Großmeister des Ordens durch die Spitze des maltesischen Adels und des Klerus. Sofort darauf begann der Orden mit den notwendigen Bauarbeiten in Birgu, das als Hauptstadt und Sitz des Konvents dienen sollte, und mit der Stärkung der Befestigung der Stadt. Vor allem wurde die bestehende kleine Festung St. Angelo ausgebaut und die Mauern durch mächtige Fortifikationen in den Stand gebracht, einer eventuellen Belagerung Widerstand zu leisten.

Neben all diesen Aufgaben nahm de l'Isle Adam es auf sich, die Disziplin im Orden, die infolge der Tatenlosigkeit der sieben Jahre des Herumziehens nachgelassen hatte, wiederzubeleben und den Orden erneut zu einer Kampftruppe zu machen.

Neben der Befestigung der Stadt galt es, die Flotte aufzubauen und veraltete Schiffe durch neue zu ersetzen. Das Problem des Schiffbaus war in Malta dadurch verschärft, daß die Insel keinen Wald besaß, und alle Schiffe in anderen Häfen bestellt werden mußten. Das neue Flaggschiff, die große Karacke »Santa Anna« (1700 Tonnen), war noch zur Zeit als der Orden in Rhodos saß, in Nizza bestellt worden und lief vom Stapel, gerade als der Orden Rhodos verlassen mußte. Sie wurde trotzdem fertiggestellt und war das erste gepanzerte Kriegsschiff der Welt. Die Panzerung bestand aus Bleiplatten, die mit Bolzen aus Messing festgemacht wurden. Die Wahl der Metalle sollte das Rosten verhindern. Das Schiff hatte sechs Decks und lag so tief im Wasser, daß für die Kanonen eine stabile Grundlage geschaffen wurde, die ein genaueres Zielen ermöglichte. Bei der Höhe des Schiffes war es nicht möglich, Ruder zu benutzen, sondern nur Segel, die so getakelt waren, daß das Schiff den Wind auch von der Seite ausnutzen konnte.

Nach zeitgenössischen Berichten konnte die »Santa Anna« eine Besatzung von 300 Mann aufnehmen, Waffen und Proviant für 500 Soldaten für längere Zeit. Das Schiff erregte die Bewunderung seiner Zeitgenossen. Die erste geschichtlich berichtete Aktion, an der die »Santa Anna« teilnahm, war die Eroberung von Tunis (1535) durch spanische Truppen und eine Flotte, die von dem Genuesen Andrea Doria kommandiert wurde. Neben dem Flaggschiff hatte der Orden mit sieben Galeeren an dem Angriff teilgenommen, der siegreich endete, da gleichzeitig mit dem Angriff mehrere tausend christliche Sklaven in der Stadt revoltierten, und dadurch die türkischen Verteidiger anderweitig beschäftigt waren.

Bei der Eroberung von Tunis zeigte sich ein Prinzip, das sehr viele kriegerische Aktionen des Ordens auf See kennzeichnete. Die großen Seeschlachten wurden meistens von den vereinigten Flotten einer Koalition geführt, bei der der Johanniterorden nur eine geringe Zahl Schiffe – meistens weniger als zehn – stellte, gegenüber mehr als hundert oder sogar mehreren hundert Schiffen der anderen Mächte. Aber durch seine Kriegserfahrung und Beherrschung der Manövrierkunst der Schiffe wurde der Orden an besonders wichtigen Aktionen der kombinierten Flotte eingesetzt und konnte so Entscheidungen erreichen, die weit über die zahlenmäßige Beteiligung der Ordensritter hinausging (jedenfalls berichten die Geschichtsschreiber des Ordens stets über die entscheidende Rolle, die die Schiffe des Ordens bei einer Schlacht gespielt haben).

Aber der Feldzug gegen Algier (1541), in dem eine kombinierte Flotte von mehreren hundert Schiffen teilnahm, und der von Kaiser Karl V. persönlich geleitet wurde, endete mit einer totalen Niederlage, die durch einen Sturm auf See und ein Unwetter auf dem Festland verursacht oder vielleicht verschärft wurde. Dabei gingen 15 Galeeren und 86 Frachtschiffe verloren. Der Orden sandte zu der Aktion seine Flotte, die von dem Kommandanten der Galeeren, Georg Schilling von Cannstadt, geführt wurde. Auch diese Flotte wurde vom Sturm verstreut, und ihre Verluste sind nicht bekannt, waren aber zweifellos groß.

Im Jahre 1534 starb de l'Isle Adam im Alter von 75 Jahren, von allen betrauert. Er war einer der hervorragendsten Großmeister des Ordens gewesen, der ihn in den Zeiten der größten Not während der türkischen Belagerung von Rhodos und des erzwungenen Abzuges von der Insel als stolze Einheit zusammengehalten hatte, und während der siebenjährigen Wanderung in der Suche nach einer neuen Heimat den Mut nicht sinken ließ. Nur eine glaubensstarke und von eisernem Willen beseelte Persönlichkeit war zu solcher Haltung imstande. Trotz seines andauernden Strebens nach einer Rückkehr nach Rhodos fügte er sich der Notwendigkeit, Malta als eine neue – und in seinen Augen temporäre – Basis zu akzeptieren und alles zu unternehmen, um diese Basis halten zu können.

Das Jahr nach seinem Tode war eines der schicksalschwersten für den Orden. Zwei Großmeister starben, kurze Zeit nachdem sie ihr Amt angetreten hatten. In England führte der Streit des Königs Heinrich VIII. mit dem Papst um die Scheidung des Königs von Katharina von Aragon zur Veröffentlichung des »Act of Supremacy«, die den Beginn der englischen Reformation darstellte, in deren Folge zwischen 1536 und 1539 alle Klöster und Orden aufgelöst und ihr Vermögen zugunsten des Staates beschlagnahmt wurde. Dies führte nicht nur zu einem großen Verlust an Kapital und Einnahmen für den Orden, sondern praktisch zum Verschwinden der englischen Zunge, von der auf Malta nur ein Ritter und in Frankreich ein paar Ritter übrigblieben. Die skandinavischen Länder, die sich gleichfalls zur Reformation bekannten, folgten dem Beispiel und beschlagnahmten gleichfalls das Vermögen der Klöster und des Ordens. In Deutschland begann ein komplizierter Prozeß, in dem die Ordensbrüder in verschiedenen Prioraten oder Balleien – je nach der Religion des betreffenden Herrschers – zeitweise oder ständig zum Protestantismus übergingen, allerdings in manchen Fällen, ohne ihre Mitgliedschaft im Gesamtorden aufzugeben.

Die Nachfolger von de l'Isle Adam □ Die Kalamitäten, die den Orden auf dem politischen wie auf dem militärischen Schlachtfeld trafen, fielen in die Zeit des spanischen Großmeisters Juan Homedes (1536 –

1553). Zeitgenössische Quellen machen ihn zum Teil verantwortlich für die Mißgeschicke und schildern ihn als einen Mann von geringer Tatkraft. Unglücklicherweise stieß er auf einen türkischen Gegner, der genau sein Gegenteil darstellte. Dieser Mann war Dragut, der Vizekommandant Chair-ed-Din Barbarossas und Nachfolger nach dessen Tode (1546). Dragut organisierte Piratenangriffe über das ganze Mittelmeer und suchte auch die maltesischen Inseln von Zeit zu Zeit heim. In der Zeit des Magisteriums von Homedes überfiel er die Inseln sechsmal mit seinen Schiffen, ohne daß der Orden wegen unzureichender Befestigungen imstande war, ihn aufzuhalten. Der grausamste Angriff Draguts traf Gozo im Jahre 1551. Er zerstörte dabei fast die ganze Insel und führte Tausende von Männern, Frauen und Kindern in die Sklaverei. Im selben Jahr griff er Tripolis an, das nur von einer schwachen Garnison des Ordens gehalten war, und zwang die Verteidiger zum Rückzug über das Meer nach Malta. Damit war das letzte überseeische Gebiet des Ordens verloren; dessen Unhaltbarkeit war jedoch schon vorher vom Orden erkannt worden.

Es scheint, daß zur Amtszeit von Homedes der stärkste Mann im Orden Georg Schilling von Cannstadt war. Um 1490 geboren, trat er mit 14 Jahren dem Orden bei und nahm am Endkampf des Ordens in Rhodos teil. Im Jahre 1534 wurde er Großbailli der deutschen Zunge und gleichzeitig Befehlshaber der Flotte, die sich 1535 an der Einnahme von Tunis beteiligte. 1535 wurde er zum Gouverneur von Tripolis ernannt; seine Berichte von dort wiesen stets auf die Schwächen der Befestigungen dieses Hafens hin, die dann 1551 auch zu dessen Verlust führten. 1541 mußte er die Niederlage vor Algier miterleben und kehrte 1546 nach Deutschland zurück, wo er zum Großprior ernannt war. Aber seine Karriere endete nicht mit einer Wahl zum Großmeister, da die deutsche Zunge stets die kleinste in Malta war (erst der letzte Großmeister, von Hompesch, war ein Deutscher). Dafür wandte er sich der Politik im Deutschen Reiche zu. Karl V. als deutscher Kaiser ernannte ihn im Jahre 1548 zum Reichsfürsten, eine Auszeichnung, die kein anderer Großwürdenträger des Ordens vorher erhielt. Er starb, kurz nach Großmeister Homedes, im Jahre 1554.

Es wäre falsch, die Tätigkeit des Johanniterordens nur nach seiner militärischen Leistung zu beurteilen. Er bewies seine Organisationsgabe zunächst in der zweiten Hauptfunktion des Ordens – als Hospitaliter – und dann im Aufbau der Stadt Birgu. Da die Stadt, die am inneren Hafenbecken gelegen war, schon bewohnt war, beschloß der Orden, nicht wie in Rhodos ein eigenes Ordensviertel zu bauen, sondern mitten im bewohnten Gelände die für den Orden notwendigsten Gebäude zu errichten, immer im Gedanken daran, daß der Aufenthalt auf Malta, oder wenigstens auf Birgu, nur temporär sein sollte. So entstand als erstes ein kleines Hospital, dann die Konventskirche, Santa Anna genannt. Die verstärkte Festung St. Angelo diente als Konventsgebäude mit dem Sitz des Großmeisters. Die einzelnen Gebäude der Zungen waren klein und eng, sie zeigten einen einfachen Renaissancestil ohne viel Ornamentik, als Ausdruck des Mönchscharakters und der schweren finanziellen Situation des Ordens.

Das Wohnen inmitten der Bevölkerung von Birgu und in Hafennähe schuf natürlich Probleme moralischer und gesellschaftlicher Art für den Orden, vor allem für die jüngeren Mitglieder, wenn man bedenkt, daß die jüngsten 14 bis 15 Jahre alt waren. Trotz aller Versuche, eine strenge Disziplin zu wahren, konnten die jungen Adligen nicht unter dauernder Kontrolle gehalten werden, und trotz schwerer Strafen – einschließlich Gefängnis oder Entzug von Essen und Gesellschaft – kam es vor, daß jüngere Ritter oder Anwärter in Streitigkeiten und Handgreiflichkeiten mit der örtlichen Bevölkerung oder Prostituierten bzw. deren Zuhältern im Hafenviertel gerieten.

Im Laufe der Jahre wurde Birgu, das auf zwei Seiten von Meeresarmen umgrenzt ist, zu klein und über-

22 Die Urkunde der Belehnung des Johanniterordens mit der Inselgruppe von Malta durch Kaiser Karl V. (1530).

23 Großmeister Jean de la Valette (Regierungszeit 1557–1568) mit dem genuesischen Admiral Andrea Doria. Bildnis eines unbekannten Malers.
Privatbesitz

◁ 24 Die Festung St. Angelo auf Malta, die die Einfahrt in den »Großen Hafen« beherrschte und dem Ansturm der Türken während der »Großen Belagerung« bis zum Ende standhielt (1565).

▷

25 Sultan Süleiman »der Prächtige« (Regierungszeit 1520–1566), der Eroberer von Rhodos und großer Gegner von Jean de la Valette.
Wien, Kunsthistorisches Museum

26 Grabsteinplatten auf dem Fußboden der Konventskirche in Valetta zur Erinnerung an gefallene Ritter des Ordens. Das Besondere dieser Platten (ca. 2 × 1,5 m), die aus farbigem Marmor intarsiert sind, ist die häufige Darstellung des Todes als »Knochenmann«.

27 *Die Konventskirche in Valetta.*

◁ 28 *Wie Abbildung 26.*

29 Eine typische Galeere des Johanniterordens, bemannt mit Sklaven als Ruderer.

30 Die Karacke »Santa Anna«, das Flaggschiff des Johanniterordens aus dem 16. Jahrhundert, das bereits gepanzert und mit Kanonen bestückt war.

31 Karte von Valetta mit der Darstellung der »Großen Belagerung«. In den Händen des Johanniterordens befinden sich, wie durch Ordensfahnen angezeigt, die Festung St. Elmo an der Spitze der Halbinsel Mont Sceberras sowie die Festungen St. Angelo und St. Michael in der Mitte des »Großen Hafens«. In der linken unteren Ecke sieht man eine Karte der Stadt Valetta. Wandgemälde in der Bibliothek des Vatikans. ▷

32 Der große Hospitalsaal in Valetta, heute für Kongreßzwecke genutzt.

33 Korridor im Palast des Großmeisters in Valetta.

34 *Ansicht des »Großen Hafens« auf Malta.*

◁ 35 Der Wachtturm »Roter Turm« auf Malta.

36 Festungsgraben rund um Valetta. Zu beachten sind die große Tiefe des Grabens und das Globigerina-Gestein der Wände.

37 Aquädukt, erbaut von Großmeister Vignacourt (Regierungszeit 1690–1697). Die Wasserleitung versorgte Valetta mit Wasser aus den Quellen bei Mdina.

38 Der riesige unterirdische Getreidespeicher in Floriana, Malta.

39 Blick auf Mdina.

40 Dorfkirche in Malta. Man vergleiche die gewaltigen Ausmaße der Kirche mit den kleinen Häusern des Dorfes.

41 Ausschnitt der Herberge in Valetta, der das eindrucksvolle Portal und Fassaden- sowie Giebeldekoration zeigt (vgl. auch Abb. 42).

42 △ 43 ▽

42 *Die Herberge der Kastilischen Zunge in Valetta.*

43 *Großmeister Emmanuel von Rohan-Polduc (Regierungszeit 1775 bis 1797).*

Nächste Seite:

44 *Die Nationalbibliothek in Valetta, in der das Archiv des Johanniterordens aufbewahrt wird.*

45 *Vittoriosa, ein Vorort von Valetta.*

44 △

45 ▽

völkert, und so entschloß sich Großmeister Claude de la Sengle (1553 – 1557), Nachfolger von Homedes, eine neue Stadt auf der Halbinsel südlich von Birgu zu errichten. Der 200 m breite Meeresarm zwischen dieser Neustadt und Birgu diente als Galeerenhafen (er wird heute Dockyard Creek genannt). Die Neustadt wurde nach dem Großmeister »Senglea« genannt und wurde zur Wohnstadt für die ärmere Bevölkerung.

Die Große Belagerung (1565)

GROSSMEISTER DE LA VALETTE □ Die »Große Belagerung« vom 18. Mai bis zum 9. September 1565 – also fast vier Monate lang – war die stärkste Belastungsprobe, der der Johanniterorden während seines Bestehens ausgesetzt war, und führte zu seinem größten Triumph, den er noch zwei volle Jahrhunderte auskosten konnte. Sie beinhaltete alle Elemente einer Heldenlegende: eine winzige Insel gegen das größte Reich Europas, der christliche Ritter in schillernder Rüstung gegen muselmanische Horden, der »Kampf um Troja« in neuem Gewand – und noch bis zum Ende des 18. Jahrhunderts gehörte die Kenntnis der Einzelheiten dieser Belagerung zur allgemeinen Bildung.

Dennoch gibt es kaum eine objektive Quelle über den Verlauf der Belagerung. Die historischen Darstellungen christlicher Quellen sind fast alle von Mitgliedern des Ordens oder dessen Gönnern geschrieben, und meist nicht von Teilnehmern direkt, sondern von Geschichtsschreibern, die die Kämpfer lange nach dem Sieg über ihre Erfahrungen ausgefragt hatten und naturgemäß Antworten bekamen, die die christliche Seite verherrlichten. Nur wenige spätere Historiker benutzten für ihre Schilderungen auch Dokumente, wie Briefe und diplomatische Berichte, die während der Belagerung verfaßt wurden und natürlich auch einseitig gefärbt sind. Von türkischer Seite gibt es viel weniger Schlachtenschilderungen, und Einzelheiten, vor allem über die – von allen Historikern berichteten – Meinungsverschiedenheiten zwischen den Heerführern, sind wohl kaum auf Augenzeugenberichten begründet. Schlachtenbilder, meist Generationen später entstanden, zeugen wie alle Schlachtenbilder, die als riesige Wandgemälde die Paläste und Museen Europas schmücken, mehr von der Phantasie und dem künstlerischen Können des Malers, als von der Wirklichkeit der Schlacht. Moderne maltesische Historiker beschweren sich darüber, daß die historischen Kampfberichte der Leistung der maltesischen Bevölkerung, die den Großteil der Kämpfer und Befestigungsarbeiter – einschließlich Frauen – stellte, nicht volles Recht zukommen lassen.

Andererseits zeigt der Verlauf der Schlacht deutlich, daß die Ordensritter in der Verteidigung Maltas Übermenschliches leisteten und dabei das alte Ordensgebot, daß ein Ritter den Tod im offenen Kampf jeder anderen Handlungsweise vorzuziehen habe, bis aufs letzte befolgten. Vor allem hätte Malta ohne die Führernatur und Weitsicht des Großmeisters de la Valette nicht gehalten werden können. Die Darstellung der Belagerung soll also mit seinem Kurzporträt beginnen.

Jean de la Valette-Parisot (Großmeister 1557 – 1568), der noch bei der Belagerung von Rhodos mitgekämpft hatte, wurde im Jahre 1494 in der Gascogne geboren, trat dem Orden mit zwanzig Jahren bei und war ein Soldat mit Leib und Seele, mutig bis zur Tollkühnheit und imstande, seine Untergebenen in schwierigen Situationen anzufeuern und mitzureißen. Bei einer Seeschlacht (1541) wurde er von Mohammedanern gefangengenommen und verbrachte ein Jahr als Galeerensklave, was er wahrscheinlich nur dank seiner Willenskraft überleben konnte. In ruhigeren Zeiten erwarb er die Kenntnis vieler Sprachen; d.h. neben Französisch: Spanisch, Italienisch, Griechisch, Arabisch und Türkisch, was ihm bei diplomatischen Verhandlungen von großem Vorteil war. In seiner militärischen Karriere durchlief er fast alle Stufen bis zum Kommandeur der Flotte. Im Jahre 1557 wurde er zum Großmeister gewählt.

De la Valette begann seine Aufgabe sofort mit einer Stärkung der Befestigungen Maltas. Er befand die Befestigung von Birgu und Senglea als unzureichend, da sie nicht mit der Entwicklung des Kanonenbaus Schritt gehalten hatten, vor allem nicht mit der größeren Reichweite der Geschosse. Die größte Gefahr sah er in Mont Sceberras, der hügeligen Halbinsel, die den Großen Hafen von Nordwesten einschloß und die kleinen Städte auf der Südostseite des Hafens mit einer Höhe von 100 Metern überragte; von dort konnten die Kanonen aus einer Entfernung von etwa 600 m über den Hafen hinweg die Festungen St. Angelo und St. Michael beschießen. Gleichzeitig beherrschte der Hügel die große Bucht von Mersamuscett in seinem Nordwesten. Die Ufer der Bucht waren damals zwar noch nicht städtisch besiedelt, konnten aber im Kriegsfall Zuflucht für eine feindliche Flotte bieten.

Es war von vorneherein klar, daß Mont Sceberras die Schlüsselposition für die Beherrschung der beiden Buchten darstellte. Allerdings hatte die Halbinsel geographische Nachteile. Die Oberfläche besteht dort aus hartem Kalkstein, der über dem weichen Globigerina-Gestein in großer Mächtigkeit liegt und eine zerklüftete Bodenoberfläche schafft. Die Flanken der Halbinsel sind so steil, daß es kaum einen Auf- oder Abstieg gibt, und die Küste auf beiden Seiten bietet keine günstigen Ankerplätze. Infolge seiner geologischen Struktur gibt es auf dem Hügel keine Quellen, nicht einmal Brunnen; die Versorgung mit Trinkwasser war somit nur durch Sammeln von Regenwasser in Zisternen möglich.

Aus diesen Gründen hatte der Orden vom Bau einer Stadt auf Mont Sceberras Abstand genommen und sich mit Birgu und später Senglea abgefunden. Das Versäumnis, Mont Sceberras zu befestigen, ermöglichte es im Jahre 1551 türkischen Piraten unter Dragut, in Mersamuscett zu landen und die Bucht als Stützpunkt für den Überfall auf Gozo zu benützen. Die sofortige Reaktion des Ordens auf diesen Überfall war die Errichtung von Fort St. Elmo an der Spitze der Halbinsel von Mont Sceberras und von St. Michael an der Spitze der Halbinsel von Senglea.

Dies war die Situation, die de la Valette vorfand, als er zum Großmeister gewählt wurde. Er ließ sofort von den besten italienischen Befestigungstechnikern Pläne für die Befestigung der Halbinsel ausarbeiten, die zu dem Ergebnis führten, daß nur eine befestigte Stadt genügend Sicherheit für die Verteidigung der Halbinsel garantierten könne. Im Jahre 1562 gab der Papst die Genehmigung für den Bau der Stadt, es wurden Pläne für die Finanzierung gemacht, aber es kam dann doch nicht zu ihrem Bau. Wohl aber wurden Verbesserungen an den drei bestehenden Festungen vorgenommen, in der Form, daß sie sich gegenseitig Flankendeckung geben und durch die Kanonen ein Verteidigungsdreieck bilden konnten, das die Einfahrt in den Großen Hafen sperrte. Aber die Unterlassung – oder Unmöglichkeit –, auf dem Hügel selbst eine befestigte Stadt zu bauen, sollte sich als schicksalhaft für den Verlauf der Belagerung erweisen.

Seit Beginn der sechziger Jahre mehrten sich die Anzeichen, daß die Türken eine große Aktion zur See planten. Der Orden besaß einen außerordentlich guten Spionagedienst, gestützt auf diplomatische Vertretungen, Kaufleute, Pilger und Überläufer, und alles deutete darauf hin, daß die Türken große Aufträge für den Bau neuer Schiffe und Einkauf von Proviant aller Art vergeben hatten. De la Valette gab darauf den Befehl aus, die Insel für eine Invasion bereit zu machen. Dies bedeutete in erster Linie die Einlagerung von großen Quantitäten von Getreide, Öl und anderen Lebensmitteln für die Bevölkerung, die Sicherstellung der Wasserversorgung durch Auffüllen der Zisternen, die Produktion von Schießpulver und Kanonenkugeln, den Bau von Bastionen und »Cavaliers« (Türme mit Kanonenpositionen) und von inneren Mauern als Rückzugsmöglichkeit für den Fall, daß die äußeren Mauern gestürmt würden.

SÜLEIMAN »DER PRÄCHTIGE«, EIN EBENBÜRTIGER GEGNER □ Wie aber sah die Machtposition des Gegners aus?

Herrscher in Istanbul war noch immer Süleiman der Prächtige (1520 – 1566), der den Orden aus Rhodos vertrieben hatte. Er hatte seitdem versucht, ein Weltreich aufzubauen, und war im Jahre 1529 bis Wien vorgedrungen. Obgleich er sich von dort zurückziehen mußte, behielt er doch den größten Teil Ungarns. Im Jahre 1534 vergrößerte er sein Reich durch die Eroberung von Mesopotamien und Teilen von Persien. Seit 1536 hatte er ein Bündnis mit Frankreich, das sich hauptsächlich gegen Karl V. als König von Spanien und Kaiser von Deutschland richtete. Im Jahre 1538 eroberte er den westlichen Teil der Arabischen Halbinsel entlang der Küste des Roten Meeres. Er verstärkte seine Position in Nordafrika mit Hilfe der Korsaren Barbarossas und nach dessen Tod (1546) mit Hilfe Draguts.

Betrachtet man die weltpolitische Strategie Süleimans, so drängt sich der Vergleich eines Spinnennetzes auf, dessen Mittelpunkt Istanbul war. Von hier erstreckten sich Besitzungen nach allen Himmelsrichtungen. Nach Westen umfaßte das türkische Herrschaftsgebiet die gesamte Balkanhalbinsel einschließlich Bosniens und Ungarns bis nach Ofen (Budapest); nach Norden: Bulgarien und die gesamte Schwarzmeerküste ringsum (im Bündnis mit dem Chanat der Krim); nach Südosten: Mesopotamien und den westlichen Rand des persischen Zagros-Gebirges; nach Süden: die arabische Rotmeerküste. Die weiteste Ausdehnung hatte das Osmanische Reich in Nordafrika, wo das Herrschaftsgebiet bis nach Marokko reichte. Mit Recht konnte man Istanbul als den Mittelpunkt der damaligen Welt betrachten, und diese Position wurde noch dadurch verstärkt, daß die Türken den Welthandel zwangen, seinen Weg von Asien nach Europa über Istanbul oder Alexandria zu nehmen.

Aber bei all diesen Bemühungen konnte Süleiman nicht voraussehen, daß der geopolitische Mittelpunkt der Welt sich zur Küste des Atlantischen Ozeans hin zu verschieben begann. Die Entdeckungen durch Kolumbus und Vasco da Gama hatten das Weltbild verändert. Der neue Seeweg nach Indien bot dem Handel mit dem Fernen Osten eine alternative Route, und die Entdeckung Amerikas ermöglichte es – neben der Ausnutzung von Gold und Silber –, mit der Zeit einen großen Teil der landwirtschaftlichen Produkte, die die Welt bislang aus dem Osten bezog, nun in Plantagen in Amerika zu erzeugen, und sie weitaus schneller und billiger zu den Märkten Europas zu bringen. Von größter Bedeutung dabei war aber, daß die neuen Welthandelsrouten außerhalb der Reichweite der Türkei lagen.

Zur Zeit Süleimans war diese Entwicklung noch nicht klar zu erkennen, aber die Unterstützung, die Süleiman den Piraten der Berberei zukommen ließ, weist darauf hin, daß er in Karl V. und dessen Nachfolger Philipp II. von Spanien seinen gefährlichsten Feind sah.

Die Gründe für den Feldzug Süleimans gegen Malta sind nicht ganz klar. Vielleicht spielte untergründig verletzter Stolz mit, angesichts der Tatsache, daß der Orden, den er so großmütig aus Rhodos hatte abziehen lassen, und dessen Großmeister geschworen hatte, nie wieder zu den Waffen gegen Süleiman zu greifen, nun einen Piratenkrieg gegen türkische Schiffe führte. Vielleicht war es das Bestreben, Spanien, seinen größten Widersacher im Mittelmeer, zu schwächen (dies auch als Schlag gegen Frankreich), vielleicht war der Feldzug eine Vorbereitung für einen Großangriff auf Europa von dessen Südflanke her. Jedenfalls sah er in seinem Vorgehen gegen Malta nicht eine kleine Strafaktion, sondern eine militärische Expedition ersten Ranges, die auf das sorgfältigste vorbereitet werden mußte. Die strategischen Probleme waren gewaltig. Zunächst gab es die Zeitbegrenzung: Die Schiffahrt im Mittelmeer war noch immer auf die Sommerjahreszeit beschränkt, und der letzte Termin für die Rückkehr der Flotte war Anfang Oktober. Das Schlachtfeld war etwa 2000 km von der türkischen Küste entfernt, das bedeutete selbst bei günstigen Winden eine Seefahrt von etwa einem Monat. Da den Türken sicher bekannt war, daß Malta von sich aus keinerlei Materialien für Belagerungsmaschinen oder Reparaturen liefern konnte, und nicht einmal genügend Getreide für die Eigenversorgung produzierte, mußte die türkische Flotte und das Expeditionsheer seinen ganzen materiellen Nachschub von der Türkei mitbringen, was natürlich die Zahl der benötigten Schiffe bedeutend vergrößerte.

So bestand die türkische Flotte, die nach Malta segelte, aus über 200 Schiffen und zahlreichen kleinen Booten – die größte Expeditionsflotte, die die Türken je ausgesandt hatten. Ein Teil der Flotte wurde am 17. April 1565 in den Dardanellen gesichtet, und 14 Tage später erreichte er Chios, das der Sammelpunkt der gesamten Flotte, die auch aus anderen Häfen der Türkei kam, war. Anfang Mai ankerte die Flotte nochmals in Navarino, nachdem sie glücklich das stürmische südwestliche Ende des Peloponnes umschifft hatte. Am 18. Mai kam sie in der Nähe von Malta an.

Die Phasen der Belagerung ☐ Die Aufenthalte zur Zusammenstellung der Flotte ermöglichten es, daß die christliche Welt durch schnelle Schiffe von der Annäherung der Expedition benachrichtigt und alarmiert werden konnte. Allein die endgültige Absicht der Expedition blieb ein Rätsel: ihre gewaltigen Ausmaße deuteten auf ein größeres Ziel als Malta hin. Die allgemeine Annahme war, daß dieses Ziel Sizilien sein würde, was den Vizekönig der großen Insel veranlaßte, seine Truppen an verschiedenen, potentiell gefährdeten Häfen der Insel zu konzentrieren. Selbst de la Valette war sich nicht klar, wem die größere Gefahr drohte, und hielt deswegen seine Galeeren im Hafen in Bereitschaft. Hier wurde er von der Landung der Türken jedoch derart überrascht, daß er ein Auslaufen der Galeeren nicht mehr ermöglichen konnte, und diese folglich während der Dauer der Belagerung neutralisiert blieben. Als ihm klar wurde, daß die Expedition einzig Malta zum Ziel hatte, sandte er dringende Hilferufe an den spanischen König Philipp II. und an dessen Vizekönig von Sizilien, Don Garcia de Toledo; letzterer versprach, ein Entsatzheer zu senden, dessen Sammlung allerdings Zeit verlange. So blieb der Orden auf seine eigenen Kräfte angewiesen.

Das Heer der Verteidiger bestand aus etwa 650 Ordensrittern, 1000 spanischen Soldaten und etwa 7000 Maltesen. Die Schätzungen der türkischen Armee variieren in starkem Maße; die niedrigste Schätzung liegt bei 20000 Mann, und diese Zahl erscheint glaubhaft, da es sich bald herausstellte, daß die Türken nicht genügend Soldaten besaßen, um neben der Hauptfront des Großen Hafens noch andere Objekte auf der Insel anzugreifen, was durchaus möglich gewesen wäre, hätten sie über mehr Truppen verfügt.

Der Verlauf der Belagerung ist in seinen Einzelheiten so oft beschrieben worden, daß eine ausführliche Wiederholung im Rahmen dieses Buches ausgespart bleiben soll. Deswegen sollen nur die Hauptphasen dargestellt werden.

Erste Phase (18.5.–22.5.1565) ☐ Die Landung: Die türkische Flotte wählte als Landeplatz Marsascirocco (auf maltesisch: Marsaxlokk). Dies ist die größte Bucht auf Malta, im südlichsten Teil der Ostküste gelegen, hufeisenförmig, mit einer Küstenlänge von 10 km. Das Ufer ist fast überall seicht und sandig, so daß die Bucht für einen Hafen ungeeignet, aber zum einmaligen Ausladen einer Expeditionsarmee durchaus brauchbar ist. Ihr größter Nachteil ist ihre Offenheit zum gefürchteten Südostwind (dem Schirokko), der sehr stürmisch sein kann; doch zur Zeit der Invasion wehte der normale Nordwind. Die Bucht war wegen ihrer Form und Küstenlänge nicht zu befestigen oder zu verteidigen, und so konnten die Türken unbehindert das Heer mit allem Gut an Land bringen. De la Valette konnte diese Zeit nut-

Karte 15: Die Häfen von Valetta und ihre Befestigungen ▷

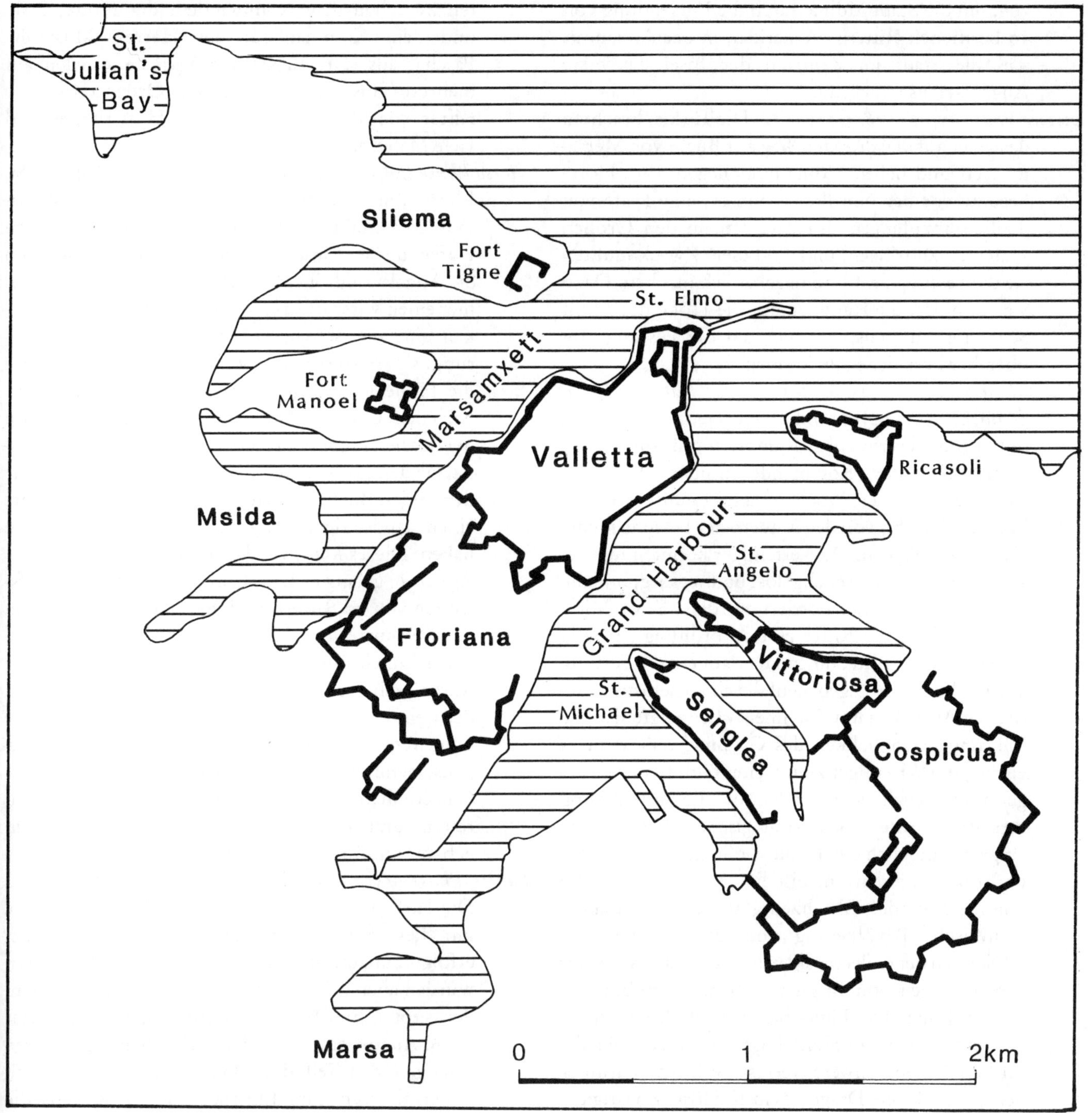
St. Julian's Bay
Sliema
Fort Tigne
St. Elmo
Marsamxett
Fort Manoel
Valletta
Ricasoli
Msida
Grand Harbour
St. Angelo
Floriana
Vittoriosa
St. Michael
Senglea
Cospicua
Marsa
0
1
2km

zen, um die Stadt Mdina durch die Entsendung von 50 berittenen Rittern zu stärken, in der Annahme, daß die Stadt im Zentrum der Insel das erste Angriffsziel sein würde.

Zweite Phase (24.5.–28.5.1565) □ Die Türken brachten das Heer auf den direkten Weg zur Bucht von Mersamuscett und ließen Mdina links liegen. Ihre Flotte kreuzte vor der Nordküste, um etwaige Hilfe von Sizilien abzufangen. Ihr Ziel war, in den Großen Hafen einzudringen, und zu diesem Zweck mußten sie die Festung St. Elmo unschädlich machen. Dazu war es nötig, die Kanonen auf die Höhe des Mont Sceberras zu transportieren, um die Festung von oben her beschießen zu können.

Dritte Phase (29.5. – 25.6.1565) – Der Kampf um St. Elmo □ Anfang Juni traf Dragut, jetzt 80 Jahre alt, mit 1500 auserlesenen Kämpfern im türkischen Lager ein, um das Kommando zu übernehmen. St. Elmo wurde vier Wochen lang ununterbrochen bombardiert, bis von den Mauern der Festung nichts als Ruinen blieben. Die Verteidiger konnten nur bei Nacht über das Wasser abgelöst und versorgt und die Verwundeten abtransportiert werden. Etwa Mitte Juni schickten die Ritter eine Abordnung an de la Valette mit der Bitte, ihnen zu erlauben, die Festung aufzugeben oder gegebenenfalls einen selbstmörderischen Ausfall zu unternehmen. Hier zeigte sich die Führungspersönlichkeit des Großmeisters, dem es gelang, die Verteidiger zum Weiterkämpfen zu bewegen und Freiwillige zu finden, die die Verteidigung verstärken halfen. Sein strategisches Ziel war, so lange wie möglich den Feind vor St. Elmo zu binden und dort auszuharren, bis die versprochene Hilfe kommen würde. Gleichzeitig wurde die gesamte maltesische Bevölkerung und alle Sklaven, einschließlich der Galeerensklaven, zur Verstärkung der Befestigungen von Birgu und Senglea mobilisiert. Am 25. Juni fiel St. Elmo, nachdem all ihre Verteidiger getötet oder kampfunfähig waren. Aber auch die Türken hatten schwere Verluste erlitten; darunter den ihres Führers Dragut. Sein Tod löste Zwistigkeiten zwischen dem Kommandeur der Flotte, Piali, und dem Kommandeur des Heeres, Mustapha Pascha, aus. Die türkischen Verluste wurden auf mehrere Tausende geschätzt; der Orden verlor 120 Ritter, 500 Mann der spanischen Hilfstruppen und viele Malteser.

Vierte Phase (26.6. – 14.7.1565) □ Nach dem Fall von St. Elmo konnte die türkische Flotte endlich in Mersamuscett einfahren, aber noch nicht in den Großen Hafen, dessen Einfahrt weiterhin von den Festungen St. Angelo und St. Michael beherrscht wurde. Um hier einen Vorstoß zu erzielen, unternahmen die Türken eine der schwierigsten Aktionen der Belagerung: sie transportierten einige Boote zu Land über die Höhe von Mont Sceberras von Mersamuscett nach dem Großen Hafen, um Birgu und Senglea von der See her angreifen zu können. Gleichzeitig verlegten sie den größten Teil des Heeres um das Südende der beiden Buchten herum, um für die beiden Städte einen landseitigen Angriffspunkt von Osten zu haben. Dieses Manöver dauerte etwa 14 Tage.

Am 29.6. gelang es Don Garcia erstmals, eine Hilfstruppe von 50 Rittern und 700 Mann bei Nacht an der Westküste von Malta zu landen, und diese konnten heimlich über Mdina nach Birgu kommen; sie waren nicht nur eine erwünschte Verstärkung, sondern ein ermutigendes Anzeichen dafür, daß Hilfe unterwegs war. Die Verteidiger hatten die Kampfpause genützt, um eine Kette über die Einfahrt zum Galeerenhafen zu spannen, und so ihre Galeeren zu retten, und auch eine Brücke über diesen Hafen gebaut, um Birgu mit Senglea zu verbinden.

Fünfte Phase (15.7.–16.8.1565) – Angriff auf Senglea □ Die Türken setzten nun ihre volle Heeresmacht ein, um diese Stadt zu erobern. Das Bombardement erfolgte unaufhörlich, und neben den Kämpfern wurden auch zahlreiche Zivilisten, Frauen und Kinder getötet. Eine besonders schwierige Situation trat am 6. August ein, als es den türkischen Ingenieuren gelang, einen Teil der Mauer von Senglea durch Unterminieren zum Einsturz zu bringen. Als die ersten türkischen Truppen schon begannen, in die Stadt einzudringen, stürzte sich de la Valette mit einer Anzahl Ritter in die Bresche. Es gelang ihnen durch mutiges Vordringen, die Türken zurückzuwerfen und die Lücken zu schließen.

Sechste Phase (17.8.–7.9.1565) □ Nach einem Monat vergeblichen Ansturms auf die Stadt und die beiden Festungen sank der Kampfesmut der türkischen Armee. Ihre strategische Planung war auf eine maximal einen Monat dauernde Belagerung ausgerichtet, und nun begann alles knapp zu werden: Nahrungsmittel, Schießpulver, Munition; die meisten Kanonen waren zudem durch Verschleiß außer Aktion gesetzt. Am schlimmsten war der Wassermangel, jetzt, wo am Ende des trockenen Sommers die Zisternen geleert waren, und das Wasser der sumpfigen Gegend südlich des Großen Hafens, der »Mersa«, durch das Hineinwerfen von Kadavern und Abfällen ungenießbar gemacht worden war. Die Türken hatten zwar eine Anzahl Schiffe nach der Türkei zurückgeschickt, um frischen Proviant zu besorgen, aber nun machte sich die große Entfernung der Front vom Heimatland bemerkbar, und nur wenige Schiffe waren schon von der langen Reise zurückgekehrt. Die Folge dieser Verhältnisse waren Krankheiten, die das Heer dezimierten, vor allem Dysenterie. Der Flottenkommandeur befürchtete zudem, die Jahreszeit, in der das Mittelmeer schiffbar war, zu überschreiten, und wurde in seinen Befürchtungen durch einen plötzlichen frühzeitigen Regenguß Ende August bestärkt.

Auch die Verteidiger litten unter dem Mangel, aber die vorsorglichen Maßnahmen, die der Großmeister rechtzeitig getroffen hatte, um Nahrungsmittel und vor allem Wasser in genügender Menge zu speichern, ermöglichten es der Bevölkerung, auszuharren, bis die versprochene Hilfe endlich kommen würde. So zeigte diese Phase der Belagerung nur sporadische Aktionen von beiden Seiten, ohne ein klares strategisches Konzept.

Endphase (6.9.–8.9.1565) □ Inzwischen hatte der Vizekönig von Sizilien endlich die nötige Anzahl von Truppen und Schiffen zusammen, um den Verteidigern von Malta zu Hilfe zu kommen. Die Flotte wurde in Messina zusammengestellt, und ihr wichtigstes Kontingent kam aus Genua unter dem Kommando von Andrea Doria. Sie bestand aus etwa 100 Schiffen. Don Garcia de Toledo entsandte die Hilfsexpedition Ende August nach Malta, doch die Schiffe wurden durch einen Sturm zersprengt, und erst am 6.9. gelang es, sie wieder zu sammeln. Sie gelangten – ohne auf die türkische Flotte zu stoßen – zur Mallieha-Bucht am westlichen Ende der Insel Malta und konnten die Truppen bei nur geringfügigem Widerstand der Türken an Land setzen. Die Anzahl der Entsatztruppen betrug ca. 6000 Mann, und nach ihrer Ausschiffung kehrte die Flotte sofort nach Sizilien zurück. Die türkische Armee war zu sehr geschwächt, um sich noch einmal gegen eine frische Armee zum Kampf zu stellen, und trat am 8. September die Rückfahrt an. Trotzdem blieb ihre Disziplin ungebrochen, und es gelang unter dem Schutz einer kleinen Nachhut, alle Soldaten auf Schiffe zu evakuieren. Die »Große Belagerung« war zu Ende. Sie hatte – neben der fast völligen Zerstörung der Städte und Burgen – über 7000 Todesopfer, darunter 250 Ordensritter, gefordert. Die Zahl der türkischen Opfer ist nicht bekannt und wird in den verschiedenen Quellen auf etwa 50–70% der Gesamtarmee geschätzt, während von der maltesischen Bevölkerung wahrscheinlich ein Drittel und von den Ordensbrüdern fast die Hälfte ihr Leben gelassen hatten.

Der Abzug der Türken und seine Folgen □ Die »Große Belagerung« ist in die Geschichte als eine der entscheidendsten Schlachten im Mittelmeer eingegangen, aber da sie mit dem Sieg der Verteidiger endete, war ihr Ergebnis nur die Beibehaltung des Status quo ante, und es wäre ein sinnloses Unterfangen, sich vorstellen zu wollen, wie die Weltgeschichte abgelaufen wäre, hätten die Türken Malta erobert. Aber die Belagerung wies einige Charakteri-

stiken auf, die ungewöhnlicher Art waren. Die Türken hatten die größte Flotte mobilisiert, die sie je zusammengestellt hatten, und kämpften gegen einen Feind, dessen Stärke in der Handhabung der Flotte lag. Trotzdem gab es keine Seeschlacht, auch nicht mit der Flotte von 100 Schiffen, die das Entsatzheer aus Sizilien brachte. Es fand zudem während der vier Monate der Belagerung keine einzige Feldschlacht statt, weder zwischen berittenen Truppen noch Feldsoldaten. Eine solche Massenschlacht war immer schon der entscheidende Faktor jedes großen Gefechts in der Weltgeschichte, und ihr Ausbleiben wahrscheinlich die Folge des Charakters des Schlachtfeldes: eine kleine Insel, ohne große Ebenen und ohne die Möglichkeit, Umgehungsmanöver durchzuführen. Der einzige Einsatz von berittenen Truppen waren die Überfälle der Ordensritter auf vereinzelte türkische Truppenhaufen von Mdina aus.
Die Kämpfe der Belagerung spielten sich nur an den Mauern und Türmen der Befestigung ab und zeigten dabei eine merkwürdige Mischung von neuzeitlicher und mittelalterlicher Kriegsführung. Die Hauptwaffe beider Seiten war die Artillerie, die Tausende von Geschossen auf die Mauern oder Verteidiger – und in umgekehrter Richtung – schleuderte; nur bei Versuchen, durch Breschen, die die Artillerie vorbereitet hatte, in die Stadt oder in Festungen einzudringen, oder bei Ausfällen der Verteidiger, kam es zu Kämpfen von Mann zu Mann. Diese Kämpfe waren mittelalterlicher Art. Die Ordensritter kämpften noch immer in ihrer schweren Rüstung, konnten aber im wesentlichen ihre Position halten. Bei der Belagerung von Malta wurde wahrscheinlich zum letzten Mal in der europäischen Geschichte eine gepanzerte Truppe eingesetzt. Die großen Schlachten, die seit dieser Zeit in Europa ausgefochten wurden, waren Schlachten von Massenheeren, in denen auch das Fußvolk mit Schußwaffen ausgerüstet war.
Den Verteidigern von Malta war von vornherein klar, daß sie einen zahlenmäßig so überlegenen Gegner wie die türkische Armee, die aus Berufssoldaten bestand und zum Feldzug Einheiten ihrer erlesensten Truppengattungen eingesetzt hatte, nicht besiegen konnten. So war ihre gesamte Strategie darauf ausgerichtet, um jeden Preis standzuhalten, bis eine große Armee aus Spanien und Sizilien der Insel zu Hilfe kommen würde.
Spätere Militärhistoriker haben versucht, jede Aktion beider Seiten zu analysieren, um festzustellen, wo von einer der beiden Seiten Fehler gemacht worden sind. Es würde den Rahmen dieses Buches sprengen, diese Analysen hier zu zitieren, aber eine Kernfrage soll hier kurz behandelt werden. Warum zögerten der König von Spanien und der Vizekönig von Sizilien so lange mit der Entsendung eines Hilfskorps?
König von Spanien war zu dieser Zeit Philipp II., der seinen Vater Karl V. im Jahre 1556 abgelöst hatte und bis 1598 regierte. Karl V. hatte im Jahre 1556 abgedankt, um seine letzten Lebensjahre (bis 1558) in einem Kloster zu verbringen. Philipp erbte nur Spanien und dessen Besitzungen, vor allem in Italien und Südamerika, während die deutsche Kaiserkrone mit allen Besitztümern im Deutschen Reich seinem Onkel Ferdinand I. hinterlassen wurden. Philipp war ein ebenso strenger Katholik wie sein Vater, sah aber den Hauptfeind des Katholizismus nicht in der Türkei, sondern im Protestantismus und wurde zum Vorkämpfer der Gegenreformation. Er empfand daher den Kampf des Ordens gegen die Türkei nicht als erste Priorität, obwohl er natürlich am Besitz von Malta als spanisches Territorium interessiert war.
Zur Zeit der Belagerung von Malta kam es in den Niederlanden, einem Zentrum der Reformation, vor allem des Calvinismus, zu Religionsunruhen, wodurch Philipp sich gezwungen sah, eine militärische Aktion gegen die Niederlande einzuleiten. Diese erfuhr ihren Höhepunkt in der Entsendung des Herzogs von Alba nach den Niederlanden (1567) an der Spitze eines Heeres von 20000 Mann. Philipp, der bereits zwei Jahre zuvor an eine solche militärische

Aktion dachte, konnte keine große Anzahl von Truppen entbehren, um sie nach Malta zu schicken. Er übertrug daher diese Aufgabe an seinen Vizekönig in Sizilien, Don Garcia de Toledo.

Garcia wurde nach dem Ende der Belagerung von Malta von dem Orden auf das heftigste angegriffen, daß er die Entsendung der Hilfstruppen mit Absicht verzögert habe. Der Orden erreichte damit auch wirklich die Absetzung Garcias. Es erhebt sich die Frage, ob die Anschuldigung berechtigt war. Don Garcia besaß zu Beginn der Belagerung weder genügend Schiffe noch genügend Truppen für die Hilfsexpedition. Er mußte versuchen, etwa 100 Schiffe aus dem Häfen rund um das Ligurische Meer zu sammeln und sie für militärische Aktion instandzusetzen. Um genügend Soldaten zu mobilisieren, mußte er die sizilischen Befestigungen an den langen Küsten entblößen oder schwächen; alles dies verlangte Zeit und war mit einem großen Risiko verbunden. Es kann auch sein, daß er aus strategischen Gründen warten mußte, bis der zahlenmäßig überlegene türkische Gegner soweit geschwächt war, daß die Hilfsoperation gelingen konnte. Eine Antwort auf diese Frage wird heute schwer zu finden sein.

Lepanto □ Noch einmal sollte der Johanniterorden mit einer großen türkischen Flotte zusammenstoßen, aber diesmal unter völlig anderen Umständen: nämlich in einem Seekampf, wo der Orden nicht auf sich allein gestellt, sondern Teil der größten Flotte war, die die christliche Welt zusammenbringen konnte. Dies war die Seeschlacht von Lepanto (griechisch Naupaktos), an der engsten Stelle des Golfs von Korinth, im Jahre 1571.

Es war den Türken gelungen, innerhalb von vier Jahren nicht nur die Schiffsverluste von Malta wiedergutzumachen, sondern sogar eine noch größere Flotte zusammenzustellen. Inzwischen war auch Süleiman der Prächtige gestorben (1566) und von Selim II. abgelöst worden. Selim beschloß, den letzten Rest eines Kreuzfahrerstaates zu beseitigen, indem er Zypern, das inzwischen unter venezianische Herrschaft gekommen war, eroberte. Die Invasion auf der Insel Zypern begann im September 1570, aber Famagusta konnte erst nach elfmonatiger Belagerung, im August 1571, erobert werden.

Venedig hatte verzweifelte Versuche gemacht, Bundesgenossen für eine Wiedereroberung der Insel zu gewinnen, aber nur dank der Einmischung des Papstes Pius V. gelang es, eine »Heilige Allianz« zu bilden, der sich die päpstliche Flotte, Spanien und Venedig anschlossen. Der Johanniterorden war mit drei Galeeren vertreten. Im ganzen standen 230 türkischen Galeeren 208 christliche Schiffe gegenüber (darunter sechs der größten venezianischen Galeassen), und als oberster Kommandant wurde Don Juan de Austria, ein leiblicher Bruder König Philipps II. bestimmt.

Die christliche Flotte versammelte sich in Korfu, wo sie erfuhr, daß die gesamte türkische Flotte sich im Golf von Korinth versammelt hatte. Sofort segelte die Flotte an das Westende des Golfs, und es gelang ihr, die Türken zu überraschen und sie in der Meerenge von Lepanto, wo die Bewegungsfreiheit der türkischen Flotte stark behindert war, innerhalb von drei Stunden zu vernichten. 80 türkische Schiffe wurden versenkt und mehr als 100 gekapert. Die Türken sollen 30000 Tote und Verwundete gehabt haben, gegenüber 10 Galeeren, 8000 Toten und 20000 Verwundeten der christlichen Flotte. 15000 christliche Sklaven wurden befreit. Es war die größte Seeschlacht seit Actium (39 v. Chr.) unweit von Lepanto. Aber trotz der Größe des Sieges hatte die Schlacht keine weltpolitischen Folgen. Die Türken konnten nach drei Jahren eine neue Flotte aufbauen, nur waren sie jetzt vorsichtiger in deren Einsatz. Venedig hatte zwar große Beute gemacht, mußte aber den Gedanken an eine Wiedereroberung Zyperns aufgeben.

Der Johanniterorden hatte relativ die größten Verluste. Zwei von seinen drei Galeeren waren versenkt, und die dritte kehrte beschädigt mit vielen Verwundeten zurück. Wieder einmal hatte der Orden seinen

Mut und seine Kampffreudigkeit bewiesen, aber sein Beitrag zum Sieg war gering gewesen.

Die Transformation Maltas

VALETTA □ Das heldenmütige Standhalten des Johanniterordens bis zum verspäteten Eintreffen der Hilfstruppen veränderte mit einem Schlag das Ansehen des Ordens in den Augen der Welt. Nachdem schon in vielen Ländern Stimmen laut geworden waren, die seine Existenzberechtigung überhaupt in Frage stellten, erklärte ihn jetzt der Papst zum »Schild der Christenheit«, der die gesamte christliche Welt davor bewahrt hatte, Opfer des moslemischen Strebens nach Weltherrschaft zu werden. Der Erklärung des Papstes schlossen sich alle anderen katholischen Staaten an, und der Orden konnte sich im Glanz einer allgemeinen Sympathie und Verehrung baden, die sich auch sofort finanziell auswirkte. Von allen Seiten strömten Gelder oder Urkunden über Landschenkungen dem Orden zu, um ihm zu helfen, die Schäden des Krieges so schnell wie möglich wiedergutzumachen.

Großmeister de la Valette nutzte diese Stimmung sofort, um seinen alten Plan – die Gründung einer Stadt auf dem Hügel Sceberras – in die Tat umzusetzen. Dies war besonders dringlich, da unter den überlebenden Rittern Äußerungen zu vernehmen waren, die ein Verlassen Maltas und die Suche nach einem anderen Ort für den Konvent verlangten. Gleich zu Ende der Belagerung wandte sich de la Valette an den Papst mit der Bitte um Entsendung eines Militäringenieurs, um zunächst die Befestigungen für die neue Stadt zu planen. Ebenso sollten die Mittel für die Durchführung der Bauarbeiten sichergestellt werden. Papst Pius IV. erfüllte diese Bitte sofort, und schon Ende des Jahres 1565 erschien einer der berühmtesten römischen Architekten in Malta: Francesco Laparelli da Cortona, der unter anderem Gehilfe Michelangelos beim Bau der Kuppel von St. Peter in Rom gewesen war. Binnen weniger Tage hatte er einen Plan für die Befestigungen ausgearbeitet, und bereits am 28. März 1566 konnte der Großmeister den Grundstein für die neue Stadt, die seinen Namen tragen sollte, legen. Laparelli beteiligte einen maltesischen Ingenieur an allen Arbeiten, Girolamo Cassar, dessen Nachkommen für die kommenden Generationen zu den bekanntesten Familien Maltas gehörten. Cassar übernahm die Leitung der Arbeiten nach dem Tod Laparellis (1570).

Gleichzeitig mit dem Fortschritt der Bauarbeiten an den Befestigungen wurde der Plan für die Stadt entworfen. Da es sich um die Gründung einer völlig neuen Stadt – ohne alten Stadtkern – handelte, konnte bei der Planung, ein striktes mathematisches Prinzip zugrundegelegt werden, wie es in der großen Welt gerade Mode geworden war. Das gewählte architektonische Modell war streng rechtwinklig, ohne Rücksichtnahme auf die Topographie, so daß die meisten Straßen vom Meeresufer in starker Steigung zum Rücken des Hügels hinauf- und auf der anderen Seite wieder zum Meer herabführen. Nur für zwei Straßen, die genau auf dem Rücken des Hügels verlaufen, wurde dieser begradigt; die beiden Straßen, heute Republic Street und Merchand Street genannt, sind die Hauptstraßen von Valetta. Auf ihnen und auf dem Gelände zwischen ihnen befinden sich die wichtigen Gebäude der Stadt. Dieses Schachbrettsystem der Städteplanung war in allen spanischen Kolonien, vor allem auf dem neuen Kontinent Amerika, gesetzlich vorgeschrieben (es erscheint noch heute als Kern aller Städte in den ehemaligen spanischen Kolonien Amerikas). Auch Birgu, dessen Name in »Vittoriosa« (die Siegreiche) geändert wurde, und Senglea wurden nach demselben Prinzip neu aufgebaut, so daß man heute bei einer Hafenrundfahrt überall die aufsteigenden Straßen – im steilsten Teil nur Treppen – sehen kann. Im Laufe der folgenden Jahrzehnte wurden in Valetta prachtvolle Bauten errichtet, vor allem Kirchen und viele Ordensgebäude, die – im Gegensatz zu Rhodos – nicht in einem abgesonderten »Collachium«

errichtet wurden, sondern in Vermischung mit Bürgerhäusern. Fast alle Häuser wurden aus dem Globigerina-Kalkstein erbaut, dessen Farben und Struktur der Stadt einen einheitlichen Charakter geben, ähnlich wie in Jerusalem. Die Fronten der öffentlichen Gebäude wurden im allgemeinen in einfachem Renaissance-Stil gehalten, aber im Inneren schwelgen riesige, tonnengewölbte Barocksäle in Dekorationen, die Decken und Wände schmücken. Mit der Vielzahl ihrer Kirchtürme und öffentlichen Gebäude, die die Abhänge des Mont Sceberras bedecken, galt Valetta zur Barockzeit als eine der reichsten und schönsten Städte Europas.

Großmeister de la Valette erlebte nur noch den Anfang der Bautätigkeit. Er starb im Jahre 1568 im Alter von fast 75Jahren und wurde zunächst in der kleinen Kirche San Lorenco in Vittoriosa beigesetzt; nach Beendigung des Baus der Konventskirche vom Heiligen Johannes in Valetta (1577) wurden seine Gebeine in die Krypta dieser Kirche überführt. De la Valette wird allgemein als der bedeutendste aller Großmeister des Johanniterordens anerkannt und gilt als »der letzte der Kreuzfahrer«, hatte er doch noch auf Rhodos gekämpft. Er verkörperte alle Eigenschaften, die als das Ideal der Ordensritter galten. Mit seinem Tod endete die Aufgabe des Ordens als Vorkämpfer der Christenheit.

Der Bau von Valetta wurde von de la Valettes Nachfolgern mit derselben Intensität fortgesetzt, mit der er begonnen war. Da die Gefahr einer Wiederholung des Invasionsversuches – zumindest bis zur Seeschlacht von Lepanto (1571) – noch immer bestand, wurden zunächst die starken Befestigungen der neuen Stadt gebaut, erst nach deren Fertigstellung begann der Bau der Wohngebiete, für den von den Stadtplanern strikte Regeln ausgearbeitet wurden, um den einheitlichen Aufbau und Charakter nicht verlorengehen zu lassen. So konnten die ersten Bewohner nicht vor 1571 ihre Häuser beziehen. Die öffentlichen Bauten wurden fast alle von Girolamo Cassar geplant, der als der eigentliche Erbauer von Valetta angesehen werden kann. Er plante die Herbergen für die Zungen (mit Ausnahme der englischen Zunge, die praktisch aufgehört hatte zu existieren), alle im selben strengen Renaissance-Charakter, aber in Größe und Einrichtung voneinander verschieden, entsprechend den Anweisungen des Pilliers der Zunge, der fast in jedem Fall den Bau aus seinen eigenen Einkünften finanzierte. Der erste Flügel des neuen Hospitals wurde im Jahre 1575 fertiggestellt, Anbauten erfolgten ständig. Die Konventskirche des Heiligen Johannes wurde in ihrem äußeren Rahmen im Jahre 1577 vollendet.

Alle diese Bauten tragen den Stempel des Großmeisters Jean L'Evêque de La Cassière (1572–1581), der bereits das siebzigste Lebensjahr überschritten hatte, als er sein Amt antrat, und in seinen letzten Lebensjahren kaum noch aktionsfähig war. Er war in jüngeren Jahren ein Haudegen gewesen, der viele Schlachten mitgemacht hatte, und im hohen Alter ein unbeugsamer Bewahrer von Tradition und Disziplin. Er achtete streng darauf, daß die Ordensbrüder immer der Gelegenheit entsprechend die passende oder vorgeschriebene Kleidung trugen und versuchte, die junge Generation des Ordens zu den alten Tugenden zurückzuführen. Als ihm dies nicht gelang, bat er den Papst, einen Inquisitor nach Malta zu schicken, was zu Spannungen über die Autorität im Staat führte, die bis ins 18. Jahrhundert dauerten.

La Cassières bedeutendstes Werk war der Bau des Palastes des Großmeisters, am höchsten Punkt der Hauptstraße gelegen, dessen Fassade im strengen und einfachen Stil der übrigen Ordensbauten gehalten war, dessen Innenausstattung aber von seinen Nachfolgern völlig verändert und dem aufkommenden Barockstil angepaßt wurde. Die einzige Konzession, die La Cassière an den neuen Stil machte, waren die Grabmäler für de l'Isle Adam und de la Valette, deren Gebeine er in der Konventskirche in großartigen Sarkophagen wieder beisetzen ließ, während das Grabmal, das er in der Kirche für sich selbst errichtete, in seiner Einfachheit seinen Charakter widerspiegeln sollte.

Sein Nachfolger, Großmeister Hugues Loubens de Verdalle (1581–1595), war genau sein Gegenteil: ein großlebiger Herr, der sich nicht scheute, private Galeeren zu besitzen und mit ihnen Seeraub zu treiben, und der gerne seinen Reichtum offen zur Schau stellte. Er war ein enger Freund des Papstes Sixtus V., des größten Bauherrn in Rom (Vollendung der Kuppel von St. Peter, des Vatikan-Palasts und Bibliothek, des Lateran-Palasts), der den italienischen Renaissance-Stil zur Vollendung brachte. Sixtus ernannte de Verdalle zum Kardinal – damit war er neben Peter von Aubusson der einzige Großmeister, dem diese Ehrung und Position zuteil wurde. De Verdalle erbaute für sich selbst einen Palast südlich von Mdina – als Jagdschloß im Barockstil mit allem Prunk –, der heute als Wohnstätte für Staatsgäste genutzt wird. Sein Reichtum erregte Neid, und der Inquisitor von Malta, der seinen Palast nicht weit von dem Verdalles hatte, schickte dem Papst eine genaue Liste des Vermögens des Großmeisters (die im Vatikan erhalten geblieben ist). Nach dem Tod de Verdalles stellte es sich heraus, daß er sein gesamtes Vermögen dem Orden vermacht hatte, und alles Raunen um seinen Reichtum vestummte.

Das Hospital □ Nachdem die Notwendigkeit der Verteidigung Maltas nicht mehr gegeben, und die Einkünfte des Ordens nach der Belagerung stark gestiegen waren, konnte sich der Orden wieder mehr seiner eigentlichen Aufgabe widmen – der Pflege der Kranken. Zwar hatte er kurz nach der Besitznahme von Malta in den Jahren 1532 bis 1538 ein Hospital in Birgu errichtet, aber dieses war klein und unzureichend.

Das Gesundheitswesen von Malta stand bereits vor der Ankunft des Johanniterordens auf einer für seine Zeit verhältnismäßig hohen Stufe, und es gab bereits im 15. Jahrhundert einige öffentliche Krankenhäuser für die Armen. Die Begüterten ließen sich von Privatärzten, die fast alle jüdisch waren, behandeln. Mit der Vertreibung der Juden aus Spanien (1492) mußten auch die maltesischen Juden die Insel verlassen und emigrieren, und es entstand eine gewisse »Lücke« durch etwa 40 Jahre hindurch, die der Johanniterorden ausfüllen konnte.

Mit der großen Bautätigkeit, die mit der Gründung von Valetta einsetzte, wurde auch sofort ein Krankenhaus geplant, das nach dem Vorbild der Hospitäler in Jerusalem und Rhodos das beste und größte seiner Zeit werden mußte. Großmeister de La Cassière, der für den Bau aller großen öffentlichen Gebäude des Ordens verantwortlich zeichnete, ließ das neue Hospital in den Jahren 1578 bis 1582 erbauen. Als Standort wurde die zum Hafen abfallende Steilküste des Mont Sceberras gewählt, was ermöglichte, einen Teil des Gebäudes aus dem weichen Stein herauszubrechen und mit den Steinblökken die oberen Stockwerke zu bauen; denn entsprechend der Topographie wurde das Krankenhaus in mehreren Terrassen angelegt. Das unterste Stockwerk war durch einen gedeckten Gang mit dem Hafen verbunden, so daß verwundete Ritter oder auch Galeerensklaven direkt vom Schiff in den Krankensaal gebracht werden konnten.

Die Standortwahl hatte zudem den Vorteil, daß die Krankensäle gegen den stürmischen Nordwestwind geschützt waren, und der heiße Südostwind über den Hafen streichen mußte und dadurch gekühlt wurde. Der große Krankensaal war ursprünglich 91 m lang und 10,5 m weit, bei einer Höhe von 9,25 m, und hatte Platz für 125 Einzelbetten. Er wurde in den Jahren 1662 bis 1668 unter Großmeister Nicolas Cotoner durch Anbau auf 161 m verlängert und dadurch zum längsten Saalbau seiner Zeit; er ist es vermutlich heute noch.

Die Seitenflügel umschlossen einen großen Innenhof mit Kolonnadengängen, sie umfaßten den Krankensaal für die Verwundeten, die Außenkliniken sowie die große Apotheke. Im oberen Stockwerk waren getrennte Krankenzimmer für Lungenkranke untergebracht. Im ausgeschachteten Stockwerk,

unterhalb des großen Krankensaales, lagen ein weiterer Krankensaal für die Besatzungen fremder Schiffe und im Kellergeschoß ein Saal ohne Fenster für Sklaven. Es ist interessant festzustellen, daß das Ordenshospital allerdings bei der Krankenpflege keinen Unterschied zwischen Freien und Sklaven oder zwischen Freund und Feind machte, ein Prinzip, das erst Jahrhunderte später als Konvention für den Kriegsfall international eingeführt wurde.
Auch wurde eine Abteilung für Geisteskranke geschaffen – zu einer Zeit, als solche Menschen üblicherweise ins Gefängnis kamen und nicht als Kranke anerkannt waren.
Eine wichtige Neuerung des Hospitalwesens war die größtmögliche Trennung nach Art der Krankheit oder Ansteckungsgefahr. So wurden Sterbende in eigenen kleinen Räumen versorgt und Schwerkranke von leichteren Fällen getrennt. Für verwundete Soldaten wurde ein besonderer Saal abgetrennt, an den sich zwei Operationsräume anschlossen. Für ansteckende Krankheiten waren Isolationsräume vorgesehen.
Aber trotz des allgemeinen Gebots, »den Herren Kranken zu dienen«, gab es eine soziale Trennung zwischen den gewöhnlichen Kranken und den Ordensmitgliedern oder Personen gehobener Stände wie z.B. des Klerus, die eine Sonderbehandlung erhielten.
Zum Hospitalkomplex gehörte auch eine große Anzahl von Diensträumen: Küche, Wäscherei, Bäder, Apotheke und – etwas abseits – der Friedhof. Zweimal wurden große Anbauten vorgenommen. Zunächst (1662–1668) unter Großmeister Cotoner, und dann, um das Jahr 1700, unter Großmeister Ramon Perellos erfolgte der Ausbau einer großen oberen Terrasse, wo, um einen Brunnen und eine Gartenanlage gruppiert, ein Frauenkrankenhaus, eine Augenklinik und andere Bauten errichtet wurden. Im Zweiten Weltkrieg wurde das Hospital durch Fliegerangriffe schwer beschädigt, aber in der Nachkriegszeit so getreu wie möglich wieder restauriert. Es dient heute als Kongreßzentrum (Mediterranean Conference Center).
Das Hospital besaß einen bedeutenden Mitarbeiterstab. An der Spitze stand der Hospitalier, ein Amt, das immer von dem Pillier der französischen Zunge verwaltet wurde. Die tagtägliche Arbeit wurde von dem »infirmier«, einem Fachmann in Medizin, der französischer Ritter sein mußte, überwacht. Die Ordensritter waren zum Krankendienst einmal in der Woche verpflichtet, wobei jede Zunge ihren festgelegten Wochentag hatte.
Der professionelle Krankendienst lag in den Händen von drei Ärzten und drei Chirurgen, die jeder zwei Assistenten hatten. Dazu kam das Pflegepersonal, das z.T. aus Frauen bestand. Grobe Arbeiten wurden von Sklaven ausgeführt. Wenn man in Rechnung stellt, daß das Hospital nach der Erweiterung 550 Patienten aufnehmen konnte, davon 300 im großen Saal, und im Notfall diese Zahl auf etwa 900 steigern konnte, so muß man annehmen, daß die Gesamtzahl der Beschäftigten mehrere Hundert betrug. Trotzdem betrug das Budget des Hospitals nur etwa 10 % der Gesamtausgaben des Konvents, gegenüber 55 % für die Galeeren und 12 % für die Herbergen.
Das große Hospital trug auch die Verantwortung für eine Anzahl von kleineren örtlichen Hospitalen auf Malta und Gozo, und zu diesem Zweck wurden kleinere Teams, jedes für einige Zeit, an die Zweigkrankenhäuser beordert.
Die Handhabung der Medizin stand noch immer auf einer niedrigen Stufe, war aber besser als in den meisten Krankenhäusern Europas. Die Grundlage war Reinlichkeit und Hygiene; so wurde z.B. die Bettwäsche oft gewechselt und die Kranken regelmäßig gewaschen. Kranke mit ansteckenden Krankheiten wurden in separaten Sälen behandelt, für die Quarantäne für Schiffe, die von großen Reisen zurückkamen, oder auf denen Epidemien ausgebrochen waren, wurde im Jahre 1648 eine eigene Station auf der Manoel-Insel im Hafen von Mersamuscett errichtet. Innere Krankheiten wurden durch tradi-

tionelle Medikamente, die in der großen Apotheke hergestellt wurden, behandelt. Für Blutungen und Dysenterie gab es ein besonderes Medikament, gewonnen aus einem Pilz, der nur an einer einzigen Stelle in Malta wuchs, am »Pilz-Felsen« am Westrand von Gozo.

Innere Chirurgie war noch völlig unbekannt, da Mittel zur Antisepsis und wirksame Betäubungsmittel fehlten. So gab es nur die Wundchirurgie, die für einen kämpfenden Orden von höchster Wichtigkeit war. Leichte Wunden wurden von einem »Feldscher«, größere Verwundungen von einem chirurgischen Arzt und dessen Assistenten in eigenen Operationssälen behandelt, wobei Amputationen eine größere Rolle spielten und ein hohes Maß an Gelingen aufwiesen. Auch bei Gewebe- und Knochenbrand wurde amputiert, allerdings mit einem geringeren Prozentsatz an Überlebenden. Von der arabischen Medizin hatte der Orden schon früher die Augenoperation, vor allem des grauen Stars übernommen, und er kannte Schädeloperationen zur Entfernung von Knochensplittern bei schweren Kopfverletzungen.

Besonderen Wert legte der Orden auf die medizinische Ausbildung, vor allem von Maltesern. Junge Malteser, die eine gewisse Begabung zeigten, wurden auf Kosten des Ordens an Universitäten, vor allem in Italien (Florenz, Padua, Salerno) geschickt. Aber unter Großmeister Nicolas Cotoner beschloß der Orden im Jahre 1676, eine eigene medizinische Hochschule zu errichten (die im Jahre 1769 der von Großmeister Manoel Pinto neugegründeten Universität von Malta angeschlossen wurde). Diese genoß fortan großes Prestige und wurde von Studenten vieler Länder besucht.

Ein besonderes Problem der Schule war die Lehre der Anatomie, verbunden mit der Sezierung von Leichen. Letztere war im allgemeinen im christlichen Gebiet verboten, wurde aber zur Zeit Kaiser Friedrichs II. im 13. Jahrhundert in Sizilien und Süditalien gestattet, und die dortigen Medizinschulen führten ab und zu eine Leichensezierung aus. Aber offiziell wurde Anatomie erst ein Teil des Lehrplans gegen 1720, nachdem Großmeister Zondadari einen begabten jungen Arzt zur Spezialausbildung an die Universität von Florenz entsandt hatte.

Das Hospital stand immer in höchstem Ansehen im Leben des Ordens und war oft Objekt der Verhandlungen im Generalkapitel. Etwa alle hundert Jahre wurden seine Statuten durchgreifend revidiert und zusammengefaßt, so in den Tagungen von 1630 und 1725.

Die Flotte □ Nach der großen Belagerung ergab sich für den Orden kaum noch Gelegenheit oder Notwendigkeit eines Kampfes auf festem Land, daher wandte er seine ganze Aufmerksamkeit dem Ausbau einer starken Flotte zu. Das Amt des Admirals, das immer von dem Pillier der italienischen Zunge verwaltet wurde, wurde zu einem der wichtigten im Konvent, gleichgestellt dem des Hospitaliers. Die Flotte war der größte Einzelposten im jährlichen Budget des Konvents und verlangte über die Hälfte aller Ausgaben, manchmal sogar zwei Drittel. Der Hauptgrund dafür war, daß die Lebensdauer eines Kriegsschiffes etwa acht bis zehn Jahre betrug; dazu kamen die Verluste bei Kämpfen oder in Stürmen, und so mußte die Flotte ständig erneuert werden.

Den Hauptbestand der Kriegsflotte bildeten die Galeeren, von denen der Orden jeweils sieben bis acht in Betrieb hatte. Die Galeere, die als Schiffstyp vom Orden seit dem 13. Jahrhundert benutzt wurde, blieb im Dienst bis zum Beginn des 18. Jahrhunderts (also 500 Jahre), mit nur geringen technischen Änderungen, denn sie war ideal für die Aufgaben des Ordens. Ihre Länge betrug 35 bis 40 m, ihre Breite 5 bis 6 m, ihr Tiefgang 2,5 m: sie konnte also wie ein Schnellboot über das Wasser gleiten. Sie besaß zwei Masten; die Segel wurden aber nur bei günstigem Wind gehißt. Ihre »Hauptantriebskraft« waren Ruderer: Auf jeder Seite gab es etwa 30 Ruderbänke, an denen je fünf bis sechs Ruderer angekettet wurden. Die Bedingungen der Arbeit an den Ruderbänken waren so hart, daß nur Sklaven dafür verwendet wurden, oder Sträflinge, die für ihr Vergehen zu einer bestimmten Zeit als Galeerensklaven verurteilt wurden.

Die Fortbewegung der Galeere durch Ruderer hatte den Vorteil, daß das Schiff dadurch vom Wind unabhängig war, was für eine Seeschlacht von größter Bedeutung war, allerdings mußte die Mannschaft schnell manövrieren können, um das Schiff in eine für den Angriff günstige Fahrtrichtung zu bringen. Ein anderer Vorteil lag in der Taktik der Schiffe, ein Versteck in einer engen Bucht oder einer Flußmündung zu suchen, von wo aus sie plötzlich vorstoßen konnten. Da ein Schiff etwa 300 Ruderer benötigte, mußte der Orden immer etwa 2000 Sklaven parat halten und für ständigen Nachschub an Ruderern sorgen, da die Lebenszeit eines Sklaven erwartungsgemäß nicht viel länger war als die eines Schiffes. Dafür sorgten die Sklavenmärkte, die in jeder größeren Hafenstadt abgehalten und hauptsächlich mit Gefangenen einer eroberten Stadt oder eines gekaperten Schiffes beliefert wurden. Auch für den Johanniterorden war einer der Gründe für die Jagd auf moslemische Schiffe der Wunsch, die Besatzung als Sklaven gefangenzunehmen – vielleicht auch gleichzeitig christliche Sklaven, die auf moslemischen Schiffen eingesetzt waren, zu befreien. Selbst als die Galeeren bereits mit Kanonen bewaffnet waren, war es nicht das Ziel, die feindliche Flotte zu versenken, sondern sie zu kapern, um die Ladung der Schiffe, die oft aus kostbaren Gütern bestand, zu erbeuten und Sklaven zu befreien oder zu gewinnen. Zu diesem Zweck waren die Galeeren am Bug mit einem Rammsporn versehen, der mit voller Wucht in die Flanke des angegriffenen Schiffes getrieben wurde und das Entern des Schiffes ermöglichte.

Aber die Galeere hatte auch ihre Nachteile. Wegen ihres geringen Tiefgangs konnte sie nicht hohen Wellen ausgesetzt werden und daher nur im Mittelmeer operieren, und das auch nur in den sturmfreien Jahreszeiten – Frühjahr und Herbst. Sie konnte sich auch nicht weit von der Küste entfernen, um bei aufkommendem Unwetter schnell Zuflucht suchen zu können.

Die Besatzung einer Galeere bestand aus 30 Rittern und etwa 200 Soldaten (für den Kampf an Land oder Kapern eines Schiffes), etwa 30 Seeleuten (für die Navigation, Bedienung der Segel, handwerkliche Arbeiten) sowie einer großen Anzahl von Facharbeitern. Außer den Rittern waren alle auf dem Schiff Beschäftigten Malteser.

Die Aufgaben der Flotte waren vielfältig. In erster Linie standen die Verteidigung der Insel und ihre Versorgung durch ständige Kontrolle der Gewässer rund um die Insel und durch Begleitung von Schiffen, die Proviant und vor allem Getreide von Sizilien nach Malta brachten. In größerer Entfernung von Malta fuhren die Galeeren meist zu zweit aus, um die meistbefahrenen Routen auf dem Mittelmeer zu patrouillieren, sowohl zum Schutz der christlichen Seefahrt gegen räuberische Überfälle, wie auch um Ausschau nach moslemischen Schiffen zu halten, die man eventuell kapern könnte. Ein solcher »corso« fand zwei- bis dreimal im Jahr statt und führte die Flotte des Ordens nicht nur an die Küsten der Berberei (westliche Küstengebiete Nordafrikas), sondern auch in das östliche Mittelmeerbecken.

Eine weitere Aufgabe, die allerdings nur selten in Anspruch genommen wurde, war der Anschluß an eine große kombinierte Flottenaktion der christlichen Mittelmeerländer oder Stadtstaaten wie Genua und Venedig.

Während des langandauernden Krieges zwischen Venedig und den Türken um den Besitz von Kreta (Candia) 1645 bis 1669 stand der Orden fest auf der Seite Venedigs. (Die Stadt Candia = Heraklion wurde von 1658 bis 1669 belagert.) Während dieses Krieges beteiligte sich der Orden unter anderem (1656) zusammen mit der venezianischen Flotte an einem Ablenkungsmanöver – zum Schein gegen Istanbul gerichtet – und stieß dabei am Ausgang der Dardanellen auf eine türkische Flotteneinheit, wobei es dem Orden gelang, elf Schiffe zu kapern. Der Kommandant dieser Aktion, die als der größte Seesieg des Ordens angesehen wird, war Admiral Carafa, der später zum Großmeister des Johanniterordens gewählt wurde (1680 – 1690).

Eine ähnliche Ablenkungsaktion unternahm der Orden im Jahre 1686 auf Bitten des polnischen Königs Jan Sobieski, der die türkische Belagerung von Wien (1683) gebrochen hatte, und in Verfolgung der sich zurückziehenden Türken ihnen auch Ungarn entriß. Der Orden beteiligte sich an dieser Aktion, die von mehreren Staaten unterstützt war, mit einem Regiment von Maltesern und mehreren Rittern sowie einer Flotteneinheit. Die Türken stellten sich zum Kampf bei Navarino, am südwestlichen Vorsprung des Peloponnes, und wurden entscheidend geschlagen. Zeitgenossen rühmten den Mut und die Entschlossenheit des maltesischen Kontingents.

Eine Aufgabe besonderer Art für die Flotte war seine Prüfstein-Funktion für den jungen Nachwuchs. Jeder in den Orden neu Aufgenommene hatte mindestens vier »Karawanen« mitzumachen; eine »Karawane« war ein ununterbrochener Dienst an Bord einer Galeere von mindestens sechs Monaten, was praktisch eine Dienstzeit von etwa fünf Jahren ausmachte. Während dieser Zeit lernte der Novize alles, was zum Kommando einer Galeere notwendig war – vom Kartenlesen und Navigation bis zur Taktik des Seekrieges und Artilleriewesens. Im Laufe der Jahrzehnte wurden die »Karawanen« auch zu einer Seefahrerschulung, die allgemein als hervorragend anerkannt wurde und von vielen jungen Aspiranten, auch Nichtmitgliedern des Ordens, genutzt wurde. Absolventen dieser »Schule« waren dann viele Jahre später unter den höchsten Flottenkommandanten verschiedener Länder zu finden.

Trotz der ausgezeichneten Schulung von Kommandanten und Kadetten blieb der Orden langsam gegenüber anderen Seemächten zurück. Der wichtigste Punkt dafür war die Verlegung des Schwerpunkts der Seeschiffahrt vom Mittelmeer auf die Ozeane, vor allem den Atlantik. Die neuen Großmächte der Welt lagen an den Küsten dieses Ozeans: Portugal, Spanien, Frankreich, England, die Niederlande, Skandinavien. Aber die Wetter- und Wellenverhältnisse des Ozeans, sowie die längere Dauer der Reise (nach Indien über Südafrika fast ein Jahr in einer Richtung) verlangten einen völlig anderen Schiffstyp: er mußte ohne Ruder auskommen, einen weitaus größeren Tiefgang und völlig anderes Takelwerk haben. Auch die Kriegsschiffe änderten ihre Form, hauptsächlich als Folge der Verbesserungen in der Artillerie. Die Antwort auf diese Anforderungen war das Linienschiff, ein mehrmastiges und mehrgeschossiges Segelschiff, dessen über hundert Kanonen auf verschiedenen Stockwerken über die ganze Länge des Schiffes verteilt waren. Der erste große Seekampf, in dem Linienschiffe verwandt wurden, war jener, der die Zerstörung der großen spanischen Armada durch England im Jahre 1588 brachte, d.h. zu einer Zeit, in der der Johanniterorden nicht mehr in England vertreten war.

Die Galeeren des Ordens hatten im 18. Jahrhundert (nach 1716) keine Kämpfe mit der türkischen Flotte mehr zu führen und wurden als Kriegsschiffe nur noch für den Seeraub, hauptsächlich gegen Schiffe der Berberei, eingesetzt. Um die Mitte des 18. Jahrhunderts führte der Orden endlich auch – verspätet – das Linienschiff ein und ersetzte vier von seinen Galeeren durch diese Schiffsart. Da aber kein Bedarf an kriegerischen Aktionen mehr bestand, wurden die Schiffe mehr zu zeremoniellen Zwecken benutzt oder für den Außenhandel Maltas.

Obwohl die Kaperung fremder Schiffe dem Orden hier und da reiche Beute einbrachte, und trotz des intensiven Sklavenhandels, erforderte die Ausstattung einer großen Flotte bedeutende Summen. Nachdem aber die Geldeinnahmen aus England und anderen protestantischen Ländern ganz nachgelassen hatten, mußten meist die Großmeister und Admiräle aus eigenen Mitteln versuchen, das Defizit zu decken. Andererseits ist in Betracht zu ziehen, daß für die maltesische Bevölkerung die Flotte den wichtigsten Faktor der Arbeitsbeschaffung darstellte und dadurch viel zur Prosperität der Insel beitrug.

Veränderungen in der Wirtschaft Maltas □ Für die Bevölkerung und Wirtschaft der Inseln Malta und Gozo bedeutete die Ordensherrschaft anfangs nur einen Wechsel des Landesherren, ein Ereignis, mit dem die Insel schon zur Genüge vertraut war. Aber es zeigte sich bald, daß diesmal die Veränderung viel tiefgreifender war als jemals vorher. Die Ritter erreichten einen vollständigen Strukturwandel im wirtschaftlichen und sozialen Leben der Bevölkerung. Zum ersten Mal in der Geschichte der Insel konnte das Potential des großartigen Naturhafens und seine geopolitische Lage ausgenutzt werden, und er wurde zum Mittelpunkt des Lebens auf der Insel, was sich schon in der Gründung der Stadt Valetta angedeutet hatte. Bereits im Jahre 1590 lebten 34% der Inselbevölkerung in Valetta und den kleineren Orten rings um den Hafen, und die wirtschaftliche Aktivität, die sich um Hafen und Seefahrt konzentrierten, gab einem noch größeren Prozentsatz der Beschäftigten Arbeitsplätze und Lebensunterhalt.

Durch diese Wandlung der wirtschaftlichen Grundlage der Insel ergab sich auch ein Wandel im Status der ländlichen Bevölkerung. Bis zum Erscheinen des Ordens war die Wirtschaft der Insel auf dem kärglichen Ertrag der Landwirtschaft aufgebaut, und den Bauern waren schwere Belastungen auferlegt, um die Herrschaft der Insel, die Nobilität und den Klerus zu erhalten. Der Orden führte eine Wirtschaftsordnung ein, die in ihrer Zeit einzigartig in der Welt dastand: es gab nun eine herrschende Gruppe, die ihre Einküfte aus eigenen Quellen im Ausland bezog und auf der Insel investierte, ohne zu verlangen, daß die Früchte der Investition wieder ins Ausland überführt werden sollten (die spätere Praxis der Kolonialstaaten).

Als Folge davon konnte die ländliche Bevölkerung den Ertrag ihrer Arbeit frei genießen und ihren Lebensstandard beträchtlich erhöhen. Das bedeutete allerdings nicht, daß die Landbevölkerung von allen Abgaben befreit war. Noch blieben die Abgaben an die Kirche, sowie an die adligen Landesherren – soweit die Bauern nicht Eigentümer ihres Landes waren, was bei den meisten der Fall war.

Dafür waren die Bauern verpflichtet, in der Dorfmiliz zu dienen, eine Pflicht, die man auch als Recht betrachten kann, denn das Tragen von Waffen war Zeichen des freien Mannes. Die Existenz der Dorfmilizen deutet gleichfalls darauf hin, daß die Erscheinungen des Feudalsystems – mit der teilweisen Unfreiheit der Bauern – in Malta nicht zu finden waren. Allerdings waren die Dorfmilizen später Anlaß der persönlichen Bereicherung einiger Ordensritter, da der Orden als Verantwortlicher für die Verteidigung der gesamten Insel an die Spitze einer jeden Dorfmiliz einen Ritter zum »Milizhauptmann« ernannte. Dieser hatte das Recht, eine Besteuerung für Verteidigungszwecke in seinem Dorf zu bestimmen, z. B. zum Bau von Wachtürmen oder Mauern, und manchmal führte er das Geld anstatt seinem Zweck seiner eigenen Tasche zu. Doch hatten die Milizmitglieder das Recht der Beschwerde, und nur aus solchen Fällen wurde die Tatsache der Veruntreuung bekannt.

Eine Art der Abgabe wurde von den Dorfbewohnern freiwillig geleistet: Kontributionen zum Bau einer Kirche im Dorf oder Stadtteil. Die Bewohner Maltas, die ihren Katholizismus auf den Apostel Paul und dessen Schiffbruch auf der Insel im Jahre 60 n.Chr. zurückführen und ihrer Religion auch durch die Jahre der moslemischen Herrschaft (870–1090) treu geblieben waren, sind devote Katholiken bis auf den heutigen Tag. Der Stolz eines jeden Dorfes drückt sich in prunkvollen Kirchen aus, zu deren Bau alle Teile der Bevölkerung freiwillig beigetragen haben, sei es durch Arbeitsleistung, sei es durch Spenden, die meist in Form von landwirtschaftlichen Produkten gebracht wurden. Noch heute hat jedes

Dorf und jedes Stadtviertel seine großartige »Festa« am Namenstag seines Heiligen. Die Kirche wurde im allgemeinen aus Steinen an der höchsten Stelle des Dorfes errichtet und besitzt meist eine barocke Doppelturmfassade, die sich stolz über den niedrigen Häusern des Dorfkerns erhebt und das Landschaftsbild der Insel beherrscht.

Trotz der Verbesserung der Lage der Landwirtschaft und der Bauern war es – infolge der Kargheit der Böden – nicht möglich, die Versorgung der Bevölkerung mit landwirtschaftlichen Produkten, vor allem mit Weizen, sicherzustellen; jedoch war eine der wichtigsten Folgen des Lehnsverhältnisses zur spanischen Krone die Verpflichtung Siziliens, über dessen Vizekönig das Lehen Maltas lief, Malta mit Weizen zu versorgen, ohne Ausfuhrzoll zu verlangen.

Ein ferneres Zeichen der wirtschaftlichen Umwälzung in Malta war die Entwicklung von Industrie und Handwerk, deren Grundbedingungen gleichfalls die Beschaffung von Kapital durch den Orden war. Zunächst baute der Orden in eigener Regie Industrien auf, die für die Verteidigung der Insel lebensnotwendig waren. Zwar konnte der Orden den Bau von Galeeren auf der Insel selbst nicht vornehmen – wegen Mangel an geeigneten Hölzern –, und war gezwungen, Schiffe anderswo zu bestellen, aber er konnte sie in Malta reparieren und andere kriegswichtige Industrien errichten. Darunter waren eine große Pulverfabrik und eine Gießerei für den Guß von Kanonen und Geschossen; für das Krankenhaus und den Bedarf des Ordens errichtete der Orden eine Mühle und Großbäckerei. Für andere Bedürfnisse wurden die Dienste der örtlichen Bevölkerung in Anspruch genommen, wobei kleine Unternehmer Anleihen zur Entwicklung eines Betriebes erhalten konnten. Die wichtigste Industrie dieser Art waren Steinbrüche, die das Material für die gewaltige Bautätigkeit des Ordens oder auch privater Unternehmer lieferten. Wie schon gesagt, war der Globigerina-Kalkstein ein besonders günstiges Baumaterial.

Die wichtigste Einnahmequelle war der Hafen, der sich Jahrzehnte hindurch in ständigem Ausbau befand. Dauernd wurden neue Lagerhäuser, Anlegeplätze, Werften für Schiffsreparaturen gebaut, und die täglichen Bedürfnisse eines Hafenbetriebs gaben Tausenden von Arbeitern und Händlern Beschäftigung: Be- und Entladen von Schiffen, Reparaturen von Schiffszubehör, Lagerung, Versorgung mit Lebensmitteln, Unterkunft für die Schiffsbesatzung, Importeure und Exporteure, Sicherheits- und Zollbeamte und zahlreiche andere.

All diese Tätigkeiten waren auf Kapitalimport aufgebaut und versahen die einheimische Wirtschaft mit Arbeitsplätzen und Investitionskapital.

Ein weiteres Charakteristikum der Ordensherrschaft war die Befreiung der örtlichen Arbeiter von den schwersten öffentlichen Arbeiten, während in anderen Ländern die schwierige Situation der Bauern oft dazu führte, daß sie sich in der Stadt zu Schwerstarbeit bei geringer Bezahlung verdingen mußten.

In Malta wurden diese Arbeiten von den Sklaven ausgeführt. Da der Orden durch seine corsos der wichtigste Versorger des maltesischen Sklavenmarktes mit »Ware« war, konnte er in erster Linie seine eigenen Bedürfnisse an Galeeren- und anderen Sklaven befriedigen. Da die Galeeren im Winter fast nie ausfuhren, standen dem Orden für seine Bedürfnisse, vor allem für den Bau von Befestigungen – wobei Steinblöcke von mehreren Tonnen Gewicht bewegt und vor allem gehoben werden mußten – in dieser Jahreszeit Hunderte von Sklaven zu Verfügung.

In der städtischen maltesischen Bevölkerung entwickelte sich auch eine soziale Oberschicht (neben dem ländlichen Adel): Freie Berufe, Bauunternehmer, Großhändler, Importeure, Besitzer mittlerer Handwerks- und Industriebetriebe. So besaß Malta eine fortschrittliche Bevölkerungsstruktur, die im 16. Jahrhundert noch in den meisten Ländern Europas unbekannt war – vielleicht mit Ausnahme einiger selbständiger Hafen- und Handelsstädte. Trotzdem blieb die Bevölkerung ohne gesellschaftlichen Kontakt mit der Aristokratie, sowohl des Ordens wie der einheimischen Adligen, und kann daher als Vorstufe zur Bourgeoisie bezeichnet werden.

All diese Entwicklungen waren die Folge des besonderen Charakters der Regierung durch den Orden, der aber trotzdem nicht absolut souverän war, sondern seine Herrschaft auf bestimmten Gebieten mit anderen religiösen Institutionen teilte. Der Orden war vor seiner Niederlassung in Malta immer in Ländern tätig, deren Bevölkerung zum größten Teil nicht katholisch war. Sowohl im Heiligen Land wie auf Rhodos war die einheimische Bevölkerung meist griechisch-orthodox und besaß geringere Rechte als die »Franken«. Vor allem war die griechisch-orthodoxe Kirche in ihrer Bewegungsfreiheit und organisatorischen Tätigkeit stark behindert, wenn nicht gar verboten. In Malta dagegen fand der Orden eine etablierte und bis in die Dörfer gut strukturierte, katholische kirchliche Organisation vor, an deren Spitze der Erzbischof von Malta stand, dessen Residenz die Kathedrale von Mdina war. Zudem war die Gesamtbevölkerung der Insel durch die Institution der Universita vertreten, in der sowohl der Klerus und die Adligen, wie die Vertreter der Bevölkerung eine Stimme hatten. Eine solche Universita gab es für Gozo, eine für Mdina und Umgebung und später auch eine für Birgu.

Als der Orden seine Herrschaft über Malta antrat, fand er diese Institutionen fest verwurzelt vor und war verpflichtet, sie zu wichtigen Entscheidungen heranzuziehen, vor allem bei der Auferlegung von Steuern auf die örtliche Bevölkerung. Der Adel verachtete allerdings die Ordensritter als »Emporkömmlinge«, und gesellschaftliche Beziehungen zwischen diesen beiden Gruppen existierten kaum. Der Klerus blickte – wie in allen anderen Ländern, in denen der Orden tätig war – mit Neid auf die Besitztümer und Exemtionen des Ordens (Befreiung von Verpflichtungen gegenüber der Kirche) und nutzte seine enge und direkte Beziehung zum Vatikan, um jede Streitigkeit mit dem Orden vor den Richterstuhl des Papstes zu bringen.

Als dritte kirchliche Macht wirkte die Inquisition, die unter dem Magistrat des Großmeisters de La Cassière (1572 – 1581) auf dessen Wunsch vom Papst eingeführt wurde, und ihre Aufgabe darin sah, sowohl den Klerus wie die Ordensritter auf ihre moralische und religiöse Haltung hin zu überwachen und darüber regelmäßig dem Großinquisitor und damit dem Papst Bericht zu erstatten. Bei den häufigen Reibereien zwischen diesen drei religiösen Institutionen wurde meist der Papst als Schiedsrichter aufgerufen, und so lag die Souveränität über Malta genaugenommen in den Händen des Vatikans. Dies kam auch dadurch zum Ausdruck, daß der Orden genötigt war, bei jeder größeren Entscheidung wie der Gründung der Stadt Valetta, beim Bau eines neuen Hospitals oder neuer Galeeren, oder bei Verlegung des Wohnsitzes einer »Zunge«, die Zustimmung des Vatikans zu erreichen.

Zieht man noch in Betracht, daß Malta offiziell ein Lehen des Königs von Spanien über den Vizekönig von Sizilien war, und daß die maltesische Nobilität direkte Vasallenbeziehungen zum König oder Vizekönig besaß, so kann man sich leicht vorstellen, vor welchen grundlegenden Schwierigkeiten der Orden bei jeder größeren Entscheidung stand, und wie er dadurch zu einer ausgezeichneten Schule der Diplomatie wurde.

Die wirkliche Stärke des Ordens auf Malta lag nicht in seiner konstitutionellen Position, sondern in der Tatsache, daß er der stärkste Finanzier auf Malta war und als Verteidiger der Insel viele alleinige Vollmachten besaß.

Die Organisation des Ordens

Regionale Einteilung □ Das 17. Jahrhundert brachte für den Orden den Höhepunkt seiner internationalen Stellung und seiner Entwicklung in Malta. Das Prestige, das sich der Orden durch seine heldenmütige Verteidigung Maltas erworben hatte, hatte noch volle Gültigkeit; die Güter und Gelder, die ihm als

Spenden zuflossen, wurden nicht geringer, auch die von den Gütern gelieferten Abgaben vergrößerten sich ständig. Kriegerische Aktionen, in die der Orden verwickelt wurde, beschränkten sich im Laufe des Jahrhunderts auf gegenseitige Piraterie zwischen Schiffen des Ordens und türkischen Schiffseignern. Sie ermöglichten dem Orden und seiner Führung, einen großen Teil ihrer Einnahmen für die Verschönerung der Stadt Valetta oder anderer Plätze auf der Insel anzuwenden. Berühmte Architekten und andere Künstler wurden beauftragt, Valetta zu einer Musterstadt zu machen. Das internationale Ansehen des Ordens wuchs gleichfalls: er war an vielen Fürstenhöfen durch Botschafter vertreten und seine Großmeister waren vielen absoluten Fürsten nicht nur ranggleich, sondern übertrafen sie noch an Prunk und Reichtum.

Es ist erstaunlich, daß eine solche Änderung der internationalen Stellung des Ordens und seines Wohlstands ohne große organisatorische Reform vor sich gehen konnte. Die Statuten des Ordens blieben die auf Rhodos festgelegten, und auch die wichtigsten Institutionen und deren Funktion wurden fast unverändert belassen; in ihrer Anwendung und Auslegung erfolgten jedoch gewisse Abweichungen. Um diese zu verstehen, sollen hier noch einmal die wichtigsten Prinzipien des organisatorischen Aufbaus kurz wiederholt werden, unter Betonung der Veränderungen, die in ihrer Handhabung im 17. Jahrhundert eingeführt wurden.

Das von uns benutzte Bild für den Aufbau des Ordens als Baum, dessen Wurzeln in den Kommenden der europäischen Staaten und dessen Krone beim Sitz des Konvents und in den Hauptaufgaben des Ordens liegen, blieb auch auf Malta bestehen; allerdings wurde dabei der Stamm, in dem die Mittel »von den Wurzeln zur Krone« transportiert wurden, stark verkürzt, wodurch die Nachrichtenübermittlung und auch der Austausch von Gedanken stark beschleunigt wurden.

Die Einteilung in »Zungen«, die schon in Akko begonnen hatte und in Rhodos vervollkommnet worden war, fand ihre Anwendung nur noch auf Malta selbst; in Europa diente sie nur mehr als unvollkommene Abgrenzung, die langsam ihre geographische Bedeutung verlor (z.B. die »Englisch-Bayerisch-Russische Zunge« oder die »Deutsche Zunge«, die auch Skandinavien und zeitweise Ungarn umfaßte). Den Platz der Zungen nahmen in Europa die Großpriorate ein, deren Zahl die zwanzig überschritt. Diese waren wiederum in Balleien unterteilt und letztere in Kommenden, deren Zahl etwa 600 betrug. Die Größe der einzelnen Kommenden war sehr unterschiedlich, manche erstreckten sich über Hunderte von Quadratkilometern. Die wichtigste zentrale Organisation war das Großpriorat, und die Großprioren verfügten vor allem über finanzielle Macht, obwohl sie durch Statuten verpflichtet waren, bis zu 30% ihrer Einnahmen an den Konvent in Valetta abzuliefern. Die Großprioren waren auch von Amts wegen Mitglieder des »Parlaments« des Ordens, des »Generalkapitels«, das Befugnisse der Gesetzgebung und Festlegung von Ordensregeln besaß und die Neuwahl eines Großmeisters zu bestätigen hatte.

Das Generalkapitel sollte ursprünglich alle fünf Jahre zusammentreten, aber die Pausen zwischen den Sitzungen wurden immer größer, bis zu zehn Jahren, und zwischen 1631 und 1776 wurde es überhaupt nicht einberufen. Anscheinend waren sowohl die Großmeister wie die Großprioren nicht an Sitzungen interessiert. Die Großmeister konnten bei Nichteinberufung beinahe wie absolute Herrscher walten und schalten, und die Großpriore befreiten sich dadurch von der in der Regel vorgeschriebenen Finanzkontrolle durch das Generalkapitel und konnten so ihre Autonomie stärken.

Es würde den Rahmen dieses Buches sprengen, wollte es die Entwicklung in den Prioraten oder Balleien darstellen; es soll vielmehr seiner Aufgabe gerecht werden, die Entwicklungen und Veränderungen in der »Krone« des Baumes zu skizzieren.

Nachwuchs □ Die Kandidatur eines jungen Menschen nahm allerdings ihren Ausgang in seinem Priorat in Europa. Die Nachfrage nach Mitgliedschaft im Orden war seit der »Großen Belagerung« außerordentlich gestiegen –, dabei spielten verschiedene Motivationen eine Rolle, ähnlich wie bei den Kreuzzügen: Abenteuerlust, religiöser Eifer, soziales Prestige, Möglichkeit einer politischen Karriere, aber auch das Streben nach gesicherten Einkünften in den späteren Lebensjahren. Zeitgenössische Schilderungen des Ordens betonten je nach der religiösen oder politischen Einstellung des Verfassers die eine oder andere Seite der Motivation, und die Beurteilungen erstreckten sich von begeisterter Zustimmung bis zu totaler Ablehnung. Kandidaturen zur Aufnahme in den Orden gab es vor allem bei Angehörigen des mittleren und niedrigen Adels, bei denen nur die erstgeborenen Söhne ein Anrecht auf Erbschaft hatten, die also eine wirtschaftliche Sicherung für ihre jüngeren Söhne suchten, selbst um den Preis eines Mönchsgelübdes.

Der Orden sah in diesen Bestrebungen eine Gefahr für sein herrschendes Prinzip der Exklusivität und traf Maßnahmen zur Eindämmung des Kandidatenstroms: die wichtigste war eine immer stärkere Betonung des Adelsgedankens. Der Bewerber mußte Beweise beibringen, daß seine Vorfahren von adligem Geblüt waren, zumindest die vier Großeltern. Die Franzosen verlangten acht Adlige (in vier Generationen), und die Deutschen, bei denen es zahlreiche Fälle von Vermischung des Bodenadels mit dem Handelsstand gegeben hatte, sogar 16 Adlige in sechs Generationen. Die Spanier verlangten zusätzliche Beweise dafür, daß die Kandidaten kein jüdisches oder maurisches Blut in ihren Adern hatten. Als Beweis wurde nicht nur beschworene Zeugenschaft verlangt, sondern gleichfalls materielle Zeugnisse wie Kirchenregister, Grabsteine oder Kirchenfenster (in deren Glasmalereien meistens auch das Wappen des Spenders erschien). Heraldik wurde zu einem wichtigen Zweig der Ahnenforschung. Alle diese Anforderungen waren in den heutigen Orden noch vor einer bis zwei Generationen üblich.

Ein weiteres Mittel zur Beschränkung der Anzahl der Bewerbungen war eine hohe Aufnahmegebühr in Form eines »passaggio« (Passagegeldes), ein Überbleibsel aus der Zeit, als der Orden noch am Ostrand des Mittelmeers saß, und der Kandidat eine lange Schiffsreise benötigte, um seinen Dienst anzutreten. Alle Einführungsriten innerhalb des Ordens – die Aufnahme als Kandidat, die Aufnahme in die »Zunge« in Malta, der Ritterschlag, waren mit feierlichen Zeremonien verbunden.

Erst mit erreichtem 15.Lebensjahr konnte der Kanditat nach Malta versetzt werden, aber Eltern, die an einer höfischen Erziehung interessiert waren, konnten den Sohn schon früher – gegen Zahlung einer großen Summe – zur Betreuung nach Malta schikken, wo er meistens als Page beschäftigt wurde. Mit 15 Jahren begann die militärische Ausbildung, die meistens auf See stattfand. Der junge Ordensbruder hatte in fünfjähriger Verpflichtung dem Orden in verschiedenen Aufgaben zu dienen, wie Bemannung der Befestigungen, Hilfsdienste in der Verwaltung und anderes. Der wichtigste Dienst war jener auf den »Karawanen«, Flottenexpeditionen zum Zweck der Verteidigung christlicher Seefahrt, der Verfolgung mohammedanischer Korsare bis zu deren Versenkung oder Kaperung, und eigene Unternehmungen des Ordens zum Aufgreifen mohammedanischer Handelsschiffe. Nach Erfüllung dieser Pflichten konnte der junge Ordensbruder den Ritterschlag erhalten und zum ordentlichen Ritter ernannt werden. Er verblieb weitere fünf Jahre zur Verfügung des Ordens auf Malta, in der Verwaltung der Insel, bei diplomatischen Missionen und natürlich als Reserve für kriegerische Aktionen.

Zu all diesen Diensten kamen die religiösen Verpflichtungen, die aus dem Mönchsgelübde entsprangen, so daß der Tag eines Ordensbruders und Ritters völlig ausgefüllt war. Allerdings berichten einige Historiker, daß in der Winterzeit, wenn die Flotte

Ordensmitglieder im Jahre 1631

Zunge	*Amt*	*Ritter*	*Kaplane*	*Helfer*	*Bemerkungen*
Provence	Großkomtur	272	47	40	Finanzverwaltung
Auvergne	Großmarschall	143	20	18	Befehlshaber der Armee
Frankreich	Großhospitalier	361	20	74	Leiter des Gesundheitswesens
Kastilien	Großkanzler	239	25	17	Generalsekretär
Italien	Großadmiral	589	–	–	Flotte
Aragon	Großkonservator (Drapier)	110	30	3	Quartiermeister
Deutschland	Großbali	46	6	3	Befestigungswerke
(England*)	(Turkopolier)	–	–	–	(Leichte Kavallerie)

Ordensmitglieder im Jahre 1631

* Die englische Zunge war von König Heinrich VIII. aufgelöst worden, lebte aber als Fiktion im Orden weiter. Die vorherrschende Sprache war Italienisch.

nicht ausfuhr, gewisse Untätigkeit herrschte, die in extremen Fällen zu Übergriffen führte, für die schwere Strafen vorgesehen waren.

Mitgliedschaft und Finanzen □ Die Verwaltung des Ordens auf Malta lag nach wie vor in den Händen des Konvents, dessen Mitglieder neben dem Großmeister die Häupter der acht Zungen waren (Pilliers). Jedes Mitglied des Konvents stand einem Verwaltungsgebiet vor, wobei jedes Amt an eine bestimmte Zunge gebunden war.

Eine Liste aus dem Jahre 1631 (siehe oben) gibt die Anzahl der Ordensbrüder in diesem Jahr an (hinzugefügt ist das Amt jeder Zunge).

Über die Finanzen des Ordens auf Malta liegen zahlreiche Dokumente vor; es würde aber wenig Sinn haben, diese hier zu analysieren, da die Beziehung der verschiedenen Währungen zueinander und zu verschiedenen Zeiten kaum festzustellen ist, vor allem aber, weil die Kaufkraft einer jeden Währung auf verschiedenen Einkommensstufen nicht festgelegt werden kann. Daher sei hier nur ein Beispiel für den Anteil der wichtigsten jährlichen Einnahme- und Ausgabeposten, etwa um 1630, gegeben.

Einnahmequellen	*Prozentualer Anteil*	*Bemerkungen*
Aufnahmegebühren	9 %	»passaggio«
Hinterlassenschaften	11 %	»spoglio« = 80 % vom Vermögen jedes verstorbenen Ritters
Beute von Piratenzügen	4 %	entspricht etwa dem Preis von zwei Galeeren
Lösegeld und Verkauf von Sklaven	2 %	
Beiträge der Kommenden und Priorate	74 %	

Zweck der Ausgaben	*Prozentualer Anteil*
Galeeren	47 %
Allgemeine Verwaltung	24 %
Hospital	10 %
Befestigungen	9 %
Großmeister und Konvent	7 %
Konventskirche	3 %

Von der zweiten Hälfte des 17. Jahrhunderts an überstiegen im allgemeinen die Einnahmen die Ausgaben, was zu einer großen Akkumulierung von Kapital führte. Andererseits sind viele Ausgaben und Tätigkeiten des Ordens nicht im Etat enthalten, da sie aus dem privaten Vermögen des Großmeisters und der Pilliers finanziert wurden.

Jede Zunge – mit Ausnahme der englischen – besaß ihre Herberge mit den Wohnquartieren für die jüngeren Ordensbrüder und Ritter und ihrem zugehörigen Refektorium (Speisesaal und Versammlungshalle), ihre eigene Kirche (dem Nationalheiligen gewidmet) sowie ihre Kapelle in der Konventskirche. Der Pillier jeder Zunge mußte aus seinen persönlichen Einnahmen den Unterhalt der Herberge bestreiten, vor allem die Versorgung mit Lebensmitteln, die auf Schiffen von Sizilien importiert wurden. Die Pilliers wetteiferten miteinander, wer die prächtigste Herberge, Kirche und Kapelle errichten konnte.

Die veränderte Position des Ordens spiegelte sich am stärksten im Amt des Großmeisters wider. Die Großmeister nahmen allmählich die Gewohnheiten eines absoluten Fürsten an, mit großem Hofstaat, prunkvoller Kleidung und vor allem Repräsentationsbauten. Jeder Großmeister hatte bei seinem Amtsantritt ein neues Dorf zu gründen und öffentliche Bauten zu finanzieren. Seine Einnahmen kamen aus seiner Kommende, aber auch aus privaten Unternehmen, die er oder ein Mitglied seiner Familie leitete.

Die Gesamtzahl der Ordensbrüder auf Malta betrug etwa 2000; dies war auch ungefähr die Anzahl der Ordensritter, die auf Kommenden oder als Abgesandte des Ordens in Europa lebten.

Großmeister und ihre Werke

Das 17. Jahrhundert □ Wie schon ausgeführt, suchten die Großmeister mit ihrem Streben nach Titel und Wappen (die einen höheren Grad der Nobilität anzeigten), mit prachtvollen Bauten und kostbaren Kunstwerken es den absoluten Fürsten gleichzutun. Sie unterschieden sich von ihnen allerdings durch ihre Religiosität und – infolge der Ehelosigkeit – durch das Fehlen eines dynastischen Strebens. Ihre Art, ihren Namen am Leben zu erhalten, waren die Stiftungen zu wohltätigen und kulturellen Zwecken, für die ein Großmeister einen Teil seines Vermögens schon zu Lebzeiten bereitstellte. Nach seinem Tode fielen dann 80% seines Vermögens an den Orden zurück.

Es würde zu weit führen, hier Leben und Werk eines jeden Großmeisters aufzuführen; daher seien nur die erwähnt, in deren Regierungszeit sich besondere Ereignisse abspielten, oder aus deren Zeit uns herausragende Gebäude oder Institutionen erhalten geblieben sind – auf die Gefahr hin, den anderen Großmeistern nicht volles Recht zukommen zu lassen.

Der erste Großmeister des 17. Jahrhunderts, Alof von Vignacourt (1601 – 1622), aus der Französischen Zunge, blieb immer im Gedenken der maltesischen Bevölkerung durch den Aquädukt, den er auf eigene Kosten von der Nähe von Mdina bis nach Valetta legen ließ. Die Umgebung von Mdina ist wegen ihres Tonbodens die wasserreichste auf Malta (was wahrscheinlich auch der Grund dafür war, daß hier die mittelalterliche Hauptstadt der Insel angelegt wurde), während die Nordostseite der Insel von Natur aus quellenarm ist und durch die Dichte der städtischen Bevölkerung schon im 17. Jahrhundert einen großen Wasserbedarf hatte, den die Umgebung nicht decken konnte. Der Vignacourt-Aquädukt löste dieses Problem. (Heute wird der städtische Ballungsraum um Valetta durch eine Rohrleitung von der Nachbarinsel Gozo mit Wasser versorgt.) Vignacourt baute auch zahlreiche Fontänen und Zisternen zur Verteilung des Wassers auf die verschiedenen Stadtteile, ferner eine Reihe von befestigten Wachtürmen entlang der Nordküste der Insel.

Sein Nachfolger, Anton von Paule (1623 – 1636; Provence), war ein Mann, der streng auf das Protokoll achtete, einen Hofstaat von über 200 Personen hielt und bei festlichen Prozessionen 200 Ritter in Roben vor sich herziehen ließ. Auch baute er für sich einen Palast inmitten eines exotischen Gartens. Er konnte all seine Extravaganzen deswegen finanzieren, da zur Zeit seiner Magistratur die Galeeren einige corsos mit großem Erfolg durchführen konnten. Wegen seiner Prunksucht kam er in Konflikt mit der Inquisition und dadurch auch mit dem Vatikan.

Sein Nachfolger, Johann von Lascaris-Castellar (1636–1657; Provence), war das genaue Gegenteil: eine harte, strenge Persönlichkeit von extremer Frömmigkeit, die auch von der Umgebung sowie der Bevölkerung Maltas große Opfer verlangte. Zudem litt Malta gerade während seiner Magistratur unter schweren Krisen, wie dem Ausfall von Einkommen, besonders aus Frankreich, als Folge von Aufständen der Hugenotten; dann Verwicklung in den Krieg zwischen Venedig und der Türkei um die Insel Kreta (Candia), der den ständigen Einsatz der Galeeren auf seiten Venedigs verlangte; dazu unterblieben die Getreidelieferungen aus Sizilien als Folge eines spanisch-französischen Konflikts, was wiederum zu einer schweren Hungersnot auf Malta führte. Als Konsequenz aus all diesen Unbilden betrieb Lascaris eine betonte Politik der Sparsamkeit, indem er auch viele geplante Bauten und andere Projekte seines Vorgängers einschränkte.

Andererseits begann unter der Magistratur Lascaris' der Bau des großen Befestigungswerkes, das nach seinem Architekten Floriani später Floriana benannt wurde. Es sollte die Stadt Valetta von der Landseite her schützen, indem es in einer Entfernung von etwa 750 m südwestlich der Stadt eine doppelte Mauerlinie mit Bastionen und dazwischenliegenden Wallgräben zog, die sich von Mersamuscett bis zum Großen Hafen erstreckte. Der Bau der Mauer wurde allerdings erst unter Lascaris' Nachfolgern vollendet, und das Gelände zwischen den neuen Mauern und der Mauer von Valetta dann im 18. Jahrhundert zu einer Gartenvorstadt entwickelt, in der die wohlhabende Bevölkerung Valettas sich prächtige Häuser baute.

Eine weitere wichtige, wenn auch nicht hervorstechende Leistung Großmeister Lascaris' war die Errichtung der ersten Druckerei auf Malta (1644), die unter anderem die erste umfassende Geschichte und Geographie Maltas veröffentlichte.

Lascaris versuchte auch, an dem beginnenden Prozeß des Kolonialismus teilzunehmen. Nachdem Frankreich im Jahre 1635 angefangen hatte, auf einigen Inselgruppen der Antillen Kolonien zu errichten, erhielt der Orden im Jahre 1653 einige winzige Inseln in der Nähe von Guadeloupe als Kolonialgebiet, gab sie aber nach wenigen Jahren wieder auf. Die Gründe für die Aufgabe waren wahrscheinlich verschiedener Art. Erstens war die Flotte des Ordens für die Schiffahrt im Atlantischen Ozean nicht geeignet; zweitens widersprach die Art der Kolonisation – Landwirtschaft, vor allem Zuckerplantagen, die auf der Arbeit schwarzer Sklaven beruhte – der Gedankenwelt des Ordens. Dagegen beteiligten sich alle anderen großen Orden, wie Jesuiten, Franziskaner, Dominikaner, intensiv am Kolonisationsprozeß als Missionare, landwirtschaftliche Instruktoren, Lehrer usw.

Lascaris sollte den größten Triumph des Ordens nicht mehr erleben. Im Jahre 1656 gelang es der Ordensflotte unter Großadmiral Carafa (der später, von 1680–1690, als Großmeister fungierte) zusammen mit den Venezianern eine türkische Flotte zu besiegen und 11 türkische Schiffe zu kapern, deren Erlös viel dazu tat, die Finanzen des Ordens unter den Nachfolgern Lascaris' zu verbessern.

Es ist bemerkenswert, daß der Orden seine ganze Aufmerksamkeit auf den Kampf mit den Türken und auf die Entwicklung der Insel Malta richtete, in einer Zeit, in der Europa vom bisher grausamsten Krieg seiner Geschichte heimgesucht wurde. Der Dreißigjährige Krieg, der sich hauptsächlich auf deutschem Boden abspielte und entlang der Nahtstelle zwischen protestantischen und katholischen Gebieten einen Bevölkerungsverlust von 50–60% zur Folge hatte, war in Malta kaum zu spüren. Allerdings folgte der Orden in dieser Haltung dem Vorbild des Vatikans. Papst Urban VIII. (1623–1644) verstand es zwar einerseits, Neutralität zu wahren, andererseits aber wußte er sich einzumischen, wenn es um dynastische Fragen ging, vor allem im Streit zwischen Frankreich und Spanien – beides katholische Länder – in dem der Papst deutlich auf Frankreichs Seite stand.

Diese Haltung beweist die beginnende Selbstisolierung des Ordens vom großen Weltgeschehen, wie noch auszuführen sein wird. Das einzige Ereignis des Krieges, das den Orden selbst berührte, war der Abschluß des Westfälischen Friedens, der vom Orden als Unglück angesehen wurde, da er die Souveränität der evangelischen Staaten und die Möglichkeit zur Rückkehr zum Protestantismus für diejenigen Länder anerkannte, die durch die Gegenreformation wieder katholisch geworden waren. Diese Bestimmung des Vertrages brachte für den Orden große Einkommensverluste, da die Kommenden des Ordens in diesen Staaten aufgelöst wurden. Eine Ausnahme bildete die Ballei Brandenburg, von der noch später die Rede sein wird.

Zweite Hälfte des 17. Jahrhunderts □ In Malta stand die zweite Hälfte des 17. Jahrhunderts im Zeichen zweier Brüder aus Aragonien: Rafael Cotoner (1660–1663) und Nicolas Cotoner (1663–1680). Sie waren Abkömmlinge einer begüterten Familie aus Mallorca und besaßen in Spanien (und vielleicht auch in den Kolonien) umfangreiche Baumwollplantagen – daher ihr Name. Sie verwandten ihren persönlichen Reichtum für prunkvolle Bauten in Malta und führten ein Leben in Luxus und Pomp, was den Zorn des Vertreters der Inquisition auf Malta hervorrief, um den sich ein Großmeister aber wenig kümmerte.

Rafael Cotoner war verantwortlich für den Umbau des Hospitals und dessen Erweiterung, während Nicolas das Innere der Konventskirche im Stil des Hochbarock umbauen ließ, so daß es in größtem Gegensatz zur Strenge der äußeren Fassade der Kirche steht. Jede Zunge erhielt ihre eigene Kapelle, die sie nach ihrem Geschmack mit monumentalen Denkmälern und Gemälden schmückte. Nicolas begann auch mit dem Belegen des Fußbodens der Kirche mit farbigen Steinintarsien gleicher Größe (etwa 150 auf 90 cm), die als Grabplatte für verdiente Ordensritter dienten, und deren Zahl im Laufe der Jahre auf 379 anstieg. Von Kunstwerken in der Kirche ist das Deckengemälde des italienischen Malers Matia Preti zu erwähnen, das in 18 Stationen das Leben des Johannes des Täufers darstellt, sowie eine Reihe von Wandteppichen nach Bildern von Rubens und anderen zeitgenössischen Künstlern. Zahlreiche andere Gebäude, Tore und Brunnen zeigen das Wappen der Cotoner.

Aber das gewaltigste Werk, das Nicolas Cotoner hinterließ, waren die Befestigungsanlagen, die seinen Namen tragen. Anlaß für den Bau war der Sieg der Türken über die Venezianer (1669), in dessen Folge die Türkei Kreta erhielt (mit Ausnahme dreier Festungen, die bis zum Jahre 1718 in den Händen der Venezianer blieben). Dies ließ den Verdacht aufkommen, daß die Türken eine neue Aktion gegen Malta planen könnten, gleichzeitig mit den Vorbereitungen für einen erneuten Vorstoß in Richtung Wien, der dann 1683 erfolgte. Die »Cotoner-Linien« sollten ein für allemal die Landzugänge nach Valetta sperren. Sie waren auf den Ideen Vaubans, des Festungsingeneurs Ludwigs XIV., aufgebaut, und sahen doppelte Mauern mit Bastionen für 1500 Kanonen und Wallgräben vor, sowie eine halbkreisförmige Mauer um ein Gelände, das im Notfall 40000 Menschen, also fast der gesamten Bevölkerung des städtischen Raumes, sichere Unterkunft bieten konnte. Zu den Befestigungen gehörten auch gewaltige Tunnels, die geschützten Zugang von einem Sektor zu jedem anderen ermöglichten, sowie riesige Lager für Proviant und Kriegsmittel. Ein Beispiel für diese Lager ist der große unterirdische Getreidespeicher im Zentrum von Floriana. Der Umfang aller Befestigungswerke betrug 5 km, sie galten zu ihrer Zeit als die gewaltigsten Befestigungsbauten der Welt. Ihre Errichtung dauerte faktisch fast hundert Jahre, und ihre Baukosten erschöpften nicht nur die Privatkasse Cotoners, sondern auch die Staatskasse Maltas, so daß der Orden in größte finanzielle Schwierigkeiten geriet. Die Anlagen wurden glücklicherweise nie benötigt – allein die Tunnels dienten im Zweiten Weltkrieg als Luftschutzbunker für die Bevölkerung Maltas – und stehen heute noch als ein Zeichen dafür, wie sehr der Orden seit dem Trauma der »Großen Belagerung« am Festungsbaugedanken festhielt.

Der Strukturwandel Europas

Absolutismus □ Eine der wichtigsten politischen Folgen des Dreißigjährigen Krieges war die Konsolidierung der Regierungsform des Absolutismus, deren erste Anzeichen schon vor dem Krieg zu sehen waren. Aber erst danach kam diese Herrschaftsform in einigen Ländern zur vollen Entfaltung. Das Musterbeispiel gab der französische König Ludwig XIV., dem die meisten europäischen Staaten nachzueifern versuchten. Der Absolutismus basierte auf der Konzentration fast aller politischen Macht in der Hand des Königs (»l'état c'est moi«), vor allem jener der Kirche und des Feudaladels, der als »Hofadel« eine vom König abhängige, neue Machtposition erhielt. Andererseits gelangte das Bürgertum zwar nicht zu politischer, aber doch zu wirtschaftlicher Machtstellung, die sich im Frühkapitalismus und in der Theorie des Merkantilismus ausdrückte.

Der Absolutismus führte zur Schaffung einiger Großmächte (Spanien, Frankreich, England, Schweden, Niederlande), die ihren Einfluß vor allem durch eine neue Form der kolonialen Ausbeutung vergrößerten: die landwirtschaftliche Produktion überseeischer Güter durch Plantagenwirtschaft, aufgebaut auf Sklavenarbeit. Der Ankauf von Sklaven und der Bau von Hunderten von Schiffen stellte aber finanzielle Forderungen, die die Kaufkraft selbst absoluter Herrscher überschritten und zur Gründung von Handelsgesellschaften führten, wie der britischen Ostindien-Kompanie (gegr. 1601) und der holländischen Ost- und Westindien-Kompanien, gegründet zu Beginn des 17. Jahrhunderts.

Diese Kompanien, zusammen mit den selbständigen Hafenstädten und den sich entwickelnden Großbanken minderten die Position des Vatikans als größte Finanzmacht der Welt und trafen damit auch den Johanniterorden schwer, dessen Finanzwirtschaft eng mit der des Vatikans verbunden war.

Die Entwicklung der Großstaaten führte auch zur Idee des Nationalstaates, als neue Basis für das Zugehörigkeitsgefühl seiner Bürger. Der Johanniterorden konnte sich freilich nie zum Nationalstaat entwikkeln, er basierte vielmehr auf der Idee des internationalen Ordens, dessen Zusammenhalt auf religiösem Gehorsam aufgebaut war. Der Ordensstaat besaß nur ein winziges Staatsgebiet, keinerlei Rohstoffe oder Industrie und keine nennenswerte Flotte – das Dutzend kleiner Schiffe, die nur für das Mittelmeer geeignet waren, war winzig im Vergleich zu den Hunderten und vielleicht Tausenden von Schiffen, die unter der Flagge der Großmächte die Ozeane befuhren.

Malta und der Orden blieben in ihren Gedankengängen und Wirtschaftsbau auf der Stufe des ausgehenden Mittelalters stehen. In Beurteilungen des Ordens aus dem 18. Jahrhundert taucht zum ersten Mal der Ausdruck »Anachronismus« auf.

Sklavenhandel □ Die Veränderungen im Weltwirtschaftssystem trafen auch einen der wichtigsten Wirtschaftszweige Maltas schwer: den Sklavenhandel. Das Halten von Sklaven war sowohl in christlichen wie in mohammedanischen Ländern üblich und auch moralisch genehmigt, zum Teil als Hausgesinde (vor allem Sklavinnen), aber zum größten Teil als Schwerarbeiter in Bergwerken, bei Straßen- und Befestigungsbauten und ähnlichem. Im Mittelmeergebiet wurden die Sklaven vor allem als Galeerenruderer benötigt, in Malta auch als Segeltuchmacher.

Noch im 18. Jahrhundert bestanden an den Mittelmeerküsten zahlreiche Sklavenmärkte.

Für Malta spielten die Sklaven eine besonders große Rolle, da das Kapern mohammedanischer Schiffe eine der Hauptaufgaben des Ordens war und deren Besatzung und Passagiere – soweit sie nicht christlich waren – als Sklaven beschäftigt werden konnten oder ein Lösegeld einbrachten. Wenn die Schiffahrt im Winter ruhte, wurden die Sklaven zu Arbeiten auf dem Festland benötigt.

Im 17. und vor allem im 18. Jahrhundert entwickelte sich auf der Welt ein Sklavenhandel ganz anderer Art, mit dem Ziel, Arbeiter für die Plantagen in den Kolonien zu rekrutieren. Nachdem es sich gezeigt hatte, daß die Eingeborenen Süd- und Mittelamerikas nicht zu geordneter Arbeit auf den Pflanzungen angehalten werden konnten, begannen die Pflanzer schon Ende des 16. Jahrhunderts, Negersklaven aus Westafrika einzuführen. Im 17. Jahrhundert wurde etwa eine Million Sklaven importiert, und als Summe des 18. Jahrhunderts waren es etwa 15 Millionen. Der Sklavenhandel wurde zum wichtigsten Faktor in der Bereicherung der europäischen Handelsgesellschaften.

Da eine solche Art des Handels in den Mittelmeerländern undenkbar war, da Sklaven nur durch militärische Aktionen gewonnen werden konnten, und auch die Industrialisierung den Bedarf an Sklaven stark minderte, ging im 18. Jahrhundert der Sklavenhandel auf Malta stark zurück. In der zweiten Hälfte des Jahrhunderts mußte der Orden zeitweilig Galeerensklaven auf dem Markt von Neapel käuflich erwerben. Sicher war dies auch einer der Gründe für die Ablösung der Galeeren durch Segelschiffe, eine Flottenreform, die Europa mindestens hundert Jahre hinterherhinkte.

Rußland □ Als bedeutendste unter den Veränderungen der politischen Landkarte Europas im 18. Jahrhundert ist der Aufstieg Rußlands zur Großmacht zu erwähnen. Dieser war für den Malteserorden von besonderer Tragweite, da er dadurch einen – wenn auch nicht vertraglich gebundenen – Bundesgenossen im Kampf gegen die Türkei fand. Im Laufe des 18. Jahrhunderts führte Rußland fünf größere Kriege gegen die Türkei, in denen es wichtige Territorien eroberte, darunter fast die ganze Nordküste des Schwarzen Meeres mit dem wichtigen Hafen Odessa (1792). Als Anrainer des Schwarzen Meeres konnte Rußland nun einen Anspruch auf Konstantinopel erheben, als die traditionelle Heimat der Griechisch-Orthodoxen Kirche (von der sich die »Russisch-Orthodoxe Kirche« ableitete) wie auch als Zugang zu einem »offenen Meer«. Aus diesen seinen geopolitischen Bestrebungen läßt sich das Interesse erklären, das Rußland gegen Ende des 18. Jahrhunderts an Malta und dem Malteserorden nahm. Dieser Entwicklung sah der Malteserorden mit gemischten Gefühlen entgegen, galt doch die orthodoxe Kirche, jetzt durch Rußland vertreten, noch immer als sein Erzfeind; andererseits konnte der Orden nicht die Tatsache verleugnen, daß Rußland das Hauptaugenmerk der Türkei auf ihre eigene Nordgrenze lenkte und dadurch die Spannung im Mittelmeer wesentlich abbauen half. In der Folge nahmen daher die Großmeister im Verlauf des 18. Jahrhunderts eine eher schwankende Haltung gegenüber Rußland ein.

Die Isolierung des Johanniterordens

Der Orden im 18. Jahrhundert □ Wie schon angeführt, blieb der Orden von den revolutionären Veränderungen in Europa fast unberührt. In der Außenpolitik richtete sich sein Blick weiterhin auf die Türkei und die Berberküste, und in der Folge auf eine Stärkung der Befestigungen von Malta und die Aufrechterhaltung der Galeerenflotte. Auf Malta selbst dauerte der Konflikt zwischen dem Orden einerseits und dem Klerus sowie dem Inquisitor andererseits bis zur Mitte des Jahrhunderts an, und erst gegen dessen Ende zeigte der Orden einige versöhnliche Gesten.

Malta war zwar eine Insel, aber ihre Herrscher konnten sich nicht länger den Veränderungen in der Welt entziehen, wenn sie auch versuchten, die Augen davor zu schließen. Die Einnahmen des Ordens ließen beträchtlich nach, seine militärische Macht wurde unbedeutend angesichts der gewaltigen Flotten und Heere der Großmächte, und auch der Vatikan, auf den sich der Orden hauptsächlich gestützt hatte, verlor an Bedeutung. Ja, viele sagten aus all diesen Gründen bereits das Ende des Ordens voraus.

Die ersten Großmeister des 18. Jahrhunderts versuchten, Malta von der Lehensabhängigkeit zu Spanien, d.h. zu Sizilien, freizumachen, aber vergeblich: Spanien – und damit Sizilien – wurde in den »Spanischen Erbfolgekrieg« (1701–1714) verwickelt, in dessen Verlauf und Folge Sizilien mehrmals den Herrscher wechselte (Österreich 1707–1713; Savoyen 1713–1720; Österreich 1720–1735), bis im Jahre 1735 das spanische Haus der Bourbonen die Herrschaft über das »Königreich beider Sizilien« mit der Hauptstadt in Neapel erhielt. Im Laufe des Krieges besetzte Großbritannien Gibraltar, und damit erwachte auch sein Interesse am Mittelmeer, was hundert Jahre später zur Besetzung Maltas führen sollte.

Das selbständige Königreich Neapel begann mit seiner fortschrittlichen, liberalen Politik im 18. Jahrhundert zum intellektuellen und kulturellen Zentrum Italiens zu werden, wodurch der Orden auch geistig in eine starke Gegenposition zu Sizilien gedrängt wurde. Der Versuch des Ordens, eine von Sizilien unabhängige Politik zu betreiben, wurde von Neapel mit der Einstellung der Getreidelieferungen beantwortet, was den Orden in große finanzielle Schwierigkeiten brachte und ihn zum Einlenken zwang.

Die corsos als Einnahmequelle nahmen zu Beginn des 18. Jahrhunderts stark ab, auch drängten europäische Staaten den Orden, sie ganz einzustellen. Seit 1720 war die durchschnittliche Beute des Korsarenkrieges gegen die Türkei ein Schiff pro Jahr, was natürlich die großen Kosten der Unterhaltung der Flotte nicht im mindesten decken konnte und die finanziellen Schwierigkeiten des Ordens damit noch vergrößerte.

Unter den Bauherren des 18. Jahrhunderts ist als erster Großmeister Ramon Perrelos y Rocaful von Aragon (1697–1720) zu nennen, ein Zeitgenosse Ludwigs XIV., den er auch in der Förderung der Künste nachzuahmen suchte. Er ist hauptsächlich durch seine Stiftungen großartiger Gobelins bekannt, die den Sitzungssaal im Großmeisterpalast (heute Sitzungssaal des Parlaments) schmücken und phantasievolle Szenen mit Menschen und Tieren in einer tropischen Landschaft (anscheinend Westindien) darstellen. Er machte sich auch um den Orden dadurch verdient, daß er einige Galeeren gegen dreistöckige Karacken austauschte und die Schlagkraft der Flotte dadurch erhöhte.

Auf Großmeister Zondadari folgte dann Großmeister Antonio Manoel de Vilhena (1722–1736; Portugal), der unter anderem den Rokokostil in Malta einführte. Er baute in diesem Stil das Teatro Manoel, in dem neben professionellen Schauspielern und Sängern auch jüngere Ordensbrüder Aufführungen gaben. Das schönste von ihm errichtete Gebäude war die Universität in Notabile (Mdina), heute das Naturhistorische Museum. Er belebte ebenso die Bautätigkeit in der Vorstadt Floriana, die jahrzehntelang aus Geldmangel geruht hatte, und nannte das erste vornehme Viertel in ihr »Vilhena«; auch errichtete er hier ein Alters- und Siechenheim. Auf der Quarantäne-Insel in der Bucht von Mersamuscett, die seinen Namen erhielt – Manoel Island –, erbaute er ein neues Fort.

Großmeister Pinto de Fonseca □ Der herausragendste unter seinen Nachfolgern war Manoel Pinto de Fonseca (Kastilien), der auch der längstregierende unter allen Großmeistern war (32 Jahre; 1741–1773). Er besaß einen starken Charakter und regierte mit eiserner Hand. Sein Hauptbestreben war, unter den Herrschern Europas als gleichrangig anerkannt zu werden und die Krone des Großmeisters den Königskronen gleichzusetzen. Die Delegierten des Ordens an den verschiedenen Höfen Europas erhielten den Rang eines Botschafters, und selbst die Stadt

Valetta sollte den Charakter einer königlichen Hauptstadt widerspiegeln. Der Großmeister arrangierte zudem Staatsbesuche bei anderen kirchlichen und weltlichen Fürsten, wie beim Papst, mit allem Pomp. Er begann Goldmünzen mit seinem Porträt zu prägen, die weniger Gewicht besaßen, als verlangt; Pinto setzte darauf ihren Umtauschwert in andere Münzen willkürlich fest.

Er sah noch immer seine Aufgabe darin, als Vorkämpfer der Christenheit gegen die Türken zu fungieren, obwohl alle anderen Staaten Europas Bereitschaft zeigten, mit der Türkei Frieden zu schließen. Die Türkei ihrerseits suchte auch mit Malta zu einem Friedensabschluß zu kommen, verlangte aber als Bedingung die Freilassung aller türkischen Sklaven. Als Pinto das ablehnte, kam es zum ersten Sklavenaufstand auf Malta (1749), der grausam unterdrückt wurde.

Pinto wollte es seinen Vorgängern gleichtun, die Valetta mit prächtigen Bauten geschmückt hatten, und er errichtete eine Anzahl von Bauwerken, deren bekannteste hier genannt seien. Dies war zum einen die neue Herberge der kastilischen Zunge, die als der schönste Rokokobau der Stadt gilt; andere Bauten waren die renovierte Castellania (das Gebäude der zivilen Justiz) und große Baublöcke der Lagerhäuser an der Seefront.

Diese Bautätigkeit verschlang so große Summen, daß Pinto genötigt war, zum ersten Mal die maltesische Bevölkerung mit hohen Steuern zu belegen, was zu Unruhen in der Bevölkerung führte, die nach dem Tode seines Nachfolgers Ximenes de Texada (1775) in einem blutigen Aufstand gipfelten.

In der Außenpolitik förderte Pinto auch als erster die Beziehungen zu Rußland. Um das Jahr 1760 entsandte die russische Zarin Katharina II. eine Abordnung nach Malta, um ein gemeinsames Vorgehen der beiden Flotten gegen die Türkei zu beraten. Das Ergebnis der Verhandlungen war, daß russische Kadetten in der Marineschule von Malta ausgebildet wurden und zudem zwei maltesische Ritter nach St. Petersburg kommen sollten, um dort gleichfalls russische Marinetruppen auszubilden. (Sie dienten dabei dem Orden auch als Spione.) Zehn Jahre später verlangte die Zarin eine offizielle Besuchserlaubnis für die russische Flotte in Malta, was der Großmeister entsprechend der Neutralität des Ordens in Fragen europäischer Staaten ablehnen mußte. Aber er genehmigte den Besuch von vier russischen Kriegsschiffen, was sofort strengen Protest von seiten Englands und Frankreichs zur Folge hatte. Dieser Zwischenfall zeugte von der Bedeutung, die die Insel Malta (aber nicht mehr der Orden) in den strategischen Berechnungen der Großmächte gewonnen hatte.

In der Zeitspanne der Magistratur Pintos lag auch der Siebenjährige Krieg (1756–1763), in den fast alle europäischen Mächte verwickelt waren. Er begann als Konflikt zwischen Preußen (Friedrich II.) und Österreich (Maria Theresia) um die Herrschaft über Schlesien. Durch ein verwickeltes Bündnissystem wurden Rußland und Frankreich auf Österreichs Seite, und England gegen Frankreich in den Krieg hineingezogen. Der Krieg zwischen den beiden letzteren Ländern spielte sich hauptsächlich in Nordamerika ab, und in seiner Folge mußte Frankreich Kanada und andere Territorien an England abtreten.

Der Orden hatte mit dem Krieg direkt nichts zu tun, wurde aber von seinem Ausgang in Mitleidenschaft gezogen. Frankreich, das den Krieg sowohl in Amerika wie in Europa verloren hatte, erlitt eine bedeutende finanzielle Krise, und es wurden immer mehr Stimmen laut, die verlangten, daß die Einkünfte aus den Kommenden nicht mehr nach Malta gehen dürften. Preußen hatte im Krieg endgültig die Herrschaft über Schlesien erworben und damit eine große Bevölkerung vom katholischen in den protestantischen Machtbereich überführt. Die Folge waren schwere Verluste an Einnahmen für den Orden. Von diesem Zeitpunkt an begann der wirtschaftliche Niedergang des Ordens, und damit auch Maltas.

Einen gewissen Vermögenszuwachs erhielt der Orden durch die Beschlagnahmung der Güter des Jesuitenordens (1768). Sie folgte der Auflösung dieses Ordens in Malta im Rahmen einer allgemeinen antijesuitischen Bewegung, die das ganze katholische Europa umfaßte, und schließlich den Papst zwang, den Orden aufzulösen (1773).

Das letzte Aufflackern – Grossmeister Rohan □ Großmeister Emmanuel von Rohan-Polduc (1775–1797) besaß mit Sicherheit die Eigenschaften, welche einen bedeutenden Großmeister auszeichnen: Verhältnismäßig jung – 57 Jahre – bei seinem Amtsantritt, energisch, besaß er ein offenes Gehör für Vorschläge und Neuerungen, und war gleichzeitig freundlich und höflich im Umgang mit Menschen. Es war nicht seine Schuld, daß unter seiner Magistratur der Untergang des Ordens besiegelt wurde, vielmehr das Ergebnis revolutionärer äußerer Veränderungen, auf die der Orden keinerlei Einfluß hatte.

Rohan gehörte der Französischen Zunge an – alle Großmeister (mit zwei Ausnahmen) seit 1660 waren Spanier gewesen –, was den beinahe unbegrenzten Einfluß Frankreichs auf das Geschehen innerhalb des Ordens widerspiegelte. Seine Wahl nach dem Tode des unfähigen Großmeisters Ximenes de Texada (1773–1775) löste einen Freudentaumel unter der Bevölkerung aus, und die ersten Jahre seiner Regierung gingen dahin im Zeichen eines wirtschaftlichen Aufstiegs, erneuter Bautätigkeit (es entstanden unter ihm z.B. die große Bibliothek sowie einige Springbrunnen in Valetta) und von Neuerungen in der Tätigkeit des Ordens. Es gelang ihm auch, das Verhältnis zum Klerus und sogar zur Inquisition zu verbessern.

Höhepunkt seiner Bemühungen um Befriedung innerhalb des Ordens war die Einberufung eines Generalkapitels im Jahre 1779, nach einer Pause von 145 Jahren. Er legte der Versammlung den Entwurf einer neuen Ordensregel vor, die den veränderten Zeiten angepaßt war und sich vor allem mit Wirtschaftsfragen und der Verwaltung des Ordensvermögens befaßte. Diese Regel ist auch heute noch Grundlage der Regeln der karitativen Orden.

Gleichzeitig versuchte Rohan, die außenpolitische Isolierung des Ordens zu durchbrechen. Er schätzte die neugewonnene Großmachtposition Rußlands richtig ein, vor allem als das Land durch die erste Teilung Polens (1772) eine katholische Bevölkerung annektiert hatte, und durch den Frieden mit der Türkei von 1774 nicht nur Teile der Nordküste des Schwarzen Meeres, sondern auch freie Durchfahrt für Handelsschiffe durch die Meerengen der Dardanellen bekam, und damit als Mittelmeermacht betrachtet werden mußte. Rohan suchte enge Beziehungen zu Rußland, die besonders dringlich wurden, nachdem Rußland durch die zweite (1793) und dritte Teilung Polens (1795) mehr als die Hälfte dieses Staates mit einer katholischen Bevölkerung, die Millionen zählte, erhielt. Die Zaren sahen sich dadurch auch als Schutzherren ihrer katholischen Bevölkerung und erlaubten dem Malteserorden, ein Priorat Polen zu errichten, dem vor allem Zar Paul I. (1796–1801) große Ländereien schenkte.

Ein anderes Land, in dem der Orden seine Tätigkeit intensivierte, war Bayern, das unter Ausnutzung der zahlreichen Kriege zwischen Preußen und Österreich volle Souveränität erreicht hatte. Bayern hatte nach Auflösung des Jesuitenordens große Ländereien zur Verfügung, die dem Malteserorden übereignet wurden. Als Anerkennung für diese Geschenke schuf der Orden für die Adligen dieser Länder die Möglichkeit, an der Ordensleitung teilzuhaben, indem Rohan eine Polnisch-Bayerische Zunge ins Leben rief. Da er aber über die durch Tradition eingebürgerte Zahl von acht Zungen nicht hinausgehen wollte, wurde diese Zunge mit der englischen vereinigt, die nur auf dem Papier existierte, und so entstand kurz vor der Auflösung des Malteserordens die merkwürdige Mischung einer Englisch-Bayerisch-Russischen Zunge.

Gegen Ende der achtziger Jahre des 18. Jahrhunderts war die französische Wirtschaft bankrott: die zahlreichen Kriege (darunter der Siebenjährige Krieg, der mit dem Verlust Kanadas endete), die finanzielle und militärische Unterstützung des amerikanischen Freiheitskrieges (1775 – 1783), sowie die Mißwirtschaft des Hofes und des Adels hatten den Staat an den Rand des Ruins gebracht. Der junge König Ludwig XVI. sah sich genötigt, im Jahre 1789 die Generalstände, Vorläufer der Nationalversammlung, einzuberufen, die ihm die nötigen Mittel zur Verfügung stellen sollten. Doch bald führte die Agitation in der Nationalversammlung zu einer Steigerung der Volkswut, die ihre Entladung in der Zerstörung der Bastille fand und in Revolution überging.

Die Ziele der Revolution waren auf die Zerstörung all jener Werte und Institutionen in Frankreich ausgerichtet, die auch den Malteserorden seit sieben Jahrhunderten gekennzeichnet hatten und auf Malta zu ihrem höchsten Ausdruck gekommen waren: Adelsstolz, beim Orden in übertriebener Form; oligarchischer Aufbau, der in Malta alle Charaktermerkmale einer Monarchie angenommen hatte; ein Lebensstil des Prunks und äußerlicher Pracht, aufgebaut auf Einnahmen aus der schlechtbezahlten Arbeit von Bauern in Europa; ein genaues Einhalten von religiösen Geboten bis zum Mönchsgelübde; eine streng konservative Weltanschauung – die allerdings gerade begonnen hatte, auch liberaleren Gedankengängen Raum zu geben.

So kam es, daß bereits in der Nationalversammlung eine teilweise Enteignung der Ordensgüter gefordert wurde, die der Orden vorläufig noch aufschieben konnte, indem er all seine politischen und Familien-Beziehungen in Frankreich spielen ließ. Aber seine politische Situation verschlechterte sich, als er – getreu seinen ritterlichen Prinzipien – den Fluchtversuch des Königs (1791) finanzierte und später sogar Pläne schmiedete, ihn mit Gewalt aus dem Gefängnis zu befreien.

Im Jahre 1792 beschloß der revolutionäre Nationalkonvent zusätzlich zur Abschaffung des bestehenden Kalenders und Schaffung einer »Religion der Natur«, die Gott ersetzen sollte, die Auflösung und Enteignung aller adligen und religiösen Gesellschaften, darunter auch des Johanniterordens.

Die Verfolgungen, die durch diese Erlasse ausgelöst wurden, zwangen fast sämtliche Ordensbrüder, aus Frankreich zu fliehen und als Flüchtlinge anderweitig Unterkunft zu suchen, vor allem in Malta. Der Orden dort war durch das Edikt seiner wichtigsten Einnahmequelle beraubt und konnte mit Mühe die Flüchtlinge aufnehmen. Es wird berichtet, daß Großmeister Rohan seinen privaten Schmuck verkaufte, um den Flüchtlingen helfen zu können. Als letzten Ausweg versuchte er die Beziehungen zu Rußland (trotz des religiösen Gegensatzes zur orthodoxen Kirche) zu stärken, indem er eine Gesandtschaft von wichtigen Ordensmitgliedern an den neuen Zar Paul I. sandte, um seine Unterstützung zu erbitten, nachdem der Zar schon der Schaffung eines polnischen Priorats zugestimmt und diesem große Güter zur Verfügung gestellt hatte. Aber zu diesem Zeitpunkt konnte Rohan nicht mehr erreichen. Er starb in hohem Alter im Jahre 1797 und hinterließ den Orden in einem Zustand von Chaos und Hoffnungslosigkeit.

Das Ende des Johanniter-/(Malteser)ordens □ Mit dem Tode Rohans war das Schicksal des Ordens besiegelt. Von dem stolzen und reichen Ritterorden war nicht mehr viel übrig geblieben. Die Zahl der Ritter auf Malta war auf 325 geschrumpft, unter ihnen 90 Italiener und 200 Franzosen. Von den letzteren sympathisierte mehr als ein Viertel mit den Zielen der Französischen Revolution, wenn auch nicht mit deren Methoden. Die Großmächte, die den Niedergang der Ordensherrschaft sahen, begannen jede für sich Pläne zu schmieden, die Insel mit ihrem wichtigen Hafen zu besetzen, vielleicht auch nur um zu verhindern, daß eine andere Großmacht Malta für sich beanspruchen könnte. Am interessiertesten zeigten sich Frankreich, Sizilien (Neapel) und England, aber auch Rußland unter Zar Paul I. begann eine Besetzung der Insel in Betracht zu ziehen.

Unter diesen Umständen ist es verständlich, daß als neuer Großmeister ein Mitglied der Deutschen Zunge gewählt wurde, obwohl diese nur vier Ritter zählte. Aber Österreich (d.h. das Deutsche Reich) war die einzige katholische Macht ohne Interesse für Malta, die gleichzeitig mit Frankreich im Krieg lag und die Revolution haßte, vor allem nach der Hinrichtung König Ludwigs XVI. und der Königin Marie Antoinette (1793), einer Tochter Maria Theresias. Der Ritter, der die besten Beziehungen am kaiserlichen Hof in Wien hatte, da er dort als Botschafter des Ordens gedient hatte, war Ferdinand von Hompesch; er wurde 1797 zum Großmeister gewählt und verwaltete dieses Amt knapp ein Jahr. Er war ein gutmütiger und gutgläubiger Ritter, phantasievoll, aber ohne die Kraft, Dinge in Gang zu setzen, und zweifellos nicht die Persönlichkeit, die dem Orden aus seiner Notlage heraushelfen konnte.

Hompesch hoffte, es würde ihm gelingen, die Großmächte gegeneinander auszuspielen, und setzte sein Vertrauen in den russischen Herrscher, der bereits seiner Sympathie für den Orden praktischen Ausdruck gegeben hatte. Hompesch schickte eine Gesandtschaft an den Zaren, mit den wertvollsten Besitztümern des Ordens – das Bildnis der Madonna von Philerimos und die Reliquienhand Johannes des Täufers –, und bat ihn offiziell, das Protektorat über den Orden anzunehmen. Dieser Akt schuf Probleme für die späteren Orden und droht noch immer ihre Legitimität in Frage zu stellen. Als der Zar dieser Bitte zustimmte, sah sich Frankreich genötigt, sofort zu handeln. General Bonaparte, der gerade seinen Feldzug gegen Ägypten vorbereitete und zu diesem Zweck eine starke Flotte zusammengestellt hatte, beschloß Malta zu besetzen, um nicht während des Feldzugs einer anderen Macht Gelegenheit zu geben, durch Besetzung von Malta ihm in den Rükken zu fallen.

Diese Aktion aber zeigte, daß die geopolitische Situation der Insel ein zweischneidiges Schwert war, und der Orden aus dieser Situation nur Nutzen ziehen konnte, wenn er stark genug war, die Insel auch zu verteidigen.

Der ägyptische Feldzug Napoleons, der die Türkei von Süden her aufrollen wollte, war voller geschichtlicher Widersprüche. Die Malteser, das Heer, das bisher unentwegt gegen die Türkei gekämpft hatte und dadurch natürlich Bundesgenosse Bonapartes hätte werden können, wurden das erste Opfer des Ägyptenfeldzuges. Andererseits wurde das französische Landheer, dem Ägypten in einem Feldzug von nur drei Wochen in die Hände gefallen war, vor Akko, der antiken Johanniterfestung, von Mohammedanern zwei Monate festgehalten (von März bis Mai 1799). Die Türken, unter dem örtlichen Herrscher Dschesar Pascha, konnten sich im Schutz der starken Befestigung dieser Stadt gegen die Belagerer halten, die schließlich durch Krankheit zum Rückzug gezwungen wurden. Die Ironie der Geschichte wollte es, daß diese Mauern auf den Grundlagen der Befestigung von Akko, die von den Kreuzfahrern (darunter dem Johanniterorden) angelegt worden waren, dem Ansturm Bonapartes standhalten konnten, während die weitaus mächtigeren Befestigungen, die derselbe Orden durch jahrhundertelange Arbeit in Malta errichtet hatte, der Seemacht Napoleons kaum Widerstand leisteten.

Die Flotte Bonapartes betand aus 20 großen und 35 kleineren Kriegsschiffen, sowie aus 130 Transportschiffen, und war mit 16000 Seeleuten und 35000 Landsoldaten bemannt. Sie war in Toulon zusammengestellt worden, und es gelang ihr, unentdeckt an der von Admiral Nelson kommandierten englischen Flotte vorbeizusegeln und Malta am 9. Juni 1798 zu erreichen. Ein Vorwand für militärisches Eingreifen war leicht gefunden, als die französische Flotte verlangte, in Malta mit Wasser versorgt zu werden, und der Orden dies unter Berufung auf die Neutralität Maltas ablehnte. Als Antwort ließ Bonaparte an zahlreichen Stellen der Küste Soldaten landen. Nach einigen Scharmützeln , die weniger als 24 Stunden anhielten und drei französische Tote forderten, bot Großmeister Hompesch die unbedingte Unterwerfung des Ordensheeres an. Dieses unrühmliche Ende des Johanniter-/Malteserordens, der auf eine glorreiche Vergangenheit zurückblicken konnte, hat unter zeitgenössischen und späteren Historikern jede Art der Erklärung gefunden. Die meisten sehen als Hauptursache der völligen, kampflosen Niederlage des Ordens den Verrat einer großen Anzahl französischer Ritter oder Freimaurer an, und wissen Einzelheiten über die geheime Tätigkeit von Spionen und Verschwörern zu berichten. Andere weisen auf die Unfähigkeit Großmeister Hompeschs als Hauptgrund der Niederlage hin.

Alle diese Berichte – mögen sie wahr sein oder ausgeschmückt – erklären nur Einzelheiten der Geschehnisse in den letzten Tagen der Existenz des Ordens. Tatsache ist, daß der Orden überaltet war und die neue Welt – Kolonialismus, Nationalstaatentum, Merkantilismus, Bourgeoisie – nicht verstehen konnte. Hinzu kommt, daß er noch nie gegen eine christliche Macht gekämpft hatte, ja sogar durch seine Regel moralisch daran gehindert war. Als letztes wäre die ungeheure Übermacht der französischen Streitkräfte zu verzeichnen: große, modernste Kriegsschiffe gegen ein halbes Dutzend veralteter Linienschiffe; vor allem die wenigen Ritter und einige Hunderte von Hilfstruppen, die nie einen Kampf gesehen hatten, gegenüber Zehntausenden von kampferprobten und von revolutionärem Geist erfüllten Soldaten, angeführt von dem begabtesten Feldherren der Zeit.

Die Verhandlungen über die Unterwerfung des Ordens waren kurz, denn es drängte Bonaparte danach, Ägypten zu erreichen, bevor den Engländern das bisher geheimgehaltene wirkliche Ziel seiner Expedition bekannt würde. Die Gesandtschaft des Ordens, die die Unterwerfungsurkunde zu unterzeichnen hatte, konnte für den Orden selbst nichts erreichen.

Damit begannen auch die Beschlagnahmungsaktionen in den Staaten, in denen der Orden seine Besitzungen noch hatte. Der größte Teil des Vermögens des Ordens und seiner Kommenden wurde dem französischen Staat übereignet, und alle beweglichen Kunstschätze Maltas auf die Schiffe geladen, um nach Frankreich gebracht zu werden. Der Gold- und Silberschatz des Ordens kam in die Lagerräume von Bonapartes Schlachtschiff »Orient«; sein Verbleib ist bis heute unbekannt. Der größte Teil der Flotte setzte seine Fahrt nach Ägypten fort und traf am 1.7.1798 vor Alexandria ein, wo das Heer an Land gesetzt wurde. Ein Teil der Schiffe kehrte nach Frankreich zurück, aber der Großteil der Kriegsflotte konzentrierte sich in Abukir, etwa 20 km östlich von Alexandria, wo sie am 31. Juli 1798 von der britischen Flotte unter Nelson überrascht und bis auf zwei Schiffe versenkt wurde. (Im Jahre 1984 begann eine Taucheraktion, um das Schiff »Orient«, auf dem der maltesische Schatz vermutet wird, zu heben, oder den Schatz zu bergen, allerdings bisher ohne Erfolg.)

Bonaparte verblieb nach der Unterwerfung des Ordens noch sechs Tage auf der Insel, und diese Zeit genügte, um eine neue Ordnung auf der Insel einzuführen. Als Folge davon wurde die katholische Kirche all ihrer Rechte beraubt, auch der eingeborene Adel verlor seine Güter und Position.

Die Ordensritter wanderten in alle Länder aus, die ihnen noch Zutritt gewährten. Etwa 50 Ritter der Französischen Zunge schlossen sich Bonapartes Heer an, teils aus französischem Nationalgefühl, wohl aber zum größten Teil deshalb, weil die Expedition gegen Ägypten und die Türkei gerichtet war, und die Ritter ihr Gelübde, gegen die Mohammedaner zu kämpfen, weiterhin erfüllen konnten*. Hom-

* Hier muß man die seelischen Konflikte der Ritter verstehen, die für den Orden zum ersten Mal nach Jahrhunderten die Möglichkeit sahen, seine eigentliche Aufgabe – den Kampf gegen die Türkei – wieder wahrzunehmen; die andererseits den politischen und gesellschaftlichen Ideen der Französischen Revolution ablehnend gegenüberstanden.

pesch und 16 Ritter zogen nach Triest, damals der Haupthafen Österreichs. Sie hofften anscheinend, daß es Hompesch durch seine guten Beziehungen zu Österreich gelingen würde, dort wieder Fuß zu fassen. Aber Österreich war selbst in schwerer Bedrängnis, es verlor unter dem Druck der Siege Napoleons viele Gebiete und war gezwungen, nach der Schlacht von Austerlitz den Frieden von Preßburg zu unterzeichnen (1805), der die Auflösung des Römischen Reiches Deutscher Nation bedeutete. (Schon vorher – im Jahr 1804 – hatte sich Bonaparte zum Kaiser krönen lassen und nannte sich seitdem nur mit seinem Vornamen, Napoleon.) Unter diesen Umständen konnte Hompesch bei Österreich keinerlei Unterstützung finden, er ließ sich schließlich in Montpellier (Provence) nieder, wo er 1805 als einsamer Mann, von allen verachtet und gemieden, starb.

Eine andere Gruppe von Ordensrittern hatte sich nach Rußland begeben, wo Zar Paul I. ihre Verbitterung über Hompesch dazu ausnutzte, Hompesch als abgesetzt und sich selbst zum Großmeister des Johanniterordens zu erklären. Zar Paul, der am Ende seiner Jahre für geisteskrank erklärt wurde, fiel 1801 einem Mordanschlag zum Opfer, und sein Nachfolger verfolgte die Angelegenheit nicht weiter.

Ein Teil der Ritter suchte beim Papst Unterkunft zu finden, aber auch die Kirchenstaaten wurden von Frankreich erobert. So blieb der Orden ohne jede Möglichkeit einer Reorganisierung und ließ faktisch der Auflösung durch Frankreich eine totale Selbstauflösung folgen. Das ruhmreiche, über fast siebenhundert Jahre dauernde Kapitel der Existenz des Ordens schien endgültig abgeschlossen.

Nachspiel: Malta nach dem Ende der Ordensherrschaft

Die französische Herrschaft über Malta war nur kurz, denn sofort nach der Übernahme der Insel machte sich die französische Besatzungsarmee von etwa 4000 Mann bei der Bevölkerung unbeliebt. Nicht nur verletzte sie deren Gefühle durch ihre – der Ideologie der Revolution entsprechende – Verfolgung der katholischen Kirche und des örtlichen Adels, sie erkannte auch nicht die Schulden der Ordensregierung an Unternehmer, Händler und Arbeiter an, was zu einer völligen Verarmung der Bevölkerung führte. Als Ende August 1789 die Nachricht von der Versenkung der französischen Flotte bei Abukir Malta erreichte, brach auf der Insel ein Volksaufstand aus; es gelang ihm nicht, die befestigten Städte rund um Valetta zu erobern, wohl aber das gesamte ländliche Gebiet der Insel, das bald Verstärkung durch kleine britische Truppeneinheiten erhielt. Die Insel blieb für fast zwei Jahre geteilt, wobei beide Teile schwer unter dem Mangel an Lebensmitteln und unter Krankheiten litten. Im Jahre 1800 war die Situation für die französische Besatzungsarmee unhaltbar geworden; im August ergaben sich die Franzosen der englischen Flotte, und die Insel wurde britisches Protektorat. England hatte keinerlei konkrete Pläne für die Insel und stimmte in den Friedensverhandlungen von Amiens (1802) der Rückgabe der Insel an den Malteserorden zu. Da aber der Friedensvertrag sofort nach seiner Unterzeichnung von beiden Seiten wieder gebrochen wurde, kam dieser Paragraph nicht zur Geltung, und bei den endgültigen Friedensverhandlungen des Wiener Kongresses (1815) war – trotz diplomatischer Bemühungen von seiten der zersplitterten Restgruppen des Ordens – von einer Wiederherstellung der Ordensherrschaft nicht mehr die Rede.

England erhielt die Herrschaft über Malta und wurde international als Erbe der Souveränität des Ordens anerkannt. Die Herrschaft nahm verschiedene Formen der britischen Kolonialverwaltung an und endete im Jahre 1964 mit der Unabhängigkeit Maltas im Rahmen des Commonwealth of Nations; im Jahre 1974 wurde Malta zur Republik deklariert. Die britische Regierung Maltas hatte mit vielen Problemen zu kämpfen, von denen nur die wichtigsten hier kurz erwähnt werden sollen. Eines war die Religionsfrage: England, in dem die anglikanische Kirche Staatsreligion war, war bereits mit dem Problem des katholischen Irland belastet, und erhielt jetzt noch als Erschwernis die Herrschaft über die streng katholische Bevölkerung von Malta. Die Macht der katholischen Kirche lag hier in ihrer Verwurzelung in den Dörfern und in der starken Position, die die dörflichen Priester innehatten; sie kommt unter anderem in den zahlreichen großartigen Dorfkirchen zum Ausdruck. Die englische Kolonialherrschaft rührte nicht an diese Position und konnte so einen gewissen Modus vivendi mit der katholischen Kirche erreichen.

Als man begann, Schiffe aus Eisen anstatt aus Holz zu bauen, wurde der Hafen von Valetta zum Standort von zahlreichen Schiffswerften, zuerst zur Reparatur und später zum Bau von Schiffen, vor allem Kriegsschiffen. Auch heute noch ist der Schiffsbau (Öltanker und Handelsschiffe) der wichtigste Wirtschaftszweig Maltas. Schließlich, zu Beginn des 20. Jahrhunderts, wurde Malta zum vollausgebauten Flottenstützpunkt Englands.

Die strategische Bedeutung Maltas kam zum vollen Ausdruck im Zweiten Weltkrieg, besonders in den Jahren 1941 bis 1942 während der Kämpfe in Nordafrika. Das deutsche Afrikakorps unter Rommel war auf Nachschub von Italien angewiesen, und die englische Luftwaffe in Malta, die dauernd verstärkt wurde, hatte die Aufgabe, diesen durch ständige Angriffe auf italienische Schiffe zu unterbinden. Malta wurde damals der »Unversenkbare Flugzeugträger« genannt.

Das deutsch-italienische Luftbombardement auf Malta richtete außerordentliche Zerstörung an den Gebäuden und Installationen von Malta an, kostete aber verhältnismäßig wenige Menschenopfer (einige Hundert). Der Grund dafür lag in den gewaltigen Befestigungen Valettas und der Cotoner-Linien. Diese Befestigung mit ihren zahlreichen unterirdischen Gängen und Reservoirs ermöglichten es, fast die gesamte Bevölkerung in Bunkern unterzubringen. Trotzdem litt die Bevölkerung Maltas schwer unter dem Krieg, da die Versorgung der Insel durch eine U-Boot-Blockade der Achsenmächte stark behindert wurde, und die Bevölkerung den Mangel an Lebensmitteln und anderen Bedarfsgütern stark zu spüren bekam. Zum Glück Maltas war der Krieg mit der Invasion von Sizilien (1943) für die Insel praktisch zu Ende. Für ihre heroische Haltung während der Kriegsjahre (vergleichbar der Verteidigung Maltas während der »Großen Belagerung«) erhielt die Gesamtbevölkerung der Insel vom englischen König das »Georgs-Kreuz«, die höchste zivile Auszeichnung Englands.

Mit der Erreichung der Unabhängigkeit erklärte Malta auch seine Neutralität, und England gab seine Flottenbasis auf. Die Werften gingen zu zivilem Schiffsbau über. Die Regierung Maltas versucht seitdem, die Wirtschaftsbasis zu erweitern, vor allem durch Entwicklung des Tourismus. Damit erwachte die Erinnerung an den Johanniterorden zu neuem Leben, und ein Großteil der Touristen besucht die Insel hauptsächlich wegen ihrer historischen Überreste, vor allem der Ordensbauten. Diese sind – soweit sie im Weltkrieg zerstört oder beschädigt wurden – heute zum größten Teil wiederaufgebaut; ihre Funktion hat sich geändert, ohne damit ihren Charakter als öffentliche Bauten oder Kulturstätten aufzugeben.

Die wichtigsten Umstrukturierungen seien hier genannt: Der Großmeisterpalast ist jetzt zum Teil Museum und zum Teil Regierungsgebäude mit dem Sitz des Parlaments. Die Herbergen der Zungen wurden wie folgt in neue Funktionen überführt: Provence = Nationalmuseum, Italien = Zentrale Postverwaltung, und die schönste von allen, Kastilien, ist nun der Sitz des Ministerpräsidenten. Die Herberge der Deutschen Zunge wurde schon im 19. Jahrhundert abgerissen und an ihrer Stelle die anglikanische St.-Pauls-Kathedrale erbaut. Die Herberge der Auvergne war durch Bomben völlig zerstört worden; hier wurde der neoklassische Justizpalast errichtet. Das Außenministerium der Republik Malta benutzt den ehemaligen Palast eines maltesischen Adligen, das Gebäude des Großadmirals wurde ein Kunstmuseum. Nur die Bibliothek behielt ihren Zweck als maltesische Staatsbibliothek bei. In ihr wird auch das Gesamtarchiv des Ordens – von der Gründung in Jerusalem bis zu seiner Auflösung in Malta – aufbewahrt und enthält Dokumente von unschätzbarem Wert. Es wird jetzt allmählich katalogisiert (etwa ein Drittel ist bereits bearbeitet) und steht der Forschung zur Verfügung.

Die gewaltigen Festungswerke stehen fast alle noch und erwecken selbst in unserer Zeit in ihren Ausmaßen das Erstaunen der Besucher. Auch die Paläste, die sich Adlige und Großmeister außerhalb des Raumes von Valetta errichtet haben, stehen noch unversehrt, vor allem in Mdina, das zu einer Art Museumsstadt geworden ist.

Das große Hospital wurde durch Bomben stark beschädigt, aber zum größten Teil, vor allem mit dem großen Krankensaal, nach den ursprünglichen Plänen wiederaufgebaut. Allerdings dient es nicht mehr der Medizin, sondern internationalen Kongressen, an denen Malta als neutraler Staat auch im Sinne des Tourismus höchst interessiert ist. Das Gebäude trägt heute den Namen »Mediterranean Conference Centre«. – So blieb der Orden, trotz seiner Auflösung und Vertreibung aus Malta, auf der Insel noch überall gegenwärtig.

Intermezzo: Die »Heilige Allianz«

Entwicklungen bis 1848 □ Nach der Schlacht bei Waterloo und der Verbannung Napoleons nach St. Helena war ganz Europa zerrüttet und kriegsmüde. Auch die Siegerstaaten von Waterloo waren ausgeblutet und verarmt und zeigten daher Bereitschaft, auf kriegerische Lösungen der zwischen ihnen aufkommenden Konflikte zu verzichten und sie auf periodischen Kongressen zu erörtern. Gleichzeitig sollten Veränderungen, die die Französische Revolution und Napoleon mit sich gebracht hatten, wieder rückgängig gemacht werden, soweit sie nicht das Interesse einer der Siegermächte berührten. Zu diesem Zweck wurde eine Allianz der Siegermächte geschaffen, deren »Architekt« und politischer Führer der Österreicher Fürst Metternich wurde. Im Jahre 1822 verließ England unter einer liberalen Regierung die Allianz, und es verblieben die drei absoluten Monarchien Preußen, Österreich und Rußland, nach denen der Bund die »Allianz der Schwarzen Adler« oder die »Heilige Allianz« genannt wurde.

Das ursprüngliche Ziel des Bundes war, zu verhindern, daß in Frankreich wieder eine Regierung ans Ruder käme, die Europa bedrohen könnte; es wurde aber nach dem Austritt Englands zu einer gegenseitigen Garantie gegen Bewegungen in jedem Land, die auf der Gedankenwelt der Französischen Revolution beruhten, d. h. im wesentlichen gegen nationale, liberale und demokratische Kräfte. Es gelang dieser Allianz, dem Kern Europas für eine Generation (bis 1848) einen Frieden zu sichern, der jedem Staat wirtschaftlichen Aufstieg und Heilung der Wunden der Napoleonischen Kriege ermöglichte. Der Preis dafür war die Unterdrückung von nationalen Minderheiten – vor allem in Österreich, aber auch der Polen in Rußland – und freiheitlichen Bewegungen in allen Staaten. Die Allianz versuchte, in internationalen Krisen so weit wie möglich geschlossen aufzutreten, selbst wenn Sonderinteressen eines ihrer Mitglieder betroffen wurden. Als Beispiel dafür soll hier ihre Haltung in der Frage des griechischen Freiheitskrieges zitiert werden (1821–1831).

Da die Allianz gegen jede nationale Befreiungsbewegung gerichtet war, beschloß sie ursprünglich, sich nicht einzumischen. Aber Rußland hatte sich immer als Schutzherr der orthodoxen Kirche betrachtet und war auch immer zu einem Krieg gegen die Türkei bereit. Daher befürchtete Österreich eine Stärkung des russischen Einflusses im Balkan, und Metternich tat alles, um Rußland von einem aktiven Einschreiten abzuhalten.

Andererseits fand Griechenland starke Unterstützung in der Volksmeinung Englands und Frankreichs und auch große Sympathien in Deutschland. In all diesen Ländern, deren Jugend mit klassischem Kulturgut aufgewachsen war, wurde die Forderung nach Entsendung von Freiwilligen nach Griechenland immer lauter, und unter den überlebenden Rittern des Johanniterordens gab es sogar Stimmen, die die Aufstellung einer kämpfenden Einheit gegen die Türken befürworteten (in der Hoffnung, im Falle eines Sieges eine der ägäischen Inseln als souveränes Territorium zu erhalten). Dieser Ruf blieb allerdings ohne Erfolg.

Die prohellenische Stimmung der meisten Staaten Europas führte – gegen den Willen von Österreich – zu einer gemeinsamen Flottenaktion Englands, Frankreichs und Rußlands, die zusammen mit der kleinen griechischen Flotte der türkischen Seemacht eine entscheidende Niederlage bei Navarino (1827) bereitete. Diese Aktion zeigte den ersten Riß in der einheitlichen Haltung der »Heiligen Allianz«.

Diese wurde im Jahre 1830 wiederhergestellt, als es darum ging, die revolutionäre Bewegung, die einen Teil Europas ergriff, zu bekämpfen, allerdings mit nur teilweisem Erfolg. In Frankreich und Belgien erreichte die Revolution ihre Ziele, aber in Polen endete sie in einer blutigen Niederlage und der Aufhebung der Autonomie des »Königreichs Polen«* innerhalb des Zarenreiches.

Das autoritäre und absolutistische Regime der Mitglieder der Allianz konnte sich zwar politisch und militärisch durchsetzen, mußte aber die Entwicklung neuer Wirtschaftsformen in ihren Staaten dulden oder sogar fördern. Die Veränderung der Produktionsweise, die durch das beginnende Maschinenzeitalter eingeleitet wurde und allgemein als »Industrielle Revolution« bezeichnet wird, hatte in England bereits im letzten Viertel des 18. Jahrhunderts begonnen, griff aber im 19. Jahrhundert allmählich auf das europäische Festland über, wobei deutlich eine Abfolge von Westen nach Osten zu erkennen ist: Frankreich als erstes Land, Preußen – Deutschland etwa um die Hälfte des Jahrhunderts und Rußland erst gegen dessen Ende.

Die ungeheure Steigerung auf allen Produktionsgebieten – manchmal um das Zehnfache – führte zum Aufstieg neuer sozialer Gruppen: des Bürgertums und der Industriearbeiterschaft, die Beteiligung an der politischen Beschlußfassung verlangten. In der Folge erfaßte im Jahre 1848 eine revolutionäre Bewegung fast ganz Europa (mit Ausnahme Englands und Rußlands), in der sich wirtschaftliche und soziale Forderungen mit demokratischen und nationalen Elementen mischten.

Die Revolution von 1848 und ihre Folgen ☐ Die revolutionäre Bewegung begann in Frankreich, dessen Hoffnungen auf eine liberalere Regierung nach der Revolution von 1830 und der Einsetzung des »Bürgerkönigs« Louis Philippe von Orléans enttäuscht worden waren. Die Industriearbeiterschaft, die in Frankreich stärker war als im übrigen kontinentalen Europa und sich mit dem Mittelstand verbündet hatte, erreichte die Ausrufung der »zweiten Republik«.

Die dadurch ausgelöste revolutionäre Welle griff auf Österreich über, wo sie aber zunächst die Form einer nationalen Revolte der ethnischen Minderheiten annahm: Im März 1848 brachen Aufstände in Ungarn, Böhmen und den österreichischen Gebieten Norditaliens aus, die dort auch auf die selbständigen kleineren Fürstentümer übergriffen.

In Österreich selbst kam es erst im Oktober 1848 zu Unruhen des Mittelstandes, der eine Verfassung forderte. Es wurde der Rücktritt Kaiser Ferdinands, und vor allem des Fürsten Metternich erreicht; beide flohen aus dem Lande.

In Preußen und einigen kleineren Staaten Deutschlands forderte man im März 1848 ursprünglich eine Verfassung, die König Friedrich Wilhelm IV. sowieso bereit gewesen war, zu gewähren. Die Revolution

* »Kongreßpolen«, in Personalunion mit dem russischen Zaren.

selbst beschränkte sich praktisch auf Barrikadenkämpfe in Berlin am 18.3.1848 und eine Demütigung des Königs bei der Beisetzung der Opfer. Aber infolge des dadurch geschaffenen labilen Zustands geriet die Führung der unblutigen Revolution in die Hände des liberalen Mittelstandes und der nationalen Bewegung, die ein geeintes Deutschland ohne das Völkergemisch Österreichs schaffen wollte.

Die Unklarheit der revolutionären Ziele und die politische Unerfahrenheit des Bürgertums führten bald zu einer Stärkung der Gegenrevolution, die sich auf das Militär – das sich noch immer aus dem Landadel zusammensetzte – verlassen und daher mit Gewalt zuschlagen konnte. Rußland griff sogar im Jahre 1849 mit eigenem Militär in Ungarn ein, um die dortige nationale und republikanische Bewegung zu unterwerfen. In Frankreich imitierte ein Neffe Napoleons I., Louis Napoleon, die Strategie seines Onkels, indem er sich zunächst an die Spitze der Revolution stellte und sich im Herbst 1848 zum Präsidenten der Republik wählen ließ, um 1851 den Kaisertitel als Napoleon III. anzunehmen.

In Österreich kehrte zwar Metternich nicht zurück, doch wurde die Kaiserkrone dem 18jährigen Franz Joseph übertragen, der das Bündnis mit Rußland erneuerte.

In Preußen und Deutschland herrschte eine verwirrte politische Situation, in der das Bürgertum versuchte, ein geeintes Deutschland unter Preußens Führung zu schaffen. Das Zögern des Königs führte zu einem gemeinsamen österreichisch-russischen Druck auf Preußen, dem sich König Friedrich Wilhelm IV. in den Verhandlungen von Olmütz (1850) bedingungslos unterwarf.

Damit war die »Heilige Allianz« in ihrer reaktionären Form wiederhergestellt worden; trotzdem hatte die Revolution in den meisten Ländern eine Stärkung des Mittelstandes und der Arbeiterschaft gebracht, die nicht mehr aus der Welt zu schaffen war.

Der Krimkrieg (1853–1856) □ Die endgültige Zerreißprobe für die »Heilige Allianz« kam im Krimkrieg, in dem die Interessen Rußlands und Österreichs im Balkan derartig in Widerspruch gerieten, daß es sogar zu einer kriegerischen Auseinandersetzung zwischen beiden Ländern kam.

Dieser Krieg zeigte merkwürdigerweise noch einmal alle Elemente, mit denen der Johanniterorden während seiner langen Geschichte in Berührung gekommen war: Jerusalem, Religionsstreitigkeiten, Türken, Malta, Dienst an Kranken und Verwundeten.

Der Funke, der den historischen Konflikt zwischen der Türkei und Rußland zu einem Brand entwikkelte, war eine Bagatelle: der Streit zwischen griechisch-orthodoxen und katholischen Mönchen in der Geburtskirche in Bethlehem um das Recht, bestimmte Lampen anzuwenden oder Dekorationen aufhängen zu dürfen. Da Rußland sich als Schutzherr der orthodoxen Kirche betrachtete, und Napoleon III., der kurze Zeit zuvor französischer Kaiser geworden war, seine neue Position durch Übernahme des Patronats über die katholischen Christen der Türkei beweisen wollte, kam es zu gegenseitigen Ultimaten, die mit einem russischen Einmarsch in die »Donaufürstentümer« (Moldau und Walachei), auf die auch Österreich Absichten hatte, endeten. Frankreich schloß daraufhin ein Bündnis mit der Türkei, nachdem es sich vorher durch ein Bündnis mit England abgesichert hatte, und Österreich verlangte ultimativ den Rückzug Rußlands aus dem Balkan. So stand plötzlich Rußland isoliert einer Koalition der Türkei mit Frankreich und England, einer feindseligen Haltung Österreichs und einer kalten Neutralität Preußens gegenüber.

Der Krieg, der jetzt ausbrach, beendete eine fast 40jährige Waffenruhe zwischen den großen Mächten seit den Napoleonischen Kriegen, aber auch das Zeitalter der »Heiligen Allianz«. Er erwies sich als mindestens so verlustreich wie die Napoleonischen Kriege (die Zahl der Gefangenen und Verwundeten wird auf beiden Seiten auf etwa 250000 geschätzt) und endete mit einer Niederlage Rußlands, das alle eroberten Gebiete zurückgeben mußte.

Im Zusammenhang unseres Buches ist der Krieg dadurch wichtig, daß er zum ersten Mal die Welt mit den Mängeln der bisher geübten Kriegsmedizin bekanntmachte. Erst die Tätigkeit Florence Nightingales (1820–1910), der englischen Krankenschwester, die als die Schöpferin des militärischen Sanitätswesens angesehen wird, hatte Bedeutung für die Wiederbelebung des Gedankens eines Hospitalordens.

Der Krimkrieg bedeutete die endgültige Auflösung der »Heiligen Allianz« und machte in Europa Platz für neue Kräfte, die sich schon in der Revolution von 1848 angedeutet hatten, aber erst in den fünfziger Jahren des 19. Jahrhunderts zum Ausdruck kommen konnten, vor allem in Form der »Industriellen Revolution« und der beginnenden Vorherrschaft des Bürgertums.

Die Neuzeit

V
Die Wiederbelebung der Ordensidee

Die Interimszeit

In dem halben Jahrhundert zwischen der Auflösung des Johanniter-/Malteserordens und den ersten Schritten zu seiner Wiederbelebung hatte sich das Weltbild stark verändert. Die Industrielle Revolution hatte die Landwirtschaft aus ihrer Vormachtstellung als Güterproduzent verdrängt und damit auch die Position des Landadels geschwächt; der Reichtum konzentrierte sich mehr und mehr in den Händen von Industrie- und Finanzmagnaten, und mit dem Erscheinen der neuen Verkehrsmittel – wie Eisenbahn und Dampfschiff – auch von Transport und Großhandel. Der aufkommende »Geldadel« konnte sich durchaus mit dem alten Adel an Einkommen und Bildung messen und war auf dem Wege, ihm auch an politischem Einfluß gleichzukommen. Hinsichtlich des Sozialprestiges behielt der Adel noch seine traditionelle Stellung, und in den meisten Ländern – vor allem der »Heiligen Allianz« – auch im Militärwesen.

Die Revolution von 1848 deckte in den meisten europäischen Ländern die Gefahren auf, die dem Adel von ihrem Sieg drohten. Die Konterrevolution hatte sich unter anderem zum Ziel gesetzt, die Vorherrschaft des Adels wieder zu stärken. Nicht nur durch politische Restaurierung, wie z. B. die Einführung des Dreiklassen-Wahlsystems in Preußen in die »oktroyierte Verfassung« (1849–1850), sondern auch auf kulturellem und gesellschaftlichem Gebiet. Gestärkt wurde diese Tendenz durch die romantische Welle, die die deutsche Literatur überschwemmte.

Auf gesellschaftlichem Gebiet fanden diese Bestrebungen ihre Vertretung in Adelsvereinen (im Gegensatz zu den »Logen« des Bürgertums). Dies alles bildete den geistigen Hintergrund für die Bestrebungen zur Wiederbelebung des Johanniterordens in Preußen und Österreich.

Wenn auch in verschiedenen Ländern in führenden Kreisen die Stimmung für eine Wiederbelebung günstig war, und sich auch kleine Gruppen von Personen fanden, die bereit waren, die schwere Aufgabe einer Wiederherstellung des Ordens und seiner Gremien auf sich zu nehmen, erhob sich doch die Frage: War dies in einer veränderten Welt überhaupt noch möglich oder widersprach der Orden in seinen Grundideen dem Geist des 19. Jahrhunderts?

Das erste Problem war das der Souveränität. Der Johanniterorden hatte schon seit der Eroberung von Rhodos gelernt, daß er nur im Rahmen eines eigenen Staates zur vollen Entfaltung seiner Kräfte kommen könnte. Er war nach dem Abzug von Rhodos sieben Jahre herumgeirrt, bis zum Angebot der Insel Malta, und hatte selbst dieses Angebot nur nach längerem Zögern angenommen. Aber im 19. Jahrhundert bestand keinerlei Hoffnung, ein Territorium angeboten zu bekommen, in dem der Orden souverän regieren könnte.

Nach Napoleons Reorganisierung Europas war eine ganze Anzahl von souveränen Staaten vereinigt worden oder in größeren Staaten aufgegangen. Nur in Deutschland waren noch einige kleine Fürstentümer übriggeblieben, aber im allgemeinen herrschte die Tendenz zur Schaffung von Großreichen vor. Noch während des Befreiungskrieges der Griechen kam es von seiten des Ordens zum Angebot der Aufstellung einer neuen Ordensarmee, zum Preis der Überlassung einer ägäischen Insel; auch dieses Angebot wurde abgelehnt.

Folge der mangelnden Souveränität war die Unmöglichkeit, den Orden als Kampftruppe wiederherzustellen. Die Zeit der feudalen Ritterheere war längst vorbei, und die modernen Staaten würden in keinem Fall mehr die Existenz einer bewaffneten Truppe auf ihrem Territorium zulassen. In Österreich lebte allerdings die Tradition des Deutschen Ritterordens in Form des »Deutschmeister-Regiments« innerhalb der k. u. k. Armee weiter. Im neubelebten Johanniterorden mußten daher alle Paragraphen der Ordensregel, die sich auf den Heeresdienst beziehen, abgeschafft oder abgeändert werden. Für die nichtkatholischen Nachfolger des Ordens mußten auch alle Regeln und Gebote, die mit dem Mönchstum verbunden sind, abgeschafft werden.

Mit all diesen Veränderungen fiel die Notwendigkeit oder Möglichkeit eines zentralen Ortes, der Sitz der Hauptfunktionen des Ordens sein sollte, weg. Das Gleichnis vom Aufbau des Ordens als ein Baum wird damit hinfällig. Es war nur möglich, die Wurzeln zu erneuern, aber nicht die Krone – die zuvor immer den »Kampf gegen die Ungläubigen«, d. h. vor allem die Türken, zum Ziel hatte –, und damit war auch die Notwendigkeit des Stammes als Bindeglied nicht mehr gegeben. Die Folgeorganisationen waren jetzt nur in den Ländern der früheren Finanzquellen und Personalreserven tätig, und so könnte man die neue Organisationsform höchstens mit einem – weitverzweigten – Strauch vergleichen.

Da die erwünschte Neuorganisation des Ordens nicht Selbstzweck sein, sondern einer höheren Bestimmung dienen sollte, griff man allerorten auf die ursprüngliche Aufgabe des Ordens zurück: das Hospitalwesen. Aber auch hier hätte der Johanniterorden, hätte er damals noch existiert, sein Monopol verloren. Hospitäler gab es um die Mitte des 19. Jahrhunderts an jeder Universität, und jeder größere Ort hatte ein oder mehrere Krankenhäuser, die von Wohltätigkeitsorganisationen, vor allem kirchlichen, unterhalten wurden. Allerdings blieb bei der Behandlung der (meist mittellosen) Kranken viel zu wünschen übrig, und man ließ sie deutlich spüren, daß sie Wohlfahrtsempfänger seien. Von »den Herren Kranken« war sicherlich nicht die Rede. Hier war für einen wiederbelebten Johanniterorden Gelegenheit gegeben, die alten Ordensregeln über die menschliche Behandlung der Kranken wieder zur Geltung zu bringen und sie als Besonderheit der Ordenskrankenhäuser zu pflegen.

Das im vorigen Kapitel kurz angesprochene Werk von Florence Nightingale wies die neu gegründeten Orden auf einen Weg hin, auf dem sie auch der militärischen Tradition neuen Raum zuweisen konnten: die Mithilfe an der Entwicklung des Heeressanitäts-

wesens. Jeder der drei neubelebten Orden konzentrierte seine Tätigkeit zunächst auf diesem Gebiet, für das die Kriege von 1859, 1864, 1866 und vor allem 1870/71 reichlich Gelegenheit boten.
Neben den das Wesen des Ordens selbst berührenden Tatsachen gab es zahlreiche Probleme, die mit der personellen Zusammensetzung eines wiederzubelebenden Ordens zusammenhingen. Das wichtigste war die Frage der Legitimität eines neuen Ordens. Der Johanniterorden hatte neben seinem großen Reichtum vor allem ein Prestige aufgebaut, das die Mitgliedschaft in ihm zu einem der begehrtesten Ziele des europäischen Adels machte. Aus diesem Grund waren die leitenden Gremien des Ordens immer bemüht, dieses teure Besitztum nur mit wenigen zu teilen, die einem strengen Auswahlsystem unterworfen waren: Nicht nur wurde ein Adelsnachweis verlangt, der bis zum vierten oder sogar sechsten Ahnengeschlecht ging, sondern der Kandidat mußte sich selbst in einer jahrelangen Probezeit bewähren, bevor er durch den Ritterschlag zum vollberechtigten Mitglied des Ordens werden konnte.
Eine besondere Rolle in der Selektion des ursprünglichen Ordens hatte die Forderung des Zölibats gespielt. Im Feudalsystem, das der Ordensregel zugrunde lag, war die Legitimität auf dem Prinzip der Vererbung des Titels und Vermögens aufgebaut, wobei im Falle der Erbschaft oft die schwierigsten Probleme auftauchten. Im politischen Leben kam es allzuoft vor, daß Prätendenten die Herrschaft mit Gewalt an sich rissen, und im Streit mit den gesetzlichen Erben spielte der Begriff »Legitimität« die größte Rolle. Oft suchten Usurpatoren nachträglich ihre Herrschaft zu legitimieren (durch Heirat, Adoption oder legalistische Schritte).
In den Kapiteln dieses Buches, die sich mit der Kreuzfahrerperiode befassen, sind zahlreiche Beispiele von Legitimitätsstreitigkeiten zitiert, und die Geschichte vergangener Epochen ist reich an sogenannten »Erbfolgekriegen«.
Die katholische Kirche und all ihre Organisationen hatten sich durch das Gebot des Zölibats von diesen Problemen freigemacht, der Begriff »Legitimität« bezog sich nur auf den Akt der Ernennung oder Wahl der betreffenden Funktionäre.
Auch der Johanniterorden als Glied der katholischen Kirche war durch das Gelübde der »Keuschheit« (= Zölibat) vom Problem eines Erbfolgestreits befreit, und Fälle, in denen die Legitimation eines Großmeisters angefochten wurde, waren höchst selten. Aber die Ereignisse, die mit den letzten Jahren des Bestehens des Ordens und seiner Auflösung verbunden waren, erschwerten es sehr, legal festzustellen, wer als der rechtmäßige Erbe des Ordens – und damit seines Prestiges und vielleicht auch des Anspruches auf beschlagnahmtes Vermögen – anerkannt werden sollte. Die Frage der Legitimität (sie wird in den folgenden Kapiteln behandelt) beschäftigt die bestehenden Orden noch heute. Die drei großen Orden haben eine gemeinsame Kommission zur Bekämpfung der »falschen Orden«, deren Zahl etwa zehn ausmacht, eingesetzt. Obwohl die heute bestehenden Orden gewichtige Argumente für die Legitimität ihrer »Nachfolgeschaft« ins Feld führen konnten, sorgten sie doch für eine zusätzliche Legitimierung durch den Herrscher des Landes, in dessen Territorium sie wirksam waren: Der Johanniterorden durch König Friedrich Wilhelm IV. von Preußen, der »Venerable Order of St. John« durch Königin Victoria von England, und der »Souveräne Orden der Ritter von Malta...«, der von vornherein als internationaler Orden gedacht war, von der Kurie.
Jeder der wiedergegründeten Orden mußte seine Mitglieder fast völlig neu ernennen, da zur Zeit der Neugründung nur noch einige hochbetagte Ordensbrüder die Ritter des aufgelösten Ordens vertraten. Dies geschah im Sinne der bestehenden Regeln unter strenger Prüfung der adligen Ahnenreihe eines jeden Anwärters. Die Aufnahme Nichtadliger als vollberechtigte Ritter wurde erst Jahrzehnte später in beschränktem Maße ermöglicht. Trotzdem kam es auch hier zu einer gewissen, zeitbedingten Verände-

rung. Mit der Abschaffung des militärischen und auch des klösterlichen Zentrums des Ordens war es unmöglich geworden, junge Menschen zur Erziehung in den Orden aufzunehmen: die Neuaufgenommenen waren nun meist Männer fortgeschrittenen Lebensalters, die sich in ihrer Tätigkeit für die Gemeinschaft oder das Heil- und Krankenpflegewesen so verdient gemacht hatten, daß sie der Aufnahme in den Orden für würdig erachtet wurden.

Der Orden konnte auch nicht mehr für die Altersversorgung seiner Mitglieder aufkommen, die in Form der Zuteilung einer Kommende erfolgt war. Da der Orden seinen gesamten Landbesitz verloren hatte, konnte er zu diesem – aus der Feudalzeit stammenden – Mittel nicht mehr greifen. Jeder Ritter mußte vielmehr von vornherein genügend Kapital besitzen, um für sich selbst sowohl während seiner aktiven Mitgliedschaft im Orden wie für sein Alter sorgen zu können. Da »bürgerliche« Berufe im Finanzwesen, Handel und der Industrie noch immer als »nicht angemessen« betrachtet wurden, blieben praktisch nur der Landbesitz oder die Militärkarriere als wirtschaftliche Basis für eine Aufnahme in die Orden übrig, wobei beides in den meisten Fällen identisch war.

Die Orden schlossen also bei ihrer Neugründung zunächst bewußt die Augen vor dem Aufstieg einer neuen wirtschaftlichen und sozialen Klasse. Erst etwa hundert Jahre später, d.h. nach dem Zweiten Weltkrieg, paßten sie ihre Forderungen an die Aufnahmekandidaten den Veränderungen in der Wirtschaftsstruktur der Welt an.

Es erfolgte auch eine Veränderung in der Haltung des Adels gegenüber den neugegründeten Orden. In der Malta-Periode des Ordens galt die Mitgliedschaft im Orden als eine Art Versorgung für die jüngeren Söhne des niedrigen und mittleren Adels, für deren standesgemäße Lebensbedürfnisse die Einnahmen des väterlichen Gutes nicht ausreichten, und die nicht auf einen größeren Anteil an der Erbschaft hoffen konnten. Mit dem Wegfall dieser Motivation zum Eintritt war der niedrige Adel jetzt weniger am Orden interessiert. Andererseits bedeutete nun die Mitgliedschaft – mit ihrer starken persönlichen Beziehung zu den Herrscherhäusern – einen solchen Prestigegewinn, daß der Hochadel sich darum bewußt bewarb, und die Mitgliederlisten der neuen Orden die bedeutendsten Adelsnamen im Staate aufwiesen, welche zum Teil mit der Heeresspitze identisch waren.

Das Streben nach Legitimität stützte sich auch auf territoriale Einheiten. Der Orden, der sich später »Malteserorden« nannte, erhob Anspruch, der Erbe des Gesamtordens inklusive seiner Souveränität zu sein; sein Ordensmeister nahm sich das Recht auf den Titel »Großmeister«. Der englische »Order of St. John« beanspruchte nur die Nachfolge auf das englische Priorat und den Titel »Grand Prior«, während der deutsche Johanniterorden sich als Erbe der Ballei Brandenburg betrachtete und für sein Haupt den Titel »Herrenmeister« wählte. Durch diese Teilung gelang es den drei Orden, einen Konflikt um Erbschaft und Legitimität zu vermeiden. (Einzelheiten zu jedem Orden finden sich in den nächsten Kapiteln.) Im Jahre 1961 schlossen sich die protestantischen Orden zur »Allianz der Ritterlichen Orden Sankt Johannis vom Spital zu Jerusalem« zusammen, zum Zweck der Koordination der Tätigkeiten der einzelnen Orden, vor allem bei internationalen Aufgaben. Die Ähnlichkeit der Organisationsform der Nachfolgeorden, die sich auf die Regel des ursprünglichen Johanniter-/Malteserordens – in der Endfassung des Großmeisters von Rohan – beriefen, führte auch zu einer Parallelität der Ordenswerke: Alle Orden wirken auf dem Gebiet des Heilwesens, dem später auch die Bereiche der Unfall- und Nothilfe angeschlossen wurden. Die Aufgaben auf diesen Gebieten wuchsen mit der Zeit in einem solchen Maße, daß jeder Orden vor die Wahl gestellt wurde, entweder auf seine Exklusivität und Selektion der Mitglieder zu verzichten, oder in beschränktem Umfang weiterzuwirken und die Aufgaben der

Hilfe für die Massen anderen Hilfsorganisationen zu überlassen. Um diesem Dilemma zu entgehen, wählten alle Orden einen Kompromißweg: Die Gründung von Hilfsorganisationen auf freiwilliger Basis, die den Grundsätzen eines jeden Ordens entsprachen, deren Mitglieder aber nicht dem Orden anzugehören brauchten. Die Leitung und finanzielle Verantwortlichkeit für diese Organisationen und Hilfswerke lag in den Händen der Orden und wurde praktisch zu deren Hauptaufgabe. Der Unterschied der Ordenswerke zu denen anderer Organisationen bestand und besteht darin, daß die Orden auf die Mitglieder der verschiedenen, von ihnen geleiteten Hilfsorganisationen im Geiste eines jeden Ordens auch heute noch einwirken, um so die Ziele des ursprünglichen Ordens auch in seiner Massenverbreitung weiterzuverfolgen. In jedem Land beträgt die Zahl der freiwilligen Helfer ein Vielfaches der Zahl der Ordensbrüder.

Es bleiben nur geringe Unterschiede zwischen den verschiedenen heute bestehenden Orden, die vor allem der Religion der Orden und dem Nationalcharakter der Länder ihrer Tätigkeit zuzuschreiben sind. Diese Unterschiede sind Gegenstand der folgenden Kapitel.

Die bestehenden Orden

Der katholische Malteserorden □ Die zwangsweise oder freiwillige Auflösung des Ordens setzte sich auch in den Gebieten fort, die von Napoleon nicht oder nur teilweise erobert waren, und selbst nach der Verbannung Napoleons unternahmen die Siegerstaaten keinerlei Schritte, den Orden wiederzubeleben oder ihm sein Vermögen zurückzugeben. Von 22 Prioraten und 18 Balleien, die vor der Französischen Revolution existiert hatten, blieb nur das Großpriorat Böhmen erhalten, und auch in Italien blieben nur isolierte Gruppen von wenigen Rittern bestehen.

Der Papst machte – vor dem Wiener Kongreß – einige Anstrengungen, wenigstens den Oberbau des Ordens zu retten, und erreichte, daß im Jahre 1803 Fra Giovanni Tommasi von den restlichen Ordensrittern zum Großmeister gewählt wurde; aber nach dessen Tode, im Jahre 1805, gab auch der Papst die Hoffnung auf, eine Wiederbelebung des Ordens erreichen zu können. Um dennoch die Anrechte des Ordens für eine günstigere spätere Zeit aufrechtzuerhalten, ernannte er jeweils »Statthalter«, die den Orden wenigstens dem Namen nach weiterführten. Bis zum Jahre 1879 amtierten sieben solcher Statthalter, die vor allem die Aufgabe hatten, den äußeren Rahmen zu erhalten und gewisse Ordenstätigkeiten in den ehemaligen Prioraten zu ermöglichen. Der Sitz dieses »Schattenkabinetts« wurde 1834 nach Rom verlegt, und sein Zentrum, ein altes Patrizierhaus (Casa di Malta) auf der prestigereichen Via Condotti, ist noch heute der Sitz des Konvents des wiederbelebten Ordens.

Nur Österreich, das einzige katholische Mitglied der »Heiligen Allianz«, war an einer Stärkung der Reste des Ordens interessiert. Das Großpriorat Böhmen, später »Böhmen und Österreich« benannt, blieb als Rahmen bestehen und durfte Ehrenritter aufnehmen. Später (1839) erlaubte der österreichische Kaiser die Wiederaufnahme der Ordenstätigkeit in den Gebieten Lombardei und Venetien, die bis 1859 bzw. 1866 zu Österreich gehörten. Auch das Königreich Neapel-Sizilien, das 1815 restauriert worden war, genehmigte die Gründung eines Großpriorats, dessen Mitglieder meistens »Professen« (vgl. Tabelle S. 193) waren. Alle diese Großpriorate – zusätzlich zu Rom – wirken als solche noch heute im Malteserorden, aber hatten bis zur zweiten Hälfte des 19. Jahrhunderts keine reellen Funktionen.

Eine andere Form der Organisation trat um 1860 in Deutschland auf, wahrscheinlich angeregt durch die Neugründung des Johanniterordens in Preußen (siehe weiter unten). Da ein neuer Orden sich nur auf »Ehrenritter«, die kein Mönchsgelübde auf sich nahmen, stützen konnte und den Vereinsgesetzen der jeweiligen Staaten entsprechen mußte, bildeten sich zunächst private Verbände (Assoziationen), die sich der Krankenpflege und Sozialhilfe im Sinne des historischen Ordens widmen wollten. Erst nachdem der Vatikan die Position und Pflichten der nichtmönchischen Obedienzritter festgelegt hatte, wurde es möglich, Statuten für die neue Form der Genossenschaften und ihrer Beziehung zum Konvent in Rom festzulegen. So wurde die Rheinisch-Westfälische Genossenschaft der Malteserritter zwar schon 1859 gegründet, aber erst 1867 vom Papst anerkannt. Ihr folgte im Jahre 1869 die Schlesische Genossenschaft.

Noch ehe die neuen Genossenschaften ihre Tätigkeit voll aufnehmen konnten, geriet das Papsttum in eine schwere Krise. Papst Pius IX. (Amtszeit 1846–1878) strebte danach, die katholische Kirche wieder zur weltbeherrschenden geistigen Macht zu machen, und verkündete die Forderung nach Anerkennung der »Unfehlbarkeit« des Papstes in allen Fragen des menschlichen – und vor allem des religiösen – Verhaltens (allerdings erst nach einer Beratung mit den führenden Geistlichen). Zum Zweck der Bekanntgabe dieses Dogmas rief er für das Jahr 1869 eine »Vatikanische Konferenz« zusammen, zu der über 1000 Bischöfe eingeladen wurden. Als die Konferenz erst einige wenige Punkte der Tagesordnung erledigt hatte (darunter das Dogma der Unfehlbarkeit), griffen italienische Truppen Rom an, um den Papst zu zwingen, sich dem geeinten Italien anzuschließen. (Rom wurde von französischen Soldaten verteidigt, aber durch den Ausbruch des Deutsch-Französischen Krieges von 1870/71 war Napoleon III. gezwungen, seine Soldaten von Rom abzuziehen; dies wiederum ermöglichte es König Viktor Emanuel von Italien, Rom und den Kirchenstaat ohne schwere Kämpfe zu erobern, und später Rom zur Hauptstadt Italiens zu machen.)

Der Papst zog sich in den Vatikan zurück, erklärte sich selbst zum »Gefangenen im Vatikan«, und belegte den König und jeden, der ihm Treue hielt, mit dem Kirchenbann. Gleichzeitig verstärkte er seine Bemühungen, die katholische Bevölkerung der Welt für sich und seine »Unfehlbarkeit» zu gewinnen. Die Resonanz auf diesen Ruf war erstaunlich groß und führte zu dem geistigen Konflikt, welche Macht (Staat oder Papst) als oberste Instanz für Loyalität anzusehen sei (faktisch war es eine Wiederholung des alten Konflikts zwischen Kaiser und Papst.)

Bismarck, der in Versailles die Gründung des Deutschen Reiches verkündet hatte, sah in dem neuen Dogma eine Herausforderung an den neuen Einheitsstaat, und begann mit Gegenmaßnahmen, die immer schärfer wurden und als »Kulturkampf« in die Geschichte eingegangen sind.

Der Malteserorden, der sich gerade unter seiner neuen Verfassung konstituiert hatte, stellte sich fast einmütig dem Papst zur Verfügung; einige Ritter gingen sogar für ihre Haltung ins Gefängnis. Aber die Arbeit des Ordens war durch den Konflikt stark behindert und zum Teil sogar untersagt.

Eine Milderung der Situation trat erst mit dem Tode Pius' IX. (1878) ein. Sein Nachfolger, Leo XIII. (1878–1903), der bedeutend gemäßigter war, lenkte ein, und erreichte eine allmähliche Entschärfung des Kulturkampfes, da vor allem Bismarck nach zwei Attentaten auf Kaiser Wilhelm I. das Verbot der Sozialdemokratischen Partei erreichen wollte und dazu die Stimmen der katholischen Parlamentarier (Zentrumspartei) benötigte.

Leo XIII. gab dem Malteserorden im Jahre 1879 die volle Anerkennung zurück, indem er ihm erlaubte, den Ordensmeister selbst zu wählen, und den Titel »Großmeister« restaurierte. Wahrscheinlich wollte er damit auch den deutschen Genossenschaften Dank für die Treue aussprechen, die sie dem Papst während des Kulturkampfs bewiesen hatten.

So kann man das Jahr 1879 als das eigentliche Datum der Wiederaufnahme der vollen und autonomen Tätigkeit des Malteserordens in der Welt und in Deutschland ansehen.

Der preussische (deutsche) Johanniterorden □ Die Wiederbelebung des Ordens berief sich im wesentlichen auf die Tradition der Ballei Brandenburg, die innerhalb des Priorats Deutschland seit dem

14. Jahrhundert eine Sonderstellung eingenommen hatte. Das Gebiet der Ballei war nur zum Teil mit der Mark Brandenburg identisch und erstreckte sich über weite Territorien in Norddeutschland. Nachdem die Ballei im 14. Jahrhundert in ihrem Gebiet zahlreiche Kommenden des Templerordens überstellt bekam (s. S. 89f.), war ihr Besitztum so groß, daß sie sich vom Priorat unabhängig machen konnte. Dies führte zu häufigen Konflikten mit dem Priorat, die meistens vom Konvent in Malta geschlichtet werden mußten. Schließlich kam es im Jahre 1382 zum »Heimbacher Vergleich«, der der Ballei eine größere Autonomie sicherte, als normalerweise einer Ballei zukam. Der wesentlichste Punkt des Vergleiches war die Unabhängigkeit der Ballei bei der Wahl von Amtsträgern, vor allem des »Herrenmeisters«.

Die zweite Besonderheit der Ballei Brandenburg war ihre starke Bindung an das Haus Hohenzollern, das seit 1415 in Brandenburg regierte. Eine der ersten Handlungen des neuen Herrscherhauses war die Überlassung der Sonnenburg als Sitz des Herrenmeisters der Ballei (1426), die als solcher bis 1810 diente, und später vom Orden wieder gekauft wurde. Im Jahre 1535 war der Markgraf von Brandenburg zum Protestantismus übergetreten und mit ihm der Johanniterorden in der Ballei Brandenburg. Da das Priorat Deutschland katholisch blieb, war damit die Loslösung der Ballei vom Priorat vollständig, obwohl sie noch Beziehungen zum Orden in Malta aufrecht erhielt. Nach dem Dreißigjährigen Krieg wurde im Frieden von Osnabrück auf Veranlassung des »Großen Kurfürsten« ausdrücklich das Patronatsrecht der Kurfürsten von Brandenburg über den Orden bestätigt, und damit ein praktisch bestehender Zustand international legalisiert. Seit 1654 stellte das Haus Hohenzollern immer den Herrenmeister der Ballei.

Trotz der engen Beziehungen zum Orden mußte der preußische König Friedrich Wilhelm III. in der Folge der Napoleonischen Kriege 1810 alle geistlichen Güter in Staatsdomänen verwandeln, um aus deren Ertrag die auferlegten Kriegsentschädigungen an Frankreich zu garantieren. So wurde der Orden in Preußen völlig enteignet und als »mit den Ansichten und Bedürfnissen der Zeit nicht vereinbar« praktisch aufgelöst. Allerdings wurde zum Andenken an die Verdienste der Ballei im Jahre 1812 der »Königlich Preußische St. Johanniterorden« geschaffen, der das achtspitzige Kreuz als Erinnerungszeichen vergab, aber daran keine Ordensorganisation anschloß.

Im Laufe der nächsten 40 Jahre wurden einige Versuche unternommen, den Orden wiederzubeleben, jedoch ohne Erfolg. Es bedurfte der Revolution von 1848 und des mit ihr verbundenen Schocks und Bedrohung für die Rolle des Adels (s. S. 165), um den inzwischen zur Regierung gekommenen König Friedrich Wilhelm IV. zu einer Wiederbelebung des Ordens zu veranlassen. Dieses Unternehmen – von der königlichen Familie und Mitgliedern des Hochadels ausgehend – war nicht allzu schwierig, da es der romantischen Natur des Königs entsprach. Am 15. 10. 1852 erließ der König eine Kabinettsorder, die die 1810 funktionslos gemachten Ordensorgane wieder in ihre alten Rechte einsetzte. Damit war sozusagen das Rad der Geschichte zurückgedreht, und der neue Orden als direkte Fortsetzung der alten Ballei Brandenburg anerkannt. Um diesem Akt absolute Legitimität zu geben, sollte ein neuer Herrenmeister von acht Rittern gewählt werden, die noch in Sonnenburg vom damaligen Herrenmeister den Ritterschlag erhalten hatten. Es lebten tatsächlich noch acht solche Ritter, deren Alter zwischen 76 und 87 Jahren lag. Als Herrenmeister wurde Prinz Carl, der Bruder des Königs einstimmig gewählt.

Dem Orden wurde die Autonomie der Wahl des Herrenmeisters und des Ritterschlags zurückgegeben, allerdings mit der Auflage, daß er die zum Tragen des Ordenszeichens berechtigten Mitglieder des Königlich Preußischen Verdienstordens als Ehrenritter (ohne Rechte) aufzunehmen habe. So brachte es der alte–neue Orden schon im Jahre 1853 auf eine Zahl von 738 Ehrenrittern und 155 Rechtsrittern, die

46 Das Auguste-Viktoria-Stift auf dem Ölberg in Jerusalem. Das Deckenmosaik stellt Kaiser Wilhelm II. und die Kaiserin Auguste Viktoria in byzantinischer Tracht als Stifter des Gebäudes dar. Das Wahrzeichen des Johanniterordens ist deutlich sichtbar.

47 Randmosaik einer Kapelle in der Dormitiokirche auf dem Zionsberg in Jerusalem. Das Mosaik zeigt die Wappen von Rittern des Malteserordens, die sich um den Bau der Kirche verdient gemacht haben.

48 Schloß Sonnenburg, geschmückt zum Rittertag (Aufnahme vor 1914).

◁ 49 Altes Siegel der Ballei Brandenburg, das noch heute in Gebrauch ist.

50 *Die Erlöserkirche in Jerusalem wurde auf dem Platz errichtet, auf dem im Mittelalter das Hospital des Johanniterordens stand. Der Bau wurde 1898 vollendet.*

51 *Statue Kaiser Wilhelms II. in Kreuzritteruniform an der Mauer des Auguste-Viktoria-Stiftes in Jerusalem.*

52 Das erste Hospiz der Johanniter (erbaut 1851) in Jerusalem.

53 St. John's Gate, der Sitz des englischen Order of St. John, in Clerkenwell, England.

54 Das Siegel des »Ehrwürdigen Ordens des Heiligen Johannes« in England.

55 König Georg V. von England in der Uniform eines Großmeisters des Johanniterordens (vgl. auch Abb. 56 rechts). ▷

56 Sitzungssaal in St. John's Gate, dem Sitz des Venerable Order of St. John. Königin Elisabeth II. und König Georg V. in Ordensroben (vgl. auch Abb. 55).

57 Der Hafen von Valetta als britische Flottenbasis.

58 Investitur und Ritterschlag eines Ritters der französischen Genossenschaft des Johanniterordens. ▷

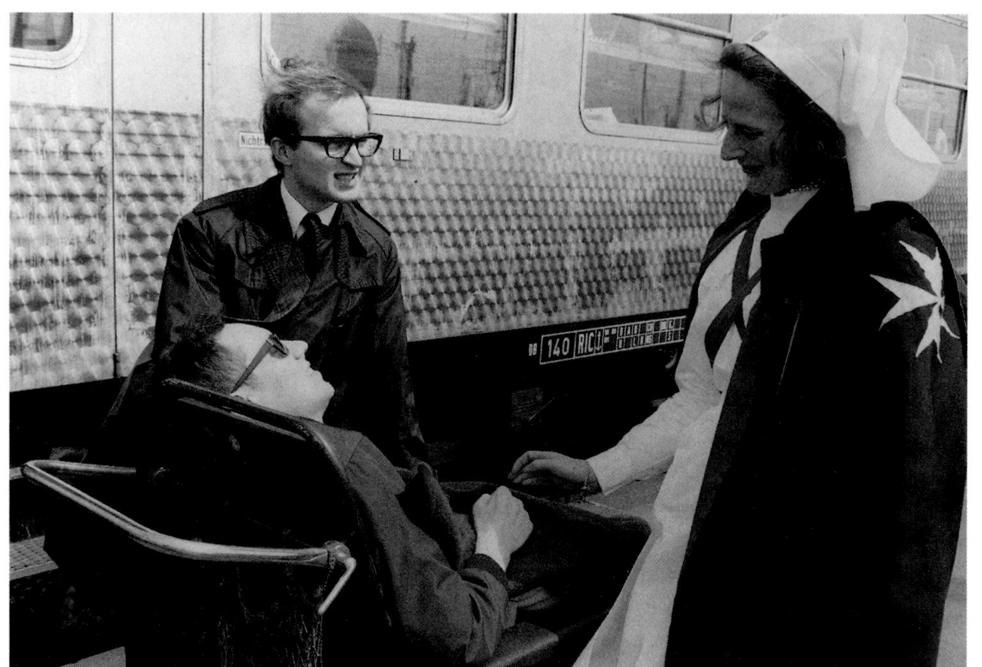

59 Krankentransport zum Wallfahrtsort Lourdes durch den Malteser Hilfsdienst.

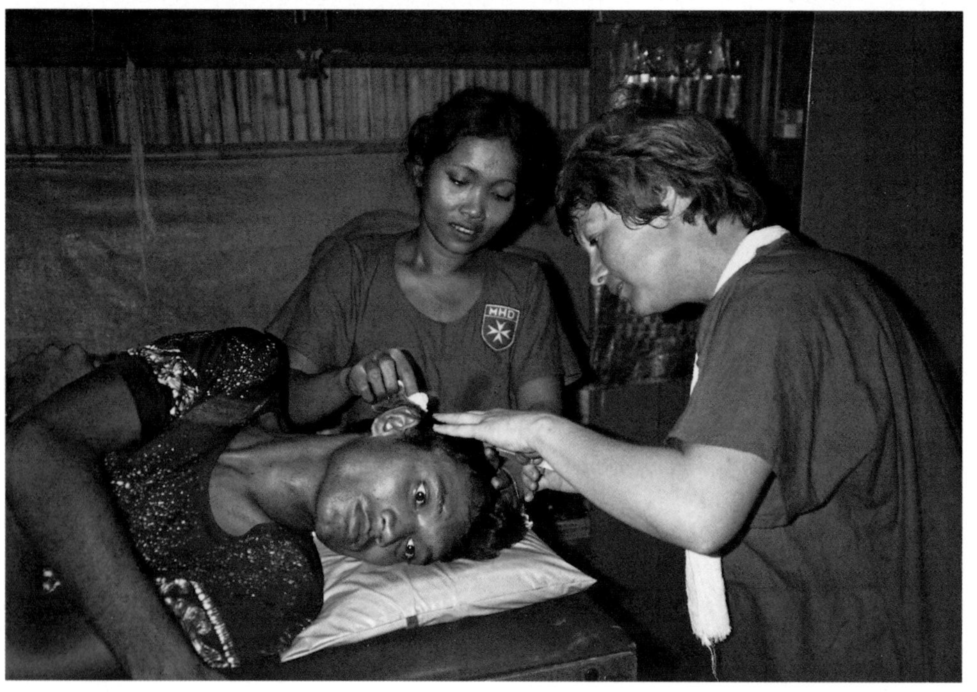

60 Ausbildung einer jungen Einheimischen in der Verwundetenpflege durch den Malteser Hilfsdienst in Thailand.

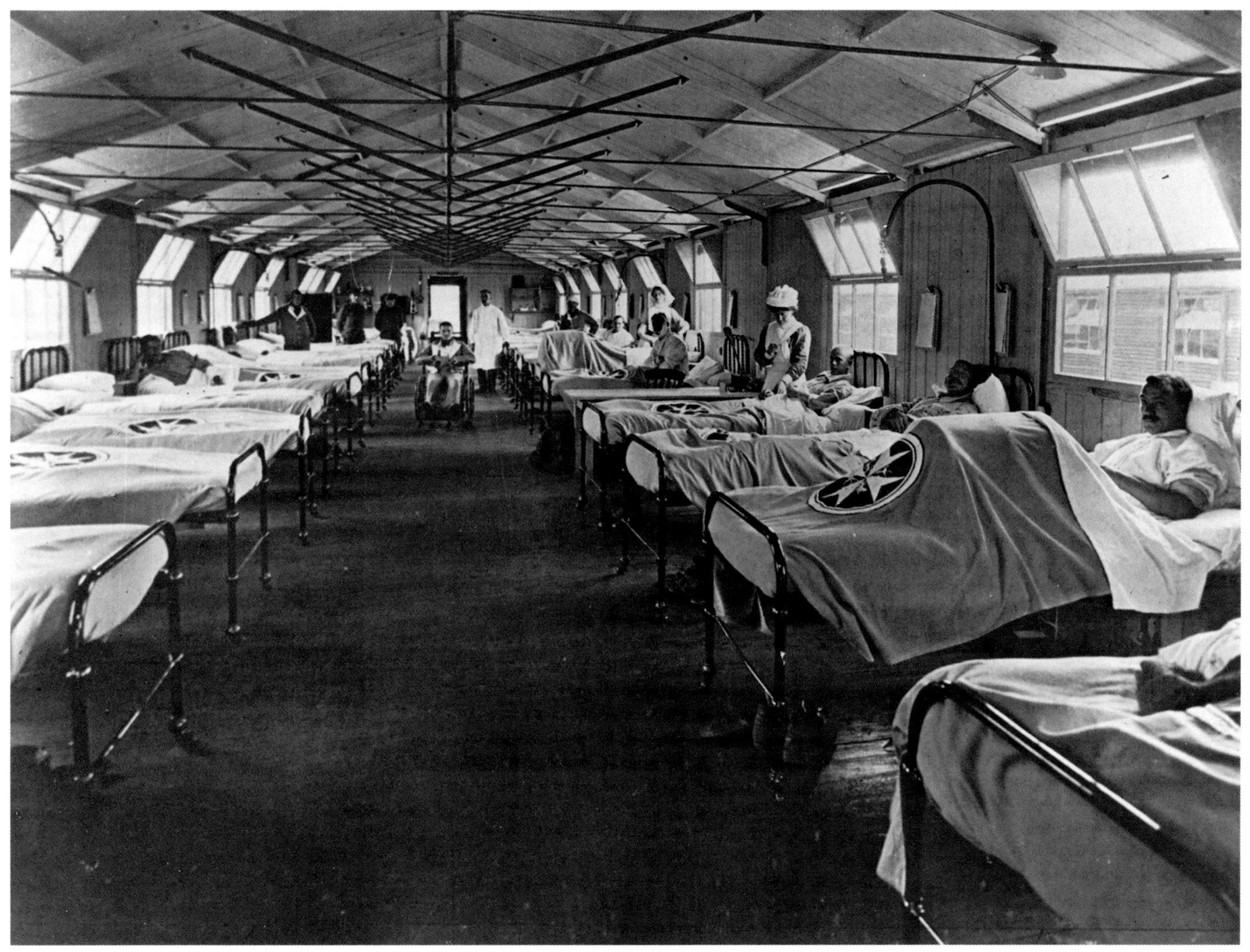

61 Feldkrankenhaus des Order of St. John in Frankreich während des Ersten Weltkrieges.

62 Das Auguste-Viktoria-Stift auf dem Ölberg in Jerusalem.

63 Das Augenkrankenhaus des Order of St. John in Jerusalem.

64 Die evangelische Erlöserkirche in Jerusalem, die auf dem Gelände des »Muristan« steht, welches im Mittelalter dem Johanniterorden gehörte (siehe das Ordenskreuz auf dem Dachgiebel). Die Kirche wurde Ende des 19. Jahrhunderts über den Ruinen der Kreuzfahrerkirche Santa Maria Latina erbaut und im Jahre 1898 von Kaiser Wilhelm II. eingeweiht.

65 Die Dormitiokirche auf dem Zionsberg in Jerusalem, gebaut unter Beteiligung des Deutschen Malteserordens. Vollendet 1910. Man beachte den Stileinfluß romanischer Kirchenarchitektur. ▷

Nächste Seite:
66 Fronleichnamsprozession des Malteserordens in München 1982.

KONDITOREI
Münchner Merkur
tz

große finanzielle Verpflichtungen auf sich nahmen. Grundbedingung zur Mitgliedschaft war die Zugehörigkeit zum Adel und zur Evangelischen Kirche. Die Wiederbelebung des Ordens bedeutete allerdings nicht die Rückgabe der nationalisierten Güter, doch bekam der Orden das Recht auf den Rückkauf des Schlosses Sonnenburg im Jahre 1857. Nach dessen Instandsetzung konnte bereits im Jahre 1860 die Zeremonie des Ritterschlags wieder vollzogen werden.

Wie der historische Johanniterorden nach der Verlegung nach Rhodos seine Existenzberechtigung durch sofortige Aufnahme der Hospitalerpflichten beweisen konnte, begann auch der preußische Johanniterorden unmittelbar mit der Errichtung von Krankenhäusern, Siechenheimen, Schwesternschulen: nicht nur in Preußen, sondern auch in anderen Teilen Deutschlands, sogar in der Walachei (dem späteren Rumänien), in Jerusalem, und nach den Massakern zwischen Christen und Drusen im Libanon (1860). Schon fünf Jahre nach Erneuerung der Ordenstätigkeit konnte der Johanniterorden auf 36 neugegründete Kranken- und Hilfsinstitute hinweisen, die zwar nur kleine Ausmaße besaßen, aber dazu beitrugen, die Kunde von der Existenz und Tätigkeit des Ordens weit zu verbreiten. Diese Tätigkeit war auch eine der Hauptursachen der Bewegung zur Wiederbelebung des katholischen Malteserordens.

Das Jahr 1860 stellte den Orden vor eine neue Aufgabe. Die blutigen Kämpfe von Magenza und Solferino (1859) wie auch die Tätigkeit von Florence Nightingale bewegten den Schweizer Henry Dunant dazu, für die Neutralisierung der Kriegsverwundeten und des Sanitätspersonals einzutreten. Dunant gelang es, Audienzen bei allen europäischen Herrschern zu erwirken und im Jahre 1863 die erste Internationale Konferenz für das Sanitätswesen im Krieg in Genf zusammenzuberufen. Der preußische König griff diese Idee mit Begeisterung auf und beauftragte Mitglieder des Johanniterordens – sowohl diejenigen, die im Armee-Sanitätswesen dienten, wie jene, die als Vertreter des Ordens fungierten –, die Verhandlungen zu führen, die mit der Gründung des Internationalen Roten Kreuzes (1864) enden sollten. Allerdings zeigte sich bei diesen Verhandlungen der Unterschied in der Geisteshaltung des Ordens und derjenigen der übrigen Teilnehmer an der Genfer Konferenz in voller Deutlichkeit.

Der Johanniterorden hätte infolge seiner Erfahrung und der Persönlichkeit seiner Vertreter durchaus die Möglichkeit gehabt, sich an die Spitze der geplanten internationalen Organisation zu stellen. Aber dies hätte bedeutet, eine Massenorganisation aufzuziehen, und war deshalb nicht mit dem elitären Prinzip des Ordens zu vereinbaren. Auch wollte der Orden sich nicht mit der rein humanitären Motivierung der geplanten internationalen Organisation begnügen, sondern sah darin zudem eine geistig-religiöse Beziehung des einzelnen, der sich völlig in die Aufgabe der Krankenbetreuung vertiefen müsse. So lehnte der Orden jegliche organisatorische Verflechtung mit dem Internationalen Roten Kreuz ab, bejahte aber jede Art von Zusammenarbeit auf dem Gebiet der militärischen und zivilen Krankenbetreuung; auch spielte er weiterhin eine wichtige Rolle in der Formulierung von internationalen Abkommen.

Wie schon oben kurz geschildert (s. S. 171f.) lag die Bewährungszeit des Johanniterordens in den Jahren zwischen 1863 und 1871, als er in den Kriegen, die Preußen gegen Dänemark (1864), Österreich (1866) und Frankreich (1870/71) führte, neben dem persönlichen Einsatz seiner Mitglieder Feldlazarette einrichtete und sich die technische Neuerung des Eisenbahnwesens zunutze machte, indem er Lazarettzüge organisierte und betrieb. Der volle Kriegseinsatz des Ordens gab ihm etwas von seinem alten Glanz zurück und ermöglichte es ihm nach Kriegsende, sich voll seinen zivilen Aufgaben zu widmen.

Im Krieg zwischen Preußen und Österreich konnte es vorkommen, daß Johanniter- und Malteserbrüder sich auf verschiedenen Seiten der Front befanden, was allerdings für die im Sanitätsdienst eingesetzten

Ordensbrüder kein Problem darstellte, da ja die Neutralisierung des Internationalen Roten Kreuzes schon in Kraft getreten war – wohl aber für diejenigen, die in den Kampftruppen eingesetzt waren.

Der englische »Order of St. John« □ Die Wiederbelebung der Englischen Zunge des ursprünglichen Johanniterordens war mit noch größeren Schwierigkeiten verbunden als die der beiden anderen Orden. Während am Prozeß der Wiederherstellung des Malteserordens und des Johanniterordens noch Ritter beteiligt waren, die ihren Ritterschlag an den traditionellen Orten bekommen hatten, waren seit der Auflösung des englischen Ordens etwa dreihundert Jahre vergangen, in denen in England jede Ordenstätigkeit verboten war. Die Englische Zunge in Malta war manchmal nur durch einen einzelnen Ritter vertreten und besaß natürlich keine eigene Herberge. Die Französischen Zungen hatten hier die Wahrung der Interessen der erloschenen Englischen Zunge übernommen, vor allem, um damit deren legalen Anspruch auf das Ordensvermögen aufrechtzuerhalten.

So traten Vertreter der drei Französischen Zungen, die nach Napoleons Fall wieder erlaubt waren (aber wegen der Nichtexistenz eines Großmeisters des gesamten Ordens kein Mandat hatten), auf dem Wiener Kongreß auch im Namen der Englischen Zunge auf. Sie gründeten zu diesem Zweck eine »Commission des Langues Françaises«, die in Wien ihre Ansprüche erhob, aber 1824 auch in Frankreich – aus anderen Gründen – verboten wurde. Trotzdem fanden in England die von den französischen Rittern initiierten Bemühungen ihre Fortsetzung und führten 1831 zur Gründung einer »Gesellschaft der Ritter von St. Johannes«. Die Gesellschaft hatte es sich zum Ziele gesetzt, im Sinne der alten Ordensregel – mit Ausnahme der rein katholischen Bestimmungen – zu leben und zu wirken. Aber da gleichzeitig auch andere Körperschaften, vor allem in Rußland, denselben Anspruch erhoben, mußten legale Gründe gefunden werden, die der Gesellschaft ein Vorrecht über die anderen Vereinigungen sichern konnten.

Das wichtigste Argument war, daß der Orden nur »dormant« gewesen sei, und jetzt wieder aus seinem »Schlaf« aufgewacht sei. Dieses Argument wurde durch ein weiteres gestärkt: Der Orden sei zwar von König Heinrich VIII. aufgelöst, und alle seine Güter beschlagnahmt worden, aber mit der Thronbesteigung seiner Tochter Maria (»Die Katholische«, 1553–1558),die alle antikatholischen Gesetze ihres Vaters aufhob und England zum Katholizismus zurückführte, sei er wieder in seine vollen Rechte eingesetzt worden. Als Marias Schwester, Königin Elisabeth, die Regierung 1558 übernahm und wieder die Reformation einführte, sei der Orden nicht ausführlich verboten worden. Das Problem der Legitimität führte zu vielen juristischen Diskussionen, die aber nie vor Gericht einer legalen Untersuchung unterworfen wurden.

Es gehört nicht in den Rahmen dieses Buches, genauer auf die legalen Fragen einzugehen. Tatsache ist, daß der neugegründete Orden niemals das beschlagnahmte Eigentum zurückverlangte, sich aber Satzungen gab, die die strenge Beachtung der Prinzipien des alten Ordens verlangten.

Ein weiteres Problem, vor dem der englische Orden stand, war das der Religion. Der aufgelöste Orden war katholisch gewesen, und Anhänger des katholischen Glaubens waren bis zur »Emancipation Bill« von 1829 politisch minderberechtigt gewesen. Nun war die Mehrzahl der Adligen, die den Orden neu errichten wollten, anglikanisch. Sie nahmen sich anscheinend ein Beispiel an dem preußischen Johanniterorden, der als Verdienst-Orden weiter bestand und evangelisch war. Sie sahen daher keinen Grund, nicht einen Orden zu errichten, der im wesentlichen anglikanisch war, bemühten sich aber, Konflikte mit dem in Catania (Sizilien) residierenden Großmeister-Stellvertreter zu vermeiden, indem sie sich als Großpriorat England rekonstituierten. Die religiöse Frage wurde später dadurch gelöst, daß die Aufnahmebedingungen abgeändert wurden und nur die Zugehörigkeit zu einer christlichen Religionsform gefordert war. Noch später wurden auch Nichtchristen als assoziierte Mitglieder zugelassen; diese Änderung erfolgte, nachdem England in seinen Kolonien – vor allem Indien – viele Hindus, Moslems und Buddhisten auch in den höheren Schichten der Gesellschaft und Verwaltung vorfand.

In den ersten 40 Jahren seiner Existenz fand der Orden (im Jahre 1872 zählte er nur 150 Ritter) kein richtiges Betätigungsfeld, sein Hilfswerk beschränkte sich auf Spendensammlungen für Kranke und Minderbemittelte. Er hat auch später niemals Krankenhäuser gebaut – mit Ausnahme der Augenklinik in Jerusalem.

Seine wirkliche Aufgabe fand der Orden erst, als er im Jahre 1871 die »St. John Ambulance Association« gründete, wobei »Ambulance« für ambulante Behandlung stand. Die wesentliche Aufgabe der Organisation war die Ausbildung von Freiwilligen in Erster Hilfe, die besonders in Bergwerken und Industriebetrieben notwendig war. Im Jahre 1874 schuf sich der Orden ein Symbol seines Nachfolgercharakters mit der Erwerbung von St. John's Gate, das vor der Ordensauflösung das südliche Tor zur großen Kommende von Clerkenwell, nördlich der City of London, gewesen war. Das Tor mit den es flankierenden Türmen wurde das Hauptquartier des Ordens bis heute. Im Jahre 1887 errichtete der Orden das St. John Eye Hospital in Jerusalem, das noch heute als medizinisches Zentrum der Augenheilkunde für den ganzen Nahen Osten tätig ist (s. S. 195f.).

Durch diese Tätigkeiten stieg das Prestige des Ordens in solchem Maße, daß seine Gönner und Führungsspitze es wagen konnten, an Königin Victoria heranzutreten und sie zu bitten, die Schutzherrschaft über den Orden zu übernehmen. Im Jahre 1888 gab die Königin einen »Royal Charter« (königlichen Freibrief) heraus, der einen neuen Ritterorden schuf: »The Grand Priory of the Most Venerable Order of the Hospital of St. John in Jerusalem«, kurzgefaßt »The Order of St. John«. Die Königin war nun das souveräne Haupt des Ordens, ein Mitglied der königlichen Familie war Meister des Ordens mit dem Titel »Grand Prior«, und der Leiter der Ordensgeschäfte führte den Titel »Lord Prior». Die Schutzherrschaft durch die Königin kam auch darin zum Ausdruck, daß neuernannte Ritter den Ritterschlag durch die Königin selbst erhielten. All dies führte dazu, daß der Order of St. John zu den höchstgeachteten Orden Englands gehörte. Er unterschied sich von allen anderen »Orders of Knighthood« dadurch, daß der Ritterschlag nicht als Belohnung für geleistete Dienste oder als besondere Auszeichnung verliehen wurde, sondern als Zeichen der Übernahme besonderer Verpflichtungen auf persönlichem Gebiet, wie im Bereich der Krankenpflege, galt. Der Order of St. John ist der einzige englische Ritterorden, der ein bestimmtes Ziel verfolgt und in dieser Zielsetzung die Hauptberechtigung seiner Existenz sieht.

Nimmt man – als Zusammenfassung – die Erteilung der Anerkennung durch einen Souverän als das Ende der Aufbauphase eines jeden Ordens an, so hatte der Johanniterorden einen großen Vorsprung vor den beiden anderen (28 Jahre gegenüber dem Malteserorden und 36 Jahre gegenüber dem Order of St. John) und konnte daher schon früher Institutionen einrichten, die für die beiden anderen Orden beispielgebend wurden.

Wachstum und Krisen

Bis zum Ersten Weltkrieg □ Nach dem Deutsch-Französischen Krieg von 1870/71 erlebte Westeuropa eine Friedensperiode, die etwa 40 Jahre dauerte. Doch ließen imperialistische Auseinandersetzungen in Afrika und in Südostasien sowie Balkankriege, hauptsächlich gegen die Türkei gerichtet, und der Russisch-Japanische Krieg, der sich meist auf ostasiatischem Boden abspielte, die übrige Welt kaum zu Atem kommen.

Die Großstaaten Europas hingegen, wenn sie auch

alle dann und wann in Kolonialkriege verwickelt waren, verstanden es trotz einiger Spannungen, die leicht zum Kriegsanlaß hätten werden können, untereinander den Frieden zu bewahren. Während dieser relativ langen Zeitspanne konnte die Industrielle Revolution in West- und Mitteleuropa vorangetrieben werden, welche zu einer ungeahnten Produktionssteigerung und in deren Folge zum Wachstum der Städte und deren Bevölkerung führte.

Diese wirtschaftlichen und sozialen Veränderungen boten den verschiedenen karitativen Orden die Möglichkeit, ihre Aktivitäten auszudehnen und gleichzeitig zu fundieren, und dies ohne Behinderung durch Anforderungen, wie sie in Kriegszeiten den Orden betrafen. Die neue Aufgabenstellung lag für die drei großen Orden fast parallel, sie ging sowohl in die Breite als territoriale Ausdehnung, wie auch in die Tiefe als Schaffung neuer Institutionen oder Arbeitsbereiche.

Der Malteserorden schuf »Nationale Genossenschaften« (Assoziationen) in Britannien (1875), Italien (1877), Spanien (1889), Frankreich (1891), Portugal (1899) und in den Niederlanden (1911). Der Johanniterorden richtete außerhalb Deutschlands die Genossenschaften der Niederlande und Schwedens ein. Der englische Order of St. John dehnte seine Tätigkeit auf das gesamte »British Realm«, das ungefähr dem späteren »Commonwealth of Nations« entsprach, aus. Organisatorisch gegliedert waren die Orden durch Schaffung von kleineren Verwaltungseinheiten – Priorate, Kommenden, Balleien – und damit einer strafferen, auf Hierarchie aufgebauten Verwaltungsform. Jeder Orden hatte Grundstücke zurückerworben, die aufgrund der historischen Traditionen als Hauptquartier des Ordens dienten: Die Sonnenburg für den Johanniterorden (1857), die Casa di Malta in Rom für den Malteserorden und St. John's Gate in London für den Order of St. John (1874 teilweise, und 1902 endgültig).

Jeder Orden übernahm als wichtige Aufgabe die Ausbildung freiwilliger Hilfskräfte zur Ersten Hilfe, wie auch die Ausbildung von Krankenschwestern (oder die Finanzierung einer solchen Ausbildung in bestehenden Instituten), und schuf einen Schwesternorden parallel zum Hauptorden, für den die Mitgliedschaft noch immer nur Männern gestattet war. Der Johanniter- und der Malteserorden schufen neue Krankenhäuser, vor allem entsprechend der Urbanisierung in städtischen und Industriezentren, während der Order of St. John – mit Ausnahme des Augenkrankenhauses in Jerusalem – andere Ziele verfolgte.

Der Erste Weltkrieg und seine Folgen □ Bei Ausbruch des Ersten Weltkriegs war die Organisation und Disziplin jedes Ordens so gestrafft, daß es keinerlei besonderer Bemühungen bedurfte, um die Orden für den Einsatz im Kriegsfall bereit zu halten. Allerdings ergab es sich, daß die Orden auf verschiedenen sich bekämpfenden Seiten eingesetzt werden mußten. Der Order of St. John stand mit all seinen Genossenschaften im Ausland fest zur Sache Englands, und der Johanniterorden, bei dem deutsche Nationalgesinnung Teil seiner Weltanschauung war, war zum vollen Einsatz im deutschen Heer bereit. Der Malteserorden konnte sich der neutralen Haltung des Papstes anschließen und seinen nationalen Genossenschaften freie Hand lassen. So standen die Großpriorate Böhmen und Österreich sowie die Assoziationen Schlesien und Rheinland-Westfalen auf der Seite Deutschland-Österreichs, während die Genossenschaften Britannien und Frankreich, später auch Italiens, auf der Gegenseite Dienst taten. Alle Orden handelten nach demselben Prinzip, wobei die Wehrdienstpflichtigen regulären Dienst in der Armee ihres Landes leisteten (der Johanniterorden berichtete über 270 auf dem Feld gefallene Ordensbrüder), während die vom Wehrdienst befreiten sich entweder praktisch oder in organisatorischer Eigenschaft den Sanitätsaufgaben widmeten. Alle Ordensbrüder brachten große finanzielle Opfer für die Ausrüstung von Feld- und Notstandslazaretten oder in der Ausbildung von Schwestern. Alle unter der Verwaltung der Orden stehenden Krankenhäuser wurden nach Bedarf den Armeen zur Unterbringung der Kranken und Verwundeten zur Verfügung gestellt. Auf Kosten und durch die Organisation des Johanniterordens wurden etwa 2000 Diakonissen und Ordensschwestern in die Etappe entsandt.

Der Johanniterorden war auch besonders stolz auf die drei Lazarettzüge, die er ausstattete und betreute, welche während des ganzen Krieges Zehntausende von Verwundeten von der Front in die Heimat transportierten.

Ähnliche Beispiele wie die oben geschilderten sind in den Annalen aller Orden zu lesen. – Nach Beendigung des Krieges konnten die existierenden Orden ihre Arbeit sofort wiederaufnehmen und sogar ausweiten, um bei der Behebung der Kriegsschäden verstärkt mitzuwirken.

Der Malteserorden begann, neue Assoziationen zu gründen, zunächst in den katholischen Staaten Europas, die infolge des Krieges unabhängig geworden waren: Polen (1920), Ungarn (1928), Irland (1934), ferner Belgien (1930). Ein wichtiger Schritt zur Ausbreitung seiner Ordenstätigkeit war die Gründung einer Genossenschaft im Osten der USA (1926).

Auch der Order of St. John baute seine Auslandsbeziehungen aus, allerdings in differenzierter Form: In den Dominions, in denen der Großteil der Bevölkerung englischer Abstammung war, und ein parlamentarisch-demokratisches Regierungssystem bestand, wurden autonome Priorate des Ordens errichtet. Dies geschah aber ohne direkte hierarchische Beziehungen, die Priorate standen vielmehr auf gleicher Basis, wobei das Hauptquartier in London beratende Funktionen allein ausübte. In allen britischen Kolonien waren dagegen nur die St. John Ambulance Association und Brigade tätig.

Im Gegensatz zu der beinahe ungestörten, fortwährenden Tätigkeit der beiden anderen Orden erlebte der deutsche Johanniterorden eine schwere Krise mit Beendigung des Krieges und der Abschaffung der Monarchie in Deutschland. Wohl wenige Organisationen in Deutschland waren so stark mit dem Hohenzollernhaus verbunden wie der Orden, der seit fast dreihundert Jahren einen Hohenzollern zum Herrenmeister der Ballei Brandenburg gewählt hatte, und dessen Herrenmeister (1906–1926) zur Zeit des republikanischen Umsturzes Prinz Eitel Friedrich, ein Sohn des Kaisers Wilhelm II. war.

Mit der Abdankung des Kaisers verlor der Orden mit einem Schlag seine enge Beziehung zu den herrschenden Kräften des Staates und konnte sich eigentlich während der ganzen Zeit des Bestehens der Weimarer Republik nicht zu einer internen Anerkennung der neuen Staatsform mit ihrer stark sozialistischen Komponente durchringen. Dabei zeigte sich bald, daß die Regierung ihrerseits dem Orden keinerlei Steine in den Weg legen wollte. Er konnte daher, allerdings unter stark erschwerten wirtschaftlichen Bedingungen, seine normale Tätigkeit fortsetzen.

Mit der Abschaffung der Monarchie war die wirtschaftliche Macht endgültig in die Hände von Industrie und Finanzwesen übergegangen. Die Landwirtschaft war vollends vom ersten Platz in der Wirtschaft verdrängt, und auch ihr zahlenmäßiger Anteil an der Gesamtbevölkerung ging von 60 % zur Zeit der Gründung des Deutschen Reiches auf 26 % in den dreißiger Jahren des 20. Jahrhunderts zurück. In der Folge verlor auch der Landadel seine wirtschaftliche und politische Bedeutung. Es gelang ihm aber, seinen Einfluß in der Armee, vor allem im Kreis der Spitzenkommandeure, aufrechtzuerhalten und sogar noch zu verstärken, als im Jahre 1925 Hindenburg – ein Johanniterritter – zum Reichspräsidenten gewählt wurde.

Die historische Entwicklung wie die Verteilung der Rohstoffquellen in Deutschland hatten dazu geführt, daß die Industrie sich mehr und mehr auf den Westen und Süden des Reiches konzentrierte, während der Osten im wesentlichen agrarisch geblieben war, und der Landadel sich immer mehr in den östlichen Gebieten konzentrierte. Zieht man noch dazu in Betracht, daß der Süden und Westen des Deutschen Reiches im wesentlichen katholisch war, so wird man verstehen können, daß der Johanniterorden vor allem in den östlichen Landesteilen Deutschlands tätig war, und der Neubau von Krankenhäusern und anderen Gesundheitsinstitutionen sich vorwiegend in den östlichen Provinzen Preußens vollzog.

Konnte sich der Johanniterorden auch trotz der politischen Veränderung in Deutschland in seiner Entwicklung nach dem Ersten Weltkrieg durchaus mit den anderen Orden vergleichen, so konnte er doch nicht in dem Maße wie diese seine Tätigkeit auf ausländische Gebiete ausdehnen. Denn er war weder Teil eines Kolonialreichs (Deutschland mußte seine Besitzungen infolge des Krieges abgeben) noch der internationalen Organisation der Kurie. Unter seinen auswärtigen Assoziationen (darunter Finnland, Ungarn, die Schweiz und Frankreich) machte sich Schweden im Jahre 1945 selbständig.

Die Katastrophe des Zweiten Weltkriegs □ Noch 40 Jahre nach Beendigung des Zweiten Weltkriegs ist es nicht möglich, das Ausmaß der Vernichtung und Zerstörung, das er mit sich brachte, zu überblicken; nicht nur an materiellen Gütern, noch mehr an Menschenleben, sondern auch hinsichtlich des Kulturguts und der Geisteshaltung einer ganzen Generation (ohne daß das Ende der Auswirkungen schon abzusehen wäre).

In der Zeit kriegerischer Handlungen nach einer versöhnlichen Einwirkung der verschiedenen Johannesorden, selbst nach einer Milderung von Leiden durch sie zu suchen, wäre ein sinnloses Unterfangen. In den vom Kriege betroffenen Ländern gab es keinen Unterschied mehr zwischen Front und Etappe, und die Zahl der von Fliegerangriffen Getöteten und Verletzten ging in die Millionen. Die Rettungstätigkeit bei Bombenangriffen und Bränden erforderte Hunderttausende von Helfern, und die wenigen Hunderte oder selbst Tausende, die die Orden – deren jüngere Mitglieder in allen Ländern mobilisiert waren – zur Verfügung stellen konnten, wirkten wie der sprichwörtliche Tropfen auf dem heißen Stein.

In Deutschland konnte der Johanniterorden überhaupt nicht wirksam werden. Schon nach der Machtergreifung durch den Nationalsozialismus sollte der Orden bei der »Gleichschaltung« aller Organisationen aufgelöst werden, da er besonders durch seine enge Beziehung zum Haus Hohenzollern und dem Adel verdächtig war. Aber Reichspräsident Hindenburg hielt bis zu seinem Tode (1934) seine schützende Hand über den Orden, und später, selbst während des Krieges, fürchtete die Parteiführung durch einen solchen Akt negative Wirkung auf hohe Offiziere der »Wehrmacht«, die durch persönliche oder Familienbeziehungen mit dem Orden verbunden waren oder ihm sogar angehörten. So wurde zwar die Tätigkeit des Ordens als solche und das Tragen seiner Abzeichen verboten, aber der Orden nicht offiziell aufgelöst.

Die Haltung des Ordens war – entsprechend seiner Weltanschauung – dem Nationalsozialismus abgeneigt, konnte aber natürlich nicht zum öffentlichen Ausdruck kommen. Über die Haltung der einzelnen Ordensbrüder liegt keine Dokumentation vor. Bekannt ist nur die Haltung derjenigen, die die letzte Konsequenz aus ihrer religiösen und gesellschaftlichen Auffassung zogen und sich der Verschwörung gegen Hitler im Jahre 1944 anschlossen. Etwa 15 von ihnen wurden zum Tode verurteilt und hingerichtet.

Die Nachkriegszeit □ Erst mit Beendigung der kriegerischen Aktionen konnten der Malteserorden und der Order of St. John ihre Tätigkeit wieder dort ansetzen, wo sie Aussicht auf Erfolg hatte: zunächst im Ausbau der Krankenhäuser, aber auch im neu aufgetretenen Problemfeld der Flüchtlingshilfe.

Millionen von Menschen waren im Laufe des Krieges aus ihrer Heimat vertrieben worden, in den ersten Jahren des Krieges infolge des Vormarsches der deutschen Armee und in den letzten Jahren aufgrund des Vordringens der Russen. Eine weitere Welle von Flüchtlingen wurde in Bewegung gesetzt, als die Grenzverschiebungen, die die Karte Europas neu gestalten sollten, Realität wurden. Dazu kamen die überlebenden Insassen der Vernichtungslager, die noch jahrelang in Auffanglagern warten mußten, bis sich Länder fanden, die bereit waren, sie aufzunehmen. Darunter hauptsächlich der 1948 gegründete Staat Israel, der ein neues Problem schuf.

Die Beendigung des Krieges und damit das Ende des nationalsozialistischen Regimes brachten aber noch nicht die Möglichkeit der Wiederaufnahme der Tätigkeit des Johanniterordens. Da der Orden in der Zeit der Hitlerherrschaft offiziell nicht aufgelöst worden war (obwohl seine Tätigkeit praktisch darniederlag), war er zumindest der Kollaboration mit dem Regime verdächtig, und die Alliierten verboten jede Tätigkeit des Ordens. Der Johanniterorden in den Niederlanden, der als integraler Teil des Johanniterordens angesehen worden war, etablierte sich unmittelbar nach dem Abzug der deutschen Besatzung 1945 als selbständiger Orden (Johanniter Orde in Nederland). Es bedurfte langjähriger Verhandlungen des Herrenmeisters Prinz Oskar von Preußen (auch ein Sohn Wilhelms II., Herrenmeister 1927 – 1958), vielleicht unter Ausnutzung seiner verwandtschaftlichen Beziehungen zum englischen Königshaus, um mit Hilfe des Order of St. John und der Schweizer Genossenschaft des Johanniterordens die Erlaubnis zur Wiederaufnahme der Tätigkeit des Ordens zu erreichen.

Im Jahre 1948 wurde das von den Alliierten verhängte Verbot der Ordenstätigkeit aufgehoben, und der Orden konnte unter eigenem Namen und eigenen Abzeichen seine über 15 Jahre unterbrochene Tätigkeit wiederaufnehmen. Allerdings bestand diese Tätigkeit in den ersten Jahren weniger in der Fürsorge für Kranke als in der Sorge für die Flüchtlinge aus dem Osten. Wie schon bemerkt, war aus historisch-geographischen Gründen der größte Teil der Ordensbrüder und seiner Werke in den östlichen preußischen Provinzen konzentriert. Diese waren an Polen und die UdSSR oder Ostdeutschland (später DDR) gefallen, die alle in ihrer Weltanschauung sowohl dem Adel wie dem Großgrundbesitz, und mit Ausnahme der DDR, auch dem Deutschtum, feindlich gesinnt waren.

Die Ordensbrüder des Johanniterordens, und vielleicht auch des Malteserordens, mußten sich dem Millionen zählenden Flüchtlingsstrom anschließen; wie die anderen Flüchtlinge hatten sie all ihr Hab und Gut zurücklassen und zum Teil auf Schleichwegen die Grenze zur Bundesrepublik Deutschland überschreiten müssen. Der Johanniterorden hatte sich von vornherein in das Flüchtlingshilfswerk eingeschaltet, zunächst als Aktion von Einzelpersönlichkeiten und nach Anerkennung ihrer Arbeit auch als Organisation, die sich nun mit voller Kraft der neuen humanitären Aufgabe widmete.

Der Orden als solcher hatte in den ehemaligen Ostprovinzen all seine Güter und Institutionen verloren, die den Großteil seines Vermögens ausgemacht hatten. Die in der Bundesrepublik verbliebenen 12 Krankenhäuser und Institutionen waren entweder zerstört oder von den Alliierten beschlagnahmt worden oder total verarmt. So mußte die Ballei Brandenburg praktisch völlig von neuem beginnen.

Der Neuanfang war mit einem wichtigen Schritt verbunden, der der veränderten Weltwirtschaftsstruktur wie auch der neuen Situation der Ordensbrüder, vor allem der Ostflüchtlinge, Rechnung trug: Es war dies die Abschaffung der Bedingung, daß ein Ordensbruder den Adelsnachweis erbringen und in vielen Fällen Großgrundbesitzer oder Offizier gewesen sein mußte. Dadurch wurde es den Flüchtlingen ermöglicht, dem Orden weiterhin anzugehören, aber einen »bürgerlichen« Beruf auszuüben. Der Namensadel, der in der Bundesrepublik überhaupt seinen Sinn dadurch verloren hatte, daß der Rangtitel nicht mehr als Titel, sondern als Teil des Namens angesehen wurde, sollte nach der neuen Satzung des Ordens ersetzt werden durch eine Aristokratie des

Verhaltens – sozusagen eine Rückkehr zum Begriff der »Ritterlichkeit«, der im Mittelalter die Ritterorden ausgezeichnet hatte. Trotz dieser Änderung ist zu verzeichnen, daß noch immer die Mehrheit der Ordensmitglieder heute einen Adelsnamen trägt.
Im Jahre 1952 fühlte sich der Orden genug gekräftigt, um seine eigentlichen Aufgaben wieder wahrzunehmen. Als erstes gründete der Orden die Johanniter-Hilfsgemeinschaft, die sich um schuldlos verarmte Familien kümmerte, vor allem um deren Kinder, für die Speisung und später Erholungs- und Urlaubsreisen in Nachbarländer mit besserer Wirtschafts- und Ernährungslage organisiert wurden. Die Hilfsgemeinschaft versandte weiterhin Pakete an Kriegsgefangene in Osteuropa, ohne Rücksicht auf die Nationalität der Empfänger. Die Paketsendungen wurden auch nach Rückkehr der Kriegsgefangenen fortgesetzt und kommen heute bedürftigen Familien in Polen und der DDR zugute.
Noch wichtiger war die Gründung der Johanniter-Unfallhilfe im selben Jahr, die nach dem Vorbild der englischen St.-John-Ambulance-Brigade aufgebaut war und das Zeichen des achtspitzigen Kreuzes in der ganzen Bundesrepublik bekannt machte.
Als Herrenmeister Prinz Oskar im Jahre 1958 starb und von seinem Sohn, dem heutigen Herrenmeister, Prinz Wilhelm Carl von Preußen, abgelöst wurde, war der Orden wieder zu seiner normalen Tätigkeit zurückgekehrt. Als Ersatz für Sonnenburg, das – östlich der Oder-Neißelinie gelegen – polnisch geworden war, wurde die einzig noch bestehende, mittelalterliche Hospitalskirche in Niederweisel nördlich von Frankfurt zum geistigen und zeremoniellen Zentrum des Ordens. Hier wurde auch im Jahre 1961 die »Allianz der Ritterlichen Orden Sankt Johannis vom Spital zu Jerusalem« gegründet, die die Orden von Deutschland, England, den Niederlanden und Schweden zu einer Arbeitsgemeinschaft mit Sitz in Bern zusammenschloß.
Im Jahre 1959 erreichte Herrenmeister Wilhelm Carl auch die Anerkennung des Ordenskreuzes als gesetzlich geschütztes Abzeichen durch den Bundespräsidenten Theodor Heuß. Damit war die Rehabilitation des Johanniterordens endgültig geworden.
Die beiden anderen »Nachfolgeorden« hatten nicht mit solchen Schwierigkeiten zu kämpfen, wobei man allerdings in Betracht ziehen muß, daß für England der Krieg noch einige Monate länger dauerte, bis der Abwurf der Atombombe im August 1945 Japan zur bedingungslosen Unterwerfung zwang. Danach konnten beide Orden sofort mit verstärktem Einsatz der zerrütteten und verarmten Welt Hilfe leisten, zunächst in der Flüchtlingshilfe und später durch Wiederaufbau des Gesundheitsdienstes.
Als erster begann der Malteserorden, der sich ja während des Krieges der Neutralität des Vatikans angeschlossen hatte, mit einem großen, territorial ausgedehnten Programm. Dabei richtete er sein Augenmerk im wesentlichen auf die Staaten, die später mit dem Begriff »Dritte Welt« zusammengefaßt wurden. In den fünfziger Jahren galt sein Bemühen Südamerika, das weitgehend vom Krieg verschont geblieben war, und dessen Staaten fast durchgehend katholisch sind. In einem Jahrzehnt wurden dort neun neue Assoziationen geschaffen. Gleichzeitig wandte sich der Orden der Bekämpfung der Lepra zu und berief zu diesem Zweck im Jahre 1956 eine internationale Konferenz nach Rom, an der 52 Staaten teilnahmen. Unter den Beschlüssen der Konferenz war ein Punkt die Gründung eines Weltzentrums zum Studium der Lepra unter Führung des Malteserordens mit Sitz in Genf, das 1958 seine Tätigkeit aufnahm. Das Werk umspannt heute zahlreiche Institutionen zur Erforschung und Bekämpfung der Lepra in etwa 20 Ländern.
Ein weiterer wichtiger Schritt zur Entwicklung des Malteserordens war die Anerkennung seiner neuen Verfassung durch Papst Johannes XXIII. im Jahre 1961. Diese Verfassung, unter Großmeister Fra Angelo de Mojana di Cologna, der noch heute amtiert, beendete einen Konflikt mit dem Vatikan. Dieser hatte von 1951 bis 1962 den vom Orden

gewählten Großmeistern seine Anerkennung versagt, so daß sie nur als »Stellvertreter« wirken konnten. Die neue Verfassung brachte die endgültige Anerkennung der Souveränität des Ordens, der sich jetzt seinen heute gültigen, offiziellen Namen gab: »Souveräner Militärischer Ritterorden des Hospitals des Heiligen Johannes von Jerusalem, Rhodos und Malta«. (Über die Rechtsgrundlage der Souveränität siehe das nächste Kapitel.) Die wiederanerkannte Souveränität ermöglichte es dem Orden, diplomatische Beziehungen zu anderen Staaten herzustellen und auch beim Vatikan als gleichberechtigte, souveräne Einheit durch einen Botschafter vertreten zu sein. Im Laufe von 25 Jahren wuchs nun die Zahl seiner diplomatischen Vertretungen von drei (im Jahre 1956) auf 43 (im Jahre 1982).

Mit diesem Maß internationaler Anerkennung und mit 38 nationalen Genossenschaften (Assoziationen) konnte der Malteserorden eine Weltorganisation auf die Füße stellen, die weit über die ursprünglichen Grenzen des historischen Johanniterordens hinausreicht.

Der englische Order of St. John überstand die Kriegs- und Nachkriegszeit ohne wesentliche Veränderungen. Der Grund dafür liegt sicherlich in der Stabilität der britischen Monarchie, die während des Krieges im Volk populärer denn je war. Dies ermöglichte einen krisenlosen Übergang zur Nachkriegszeit, der auch den Order of St. John, wie die gesamte aristokratische Gesellschaftsstruktur Englands, unangetastet ließ. Die große Veränderung der britischen Weltposition äußerte sich im Britischen Weltreich mit der – erkämpften oder friedvoll übergebenen – Unabhängigkeit der ehemaligen Kolonien, beginnend mit Indien (1947) und mit ihrem Höhepunkt in den sechziger Jahren.

Dieser Prozeß hatte auch starke Wirkung auf den Orden, dessen Mitgliedschaft nach den Statuten auf Bürger des »British Realm« beschränkt war. Doch die Hilfswerke des Ordens, die als selbständige Organisationen gelten, konnten ihre Tätigkeit auch in den neuen unabhängigen Staaten als private Vereinigungen fortsetzen.

Dafür strebte der Order of St. John eine stärkere Zusammenarbeit zwischen den protestantischen Orden an. Es wurde bereits erwähnt, daß sich der Orden stark für die Einsetzung des Johanniterordens in seine alten Rechte engagierte. Im Jahre 1961 bewirkte der Order of St. John zusammen mit dem Johanniterorden die Gründung der Allianz von Niederweisel, die neben den beiden genannten Orden auch jene von Schweden und den Niederlanden umschließt. Der Sitz der Allianz ist Bern, dessen Delegierter sie bei den internationalen Körperschaften in Genf vertritt. Ihr Ziel ist die Koordination zwischen den vier Orden, um ihnen eine bessere Durchführung internationaler Aufgaben zu ermöglichen.

Die Orden heute

Seit der Allianz von Niederweisel (1961) und der »Gemeinsamen Erklärung« des Malteserordens und des Order of St. John (1963) erfolgte eine ständige gegenseitige Annäherung aller Nachfolgeorden. Sowohl der organisatorische Aufbau der Orden wie ihre karitative Tätigkeit weisen heute mehr gemeinsame als trennende Linien auf, und sie verfolgen in allen Fragen internationaler Hilfeleistung eine gleiche Linie und schaffen – wo erforderlich – gemeinsame Hilfskomitees. Es erscheint daher nicht notwendig, jeden Orden einzeln zu behandeln, daher sollen nur die Gleichheit oder Verschiedenheit der Orden in den wichtigsten Fragen erörtert werden.

Religion □ Obwohl es in den Namen der einzelnen Orden nicht zum Ausdruck kommt, ist jeder in erster Linie ein religiöser Orden, der auf der ursprünglichen Regel eines ritterlichen Mönchsordens (Raimund von Le Puys) aufgebaut ist. In jedem Orden gibt es einen offiziellen Ordensgeistlichen sowie eine zentrale Ordenskirche. Und bei allen ist die Betreuung der Kranken oder Verwundeten wie die Hilfe für die Bedürftigen nicht nur humanitäre Pflicht, sondern ein Akt der christlichen Nächstenliebe, wobei besonderer Wert auf das Wort »Liebe« gelegt wird. Es drückt ein besonderes Verhältnis zum Empfänger der Hilfe aus, das im ursprünglichen Orden durch die Anrede »meine Herren Kranken« zum Ausdruck gekommen war.

Trotzdem bestehen die wesentlichsten Unterschiede zwischen den drei Orden, die ohne den religiösen Faktor zu einem Orden hätten vereint werden können, auf eben diesem Gebiet der Religion. Der Malteserorden verlangt von seinen Mitgliedern die Zugehörigkeit zur katholischen Kirche, der Johanniterorden jene zur protestantischen, und nur der Order of St. John steht jedem Bekenner des christlichen Glaubens offen. Da aber in England die Church of England die offizielle Staatskirche darstellt, und die anglikanische Form des Christentums die Religion des Souveräns und des Großpriors des Ordens ist, nimmt diese Form des Christentums eine bevorzugte Stellung ein: Die Ordensgeistlichen müssen von der Church of England ordiniert sein, und der Gottesdienst in der Ordenskirche entspricht dem anglikanischen Ritus.

Im Malteserorden kommt der religiöse Charakter am stärksten zum Ausdruck. Obgleich dieser Orden die Bezeichnung »souverän« trägt, bezieht sich seine Souveränität nur auf die materielle und politische Seite seiner Aktivität, während im geistig-geistlichen Rahmen der Papst die oberste Autorität ist, und auch jede Wahl eines Großmeisters durch ihn bestätigt werden muß. Ein weiterer Ausdruck der religiösen Gebundenheit des Ordens ist die Beibehaltung des Mönchsgelübdes und der mönchischen Lebensform im Konvent, zumindest für die Spitze des Ordens, und den Rang der Profeßritter, die diesen Schwur als oberste Ritterklasse des Ordens ablegen. Seine Mitglieder sind berechtigt, den Titel »Fra« zu führen. Die Obedienzritter, die nur ein feierliches Versprechen geben und ein Laienleben führen, vertreten die zweite Gruppe. Beide sind angehalten, zusätzlich zu ihrer Tätigkeit im Orden auch eine »Gebetsgemeinschaft« zu bilden.

Der Order of St. John nimmt zwar Mitglieder anderer christlicher Konfessionen auf, aber, wie oben gesagt, genießt die anglikanische Kirche doch gewisse Vorrechte. Es werden auch Anhänger anderer Konfessionen, vor allem in den ehemaligen britischen Kolonien, aufgenommen, jedoch nur als »assoziierte Mitglieder«.

Der Johanniterorden ist rein evangelisch und betont in all seinen Veröffentlichungen als Voraussetzung für die Aufnahme in den Orden die tiefe Religiosität des Kandidaten. Die Grundhaltung des Ordens zu internen Fragen der evangelischen Kirche ist extrem konservativ, vor allem gegenüber Reformtendenzen in breiten Kreisen der evangelischen Kirche, die vom Orden total abgelehnt werden. Diese Haltung zeigt sich auch der Bedeutung der Ehe gegenüber, in der der Orden eine strenge Linie verfolgt: Eine Ehescheidung z. B. zieht den Ausschluß aus dem Orden nach sich. Die Ordensgeistlichen besitzen überhaupt großen Einfluß auf das Denken der Ordensbrüder.

So ergibt sich zwar in der religiösen Auffassung der drei Orden dieselbe Spaltung, die in der gesamten westlichen christlichen Kirche vorherrscht und vor allem in der Ausdrucksweise, in der die christliche Gesinnung eines jeden formuliert ist, zum Ausdruck kommt. Aber in der geistigen Auffassung der Ordensmitglieder zeigt sich in allen Orden die gleiche Tendenz zum Konservatismus.

Adel □ Die Frage der Adligkeit der Ordensritter wird heute von jedem Orden in verschiedener Form beantwortet; für alle liegt die Grundlage der Adelsforderung in der Entwicklung des Ordens vom Heiligen Johannes in der zweiten Hälfte des 12. Jahrhunderts. Ab dieser Zeit galt seine Sorge nicht mehr allein den Kranken und Armen, er wurde nun auch zu einem kämpfenden Ritterorden. Nach dem damals in Europa herrschenden Feudalprinzip waren die Begriffe »Ritter« und »Adliger« identisch, und daher die Zugehörigkeit der Ordensmitglieder zum Adel einfach selbstverständlich. (Eine laxere oder strengere Adelsprüfung bezog sich nur auf die Anzahl der adligen Vorfahren, die jeder Anwärter nachweisen mußte.)

Erst im 20. Jahrhundert, d.h. nach dem Zweiten Weltkrieg, wurde die Aufnahmebeschränkung für alle Nichtadligen in allen drei Orden aufgehoben, aber nach Richtlinien, die für jeden Orden anders waren. Es war den Gremien der Orden sicherlich nicht leicht gefallen, einen Grundsatz, der das Ordensleben über einen Zeitraum von 800 Jahren beherrscht hatte und zu einem integralen Teil ihres Auslesesystems geworden war, aufzugeben. Aber das Prinzip der exklusiven Adelsgesellschaft war unhaltbar geworden, und als Grundbedingung für die Aufnahme in den Orden wurde nun nicht mehr der Namensadel, sondern das persönliche adlige – oder ritterliche und religiös bestimmte – Verhalten des Anwärters gefordert.

In der Bundesrepublik Deutschland erfolgte diese grundlegende Veränderung durch einen Ordensbeschluß im Jahre 1948 und erhielt doppelte Wichtigkeit, als alle Adelstitel in der Bundesrepublik abgeschafft wurden und zum Bestandteil des Familiennamens wurden. Seitdem unterwirft der Orden Aufnahmeanwärter adligen Namens derselben strengen Charakter- und Aktivitätsprobe wie die nichtadligen.

Für den Malteserorden liegt die Situation anders. In einigen Ländern, in denen der Orden Genossenschaften hat, vor allem in den katholischen Monarchien (Spanien, Belgien), ist der Adel nicht nur Name, sondern gleichfalls Bezeichnung einer sozialen oder auch politischen Stellung. In anderen katholischen Ländern bedeutet der Adelstitel noch immer einen bevorzugten Rang in der sozialen Hierarchie. Eine besondere Rolle spielte er bei den Flüchtlingen aus kommunistischen Ländern, für sie wahrscheinlich das einzige Gut, das sie aus ihrer Heimat mitnehmen konnten.

Unter Berücksichtigung der Hochschätzung, die der Adelstitel unter seinen Trägern, vielleicht auch in anderen Teilen der Bevölkerung, genießt, hat der Malteserorden seine höchsten Funktionen für diese Personengruppe reserviert (und die Führungsspitze sogar nur für adlige Mitglieder, die das Mönchsgelübde abgelegt haben); allein die mittleren und unteren Mitgliedsklassen stehen Nichtadligen (und Frauen) offen.

Der Order of St. John fand andere Gegebenheiten vor, denn der Adel in England war seit dem späten Mittelalter nur eine soziale oder wirtschaftliche Klasse, und der Begriff »adliges Blut« existierte für ihn nicht. Das lag an dem in England herrschenden Erbschaftsrecht, wonach nur der älteste Sohn Landbesitz und Titel erbte. Die weiteren Söhne wurden »commoners« und mußten sich andere Einnahmequellen suchen. Dies war mit ein Grund, daß in England Schiffahrt, Handwerk und Handel nicht als minderwertig galten, und in der Folge Kapitalismus und Industrie sich Jahrhunderte vor Mitteleuropa entwickelten. Winston Churchill, der direkte Nachkomme des Duke of Marlborough (auf dessen Schloß in Blenheim er geboren wurde), erhielt z. B. den schlichten Adelstitel »Sir« nur aufgrund seiner politischen Karriere. Selbst Mitglieder des Königshauses erbten nicht automatisch einen Titel, sondern mußten ihn vom König erhalten (Beispiel: Prince of Wales, Duke of Windsor, Duke of Gloucester).

Es gab allerdings eine Möglichkeit, die Abstammung von einem bedeutenden Adelshaus anzugeben und zwar mit einem besonderen Zeichen im persönlichen Wappenschild (Coat of Arms), auf das jeder »commoner« bei der Verleihung eines Adelstitels ein Anrecht hatte.

So waren die Grenzen des Adels fließend gehalten: Ein Titel konnte verlorengehen, andererseits konnte jeder Bürgerliche für besondere Verdienste vom König (oder der Königin) geadelt werden, was ab einem gewissen Rang zum Ritterschlag durch den Monarchen berechtigte. Auch konnte der Order of St. John der Königin ein Mitglied zur Beförderung zum Ritter und Ritterschlag vorschlagen.

Unter solchen Umständen kannte dieser Orden keine strenge Grenzlinie zwischen Adligen und Nichtadligen, machte aber die Ernennung zu einem der höchsten Grade des Ordens von gewissen heraldischen Zeichen abhängig, aus denen die adlige Abkunft des Ritters hervorging. Da es im englischen Brauch viele bürgerliche Titel und Ehrenzeichen gibt, die als Buchstabenfolge hinter dem Namen erscheinen, besteht jede Möglichkeit, eine Person durch ihre Ehrentitel hervorzuheben – ohne die Notwendigkeit, sie zu einem Adelsrang, der vor dem Namen erscheint, zu erheben. Einen solchen Akt kann nur der König vornehmen. Auf die oben genannte Art und Weise haben es die heutigen Orden verstanden, die Aufnahme auch Nichtadliger mit der Tradition des Adels zu verbinden.

Organisation □ Die Formen der Organisation der drei Orden sind sich ähnlich und bemühen sich, wo es nur möglich ist, die Namen und Inhalte des historischen Ordens zu bewahren. Dies trifft vor allem auf die oberste Spitze eines jeden Ordens zu, wo die Amtsbezeichnungen beibehalten werden, auch wenn sich die Aufgaben geändert haben. Bei allen drei Orden sind die höheren Ämter durchweg Ehrenämter, und der Besitzer eines solchen muß sein Einkommen aus anderer Tätigkeit beziehen.

In der geographischen Gliederung der Orden werden historische Namen soweit wie möglich beibehalten, auch wenn sich die heutigen Grenzen nicht mit den historischen, die auch zur Zeit des Bestehens des Ordens auf Malta nicht klar definiert waren, decken. So erkennt der Malteserorden als Großpriorate diejenigen an, die die Fortsetzung historischer Großpriorate darstellen und bereits in der ersten Hälfte des 19. Jahrhunderts wiederbelebt wurden: Rom, Lombardei und Venedig, Neapel und Sizilien, Österreich, Böhmen (heute durch Österreich vertreten); Subpriorate in England, Irland und das Subpriorat der Heiligen Hedwig, das geographisch etwa dem heutigen Schlesien entspricht, dessen Leitung sich aber in der Bundesrepublik befindet.

Der Order of St. John stellt als ganzes nur ein Großpriorat dar, hat aber Unterabteilungen in Form von Prioraten in Ländern, die dem Commonwealth angehören, und in denen eine englische Kultur vorherrscht. Dieses sind Schottland, Wales, Südafrika, Kanada, Neuseeland, Australien. Die Priorate sind in der inneren Verwaltung autonom, unterstehen aber in Prinzipienfragen dem Großprior.

Der Johanniterorden ist Erbe einer noch niedrigeren Organisationsstufe, nämlich der Ballei Brandenburg, die dem Großpriorat Deutschland untergeordnet war, aber ein großes Maß an Autonomie besaß – vor allem durch das Recht, sich zur evangelischen Konfession zu bekennen (s.S. 176). Heute hat der Orden faktisch die Rechte und Struktur eines Großpriorats, aber ohne die entsprechenden Titel.

In Regionen, die nicht eine historische Verwaltungseinheit darstellen, wurde im allgemeinen die »Genossenschaft« als Bezeichnung der Einheit gewählt. Diese Bezeichnung impliziert auch die Tatsache, daß es sich um eine Einrichtung handelt, die dem jeweils gültigen Staatsrecht über Vereinigungen entspricht. Im Johanniterorden wird neben der Bezeichnung »Genossenschaft«, die die Herkunft bezeichnet, auch die dem historischen Orden entsprechende Bezeichnung »Subkommende« für ihren Wohnsitz benutzt. Der internationale Malteserorden spricht von »Nationalen Genossenschaften« (Assoziationen) für seine Unterabteilungen in den verschiedenen Ländern, deren Zahl heute 37 beträgt. Zur Erleichterung der Verwaltung gibt es in manchen Genossenschaften eine Unterabteilung, deren Grenzen jenen der Diözese entsprechen, in der sie gelegen ist. Eine solche regionale Einheit wird »Delegation« genannt.

Der Johanniterorden hat in der Bundesrepublik 16 Genossenschaften, dazu kommen die Genossenschaften von Finnland, Frankreich, Schweiz und Ungarn (im Exil).

Der Order of St. John hat keine Genossenschaften, sondern nur die oben genannten Priorate. Aber einige Gruppen in anderen Ländern des Commonwealth sind den Prioraten als »Kommenden« angeschlossen. Im allgemeinen ist der Order of St. John außerhalb des Commonwealth nur durch seine Einrichtung der Ersten Hilfe vertreten. In England selbst existiert in einigen »counties«, in denen der Orden eine größere Anzahl von Mitgliedern besitzt, ein »Council«, das regionale Fragen regelt. Der Koordinator für die Arbeit des Councils mit der Ordensregierung ist der »Bailiff of Egle«, ein historischer Posten, etwa dem eines Innenministers gleich, und einer der wichtigsten im Hauptquartier des Ordens.

Die Mitgliedschaft in den verschiedenen Orden verlangte nach der Auflösung des historischen Ordens eine völlige Neuorganisierung. Das in Malta vorherrschende System der Aufnahme und Beförderung aufgrund des Dienstes in Malta und in »Karawanen« war nicht mehr anwendbar, und jeder der neugegründeten Orden mußte neue Wege der Klassifizierung seiner Mitglieder suchen. Aber auch dabei zeigt sich eine starke Ähnlichkeit der Lösung des Problems in der Schaffung des Ranges »Ehrenritter« (sowohl adlige wie nichtadlige). Nur der Malteserorden unterscheidet sich in manchen Punkten von den übrigen Orden, da er als katholischer Orden die Sonderklasse von Rittern schuf, die das Mönchsgelübde ablegt und in einer klosterähnlichen Gemeinschaft lebt. Allein diese Klasse darf die höchsten Ämter in der Verwaltung des Ordens einnehmen.

Die Klassifizierung der Mitgliedschaft in den drei Orden ist aus der Tabelle der Seite 193 ersichtlich, wobei die in ihr erscheinende Parallelität nicht als absolut angesehen werden sollte.

Die Ordenswerke □ Es wurde schon weiter oben darauf hingewiesen, daß alle drei Orden ihre Hauptaufgabe nicht in ihrer Organisation sahen. Es existieren zahlreiche Vereinigungen, die in ihrer Organisation eine ähnliche Hierarchie aufweisen wie die Orden vom Heiligen Johannes. Aber die wesentlichste Existenzberechtigung der letzteren bestand seit dem Mittelalter und besteht auch unter der neuen Form in der Hilfe für die Kranken und Verwundeten, zu der sich in neuer Zeit auch die Sozialhilfe allgemeiner Art gesellt hat.

Infolge der gemeinsamen Herkunft der drei Orden besteht auch große Ähnlichkeit in der Art des Dienstes am Mitmenschen. Die wichtigste Form der Hilfe, die der »Hospitaliter«-Orden gewählt hatte, war – wie sein Beiname ausdrückt – der Bau und die Unterhaltung von Krankenhäusern; und dieser Grundsatz war es, der zu Beginn des 14. Jahrhunderts den Johanniterorden vor dem Schicksal des Templerordens bewahrte. So war auch die erste Tätigkeit der Orden – auf der Suche nach einer zeitgemäßen neuen Aufgabe – die Organisierung der Verwundetenhilfe in den Kriegen der europäischen Mächte in den zehn Jahren von 1862 bis 1871, parallel dazu lief die Gründung oder Übernahme von existierenden Krankenhäusern, verbunden mit der Ausbildung von Krankenschwestern.

Die meisten Krankenhäuser wurden in Deutschland errichtet, sowohl vom Johanniter- wie von den zwei Genossenschaften des Malteserordens. Allerdings verloren beide Orden den größten Teil ihrer Güter und Krankenhäuser durch die neue Grenzziehung Europas nach dem Zweiten Weltkrieg und mußten praktisch nach der Neuordnung Europas und Deutschlands von vorn beginnen. Heute besitzt der Malteserorden in der Bundesrepublik vier Krankenhäuser, zwei Altenheime, sowie ein Kinderheim und ein Kinder-Erholungsheim für 800 Kinder. Der Johanniterorden betreut elf Krankenhäuser, siebzehn Altenheime, drei Tageskliniken, ein Studentenheim und acht Ausbildungsstätten für Krankenpflegerinnen.

Der Malteserorden begann nach der Aufforderung durch das Zweite Vatikankonzil (1962) sein Hauptaugenmerk auf die Entwicklung des Gesundheitsdienstes für die Dritte Welt zu richten, und die beste Frucht dieser Bemühungen ist das weltumspannende Werk zur Bekämpfung der Lepra. In den letzten 20

Jahren entstanden neben den Zentren der Leprabekämpfung fünf Krankenhäuser und 18 Tageskliniken in den Ländern der Dritten Welt. Gleichzeitig ging die Entwicklung der Institutionen in Europa weiter: neben zwei neuen Krankenhäusern wurden zehn Tageskliniken eingerichtet. Daneben wäre noch eine Anzahl anderer Institutionen zur Pflege von Kranken und Kindern, vor allem Säuglingen, zu nennen.
Der Order of St. John hatte an dieser Entwicklung keinen Anteil: Nach der Gründung des Augenhospitals in Jerusalem im Jahre 1882 (für dessen Erweiterung und Betrieb noch heute gesorgt wird, s. nächstes Kapitel) baute der Orden keine neue Institution, die direkt mit der Krankenpflege zu tun hat.
Hingegen wurde der Order of St. John zum Pionier in einem Teilbereich der Krankenhilfe, der später die wichtigste Aktivität aller drei Orden wurde: die Unfallhilfe. Zur Zeit des Ordens auf Malta gab es – neben dem Masseneinsatz im Krieg – nur eine Form der Hilfe außerhalb der Krankenhäuser. Es war dies die Hilfe bei Naturkatastrophen wie Erdbeben oder Überflutungen. – Aber zur Zeit der Neugründung des Order of St. John war die Industrielle Revolution in England bereits weit fortgeschritten, während sie in Deutschland und Mitteleuropa gerade die Anfangsphasen durchlief. Die Konzentration von Arbeitern in Zechen und Werken der Textil- und Eisenindustrie führte zu zahlreichen Betriebsunfällen, und es wurde notwendig, zumindest für die Möglichkeit der Erste-Hilfe-Leistung im Werk selbst zu sorgen.
Der Order of St. John, der gerade begonnen hatte, sich zu organisieren, erkannte dieses Problem als das brennendste in der industriellen Entwicklung und gründete im Jahre 1877 die St. John Ambulance Association. Sie setzte es sich zur Aufgabe, Kurse in Erster Hilfe für Industriebetriebe einzurichten. Zehn Jahre später ergab sich die Möglichkeit (durch Entwicklung des Eisenbahnwesens), Helfer von außen schnell zu den Fabriken zu bringen. So schuf der Orden eine zweite Organisation, die St. John Ambulance Brigade, in der ausgebildete freiwillige Helfer zunächst als Reserve für die Armee und später bei Betriebsunfällen eingesetzt werden konnten. Diese Hilfstruppe, die eine eigene Uniform trug, übertraf zahlenmäßig bald die Mitgliedschaft des Ordens, der sie gegründet hatte. Sie wirkte als zwei eingetragene autonome Vereine (die im Jahre 1967 zu einer Stiftung vereinigt wurden), deren Verwaltung und Finanzierung in den Händen des Ordens lag. Im Gegensatz zum Orden selbst wurden sie auch in den Kolonien des British Empire tätig und wirken noch heute als Berater für die zahlreichen St. John Ambulance-Organisationen in der ganzen Welt.
Die beiden anderen Orden folgten erst viel später mit der Organisation eines Unfall-Hilfsdienstes. Der Johanniterorden schuf im Jahre 1952 die Johanniter-Unfallhilfe (JUH), und der Malteserorden den Malteser-Hilfsdienst (MHD) in Deutschland im Jahre 1953, also 75 Jahre nach der St. John Ambulance Association. Diese 75 Jahre hatten das Weltbild total verändert und eine Technologie entwickelt, die völlig andere Forderungen an einen Unfall-Hilfsdienst richtete. Die wichtigste Veränderung war das massenweise Auftreten der Kraftfahrzeuge als Ursache der meisten Unfälle, andererseits als Mittel schneller Hilfeleistung. Der Begriff des Wortes Ambulanz ging sinngemäß von der »ambulanten Behandlung« auf das Kraftfahrzeug zur Beförderung Kranker oder Verwundeter über. Dieses Fahrzeug, gekennzeichnet mit dem Achtspitzenkreuz, ist zum Sinnbild für alle drei Orden geworden.
Die Unfallhilfe ist heute ein weitverzweigtes Projekt, welches Tausende von Helfern umfaßt. Zunächst gibt es die Pflichtkurse in Erster Hilfe für alle Bewerber um einen Führerschein, wobei die Orden von der direkten Ausbildung zu einer Ausbildung der Instruktoren übergegangen sind. Dazu kommt die Ausbildung von Helfern und Helferinnen mit größerer Kenntnis der Medizin und Erste-Hilfe-Leistung, und schließlich die Organisierung von Zehntausenden von freiwilligen Helfern. Diese Organisation

übernimmt nicht nur die Hilfe bei Unfällen, sondern hilft auch bei Massenansammlungen (Sportveranstaltungen, Demonstrationen, Musik-Festivals und ähnlichem) Unfälle zu verhüten. Der Malteserorden ist auf diesem Gebiet besonders bei Veranstaltungen speziell katholischen Charakters tätig. Er unterhält z. B. eine Erste-Hilfe-Station auf dem Petersplatz in Rom, auf dem sich bei jeder feierlichen Gelegenheit Zehntausende oder sogar Hunderttausende versammeln, um den Papst zu sehen und seinen Segen zu empfangen.

Eine besondere Betreuung dieser Art ist jene von Pilgern zu Wallfahrtsorten, an denen sich zu bestimmten Terminen viele Menschen versammeln. Dies erfordert nicht nur den Einsatz von freiwilligen Helfern (die ihre Arbeit in Uniform leisten) am Wallfahrtsort selbst, sondern auch die Reisebegleitung behinderter Personen durch einen Helfer während der ganzen Dauer ihrer Pilgerschaft, vor allem solcher, die auf den Rollstuhl angewiesen sind.

Die größte Aktion dieser Art ist die jährlich stattfindende Wallfahrt nach Lourdes, die Hunderte oder sogar Tausende von freiwilligen Helfern erfordert und als das zentrale, jährliche Ereignis aller europäischen Assoziationen des Malteserordens gilt. Aber auch andere Wallfahrtsorte, vor allem Rom und Santiago di Compostella werden in ähnlicher Weise bedacht.

Die modernste Art der medizinischen Hilfeleistung ist der Luftrettungsdienst, in dem durch freiwillige, flugkundige Helfer seltene Medikamente oder Organe für Transplantationen selbst über weite Entfernungen auf dem schnellsten Weg befördert, oder Kranke und Verwundete in fernen Ländern in ein mit den für sie notwendigen Mitteln versehenes Krankenhaus gebracht werden.

Diese Beispiele sind nur ein Teil der Aktionen der Unfallhilfe, die von jedem der drei Orden ausgeübt wird. In der Folge des Zweiten Weltkrieges dehnte jeder Orden seine Tätigkeit auch auf das soziale Gebiet aus: durch Flüchtlingshilfe, Paketsendungen, Kinderspeisung und ähnliches. Dies führte dazu, daß auch in den Ländern, in denen die Orden zu Hause sind, die Sozialbetreuung (zusätzlich zur staatlichen Sozialfürsorge) zu einem Werk freiwilliger Helfer geworden ist; vor allem die geriatrische Betreuung außerhalb der Altenheime, wie z. B. die Erledigung von Gängen und Besorgungen für Bettlägerige, die Versorgung mit warmen Mahlzeiten (»Essen auf Rädern«) und zahlreiche andere Aufgaben, deren Aufzählung hier zu weit führen würde. Ihre Vereinigung ist die Johanniter-Hilfsgemeinschaft (JHG).

Zum Schluß sei noch erwähnt, daß alle Orden es für nötig hielten, zusätzlich zu den freiwilligen Helfern eine Peripherie zu schaffen, die dem Geist des Ordens nahesteht und aus der der Nachwuchs für den Orden herangebildet wird. Der Order of St. John wandte sich zu diesem Zweck direkt an die Jugend, indem er eine Organisation – die St. John Cadet, die nach dem Beispiel einer Pfadfinderbewegung (scouts) Jugendliche zum Geist des Ordens erzieht – aufbaute und durch »Zugmittel« wie Uniform, Verdienstabzeichen, Veranstaltungen, Wanderungen usw. attraktiv machte. Diese Jugendorganisation umfaßt 45 000 Mitglieder.

Der Johanniterorden hat für seine jüngeren Mitglieder und Anwärter die »Johanniter-Arbeitsgemeinschaft für Gegenwartsfragen« ins Leben gerufen, die durch Vorträge und Diskussionen die religiöse und soziale Grundhaltung des Ordens zu fundieren oder zu verstärken sucht.

Der Malteserorden führt eine Art Missionswerk auf verschiedenen Stufen durch, indem er die Ordensregel, »den Armen zu helfen«, so auslegt, daß das Wort »Armut« sich nicht nur auf Materielles bezieht, sondern auch auf das Geistige, wobei eine Nichtkenntnis der katholisch-christlichen Auffassung als »Armut« mitgerechnet wird.

Durch ihre Hilfswerke gelang es den Orden, den Widerspruch zwischen dem Streben eines jeden Ordens nach Elitismus und sorgfältiger Auslese der

Kandidaten einerseits und der Größe der zu bewältigenden Aufgaben andererseits zu überbrücken. So haben sich die heutigen Orden einen weltweiten Wirkungskreis geschaffen, der neben etwa 20000 Ordensmitgliedern einen Rückhalt an freiwilligen Helfern umfaßt, deren Zahl fast in die Hunderttausende geht. Dieser gewaltige Apparat der Nächstenhilfe ist fast vollständig auf Freiwilligkeit aufgebaut; nur für die notwendigsten Verwaltungskosten, die eine ganztägige – und daher besoldete – Kraft verlangen, werden etwa 5000 Personen benötigt.

Neben den Ordensorganisationen (außerhalb der Hilfsaktionen), die hauptsächlich von Männern geleitet sind, gibt es an der Seite einer jeden noch zahlreichen Frauenverbände, vor allem von Schwestern oder Helferinnen: zur Schwesternausbildung und Ausbildung von Erste-Hilfe-Personal und in der Wohlfahrtspflege, deren Mitgliederzahl schwer zu ermessen ist, aber sicherlich auch in die Zehntausende geht.

Diese große Zahl von Personen, meist jüngere Menschen, die freiwillig die schwere Belastung der Hilfe für Kranke und Arme auf sich nehmen (ohne die Aussicht, als Ordensmitglieder aufgenommen zu werden), ist nach Äußerungen der Ordensspitzen ein klarer Beweis dafür, daß der aus religiöser Überzeugung geborene Wille zur Hilfe am Nächsten noch nicht geschwunden ist, sich vielleicht sogar im Ansteigen befindet. Man könnte hinzufügen, daß das Tragen der Ordensuniform oder der Ordensnadel von vielen Freiwilligen als Ehre angesehen wird, die ihrem Träger soziales Prestige, das allerdings nur durch Hingabe an die Hilfsarbeit erreicht werden kann, verleiht.

So ist abschließend zu sagen, daß die Nachfolgeorden es verstanden haben, neue Orden aufzubauen, die der Wende des Zeitgeschehens und der neuen Technologie angepaßt sind, ohne die religiöse und geistige Tradition des Ordens vom Heiligen Johannes aufzugeben.

Malteserorden			Johanniterorden	Order of St. John
Der Malteserorden hat eine größere Anzahl von Klassen als die anderen Orden, da er durch die Existenz des Mönchsgelübdes und andere Anpassungen an die katholische Kirche mehr Unterschiede zu berücksichtigen hat.				(Englische Titel, da es im Deutschen keine entsprechende Parallelen gibt.)
Erste Klasse	1. Ablegung der drei Gelübde: Armut, Keuschheit, Gehorsam (=Mönchsgelübde) 2. Adelsnachweis 3. Leben in der Gemeinschaft 4. Berechtigung zu den höchsten Ämtern im Orden und dem Titel »Fra«		Rechtsritter	Bailiffs and Dames Grand Cross (Adelsnachweis)
a. Justizritter: Vorbereitungszeit:	»Feierliches Gelübde« 3 bzw. 9 Jahre Profeßritter	Rangstufe Bailli Großkreuz-Ritter Komtur Ritter	Justizritter 6 Rangstufen	Knights and Dames of Justice (Adelsnachweis oder heraldische Vorbedingungen) Prelate of the Order
b. Profeßritter: c. Conventualkapläne	»Einfaches Gelübde«			
Zweite Klasse	1. Ablegung eines feierlichen Versprechens 2. Adelsnachweis 3. Berechtigung zu hohen Ämtern			
a. Obedienzritter b. Justizdonaten	(Beschränkung der Zahl auf 500) (ohne Ritterstand)			
Dritte Klasse	legt kein Gelübde oder Versprechen ab a. Ehren- und Devotionsritter (auch Damen) b. Conventualkapläne (ad honorem) c. Gratial- und Devotionsritter (nichtadlig) d. Magistralkapläne e. Magistrale Gratialritter und Damen f. Devotionsdonaten		Ehrenritter Anwärter	Knights and Dames of Grace (keine Adelsvorschrift) Commanders (Brothers and Sisters) Chaplains (= sub-prelates) Officers (Brothers and sisters) Serving brothers and sisters Esquires

Klassen der Mitgliedschaft und Rangordnung der drei Nachfolgeorden

Schlußwort

Rückkehr nach Jerusalem

Seit dem 17. Jahrhundert hatte sich der Johanniter-/Malteserorden mit dem Gedanken abgefunden, daß der Traum von einem neuen Kreuzzug und der Wiedereroberung des Heiligen Landes wohl nicht mehr zu verwirklichen war; er sah aber noch immer seine Aufgabe im Kampf gegen die Türkei als Hauptvertreterin des Islam. Noch zu Beginn des 19. Jahrhunderts dachten einige Ordensritter an eine Beteiligung am Freiheitskampf Griechenlands gegen die Türkei.

Die um die Mitte des 19. Jahrhunderts neugegründeten, heute bestehenden Orden sahen sich jedoch nur noch als karitative, religiöse Ritterorden, die jeden Gedanken an das Element des Kampfes aufgegeben hatten. Das mußte folglich auch Einfluß auf ihre Stellung der Türkei gegenüber haben und zur Anerkennung der Tatsache führen, daß eine erneute Festsetzung in Jerusalem zum Zweck der Kranken- und Armenpflege nur mit der Genehmigung des Sultans möglich sei.

Die Bedingungen dafür waren um die Mitte des 19. Jahrhunderts günstig. Bis dahin bestand im ganzen Osmanischen Reich das Verbot – das schon von den Mamelucken verhängt worden war – jeder Tätigkeit der westlichen Kirchen, d. h. vor allem der Bau oder die Restaurierung von Kirchen, Klöstern, Schulen und anderen Institutionen. Nur die östlichen Kirchen, deren Mitglieder zum Osmanischen Reich gehörten, durften in beschränktem Maße aktiv sein.

All dies änderte sich mit dem Einmarsch Ägyptens (zur Zeit der Herrschaft Mohammed Alis, unter dem Kommando von dessen Sohn Ibrahim) in Palästina und Syrien (1832), dem im nächsten Jahr die fast vollständige Eroberung Anatoliens durch Ägypten folgte. Dies führte zur Intervention der europäischen Mächte zugunsten der Türkei, welche Ägypten zum vollständigen Rückzug aus der Türkei zwang (1840). Als Dank erhielten die europäischen Mächte von der Türkei die Zustimmung zu Reformen; vor allem wurde die Aufhebung des Verbots christlicher Aktivitäten und die Unterstellung europäischer Staatsbürger unter die Gerichtsbarkeit ihrer eigenen Konsuln erreicht. Die europäischen Staaten nutzten sofort diese Reformen, um ihren verschiedenen Religionsgemeinschaften (Anglikanern, Protestanten, Katholiken und Russisch-Orthodoxen) die Wiederaufnahme der Aktivität in der gesamten Türkei diplomatisch und finanziell zu ermöglichen. Bereits im Jahre 1842 begann ein intensiver Neubau von Kirchen und angeschlossenen Institutionen, vor allem in Jerusalem. Die kirchliche Entwicklung erhielt weiteren Auftrieb, als nach dem Krimkrieg England und Frankreich vermehrten Einfluß in der Türkei verlangten – als Dank für ihre Intervention auf türkischer Seite – und Preußen und Österreich als Dank für ihre Neutralität. Dies war genau der Zeitpunkt der Wiederbelebung der Orden, die damit eine günstige Gelegenheit fanden, erneut in Jerusalem tätig zu werden.

Der preußische Johanniterorden war der erste, sich zu konstituieren, und errichtete ein kleines Pilgerhospiz in der Nähe der Grabeskirche. Die anderen Orden, die viel später gegründet wurden, folgten zwei bis drei Jahrzehnte später, allerdings mit größeren Projekten.

Tantur □ Der Malteserorden trat im Jahre 1869 auf den Plan – ein Jahr, das in der kirchlichen Entwicklung Jerusalems eine große Rolle spielt. In diesem Jahr wurde der Suezkanal eingeweiht, und bei den grandiosen Feierlichkeiten, die der ägyptische Vizekönig Ismail bei dieser Gelegenheit veranstaltete, waren fast alle europäischen Herrscherhäuser vertreten: Kaiserin Eugénie von Frankreich, Kaiser Franz Joseph von Österreich, der russische Kronprinz, der preußische Kronprinz Friedrich Wilhelm (später Kaiser Friedrich III.) und andere hochgestellte Persönlichkeiten. Viele von ihnen verbanden diese Reise mit einem Besuch in Jerusalem, und zu diesem Zweck wurde die erste Straße in Palästina gebaut. Sie verband Jerusalem mit dem Hafen von Jaffa. Jeder der hochgestellten Besucher erhielt vom Sultan als Geschenk die Genehmigung, eine große Kirche oder ein Hospiz zu bauen, und das Grundstück dafür wurde ihm im allgemeinen vom Sultan zum Geschenk gemacht.

Der preußische Kronprinz erhielt einen Teil des »Muristan» (das Gelände des historischen Hospitalordens in Jerusalem), auf dem später sein Sohn, Kaiser Wilhelm II., die »Erlöserkirche« erbaute. Der russische Kronprinz erhielt ein anschließendes Gelände, auf dem die Alexanderkirche zusammen mit einem Hospiz errichtet wurde, deren Bau im Jahre 1890 vollendet wurde. Der österreichische Kaiser bekam ein Grundstück an der Via Dolorosa, auf dem er ebenfalls ein Hospiz errichtete.

Der Besuch Kaiser Franz Josephs wurde vom Generalkonsul Österreichs in Jerusalem dazu benutzt, den Kaiser an einem Projekt für ein Krankenhaus zu interessieren. Der Konsul, Graf Bernhard Caboga-Cerva, ein Malteserritter, hatte gerade ein Grundstück erworben, das in Tantur, einem weit sichtbaren Hügel, auf halbem Weg zwischen Jerusalem und Bethlehem, liegt. Das Grundstück war von König Balduin dem Johanniterorden übergeben worden und verblieb in dessen Besitz bis zur Eroberung Jerusalems durch Saladin (1187). Caboga wollte auf diesem Grundstück ein großes Krankenhaus errichten, und es gelang ihm, die Unterstützung des Kaisers für sein Projekt zu gewinnen. Sie ermöglichte die Finanzierung des Projekts, durchgeführt durch das Großpriorat Österreich des Malteserordens, auf dessen Namen auch das Grundstück gebucht war. Das dreistöckige Krankenhaus wurde im italienischen Renaissancestil erbaut, der Turm über dem Eingang jedoch im gotischen Stil, geschmückt mit dem achtspitzigen Kreuz. (Caboga ist nahe dem Eingang in einem kleinen Häuschen begraben.) Das Krankenhaus war bis zum Ersten Weltkrieg in Betrieb.

St. John Eye Hospital □ Der Order of St. John errichtete – noch vor seiner offiziellen Anerkennung durch Königin Victoria im Jahre 1888 – ein Krankenhaus außerhalb der Mauern von Jerusalem. Dieses Krankenhaus blieb das einzige des Ordens, da er sich nach seiner Anerkennung auf die Organisation der Ersten Hilfe beschränkte. – Gegen Ende des 19. Jahrhunderts waren Augenkrankheiten eines der schlimmsten Übel im ganzen Nahen Osten; Blindheit, vor allem von Kindern, war weit verbreitet, und so sah der Orden in der Bekämpfung dieses Zustandes eine wichtige Aufgabe. Er bestimmte das Krankenhaus für alle Völker des Nahen Ostens, unabhängig von ihrer Religion. Das Augenkrankenhaus konnte in der Tat unermeßliche Wohltat für Zehntausende von Menschen bringen – es existiert (als Neubau) noch heute und genießt auch als Forschungsinstitut einen ausgezeichneten Ruf im ganzen Nahen Osten.

Erlöserkirche □ Die hervorstechendsten Bauten der Zeit der Jahrhundertwende, die eine Beziehung zu den Nachfolgeorden haben, sind mit dem Namen Kaiser Wilhelms II. verbunden, dessen glanzvoller Besuch in Jerusalem 1898 einen Markstein in der Geschichte der deutsch-türkischen Beziehungen darstellte. Dieser Besuch verband politische Bestrebungen (die zum deutsch-türkischen Bündnis während des Ersten Weltkrieges führten) mit dem Romantizismus und der Religiosität im Charakter des Kaisers. Der offizielle Anlaß der Visite des Kaiserpaares war die Einweihung der Erlöserkirche – nahe der Grabeskirche auf dem Grundstück des »Muristan« gelegen, das Wilhelms Vater 1869 als Kronprinz von Preußen vom Sultan Abdul Aziz erhalten hatte.

Der Muristan umfaßte das gesamte Gelände des Hospitals des Johanniterordens und war zur Zeit der Übergabe an den Kronprinz ein Trümmerhaufen und Schuttabladeplatz gewesen, in dem an manchen Stellen der Schutt zehn Meter tief lag. Bei den Ausschachtungen und Ausgrabungen, die dem Bau vorausgingen, wurden die Fundamente der drei Kirchen, die auf dem Platz zur Kreuzfahrerzeit existiert hatten – Santa Maria Latina major; Santa Maria Latina minor und die Konventskirche des Ordens vom Heiligen Johannes –, entdeckt und kartiert (s. Karte 5, S. 39). Das Grundstück, das zum Bau der Erlöserkirche bestimmt war, barg die Überreste der Kirche Santa Maria Latina minor, von der aber nur das nördliche Tor und der zweistöckige Kreuzgang erhalten waren. Die neue Kirche wurde nach dem Grundplan der mittelalterlichen Kirche gebaut, und das Tor und der Kreuzgang in den Bau einbezogen. Der preußische Johanniterorden hatte nicht viel mit dem Bau der Kirche gemein, außer daß sie auf dem Gelände stand, das einst dem Orden gehört hatte.

Zwischen dem Jahr der Schenkung und dem der Einweihung (ein Zeitraum von 20 Jahren) hatte sich manches geändert. Der damalige Kronprinz vertrat den Staat Preußen – mit einer im wesentlichen evangelischen Bevölkerung –, der während eines Teils der Bauperiode im »Kulturkampf« mit der katholischen Kirche lag. Nun aber war Preußen inzwischen zum Kern des Deutschen Reiches geworden, in dem die katholische Bevölkerung eine starke Minorität darstellte. Kaiser Wilhelm II. versuchte einen einseitigen Eindruck zu vermeiden, der durch die feierliche und pompöse Einweihung der evangelischen Erlöserkirche, die zur zentralen evangelischen Kirche des ganzen Nahen Ostens ausersehen war, entstehen konnte: Er verband die Einweihung der Kirche mit der Verkündigung des Baus einer katholischen Kirche auf dem Zionsberg, die als »Dormitio« die zentrale deutsche, katholische Kirche werden sollte. Zu diesem Entschluß hatten die deutschen Assoziationen des Malteserordens wesentlich beigetragen.

Im Verlaufe des Aufenthalts des Kaiserpaars wurde auch einer Gruppe von in Jerusalem lebenden Protestanten eine Audienz bei Kaiserin Auguste Viktoria gewährt, in der sie vorschlugen, auf dem Ölberg eine Kirche und ein Erholungsheim für wichtige deutsche Gäste zu bauen, das nach dem Namen der Kaiserin benannt werden sollte. Nachdem die Kaiserin den Ort besichtigt hatte, der die schönste Aussicht über Jerusalem und die judäische Wüste bietet, stimmte sie zu, den Vorsitz einer »Ölbergstiftung« zu übernehmen, die die Finanzierung für den Bau des Gebäudekomplexes durch Spendensammlung aufbringen sollte. Gleichzeitig erklärte sich der

Johanniterorden bereit, seinerseits zu den Baukosten beizutragen.

So wurde der Besuch des Kaiserpaars zur Grundlage für die Errichtung zweier weiterer Kirchen, an der der Malteser- wie der Johanniterorden großen Anteil hatten.

Dormitiokirche □ Mit dem Abklingen des Kulturkampfes in Deutschland gegen Ende der achtziger Jahre begannen die deutschen Katholiken auch wieder an ein größeres Werk in Palästina – vor allem in Jerusalem – zu denken. So enstand im Jahre 1885 der »Palästinaverein der Katholiken Deutschlands«, der verschiedene Hospize in und um Jerusalem unterstützte, und sich im Jahre 1895 mit dem schon früher gegründeten »Verein vom Heiligen Grabe« zum »Deutschen Verein vom Heiligen Lande« vereinigte. Dieser – angespornt durch den Fortschritt des Baus der evangelischen »Erlöserkirche« in Jerusalem, strebte danach, gleichfalls eine repräsentative Kirche in Jerusalem zu errichten.

Getreu dem Prinzip der katholischen Kirche, in Jerusalem nur Kirchen an Orten zu errichten, die mit den Taten Jesu in Verbindung standen (wobei dies durch eine byzantinische und spätere Kreuzfahrerkirche bezeugt sein mußte), richtete der Verein sein Augenmerk auf den – fälschlich so benannten – »Zionsberg«, der sich in der Erinnerung an die Taten Jesu und in der Verehrung mit der Grabeskirche und dem Ölberg vergleichen ließ (Coenaculum = das letzte Mahl, bei dem auch die »Ausgießung des Geistes« nach der Tradition erfolgt war; vor allem aber die Wohn- und Sterbestätte der Gottesmutter Maria, von wo ihr »Heimgang« – lateinisch »dormitio« – erfolgt war). Auf dem Zionsberg hatte man um das Jahr 390 die Kirche »Agia Sion«, die »Mutter aller Kirchen« und die größte Kirche ihrer Zeit in Jerusalem, erbaut; sie war aber im 7. Jahrhundert durch die Perser zerstört worden.

Auf diesen Platz hatte der »Deutsche Verein vom Heiligen Lande« sofort sein Augenmerk gerichtet, doch alle Versuche, vom Sultan eine Genehmigung zum Erwerb des Berges oder eines Teiles von ihm zu erhalten, schlugen fehl. Als nun die Absicht Kaiser Wilhelms II. bekannt wurde, Jerusalem einen Staatsbesuch abzustatten, wandte sich der Verein, unterstützt vom Malteserorden (Westfälische Genossenschaft), an den Kaiser mit der Bitte, während seines Besuchs vom Sultan persönlich die Genehmigung zum Erwerb des Grundstücks zu erreichen.

Der Kaiser griff diesen Gedanken willig auf, da er sich damit als Kaiser aller Deutschen, auch der Katholiken, profilieren konnte. In langen, diplomatischen Vorbereitungen wurde der Kauf prinzipiell bestätigt. Beide Partner waren am Gelingen der Verhandlungen interessiert, da ja der Zweck des Kaiserbesuchs der Abschluß eines deutsch-türkischen Bündnisses war.

Der Kaiser erhielt vom Sultan die Genehmigung, sofort nach seinem Einritt in Jerusalem einer feierlichen Versammlung auf dem Zionsberg den Kauf des Grundstückes bekanntzugeben. Noch am selben Tag teilte der Kaiser Papst Leo XIII. die Tatsache des Bodenerwerbs telegraphisch mit und übergab das Eigentumsrecht dem »Verein vom Heiligen Lande«, dessen Vorsitzender nach Statut der jeweilige Erzbischof von Köln (auch heute noch) ist.

Der Verein, aktiv unterstützt vom Malteserorden, organisierte sofort eine Spendenaktion, und schon im Jahre 1903 waren die Pläne bereit und genügend Geld gesammelt, um den Grundstein zum Bau legen zu können. Der Komplex der Kirche und des Klosters, das dem Benediktinerorden übergeben wurde, war von dem Kölner Diözesanbaumeister Heinrich Renard entworfen worden, der seine Inspiration von der Aachener Palastkapelle Karls des Großen bezog. Das Gebäude ist im Stil bedeutend einheitlicher als das »Auguste-Viktoria-Stift« auf dem Ölberg. Im wesentlichen herrscht byzantinischer Charakter vor. Die Fassade der Kirche war 1908 bereits fertiggestellt, aber die offizielle Einweihung wurde bis zum Jahre 1910 verschoben, um sie gleichzeitig mit dem evangelischen »Kaiserin-Auguste-Viktoria-Stift« vorzunehmen. Bei der gemeinsamen Einweihung war das Haus Hohenzollern durch Prinz Eitel Friedrich, den Herrenmeister des Johanniterordens, vertreten.

Das Innere der Kirche, mit einem Mosaikboden und Mosaikbildern an den Seitenaltären, wurde im wesentlichen nach dem Ersten Weltkrieg ausgestaltet. Nur zwei Altäre waren noch vor dem Ersten Weltkrieg fertiggestellt worden: ein Altar im Hauptschiff, gestiftet von der Rheinisch-Westfälischen Genossenschaft des Malteserordens, geschmückt mit den Wappen der Ordensritter. Ein zweiter, in der Krypta, war gestiftet von der Schlesischen Genossenschaft des Ordens. Die Kirche gehört noch heute zu den schönsten in Jerusalem und überragte zur Zeit ihrer Fertigstellung die gesamte Jerusalemer Altstadt.

Auguste-Viktoria-Stift □ Das für das geplante Gebäude – benannt nach der Kaiserin Auguste Victoria – bestimmte Gelände wurde im Jahre 1903 aus den Geldern der Stiftung erworben. Die Grundsteinlegung erfolgte im Jahre 1907, kurz nachdem der zweite Sohn des Kaisers, Prinz Eitel Friedrich, zum Herrenmeister des Johanniterordens gewählt worden war. Eitel Friedrich zeigte von Anfang an größtes Intersse am Fortschritt der Bauarbeiten und übernahm die hauptsächliche Verantwortung für die Spendenaktionen der Stiftung und den Bau. Zur feierlichen Eröffnung, die im Jahre 1910 stattfand, war das Hohenzollernhaus durch den Prinzen vertreten. Eine Zimmerflucht im Hauptgebäude, in der sich jetzt die Direktion des Krankenhauses befindet, trägt noch heute an ihrem Eingang die Inschrift: „Wohnung des Herrenmeisters“, und das Ordenskreuz ist an vielen Stellen des Gebäudes angebracht.

Welches der eigentliche Zweck des Gebäudes sein sollte, war allerdings völlig unklar. Es wurde weder als Krankenhaus noch als Hospiz betrachtet, sondern als eine Art Gästehaus für angesehene Deutsche, die in Palästina lebten oder dorthin zu Besuch kamen. Es enthielt daher großartige Schlafzimmer und Aufenthaltsräume, deren holzgetäfelte Wände mit Gemälden und orientalischen Teppichen geschmückt waren und von Kandelabern erhellt wurden. Das Gebäude bezog seine Elektrizität durch einen eigenen Generator – eine Sensation im damaligen Nahen Osten. Alles Material – mit Ausnahme der Bausteine – war aus Deutschland geliefert worden, einschließlich vier großer Glocken (die größte 3,3 Tonnen schwer), von denen zwei mit dem Ordenskreuz geschmückt waren.

Das Hauptgebäude war eine Kirche, deren Konzeption an die neugotische Hohenzollenburg, die Mitte des 19. Jahrhunderts in Süddeutschland erbaut worden war, erinnert. An zwei Pfeilern einer Außenwand wurden lebensgroße Steinstatuen des Kaisers in Kreuzfahrerrüstung und der Kaiserin in mittelalterlicher Frauentracht angebracht. Der quadratische Spitzturm von 60 Meter Höhe konnte von jedem Ort in Jerusalem gesehen werden. Er überragte den Turm der russischen Himmelfahrtskirche um einige Meter, die sich gleichfalls auf dem Ölberg, etwa 500 Meter südlich von dem Auguste-Viktoria-Gebäude befindet und 25 Jahre zuvor errichtet worden war.

Das Innere der Kirche zeigte eine Mischung von byzanitinischem, neugotischem und Jugendstil, und auf der Kuppel der Apsis erschienen die gekrönten Porträts des Kaisers, der Kaiserin und des Prinzen Eitel Friedrich in Mosaik, während die Hauptkuppel – nach byzantinischem Vorbild – von dem Mosaikbildnis des »Pantokrators« beherrscht wird. Der Innenhof war mit 99 Säulen geschmückt. Die Kirche wurde jedoch nicht für den regelmäßigen Gottesdienst genutzt (dazu fehlte die Gemeinde), sondern nur für einige wenige feierliche Großveranstaltungen.

Das heutige Bild □ Das Merkwürdige am Schicksal fast aller von den drei Nachfolgeorden gegründeten Institutionen ist, daß sie zur Zeit der Herrschaft des Osmanischen Reiches gegründet wurden, aber die

Ablösung der Türkenherrschaft durch das britische Mandat oder die neugegründeten Staaten Israel und Jordanien nicht überlebten, zumindest nicht in ihrer ursprünglichen Funktion oder an ihrem ursprünglichen Ort. Der Hauptgrund hierfür ist, daß England nach der Eroberung Jerusalems im Jahre 1917 alle Gebäude, die seinen Kriegsgegnern (dem Bündnis Deutschland-Österreich-Türkei) gehörten, beschlagnahmte, darunter auch das Besitztum des Johanniterordens und der deutschen bzw. österreichischen Assoziation des Malteserordens. Nur das Augenkrankenhaus des Orders of St. John blieb bestehen, mußte aber nach dem isrealisch-jordanischen Krieg von 1948 das bestehende Gebäude (gleichfalls viktorianisch-neugotisch), das in der Schußlinie lag, räumen. Es wurde später im jordanischen Teil der Stadt als modernes Gebäude neu errichet. Nach der Wiedervereinigung der Stadt im Jahre 1967 wurde das Krankenhaus weiter ausgebaut, dient aber im wesentlichen der arabischen Bevölkerung Jerusalems und seiner Umgebung, da in allen Krankenhäusern der Stadt ausgezeichnete Augenabteilungen mit modernsten Einrichtungen für die Gesamtbevölkerung zur Verfügung stehen. Das St. John Eye Hospital ist im Rahmen des Order of St. John das einzige Ordenshospital geblieben. An der Finanzierung seiner Aktivitäten beteiligt sich aber auch der deutsche Johanniterorden.

Das Auguste-Viktoria-Gebäude hatte – trotz seiner prunkvollen Eröffnung – noch keine klare Idee für seine eigentliche Bestimmung entwickelt und blieb für den größten Teil des Jahres unbenutzt. Bereits vier Jahre nach seiner Gründung brach der Erste Weltkrieg aus, in dem Deutschland und die Türkei Bundesgenossen waren. Nach einiger Zeit wurde das Gebäude zum Sitz des türkischen Militärkommandeurs für Palästina und seiner deutschen Berater – und die Engländer behaupteten, daß dies von vornherein das eigentliche Ziel des Gebäudes mit seinen vielen Kellern und mächtigen Mauern gewesen sei. Nach der Eroberung Jerusalems durch den englischen General Allenby ließ sich das Hauptquartier der britischen Truppen in Palästina in dem Gebäude nieder, und anläßlich der Schaffung des britischen Palästina-Mandats wurde es zum Sitz des »High Commissioners«, des britischen Gouverneurs.

Im Jahre 1927 wurde Jerusalem von einem Erdbeben heimgesucht, das den Ölberg besonders schwer traf. Das Auguste-Viktoria-Gebäude bekam Risse und stürzte teilweise ein, und so verlegte der High Commissioner zeitweise seinen Sitz nach dem (außer Betrieb gesetzten) Malteserhospiz in Tantur, bis er schließlich seine endgültige Residenz in einem eigens für diesen Zweck gebauten Palast auf einem Hügel südlich von Jerusalem nahm. (Dieser Palast dient heute als Hauptquartier der UNO-Waffenstillstandskommission für Palästina.)

Das Auguste-Viktoria-Gebäude stand viele Jahre leer, der Schaden wurde nur teilweise ausgebessert. Das Eigentumsrecht über das gesamte Gelände und die Gebäude wurde der Weltunion lutheranischer Kirchen übertragen.

Als im Jahre 1948 der Krieg zwischen Israel und seinen arabischen Nachbarn begann, fiel der östliche Teil Jerusalems in die Hände Jordaniens, das auf dem Ölberg eine beherrschende Position über ganz Jerusalem besaß. Nach dem Abschluß des Waffenstillstandes (1949) wurde die Nutzung des Gebäudes den Vereinten Nationen (UNWRA) übergeben, die daraus ein Krankenhaus machten, zunächst für Flüchtlinge, später für die Araber Jerusalems und seiner Umgebung. Diese Funktion erfüllt das Gebäude noch heute. Auf dem Gelände erhielt zuletzt die Verwaltung und Bibliothek des Deutschen Orientvereins ihren Sitz. Die Kirche wird weiterhin kaum genutzt, aber in ihr und den anschließenden Gebäuden sind alle Dekorationen, die an die Hohenzollern- und Johannitervergangenheit erinnern, erhalten geblieben. Eine grundlegende Restaurierung des Gebäudes zur Verhinderung weiterer Erdbebenschäden wird zur Zeit in Betracht gezogen.

Als Krankenhaus erfüllt das Hospiz eine Aufgabe, die die Ziele des Johanniterordens fortsetzt, wenn auch der Orden selbst keinen Anteil am Besitz oder der Verwaltung der Einrichtung nimmt.
Auch das Hospiz in Tantur änderte vollständig seine Bestimmung. Nach dem Ersten Weltkrieg wurde es nicht mehr als Krankenhaus benutzt, und der High Commissioner, Lord Plumer, verlegte nach dem Erdbeben von 1927 seine Residenz vom Ölberg dorthin. Später blieb das Gebäude unbenutzt und wurde bei den Unruhen 1948 schwer beschädigt, da es in unmittelbarer Nähe der Grenzlinie lag. Im Jahre 1957 wurde dem Malteserorden das Besitzrecht auf Tantur zurückgegeben. Beim Besuch Papst Pauls VI. in Jerusalem (1964) wurde das Grundstück vom Malteserorden dem Vatikan vermacht, der Pläne zur Wiederbelebung des Ortes durch ein kirchliches Institut hatte. Aber mitten in die Planung fiel der Sechs-Tage-Krieg (1967), in dessen Folge die Teilung Jerusalems beseitigt wurde. Papst Paul VI. beschloß darauf, in Tantur ein Institut zu errichten, das dem Frieden und der Völkerversöhnung gewidmet sein sollte. So entstand das »Ecumenical Institute for Advanced Theological Studies«, das allen Bibelforschern, gleichgültig welcher Religionsgruppe sie angehörten, Unterkunft und eine umfangreiche Bibliothek zur Verfügung stellte. Die Verwaltung des Instituts wurde der katholischen Universität »Notre Dame« (Indiana, USA) übergeben. Das Institut begann seine Tätigkeit im Jahre 1976 und fügte letztlich ein weiteres Forschungsgebiet seiner Forschungstätigkeit hinzu: Konfliktlösung und Friedenserhaltung. Der Orden behielt für sich nur den Besitz eines Teils des Grundstücks, der nicht bebaut war. Für die Zwecke des Instituts wurde ein neuer Bau errichtet, und von dem Bau des 19. Jahrhunderts blieben nur der mit dem Malteserkreuz geschmückte Torturm und das Grab von Caboga erhalten. Auf dem dem Orden überlassenen Gelände baute eine neugegründete Stiftung »Pro Tantur«, die von der Schweizer Genossenschaft des Malteserordens organisiert war, ein Pilgerhospiz, das im Jahre 1982 eingeweiht wurde. So hat dieses neue Institut in seinen Inhalten zwar nichts von der Tätigkeit des historischen Ordens bewahrt, wohl aber viel vom Geist der Nachfolgeorden.
Die beiden Kirchen, an deren Gründung die späteren Orden so großen Anteil hatten, konnten ihre Funktion weiter beibehalten und auch ihren im wesentlichen deutschen Charakter. Jedoch haben im Gegensatz zum englischen Augenhospital, das noch immer unter der direkten Verwaltung des Order of St. John steht, die protestantische Erlöserkirche und die katholische Dormitiokirche mit den Gründerorden allein eine Erinnerung an die Zeit um die Jahrhundertwende gemeinsam.

Anhang

Verzeichnis der Großmeister des Ordens

Das Verzeichnis der Großmeister wurde im wesentlichen von einer offiziellen Veröffentlichung des Malteserordens übernommen, wobei die Nachnamen der Großmeister in der im Heimatland üblichen Schreibweise angeführt sind. Die Vornamen wurden (wo möglich) dem Deutschen angepaßt. Namen in Klammern sind ebenfalls gebräuchliche Schreibweisen.

In Jerusalem	
1 Sel. Gerhard, der Gründer	gest. 3 Sept. 1120
2 Fra Raimund von Le Puy	1120–1158/60
3 Fra Auger von Balben	1158/60–1162/63
4 Fra Arnaud von Comps	1162/63
5 Fra Gilbert von Assailly	1163–1169/70
6 Fra Gaston von Murols	ca. 1170–ca. 1172
7 Fra Gerhard Joubert	ca. 1172–1177
8 Fra Roger von Les Moulins	1177–1187
9 Fra Ermengard von Asp	1188–ca. 1190
In Margat und Akko	
10 Fra Garnier von Nablus	1189/90–1192
11 Fra Geoffroy von Donjon	1193–1202
12 Fra Alfons von Portugal	1202–1206
13 Fra Geoffroy Le Rat	1206–1207
14 Fra Garin von Montaigu	1207–1227/28
15 Fra Bertrand von Thessy	1228–ca. 1231
16 Fra Guérin (Girinus)	ca. 1231–1236
17 Fra Bertrand von Comps	1236–1239/40
18 Fra Peter von Vieille-Bride	1239/40– 1242
19 Fra Wilhelm von Châteauneuf	1242–1258
20 Fra Hugo von Revel	1258–1277
21 Fra Nicolas von Lorgne	1277/78–1284
Umzug nach Zypern	
22 Fra Johann von Villiers	1284/85–1293/94
Auf Zypern	
23 Fra Odon von Les Pins	1294–1296
24 Fra Wilhelm von Villaret	1296–1305
Eroberung von Rhodos	
25 Fra Fulk von Villaret	1305–1319
Auf Rhodos	
26 Fra Helion von Villeneuve	1319–1346
27 Fra Dieudonné von Gozon	1346–1353
28 Fra Peter von Corneillan	1353–1355
29 Fra Roger von Les Pins	1355–1365
30 Fra Raimund Bérenger	1365–1374
31 Fra Robert von Juilliac	1374–1376
32 Fra Juan Fernandez de Heredia	1376–1396

33 Fra Richard Caracciolo*	1383–1395
34 Fra Philipp (Philibert) von Naillac	1396–1421
35 Fra Anton Fluvian de la Rivière	1421–1437
36 Fra Johann von Lastic	1437–1454
37 Fra Jakob von Milly	1454–1461
38 Fra Pedro-Ramon Zagosta	1461–1467
39 Fra Giovanni Battista Orsini	1467–1476
40 Fra Peter von Aubusson, Kardinal	1476–1503
41 Fra Emerich von Amboise	1503–1512
42 Fra Guy von Blanchefort	1512–1513
43 Fra Fabrizio del Carretto	1513–1521
Verteidigung von Rhodos und Inbesitznahme von Malta	
44 Fra Philippe Villiers de l'Isle Adam	1521–1534
Auf Malta	
45 Fra Pierino del Ponte	1534–1535
46 Fra Didier von Saint-Jaille	1535–1536
47 Fra Juan (de) Homedes	1536–1553
48 Fra Claude de la Sengle	1553–1557
49 Fra Jean de la Valette-Parisot	1557–1568
50 Fra Pietro del Monte	1568–1572
51 Fra Jean L'Evêque de La Cassière	1572–1581
52 Fra Hugues Loubens de Verdalle (Verdala), Kardinal	1581–1595
53 Fra Martin Garzez	1595–1601
54 Fra Alof von Vignacourt (Wignacourt)	1601–1622
55 Fra Louis Mendez de Vasconcellos	1622–1623
56 Fra Anton von Paule	1623–1636
57 Fra Johann von Lascaris-Castellar	1636–1657
58 Fra Martin von Redin	1657–1660
59 Fra Annet von Clermont-Gessant	1660
60 Fra Rafael Cotoner	1660–1663
61 Fra Nicolas Cotoner	1663–1680
62 Fra Gregor Carafa	1680–1690
63 Fra Adrien von Vignacourt (Wignacourt)	1690–1697
64 Fra Ramon Perrelos y Rocaful v. Aragon	1697–1720
65 Fra Marc'Antonio Zondadari	1720–1722
66 Fra Antonio Manoel de Vilhena	1722–1736
67 Fra Raimund Despuig	1736–1741
68 Fra Manoel Pinto de Fonseca	1741–1773
69 Fra Francesco Ximenes de Texada	1773–1775
70 Fra Emmanuel von Rohan-Polduc	1775–1797
71 Fra Ferdinand von Hompesch	1797–1799
Unterwerfung unter Napoleon	
72 (de facto) Paul I., Zar von Rußland (vom Papst nicht anerkannt)	1798–1801
In Messina	
73 Fra Giovanni Battista Tommasi	1803–1805
In Rom	
74 Fra Giovanni Battista Ceschi a Santa Croce	1879–1905
75 Fra Galeazzo von Thun und Hohenstein	1905–1931
76 Fra Ludovico Chigi della Rovere Albani	1931–1951
77 Fra Angelo de Mojana di Cologna	1962

* Gegen-Großmeister, der nie nach Rhodos gelangte

Verzeichnis der Statthalter des Ordens

Fra Innico-Maria Guevara-Suardo	1805–1814
Fra André Di Giovanni	1814–1821
Fra Anton Busca	1821–1834
Fra Carlo Candida	1834–1845
Fra Philippe di Colloredo-Mels	1845–1864
Fra Alexandre Borgia	1865–1871
Fra Giovanni Battista Ceschi a Santa Croce	1871–1879
Fra Antonio Hercolani Fava Simonetti (vorübergehend)	1951–1955
STATTHALTER DER GROSSMEISTER	
Fra Pius Franchi de' Cavalieri (während der Krankheit des 75. Großmeisters)	1929–1931
Fra Ernesto Paternò Castello di Carcaci	1955–1962

Zeittafel

(Ereignisse von besonderer Bedeutung für den Orden)

1095	Konzil von Clermont
1097	Ankunft der ersten Kreuzfahrer in Konstantinopel
1099	Eroberung Jerusalems durch die Kreuzfahrer
1100	Balduin I. nimmt den Titel »König von Jerusalem« an
1113	Anerkennung des »Ordens vom Heiligen Johannes« durch Papst Paschalis II.
1118	Anerkennung des Templerordens als erster kämpfender Ritterorden
1146–1148	Zweiter Kreuzzug
1153	Übergabe der Festung Bet-Gibelin (Bet-Guvrin) an den Johanniterorden
1170	Feldzug Rainalds von Châtillon am Roten Meer
1171–1259	Dynastie der Ayyubiten (Saladin) in Ägypten
1187	Schlacht von Hattin
1191	Der Dritte Kreuzzug erreicht das Heilige Land. Richard Löwenherz erobert Zypern.
1193–1292	Bestehen des Reststaates von Akko
1197	Gründung des Deutschritterordens
1204	Vierter Kreuzzug. Eroberung Konstantinopels durch die Kreuzfahrer.
1229	Vertrag zwischen Kaiser Friedrich II. und Sultan al-Kamil über die Rückgabe eines Teils des Heiligen Landes und Jerusalems an die Franken
1241	Mongolenschlacht bei Liegnitz
1244	Eroberung Jerusalems durch die türkischen Choresmier
1248–1250	Siebter Kreuzzug unter Ludwig IX.
1258	Eroberung Bagdads durch die Mongolen
1259	Errichtung der Mameluckenherrschaft in Ägypten
1260	Schlacht bei Ain Dschalud zwischen Mongolen und Mamelucken
1261	Rückgewinnung Konstantinopels durch das griechische Kaiserreich
1271	Marco Polo weilt in Akko
1282	Revolte in Sizilien (»Sizilianische Vesper«)
1291	Eroberung Akkos durch den Mameluckensultan el-Aschraf. Ende der Kreuzfahrerherrschaft im Heiligen Land.
1299	Schaffung einer eigenen Flotte durch den Johanniterorden und des Amtes eines »Admirals«
1305–1378	Die »Babylonische Gefangenschaft der Kirche« in Avignon
1308	Beginn der Eroberung von Rhodos durch den Orden

1312	Das Ende des Templerordens durch das Inquisitionsgericht der Kirche
1320	Beginn des Einmarsches der osmanischen Türken in Kleinasien
1335–1453	Der »Hundertjährige Krieg« zwischen Frankreich und England
1342–1346	Belagerung und Eroberung von Smyrna durch den Orden
1348–1350	Das Auftreten der großen Pest (der »Schwarze Tod«)
1366	Adrianopel (Edirne) wird Hauptstadt der osmanischen Türken
1402	Sieg der Mongolen (Tataren) über die Türken bei Ankara
1403	Eroberung von St. Peter (Bodrum) durch den Orden, gleichzeitiger Verlust von Smyrna
1404	Waffenstillstand des Ordens mit den Mamelucken (von etwa 40 Jahren Dauer)
1437–1479	Bau des Großen Hospitals in Rhodos
1444	Die Ägypter belagern erfolglos Rhodos
1453	Einnahme Konstantinopels durch die osmanischen Türken
1461	Vergabe ziviler Rechte an die nichtlateinische Bevölkerung von Rhodos
1480	Erste türkische Belagerung von Rhodos
1487	Bartolomeo Diaz erreicht die Südküste Afrikas
1498	Vasco da Gama entdeckt vollends den Seeweg nach Indien
1510	Flottensieg des Ordens bei Lajazzio
1517	Eroberung des Mameluckenreiches (einschl. Jerusalems) durch Sultan Selim I. (»der Grausame«) Beginn der Lutherischen Reformation
1519	Karl V. (König von Spanien seit 1516) wird zum deutschen König und römischen Kaiser gewählt
1520	Beginn der Regierungszeit Sultan Süleimans »des Prächtigen«
1522	Belagerung von Rhodos durch Süleiman. Abzug der Ritter am 1.1.1523.
1524	Die Portugiesen erobern Aden
1530	Vertragliche Belehnung des Johanniterordens mit Malta
1536	»Act of Supremacy« (Reformation) Heinrichs VIII. in England. Auflösung sämtlicher katholischer Orden und Klöster.
1541	Niederlage der christlichen Flotte vor Algier
1551	Angriff der türkischen Flotte unter Dragut auf Gozo und Verschleppung der Inselbevölkerung Eroberung von Tripolis durch die Türken
1556	Philipp II. löst Karl V. als König von Spanien ab
1557	Amtsantritt de la Valettes als Großmeister
1565	Die »Große Belagerung« von Malta
1566	Planungs- und Baubeginn der Stadt Valetta
1571	Eroberung von Zypern durch die Türken. Seeschlacht von Lepanto.
1578–1582	Bau des Hospitals in Valetta
1618–1648	Der Dreißigjährige Krieg in Europa
1653	Mißglückter Versuch des Ordens zur Kolonisation in den Antillen
1669	Sieg der Türken über die Venezianer. Kreta fällt an die Türken.
1670	Beginn der Anlage der »Cotoner-Linien«
1683	Belagerung Wiens durch die Türken
1703	Die neugegründete Stadt St. Petersburg (heute Leningrad) wird Hauptstadt des Zarenreiches
1704	England erobert Gibraltar
1756–1763	Der Siebenjährige Krieg in Europa
1763	Schlesien fällt an Preußen
1789	Beginn der Französischen Revolution
1792	Auflösung des Johanniter-/Malteserordens in Frankreich
1797	Der erste Großmeister der Deutschen Zunge, Ferdinand von Hompesch, bittet Zar Paul I., das Protektorat über den Orden zu übernehmen
1798	Eroberung Maltas durch Napoleon. Niedergang des Ordens in allen (noch zu erobernden) Ländern Napoleon besetzt Ägypten. Versenkung der französischen Flotte durch Admiral Nelson bei Abukir.
1799	Vergebliche Belagerung von Akko durch Napoleon. Ungeordneter Rückzug der französischen Armee nach Ägypten.
1800	Eroberung Maltas und Einrichtung eines Protektorats durch die Engländer
1848	Revolutionen in Frankreich, Ungarn, Böhmen, Österreich und Preußen
1853–1854	Wiederbelebung der Ballei Brandenburg des Johanniterordens
1853–1856	Der Krimkrieg
1859	Gründung der Rheinisch-Westfälischen Genossenschaft der Malteserritter
1869	Gründung der Schlesischen Genossenschaft der Malteserritter
1870–1871	Der Deutsch-Französische Krieg
1870	Eroberung Roms durch italienische Truppen
1879	Ende des Kulturkampfes in Deutschland Anerkennung der Autonomie des Malteserordens durch Papst Leo XIII.
1887	Gründung des St. John Eye Hospital in Jerusalem

1888	Anerkennung des »Venerable Order of St. John« durch Königin Victoria von England
1898	Besuch Kaiser Wilhelms II. in Jerusalem
1948	Abschaffung der Forderung des Adelsnachweises im Johanniterorden
1961	Allianz von Niederweisel zwischen den nichtkatholischen Orden. Anerkennung der Souveränität des Malteserordens durch Papst Johannes XXIII.

Literaturverzeichnis

Biographien

Atiya, Aziz: The Crusade Historiography and Bibliography. Bloomington, Ind./USA 1962

Goosmann, Rudolf: Bibliographie des Johanniterordens. 10 Folgen, in: Württembergisch-Badensche Genossenschaft des Johanniterordens. Stuttgart 1960–66

Mayer, H.E.: Bibliographie zur Geschichte der Kreuzzüge. Hannover, 2. Aufl. 1965

A Bibliographie of the order of St. John of Jerusalem (1925–1969). By Joseph *Mizzi* (arranged by the Government of Malta and the Council of Europe), 1970

Allgemeine Literatur

Atiya, Aziz: Crusade, Commerce and Culture, 2 vols, London 1962

Balbi, F.: The Siege of Malta (transl. into English), Folio Society 1965

Belabre, F. da: Rhodes of the Knights. Oxford 1908

Benvenisti, M.: Crusader Castles in Jerusalem. Jerusalem 1963

Blouet, Brian: The Story of Malta. Malta 1981

Boase, T.S.R.: Castles and Churches of the Crusading Kingdom. Oxford 1967

Bradford, Earnle: The Great Siege, London 1961

–: Kreuz und Schwert. Der Johanniter – Malteser Orden, Berlin 1972

–: Der Schild Europas, Tübingen 1976

Braudel, Fernand: The Mediterranean and the Mediterranean World in the Age of Philipp II. (Engl. Übersetzung), New York 1973

Cassar, Paul: Medical History of Malta, London 1964

Dauber, Robert L.: Der Orden als Seemacht, A-Mailberg 1978

Dichter, B.: The Maps of Acre (mit historischem und kulturellem Kommentar), Akko 1973

Duceand – Bourget: The Spiritual Heritage of the Souvereign Military Order of Malta. Vatican City, 1958

Engel, Claire Eliane: L'Ordre de Malte en Méditerranée. Monaco 1957

–: Histoire de l'Ordre de Malte. Genf 1968

–: Knights of Malta. A Gallery of Portraits, London 1963

Fedden, R./Thomson, J.: Kreuzfahrerburgen im Heiligen Land. Wiesbaden 1959

Goldmann, Z.: La refectoire de l'ordre de St. Jean d'Acre. Nouvelles chrétiennes d'Israël, XII, 1961

Hume, E.: Medical Work of the Knights. Baltimore, 1940

King, E.J.: The Knights Hospitallers in the Holy Land. London, 1931

Luttrell, A.T.: Venice and the Knights Hospitallers of Rhodes. Papers of the Brit. School at Rome, 26, 1958
Mirbach, Werner, Freiherr v.: Geschichte des Johanniterordens. Bad Pyrmont 1957
Mueller-Wiener, Wolfgang: Burgen der Kreuzritter im Heiligen Land, auf Zypern und in der Ägäis. München/Berlin 1966
Peyrefitte, Roger: Malteser Ritter, Karlsruhe 1957
Prutz, Hans: Die geistlichen Ritterorden. Berlin 1908
The Order of St. John: Catalogue of the XIII. Council of Europe Exhibition, Valetta 1970: Malta, a historical sketch. (p. 23–107)
–: Introduction to vol II of the Catalogue of the Archives of the Order: A short outline of the naval history of the Hospitallers.
Riley-Smith, J.: The Knights of St. John in Jerusalem and Cyprus 1050–1310. London 1967
Roehricht, Reinh.: Geschichte des Königreichs Jerusalem (1100–1291). Innsbruck 1889
–: Karten und Pläne zur Palästinakunde vom 7.–16. Jahrh. ZDPV 14/1891; 15/1892; 18/1895
Runciman, Steven: A History of Crusades, 3 vols, Cambridge 1951, (deutsche Übers.: Mendelssohn, P. Geschichte der Kreuzzüge, 3 Bde., München, 1958–1969)
Scicluna, H.F.: The Order of St. John of Jerusalem (Haupts. Gebäude auf Malta). Malta 1969
Setton, K.M.: History of the Crusades, 2 vols. Philadelphia 1955
Shermerhorn, E.W.: Malta of the Knights. Surrey, 1929
Smail, R.C.: Crusading Warfare, Cambridge 1956
Tetzlaff, Ingeborg: Malta und Gozo, DuMont Kunst-Reiseführer. Köln 1983
Waldstein-Wartenberg, Berthold: Geschichte des souveränen Malteser-Ritter-Ordens, Kat. z. Ausst., A-Mailberg 1975
Wienand, A. (Hrsg.): Der Johanniter-Orden; der Malteser-Orden. Köln 1977

Register

Die geraden Ziffern verweisen auf die Seitenzahlen, die kursiven auf die Abbildungsnummern.

Bildnachweis

Die genannten Ziffern beziehen sich auf die Abbildungsnummern.

Archiv Johanniterorden, Bonn 48
Archiv Malteser Hilfsdienst, Köln 59, 60
Archiv Malteser Museum A-Mailberg, Abt. Wien (Robert Dauber) 30, 43
Cleave, Richard; Jerusalem 3, 7, 8
Internationales Bildarchiv Horst v. Irmer, München 22, 41, 57, 66
Karmon, Yehuda; Jerusalem 1, 2, 4, 5, 6, 9, 10, 11, 12, 13, 14, 18, 19, 20, 21, 24, 26, 27, 28, 31, 32, 33, 34, 36, 37, 38, 39, 40, 42, 44, 45, 46, 47, 50, 51, 52, 62, 63, 64, 65
Kunsthistorisches Museum Wien, Porträtgalerie 25
Museum of the Order of St. John, London 53, 54, 55, 56, 61
Rosgartenmuseum, Konstanz 15
Sammlung H. Goerke, München 16, 17

Die Karten zeichnete Frau Tamar Sopher, Jerusalem.